불교윤리의 현대적 이해

불교윤리의 현대적 이해

초기불교윤리에의 한 접근

안옥선 지음

불교시대사

우리 안의 욕심, 성냄/미워함, 어리석음을 꿰뚫어
참자유의 자비의 세상을 가꾸는 분들께.

머리말

"위없는 바른 깨달음의 마음을 낸 선한 남자와 선한 여인은 어떻게 살아야 하며 어떻게 마음을 다스려야 하옵니까?" 대승불교의 핵심경전이면서도 붓다의 핵심사상을 간결하고 독특한 방법으로 재표현하고 있는 《금강경》은 경의 목적을 밝히는 이와 같은 수보리의 질문으로 시작하고 있다. 수보리는 불교의 궁극목적을 이루고자 하는 윤리적 인간이 '어떻게 살아야 하며 어떻게 마음을 내어야 하는지'(應云何住 云何降伏其心)에 대하여 묻고 있는 것이다.

"어떻게 살아야 하는가"라는 윤리적 물음은 동서양을 통틀어 어느 시대에나 인간이라면 누구나 물어야 하는 절박한 물음일 것이다. 지금 이 시대의 우리도 예외가 아니다. 이 물음은 붓다(Buddha)에게 있어서도 그의 삶을 규정지었던 질문이었다. 그는 과감히 이 물음에 대한 해답을 찾아 나섰고, 찾은 후에는 지극히 평범하지만 지극히 선한 일상의 삶 속에서 그것을 사람들과 공유하려는 삶을 살다가 사람들의 한가운데서 생을 마쳤다. 그가 사람들과 공유하고자 했던 해답, 즉 그가 권유한 삶은 일상의 한 중심에서 단 한 순간도 방일하지 않는 선한(kusala) 삶이었다. 이러한 삶만이 자신과 타인을 행복/자유(nibbāna)에로 이끈다고 확신했기 때문에 그는 이러한 삶이 요청되는 이유와 이러한 삶을 실천해 가는 구체적인 방법에 대하여 설명했던 것이다.

'어떻게 살아야 하는가'에 대한 설명은 존재의 근본 속성에 대한 올바른 이해를 전제하기 때문에 붓다는 초기경전에서 존재 설명에 관한 여러 개념들을 시설한다. 그리고 그 귀결로서 선한 삶을 드러내는 구체적 방법에 대하여 다양하게 설명한다. 사람들은 종종 초기불교의 교설들이 방대할 뿐만 아니라 그 핵심의미에 접근하기 어렵다고 말한다. 그러나 붓다가 탐구했던 문제이며 수보리에 의해 제기되었던 물음, 즉 '어떻게 살아야 하는가'의 관점에서 보면 초기불교의 교설들의 의미는 매우 분명하다.

'어떻게 살아야 하는가'라는 물음에 대한 붓다의 답변은 당연히 도덕적으로 사는 삶이다. 《담마파다》의 그 유명한 구절은 모든 부처님들의 공통된 가르침이 도덕적인 삶에 있으며 도덕적인 삶은 마음을 청정히 하는 것과 다르지 않음을 간결하게 언명하고 있다.

> 모든 악행을 하지 않고 선을 따르며 자신의 마음을 청정히 하는 것이 부처님들의 가르침이다.

초기불교의 관점에서 '도덕적인 삶이 무엇인가' 혹은 '마음을 청정히 한다는 것은 무엇인가'에 대한 응답은 다양하게 표현될 수 있을 것이다. 이 물음에 대하여 더 이상 환원할 수 없는 가장 근원적인 형태로 표현하자면 '탐(탐욕), 진(성냄/미워함), 치(어리석음) 지멸의 삶'이라고 할 수 있을 것이다. 인간의 행동과 결부시켜 이를 보다 구체적으로 표현할 때 '몸·말·생각의 영역에 있어서 선함'(淸淨)이라고 할 수 있고, 이를 보다 적극적으로 표현할 때 '자비의 삶'이라고 할 수 있다. '탐진치 지멸의 삶'

은 도덕적 삶의 핵심으로서 이것이 어떻게 표현되든지를 막론하고 그 관건은 마음의 정화, 즉 탐진치의 성향을 무탐진치의 성향으로 전환시키는 데 있다.

이러한 자기전환을 덕의 윤리적인 관점에서 표현하자면 '선한 행동을 할 수밖에 없는 성품'을 성취하는 것이다. 모든 사람들이 이러한 성품을 성취하려는 수행의 '도덕적인 삶'을 살 때 개인도 사회도 진정으로 자유롭고 행복한 삶을 실현할 수 있다는 것이 붓다의 확신이었다. 게다가 그는 인간이라면 누구나 이러한 삶을 지향할 것이며 누구나 이를 성취할 수 있다고 봄으로써 자신의 모든 교설 속에 인간에 대한 소박한 신뢰와 존엄을 전제한다.

필자는 초기불교의 모든 수행 자체가 곧 윤리를 의미하며 그 목표는 탐진치 지멸의 성품형성으로 귀결된다고 본다. 그리고 이러한 성품형성이 갖는 의미는 의도적인 노력을 하지 않고도 몸, 말, 생각의 영역에 있어서 자비의 삶을 표출하게 된다는 것이다. 초기불교윤리의 이러한 특징은 그 핵심에 덕윤리적 패러다임이 전제되어 있음을 말해준다. 필자의 이해에 의하면 초기불교윤리는 덕윤리적 패러다임과 함께 경험주의, 반절대주의, 자연주의적 사유의 특징을 갖는다. 초기불교윤리에서 도덕은 선험적인 것도 아니며, 신이나 이성의 명령, 혹은 절대법칙도 아니며, 인간의 본성과 배치되는 것도 아니다. 여기에 한 가지 덧붙인다면 초기불교윤리는 도덕판단에 있어서 유용성과 매 상황을 고려하는 실용주의적 사유의 특징도 갖는다. 이와 같은 특징의 초기불교윤리는 지극히 인간적인 모습의 윤리이며 가장 건전한/선한 인간의 삶을 구현하고자 한다.

지금까지의 이야기를 통해 말하려고 하는 것은 두 가지이다. 첫째로 필자는 초기불교의 핵심을 윤리로 이해하고 있으며 그 교설들을 '어떻게 살아야 할 것인가'라는 물음에 대한 응답이거나 이 응답에 이르기 위한 설명들로 보고 있다. 이러한 물음과 결부되지 않거나 이 물음에로 귀착되지 않는 불교이해는 공허한 것으로 생각된다. 둘째로 필자는 초기불교 윤리가 다양한 윤리적 사유 흔적을 가지며 나름대로의 독특한 윤리체계를 갖추고 있지만 그 주된 특징은 덕윤리의 패러다임이라고 보고 있다. 도덕판단의 방법이 다양한 특징을 가질지라도 그것들 모두는 결국 덕윤리의 패러다임 안으로 포섭될 수 있을 것이다.

이상과 같은 이해는 필자로 하여금 초기불교를 윤리학적으로 접근하게 하고, 이러한 접근은 덕윤리와 더불어 다양한 윤리입장들을 접맥/활용하는 전략을 취하게 하였다. 이 책에서 택하고 있는 초기불교윤리에의 접근방법은 주로 다른 윤리이론들과의 접맥·비교를 통한 고찰 방법이다. 곧 덕의 윤리와 규범윤리, 그리고 보살핌의 윤리를 활용하여 초기불교를 고찰하고 있다. 여기에 종교윤리인 기독교의 윤리가 포함된다. 이러한 방법을 통해 초기불교윤리체계의 독특성과 고유성을 좀더 드러낼 수 있으며, 더 나아가서 초기불교윤리가 현대 윤리학 이론에 기여할 수 있는 점들을 찾아낼 수 있을 것으로 기대한다.

다른 한편 초기불교윤리에 접근하는 필자의 태도는 탈시대적, 탈맥락적, 탈주관적이 아니라 시대적, 맥락적, 주관적이다. 초기불교윤리를 읽어내는 필자의 태도는 오늘의 시대와 상황 속에서 필자가 느끼는 문제의식과 체험한 삶을 전제한다. 어떤 사상이든 각자가 느끼는 문제의식과 삶의 체험, 즉 개별적이고 구체적인 삶의 맥락으로부터 접근될 때 우리는 삶으로부터 격리·소외되지 않을 것이라고 생각한다. 불교의 이해와 실천에 있어서는 더욱 그러할 것이다. 특히 불교는 보편성과 추상성을 가지면서도 동시에 개별성과 구체성을 갖기 때문에 개별적이고 구체적인 삶의 맥락에서 접근될 때 그 보편성과 추상성도 올바르게 드러날 수 있을 것이다. 그래서 필자는 니체(Nietzsche)적인 물음의 전환, 즉 '저것이 무엇인가'라는 물음으로부터 '저것이 도대체 나에게 있어서 무엇인가'라는 물음으로의 전환은 의미 있다고 본다.

이상과 같은 필자의 태도는 어떤 사상에 대한 이해든지 탈주관적일 수 없으며 우리의 경험적 토대를 떠나 가능하지 않다는 신념에 기초한 것이다. 붓다 또한 세계의 성립은 우리의 주관과 함께 시작된다고 보며, 그가 문제삼고 있는 세계와 고통도 우리의 경험 안에 국한된 것이다. 이러한 맥락에서 볼 때 붓다가 말하고자 한 것은 세계를 경험하는 우리의 인식방식의 전환에 있다. 예컨대 우리들의 집착적인 세계경험의 방식에서 무집착적인 세계경험 방식에로의 전환이라고도 할 수 있을 것이다.

이 책에서 다루고 있는 내용은 다음과 같다. 1부에서는 탐진치 지멸의 관점에서 초기불교윤리에 대한 입문적 성찰을 시도하고 있다. 2부에서는 초기불교윤리의 특징에 대하여 성찰하고 있다. 구체적으로는 감각의 관점에서 탐진치 지멸의 구조에 대하여 설명하고, 초기불교윤리의 덕윤리적 특징을 규명하며, 그리고 초기불교윤리를 포함한 불교윤리 일반의 상호존중성과 포용성의 특징에 대하여 논구하고 있다. 3부에서는 '프라이버시'(privacy) 개념에 대한 서양윤리학적 이해와 그 한계에 대하여 고찰하고 초기불교윤리에 있어 프라이버시의 의미와 그 윤리적 그 특징에 대하여 검토하고 있다. 프라이버시 개념에 대한 이러한 검토를 통하여 필자는 자유주의 윤리의 프라이버시 개념에 내재된 비도덕적 측면을 여성주의 윤리학의 관점에서 규명하고, 초기불교윤리의 프라이버시 개념이 어떻게 이러한 문제점을 비껴가는지를 밝히고자 한다. 4부에서는 초기불교의 자비의 윤리를 보살핌의 윤리(care ethics)와 비교하여 고찰한다. 구체적으로는 이들 두 윤리체계 사이에 보편적으로 내재하는 유사성을 검토하고 두 윤리에 전제된 자아개념의 유사성에 대하여 고찰하며, 보살핌의 윤리에 대한 우려론을 자비의 윤리의 관점에서 해소하는 전략을 모색해 본다. 5부에서는 초기불교윤리의 자비의 개념과 기독교윤리의 사랑의 개념을 자기애와 이웃사랑의 관점에서 비교 · 고찰함으로써 두 윤리간 동질성과 이질성을 탐구한다. 6부에서는 불교환경윤리학을 덕윤리적 입장에서 재구성해 본다.

이 책의 1부를 제외한 나머지 부분은 원래 학술지를 통하여 발표한 논문들이다.* 필자는 이것들을 선별적으로 수정하고 보완하는 작업을 하였다. 이 책을 읽어 가는 데 있어서 독자는 반드시 정해진 목차를 따를 필요는 없으며 관심 있는 주제부터 읽기를 시작할 수 있을 것이다. 다만 이 책의 1부는 필자가 이해하는 초기불교윤리의 핵심에 대한 약술과 이와 관련된 문제들에 대한 개괄적인 성찰을 담고 있기 때문에 먼저 읽는 것이 나머지 부분을 이해하는 데 도움이 될 것이라고 생각한다. 이 책은 필자의 문제의식에 따라 윤리학적 관점에서 초기불교를 이해하려는 하나의 시도로써 초기불교에 대한 모든 교설들을 설명하기 위한 개론서가 아님을 밝혀둔다.

이 책이 나오기까지 여러 분의 도움이 컸다. 초기불교에 입문케 하여 이해의 틀을 잡아주신 칼루파하나(Kalupahana) 교수님, 초기불교의 여러 개념들의 이해의 지평을 넓혀 주신 이중표 교수님께 감사를 드린다. 그러나 이 책에 포함되어 있을 모든 오류들은 전적으로 필자의 미숙함에 기인한다. 또 출판을 맡아 수고해 주신 고광영 부장님과 편집진 여러분께도 감사를 드린다.

---

*2부 1장: 〈붓다의 감각에 대한 성찰과 행복실현의 방법〉(《대동철학》 6, 1999), 2부 2장: 〈초기불교윤리의 한 이해〉(《철학》 57, 1998), 2부 3장: 〈불교의 상호존중과 포용성〉(《철학》 63, 2000), 3부 1장: 〈프라이버시, 프라이버시권 보호이념의 비도덕성, 그리고 비도덕성의 원인〉(《대동철학》 4, 1999), 3부 2장: 〈초기불교윤리의 프라이버시 지양성과 公私구분 거부성〉(《범한철학》 19, 1999), 4부 1장: 〈자비의 윤리와 보살핌의 윤리의 비교윤리학적 고찰 : 유사성 고찰 및 보살핌의 윤리의 한계극복가능성 고찰〉(《백련불교논집》 7, 1997), 4부 2장: 〈초기불교와 페미니즘 윤리에 나타난 자아의 특징〉(《철학》 53, 1997), 4부 3장: 〈보살핌에 있어서 도덕의식의 타자화와 자기 희생에 대한 불교윤리적 제안〉(《한국 여성철학》 1, 2001), 5부: 〈불교와 기독교 윤리에 있어서 자기애와 이웃사랑〉(《범한철학》 23, 2001), 6부: 〈불교환경윤리학에 대한 덕윤리적 접근〉(《철학》 65, 2000).

목　차

초기불교윤리에 대한 입문적 성찰

제1부

●

초기불교윤리에 대한 입문적 성찰

1. 탐진치 지멸의 성품형성의 윤리

　필자의 이해에 의하면 아리스토텔레스(Aristoteles) 이후 서양의 주류 윤리학은 선악 혹은 행위규범에 대한 이론적 탐구에 초점을 두고 있다. 사람의 성품형성이나 성품도야의 문제는 주류 윤리학에서 핵심문제가 아니었다. 주류 윤리학은 이론으로서 사회의 흐름을 반영하고 대변하였지만 개개인 각자에게 직접적인 변화를 요청한 윤리는 아니었다. 주류 윤리학의 주된 관심은 '무엇이 옳으며, 그 옳음의 근거는 무엇인가'라는 문제에 있었고 '어떤 사람이 될 것이냐, 왜 그런 사람이 되어야 하는가'라는 문제는 주된 관심사가 아니었다. 이러한 점에 있어서는 규범주의 윤리학이든 공리주의 윤리학이든 별 차이가 없다고 생각된다.

　'어떤 사람이 될 것이냐, 왜 그런 사람이 되어야 하는가' 라는 문제는 동양의 윤리학에서는 항상 핵심적인 주제였지만 서양에서 이를 문제삼은 철학자는―최근 서양의 윤리이론들을 모조리 비판하고 덕의 윤리로의 복귀를 주장하는 매킨타이어(MacIntyre) 같은 이를 예외로 한다면—
아리스토텔레스가 유일하다고 생각된다. 개인통제를 본질로 하는 규범
윤리가 아니었기 때문에 주류 윤리학에서 소외될 수밖에 없었다고 생각
되는 그의 윤리학은 '성품형성'(character building)이나 '성품도야'
(character cultivation)를 중요하게 취급한다. 그래서 아리스토텔레스의 윤
리학에서는 '성품'(hexis)의 개념이 중심을 차지하며, '성품의 탁월함'
(excellence)이 덕(arete)으로 정의된다. 필자가 생각하기에 그의 윤리학의
빼어난 점은 덕의 개념과 성품의 개념을 결합시켜 도덕의 핵심을 '도덕
적일 수밖에 없는 성품형성'에서 찾은 점이다.

'도덕적일 수밖에 없는 성품'이 형성되었을 때 인간이 표출한 모든 행
동은 덕과 합치하며 이 상태에서 윤리학의 최고 목표인 행복(eudaimonia,
happiness/flourishing)이 실현된다. 아리스토텔레스는 행복을 '성품에 근
거하고 있는 덕과 합치하는 활동'으로 정의함으로써 도덕과 행복이 지속
적일 수 있으며 일상의 삶 속에서 구현되는 것으로 보고 있다. 그가 말한
도덕은 삶 속에서 평범한 일상을 가장 잘 수행하면서 그 속에서 자신의
온전한 성품을 드러내는 것이다. 그리고 이것은 일상 속에서 각자의 고
유한 가능성과 고귀함을 완전히 실현해 내는 것(flourishing)과 다르지 않
다.

아리스토텔레스가 도덕을 '성품'의 문제로 보고 덕 있는 성품의 상태
에서는 의도적인 노력을 하지 않고도 자발적으로(spontaneously) 도덕과
합치하는 활동을 하게 되며, 이 가운데서 행복이 달성된다고 본 것은 도
덕을 이성의 법이나 절대자로부터 연역해 내지 않고 인간의 본성으로부
터 이끌어 내는 도덕에 관한 자연주의적 입장을 대변한 것이라고 생각한
다.

인간에 대한 깊은 신뢰를 전제하지 않으면 가능하지 않은 이러한 자연
주의적 도덕으로부터 우리는 아리스토텔레스가 말한 도덕이 왜 성품을

문제 삼으며, 왜 욕구나 행복과 상치하지 않으며, 왜 이성뿐만 아니라 감정/정서/감성도 중요하게 다루며, 왜 본성으로부터 얻어지는 것도 아니지만 본성을 떠나 있는 것도 아니며, 그리고 왜 억제(enkrateia)가 아니라 절제(sophrosune)를 지향하는가를 알 수 있다. 그에게 있어서 도덕은 무엇보다도 성품형성의 문제이며 행복실현/인간번영의 문제이기 때문에 도덕은 우리의 정서, 본성, 욕구와 배치되는 것도 아니며, 우리를 구속하는 것도 아니며, 오히려 우리를 자유롭게 하는 것이다.

우리는 한 순간도 우리가 떠나 있을 수 없는 각자의 성품을 가지고, 성품의 지배를 받으며, 이 성품에 의해서 우리의 운명을 만들어 간다. 그런데 이러한 성품의 본성은 한 순간도 행복에 대한 열망으로부터 떠나 있지 않다. 그래서 성품을 도덕의 핵심 문제로 본다면 성품이 지향하는 '행복'도—행복이 '내외적인 인간번영의 상태'를 의미하든지 혹은 '자아실현 상태'를 의미하든지—도덕의 핵심 주제가 되며 도덕의 지향점이 되어야 하는 것이다.

필자는 초기불교윤리가 이상에서 설명한 아리스토텔레스의 덕의 윤리(a virtue ethic)의 핵심을 공유하고 있으며 불교윤리 패러다임은 덕윤리를 본질적 속성으로 하고 있다고 이해한다. 지금까지의 일부 초기불교윤리의 연구가들의 깊은 통찰—키온(Keown)을 제외한다면 이들의 통찰은 단편적이기는 하지만—또한 필자의 이러한 이해에 확신을 주고 있다.[1]

살펴본 바와 같이 덕윤리의 본질은 도덕적일 수밖에 없는 성품의 형성에 있다. 성품의 형성이 의미하는 바는 자기자신의 전환/변환(pariṇāma, transformation)이다. 자아가 자신을 비윤리적인 성품에서 윤리적인 성품

---

1) 예컨대 국내의 최봉수, 스리랑카의 프레마시리(Premasiri)와 파드마시리(Padmasiri), 그리고 영국의 키온(Keown) 등. 이들은 모두 자신들이 의식을 하고 있든지 그렇지 않든지 초기불교윤리의 덕윤리적 성격을 지적하고 있다는 점에서는 일치하지만 모두가 명백하게 '덕윤리'라는 말을 쓰고 있는 것은 아니다.

으로 변환시키는 것이다.

'윤리'나 '도덕'의 의미로 이해할 수 있는 불교의 '수행'(bhāvanā, 修行)의 개념은 이러한 성품변환의 의미를 내포하고 있다. '수행'을 의미하는 'bhāvanā'라는 말은 이러한 자기변형의 의미를 잘 드러내 주고 있다. 대비드(David)의 팔리어 사전에 의하면 이 말은 '계발/연마하다'(cultivate) 혹은 '발전시키다'(develop)를 의미하는 동사 'bhāveti'로부터 파생한 말로서 '어떤 상태에 머무르는 것' 혹은 '마음의 연마' 등을 의미한다.

그러면 '어떤 상태에 머무르는 것'을 의미하고 '어떠한 마음의 연마'를 의미하는 것인가? 여러 가지로 표현할 수 있겠지만 필자는 그것을 '탐진치 지멸의 상태'에 머무르게 되는 '탐진치 지멸의 마음 연마'라고 생각한다. 필자는 '탐진치 지멸'이라는 말이 가장 구체적이면서도 가장 포괄적으로 불교수행의 핵심내용을 나타낸다고 본다. 또한 이 말은 '선악'의 기준을 밝혀주는 가장 근원적인 말로서 더 이상 환원불가한 말이기도 하다.

'탐진치'는 '탐욕'(rāga/lobha, greed), '성냄/미워함'(dosa, rage/hatred), '어리석음'(moha, delusion)으로서 불교에서 모든 악의 근본이라고 설해진다. 마음의 모든 불건전한 것들을 불교에서는 108번뇌라고 하고 이것들을 다시 축약시켰을 때 마지막 남은 결정체를 '탐진치 삼독심'이라고 한다. 즉 탐진치 삼독심은 모든 불건전한 것 내지는 악의 뿌리(akusala-mula)가 되는 근본번뇌(kilesa/āsava, defilement)라고 할 수 있는 것이다. 그래서 탐진치 지멸은 도덕적인 삶, 즉 범행의 완성(brahmacariyapariyosāna)이라고 말해진다.[2] 더 나아가서 탐진치 지멸은 열반계(nibbānadhātu)와 불사(amata)뿐만 아니라[3] 무위(asaṅkhata), 무번뇌/무루(anāsava), 피안

---

2) *Saṁyutta-nikāya* V, 8쪽.
3) *Saṁyutta-nikāya* V, 8쪽.

(pāra), 갈애의 지멸(taṅhakkhaya), 열반(nibbāna), 청정(visuddhi), 해탈(mutti) 등으로 규정된다.[4]

초기불교의 관점에서 볼 때 불교의 모든 수행의 내용과 목표는 탐진치 지멸에 있다고 할 수 있다. '탐진치 지멸'은 소극적이고 해체적 관점에서 표현된 말이고 이를 적극적이고 구성적 관점에서 표현하자면 '자비심의 배양'이다. '탐진치 지멸'이 품성의 해체적 측면을 말하는 것이라면 '자비심의 배양'은 품성의 구성적 측면을 가리키는 것이다. 결국 '탐진치 지멸'과 '자비심 배양'은 관점과 표현에 있어서 다를 뿐 같은 의미를 갖는 말이다.[5]

'탐진치 지멸'이나 '자비심 배양'은 한편으로는 자애, 자비, 공감적 기쁨, 평정심이라는 네 가지 한량없는 마음(사무량심) 수행에 의해 자비의 마음을 길러 이를 실천하는 것이며, 다른 한편으로는 오계, 팔계, 십계를 지키면서 보시, 애어, 동사, 이행의 네 가지 덕목(사섭법)을 실천하는 것이다. 따라서 초기불교 경전은 수행과 사무량심의 합성어인 '자애수행'(mettā bhāvanā), '자비수행'(karuṇābhāvanā), '평정심수행'(upekkhā bhāvanā) 등에 대하여 말하고 있으며 자비의 실천을 위한 여러 가지 덕목을 강조하고 있다.

---

4) Asaṅkhata Saṃyutta에서는 탐진치 지멸을 33가지로 규정하는데 이 중에는 여기에 열거한 것들이 포함되어 있다(*Saṃyutta-nikāya* IV, 368~372쪽).

5) 그래서 탐진치 지멸은 결국 자리이타의 자비로 표출될 수밖에 없을 것이다. 경전에서는 탐진치의 유무에 따라 자리이타의 유무를 말하여, 탐진치가 있을 때는 자신과 타인뿐만 아니라 양자를 해치려고 생각하지만 탐진치가 지멸될 때는 자신과 타인뿐만 아니라 양자를 해치려고 생각하지 않는다고 한다. "탐욕이 있으면 탐욕으로 인하여 자신을 해치려 생각하고, 타인을 해치려 생각하고, 양자를 해치려 생각한다. 탐욕을 멸하면 자신을 해치려 생각하지 않고, 타인을 해치려 생각하지 않으며, 양자를 해치려 생각하지 않는다. 탐욕의 지멸은 현생적이며, 초시간적이며, 와서 보라는 것이며, 열반으로 이끄는 것이며, 현자에 의해서 스스로 알려지는 것이다."(진과 치에 대해서도 마찬가지)(*Saṃyutta-nikāya* IV, 339~340쪽).

이상과 같이 초기불교의 수행은 탐진치 지멸의 자비의 성품형성을 관건으로 한다. 여기에서 '성품'(character)이 갖는 의미는 아리스토텔레스의 윤리학에서 그렇게 이해되었듯이 어떠한 성품을 형성했을 때 그러한 성품에 의해서 행동할 수밖에 없다는 것을 함축한다. 주지하다시피 '성품'이라는 말은 인성이나 성격이라는 말과 달리 사람의 '도덕적 차원'에 초점이 맞추어진 말이고,[6] 우리가 특정인을 가리켜 '도덕적 성품의 사람'이라고 할 때 그는 도덕적 성품에 따라 도덕적 행동을 할 수밖에 없는 사람이라는 것을 의미한다. 따라서 탐진치가 지멸된 자비의 성품을 형성한다는 것은 자비로운 도덕적 행동을 할 수밖에 없는 사람이 된다는 것을 의미한다. 이러한 성품을 불교적으로 설명하자면 몸(kāya, 身), 말(vācā, 口), 생각/마음(manas, 意)[7]의 영역에 있어서 자비로운 방식으로 행동할 수밖에 없는 사람이 된다는 것을 의미한다. 그런데 이러한 성품은 마치 아리스토텔레스의 덕윤리에서 덕스런 성품이 하루아침에 습득되는 것이 아니듯이 하루아침에 이루어지는 것이 아니다. 그것은 특정 행동방식의 반복에 의한 점진적인 습관화의 결과이다. 탐진치 지멸의 자비의 성품을 형성해 가는 것은 반복적이면서도 점진적인 자기변형의 과정인 것이다.

2. 탐진치 지멸의 관점에서 본 선악의 개념

초기불교윤리가 성품형성의 덕윤리이며 그 구체적인 내용이 탐진치 지멸의 자비의 성품형성에 있다면 선악의 개념 또한 이러한 관점에서 규

---

6) 이희승의 사전에 의하면 우리말 '성품'(性品)이라는 말은 '성질과 됨됨이'를 의미하고, 성품에 해당하는 영어 'character'는 웹스터 사전에 의하면 도덕적 구조(moral structure) 혹은 도덕적 강도(moral strength)를 의미한다.
7) 이 책에서 필자는 'manas'에 대하여 '생각'과 '마음'이라는 말을 혼용한다.

정될 수 있을 것이다. 즉 성품에 있어서의 탐진치의 유무나 행동에 있어서의 탐진치 지멸에의 기여정도—따라서 열반획득에의 기여정도—에 근거하여 선악의 개념이 규정되어야 할 것이다. 탐진치 자체, 탐진치로부터 비롯된 행동, 그리고 이러한 행동을 촉발/장려하는 행동은 열반에 역행하는 행동으로서 악이 되어야 하며, 그 반대의 행동은 선이 되어야 할 것이다.

초기불교 경전에서는 선악의 개념을 규정함에 있어서 탐진치의 유무를 가장 근본적인 기준으로 보고 있는데 이에 대한 논의를 위해서 '선'과 '악'을 의미하는 팔리어 낱말에 대한 검토에서부터 시작해 보기로 하자.

팔리어 'kusala'는 선을, 'akusala'는 악을 지칭한다. 이와 유사한 용어로서 '공덕', '복덕', '복' 혹은 '선' 등으로 번역되어 쓰이는 'puñña'가 있고 이와 반대말인 'pāpa' (혹은 'apuñña')가 있는데 이 둘은 항상 윤회와 업 사상과 결부되어 사용되며 행동의 직접적 결과에 초점이 맞추어진 말들이다. 특히 전자는 늘 행동이 수반하는 좋은 결과와 결부되어 쓰인다.

필자가 '선행'이라고 옮겨 쓰고자 하는 'puñña'는 현생에서 좋은 결과를 가져오거나 내생에 좋은 곳에서 태어나도록 하는 착한 행동을 지칭하며, '악행'이라고 옮겨 쓰고자 하는 'pāpa'는 현생에서의 나쁜 결과를 수반하거나 내생에서 나쁜 곳에서 태어나도록 하는 행동을 지칭한다. 이 두 낱말은 이로움이나 불행이 직접적으로 초래된다는 생각을 전제하고 있으며 행동방식이나 성품상의 질적인 변화와는 무관하다. 또한 이 두 낱말은 행동을 질보다는 양으로 파악하며 행동이 수반하는 결과가 강조된 개념이다. 요컨대 '악행'과 '선행'을 의미하는 'puñña'와 'pāpa'는 행동의 직접적인 결과에 초점이 맞추어진 개념으로서 성품변화에 초점이 맞추어진 개념이 아닌 것이다.

이에 비해 '선'과 '악'을 의미하는 'kusala'와 'akusala'는 질적인 발전과 결부된 개념으로서 좋은/건전한, 혹은 나쁜/불건전한 성품형성과 관계된 개념으로 이해된다.[8] 주지하다시피 초기불교의 수행법은 37가지 깨달음에 이르는 법(bodhipakkhiyadhamma, 37助道品)으로 총괄되고 있는데 탐진치 지멸의 수행법 또한 이와 다를 수 없다. 그런데 이 수행법은 'kusala dhamma'(善法)라고 호칭되고 이 호칭으로부터 미루어 알 수 있는 것은 이러한 수행법에 의해 수행자는 자신을 'kusala'의 상태로 변환시킬 것이라는 점이다. 그래서 경전은 37가지 깨달음에 이르는 수행법인 선법에 의해서 탐진치를 지멸하고 심해탈과 해해탈에 머무른다고 말한다.[9] 요컨대 선법에 의해서 자신을 선한 성품의 상태로 변화시킨다는 것이다.

이처럼 선행과 악행을 의미하는 'puñña'와 'pāpa'는 행동 자체와 행동이 가져오는 직접적 결과를 강조하는 양적 개념이며, 'kusala'와 'akusala'는 성품의 변혁에 초점이 맞추어진 질적인 개념이라고 볼 수 있다. 그러나 이 양자는 절대적으로 다른 개념이거나 절대적으로 구분되는

---

8) 'kusala'와 'akusala' 그리고 'puñña'와 'pāpa'에 대한 또 다른 이해방법은 출가자와 재가자의 구분구도 속에서 이해해 보는 것이다. 일반적으로 p.p('puñña'와 'pāpa')는 재가자의 출가자에 대한 보시 등을 통한 재가자의 선행과 결부되어 있으며, k.ak('kusala'와 'akusala')는 출가자의 선법(kusala dhamma)과 결부되어 있기 때문에 p.p를 재가자가 추구하는 선악개념으로 k.ak를 출가자가 추구하는 선악개념으로 오해된 경우가 있다. 비록 초기불교 한역경전인 아함경에서는 "천상에서 태어나지 않는 것 이상을 추구하지 않는 福行과 출가자의 梵行을 구별"하고(조윤호, 〈복의 불교철학적 이해〉《《용봉논총》 28, 1999), 33쪽)있을지라도 이것이 재가자는 p.p중심의 복행만을 추구해야 한다는 것을 의미하는 것은 아니다. 여기에서 경계해야 할 이해방식은 p.p를 재가에 국한시키고 k.ak를 출가에 국한시키는 것이다. 초창기 초기불교의 대표적 연구자, 킹(King)과 스피로(Spiro)는 초기불교가 재가자에게는 선행의 결과 좋은 곳에 태어나는 윤회적 업불교(kammic Buddhism)만을 가르치고 출가자에게는 윤회를 그치는 열반적 불교(nibbānic Buddhism)를 가르친다고 보았다. 이러한 이해는 그 이후의 학자들에 의해서 많은 비판을 받았듯이 경전상의 근거를 갖지 못하는 이해방식이다.

9) *Dīgha-nikāya* III, 102쪽.

개념들은 아니다. 왜냐하면 ‘선행’을 반복함으로써 성향도 ‘선’의 성향으로 변화될 것이며 ‘선’의 성품은 필연적으로 ‘선행’으로 표현될 수밖에 없기 때문이다. 분명한 것은 전자에 비하여 후자인 ‘kusala’와 ‘akusala’가 더 포괄적인 개념일[10] 뿐만 아니라 상위개념이라는 것이다. ‘포괄적’이라고 할 때는 ‘선행’을 하는 사람이 반드시 ‘선’의 성품을 갖춘 사람인 것은 아니지만 ‘선’의 성품을 갖춘 사람은 ‘선행’을 할 수밖에 없다는 의미에서이다. ‘상위개념’이라는 것은 불교윤리가 권장하고 목표로 하는 것은 한두 번의 선행이나 좋은 결과를 기대하고 하는 선행이 아니라 근본적인 자기변형에 의한 무의식적/습관적인 선행과 지속적 행복(열반)이기 때문이다. 환원하면 사람의 전인격적 전환이다.

이상의 논의의 핵심은 초기불교윤리에서 선악(kusala-akusala)은 행동의 ‘탐진치의 유무’(그리고 좀더 확장적으로 말하여 탐진치 지멸에의 기여 여부)에 따라 판정될 수 있다는 것이다. 사실상 초기경전은 다음과 같은 사실을 분명히 하고 있다. 즉 무탐진치(alobha-adosa-amoha)는 선의 뿌리(kusalamula)이며 탐진치(lobha-dosa-moha)는 악의 뿌리인데, 우리가 몸, 말, 마음의 행동에 있어서 전자에 근거하면 그것은 무엇이든지 선이 되며, 후자에 근거하면 그것은 무엇이든지 악이 된다.[11] 초기불교는 선악의 가장 근원적이면서도 핵심적인 기준으로서 성품에 있어서 탐진치의 유무를 제시하고 있는 것이다.

그런데 여기에서 우리는 ‘성품에 있어서 탐진치의 유무가 초기불교가 제시하고 있는 선악의 유일한 기준일까?’라는 질문을 제기해 볼 수 있을 것이다. 필자는 ‘유일한 기준’이라기보다는 가장 근본이 되는 ‘근본기

---

10) 전자에 대한 후자의 포괄성과 관련하여 ‘puñña’와 ‘pāpa’는 ‘kusala’와 ‘akusala’에 포함될 수 있다’는 조준호의 지적은 적절한 것이라고 생각된다(조준호, 〈기복불교는 불교인가〉(《불교평론》 7, 2001), 38쪽).

11) *Aṅguttara-nikāya* I, 201∼203쪽.

준'이라고 보고 싶다. 이때 '근본기준'이라는 말이 의미하는 바는 다른 어떠한 선악의 기준을 제시하더라도 이 기준이 그것들을 포함할 것이며 그렇지 않은 경우에는 그것들이 결국 이 기준으로 귀결될 것이라는 점이다. 예를 들어보자. 하비(Harvey)는 초기경전에서 활용되고 있는 선악의 구분기준으로서 탐진치 유무 이외에 '행동의 동기'와 '행동의 직접적 효과'를 들고 있다.[12] 바꾸어 말하면 행동의 동기가 선한 경우나 행동이 좋은 효과를 가져오는 경우에 그것은 선이 되고 그렇지 않은 경우에는 악이 된다는 것이다. 그가 추가하고 있는 이 두 가지 기준도 초기불교윤리에서 제시하고 있는 핵심적인 선악의 기준인 것이 사실이다. 초기경전은 늘 '행위자의 행동이 동기에 있어서 선한가'라는 물음을 전제하고 있을 뿐만 아니라 이로움/유용성(hita)을 들어 특정 행위를 권장하고 있기 때문이다. 그러나 여기에서 이러한 질문을 제기해 보자. 즉 '행동의 동기'와 관련하여 '어떠한 동기가 선한가'라는 질문과 '행동의 직접적 효과'와 관련하여 '어떠한 행동이 이로운가/유용한가'라는 질문을 던져보자. 이 두 질문에 대하여 초기불교윤리에 가장 충실하면서도 가장 포괄적인 답변은 각각 '무탐진치의 동기'와 '열반에 기여하는 것', 즉 '탐진치 지멸로 이끄는 행동 혹은 무탐진치로부터 비롯된 행동'이라는 응답일 것이다. 도덕적으로 선이 되는 동기는 '탈탐진치의 동기'이며, 이로운 행동은 궁극적으로 열반에 기여하는 탐진치 지멸의 행동과 이에 근거한 행동인 것이다. 따라서 우리는 초기불교윤리에서 선악판단의 가장 근본이 되는 기준은 '탐진치의 유무'라고 말할 수 있을 것이다.

이상과 같은 논의는 필자로 하여금 초기불교에서 제시하는 선악의 개념에 대하여 다음과 같이 정의하게 한다. 즉 '선'은 '탐진치 지멸의 성품

---

12) Harvey, Peter, *An Introduction to Buddhist Ethics*(Cambridge: Cambridge University Press, 2000), 16쪽.

계발에 기여하는 것, 탐진치 지멸의 성품(상태), 그리고 이에 근거한 (몸, 말, 생각의 영역에 있어서) 모든 행동'이라고 할 수 있을 것이다. 반면에 '악'은 '탐진치의 성품을 장려하는 것, 탐진치의 성품(상태), 그리고 이에 근거한 (몸, 말, 생각의 영역에 있어서) 모든 행동'이라고 할 수 있을 것이다. 보다 단순화시켜 말하자면 '선'은 '탐진치가 지멸된 성품'이며 '악'은 '탐진치로 가득한 성품'이라고 할 수 있을 것이다. 이 정의에서 중요한 것은 '성품'이라는 말이 이 성품에 근거한 행동까지를 내포하고 있다는 점이다.

그런데 여기에서 이러한 반문을 제기하는 사람도 있을 것이다. 즉 '경전에서는 참 수행자나 열반에 도달한 사람은 선악을 떠나 있다고 하지 않은가? 우리는 종종 이와 같은 반문을 접한다. 이러한 반문을 하는 사람들은 대개 불교가 '선악을 분별하지 않거나 선악을 초월하라고 가르치고 있다'고 오해하고 있다. 예를 들어 이러한 오해를 불러일으킬 수 있는 경전의 구절들을 보면 '선행과 악행에 의해서 물들지 않는 것'(anāpalitto, lippati)[13]을 말하고 있다. 그런데 이 말은 '선악'(kusala-akusala)을 떠나라는 말과 혼동되어서는 안 된다. 어떤 경우에도 경전은 선악을 떠나거나, 선악을 분별하지 말라거나, 선악을 초월하라고 하지 않는다.

'선행과 악행(puñña-pāpa)에 의해서 물들지 말라' 혹은 '선행과 악행을 떠나라'는 말은 두 가지 의미로 이해되어야 하리라고 보여진다.

첫째로 이 말은 선행을 하되 자기에게 이익이 되는 결과를 기대하면서 혹은 이익 때문에 선행을 하지 말라는 의미로 이해되어야 할 것이다. 초기경전에서 '선행하면 그에 상응하는 좋은 결과가 있다'고 할 때는 '선행과 악행'의 개념을 활용하면서 선행을 고무하는 것이지만, '선행과 악행

---

13) 예컨대 《숫타니 파타》에서는 수행자는 '선악에 더럽혀지지 않는다' (puñño ca pāpe anūpalitto)라고 하거나 붓다는 '선악 양자에 더럽혀지지 않는다' (puññe ca pāpe ca ubhaye na lippati)라고 한다(*Sutta-nipāta* 547, 790).

에 물들지 말고 선행을 하라'고 할 때는 보다 높은 차원에서 과보를 기대하지 않는 마음으로 선행을 하라는 것이다. 이러한 정신은 《금강경》에서는 "복을 짓되 탐착하지 말라"나 "대상(법)에 얽매이지 말고 보시를 행하라"[14]와 같은 응무소주 이생기심(應無所住 以生其心)의 정신으로 표현된다.

둘째로 '선행과 악행에 물들지 말라'라는 말은 '선행과 악행'으로서의 선악은 절대적인 개념이 아니라는 것을 지적하는 말로 이해되어야 할 것이다. 2부 2장에서 논의되겠지만 초기불교윤리는 특정의 도덕법이나 특정의 행동을 상황/맥락과 무관하게 절대적인 선이나 절대적인 악으로 규정해 놓은 절대주의적 도덕이 아니다. 현실에서의 '선행'과 '악행'은 초시대적이고 초상황적으로 화석화되고 고정된 것이 아니다. 이와 같이 이해한다면 '선행과 악행에 물들지 말라'라는 말은 '선행과 악행에 구애받지 않고 마음대로 행동하라'는 말도 아니며 '자의적으로 선행과 악행을 결정하라'는 말도 아니다. '악행도 용인된다'는 말은 더더욱 아니다.

초기경전은 어디에서도 'kusala'와 'akusala'로서의 선악을 초월하라고 말하지 않는다. 대신에 선법(kusala dhamma)은 한 순간도 놓치지 말아야 한다고 말한다. 즉 어떤 순간에도 선법을 닦음으로써 선한 상태를 유지해야 한다는 것이다. 따라서 탐진치 지멸의 성품을 갖는 아라한은 일 순간도 선(kusala)한 성품의 상태를 떠나 있을 수 없다. 그는 선한 성품의 상태를 떠나 있을 수 없기에 그에게서 '선'에 배치되는 어떠한 행동도 기대할 수 없다. 그는 절대적으로 고정되어 있지 않아서 상대적인 선행과 악행(puñña-pāpa)의 개념에 의해서 영향받지 않지만 그의 성품의 선함으로 인하여 그의 어떠한 행동도 선행으로부터 빗나갈 수 없다. 선한 상태에 머무르는 아라한은 선행과 악행을 초월하여 있을지라도 선행을 할 수밖에 없는 것이다.

---

14) 所作福德 不應貪着. 於法應無所住 行於布施.

요컨대 초기경전은 선행과 악행(puñña-pāpa)과 관련해서는 행위에 대한 집착이나 행위결과에 대한 기대를 떠나 선행을 하라고 하고, 화석화된 절대적인 선행과 악행 개념에 의거해서가 아니라 맥락/상황을 고려한 선행을 하라고 한다. 무집착과 결과에 대한 기대를 떠나 선행을 하라는 의미에서 그리고 절대적인 선행과 악행의 개념을 떠나 선행을 하라는 의미에서 선행과 악행을 떠나거나 초월하라고 말할 수 있다. 여기에서 중요한 것은 관념이나 개념으로서의 선행과 악행을 떠나고 초월할지라도 실질적으로는 '선행'을 떠나거나 초월하는 것은 아니라는 것이다. 다른 한편 성품의 상태와 연관된 선악(kusala-akusala)에 대해서는 어떤 의미로도 심지어는 한 순간이라도 '선'을 떠나거나 초월해서는 안 된다. 이 경우에 선을 떠나거나 초월한다는 말을 적용한다면 오직 완성된 성품의 상태에 이른 아라한에게만—그것도 그/그녀의 성품의 완성성을 기술하기 위해서만—적용할 수 있을 것이다. 그/그녀는 늘 선한 상태에 머무르기 때문에 선행을 의식적으로 찾아 행하지 않아도 늘 선행을 할 수밖에 없는 사람이기 때문이다.

이렇게 보면 실질적으로는 '선행'도 '선'도 떠남이나 초월의 대상이 아니다. 그래서 머리말에서 언급된《담마파다》에서는 "모든 악행(pāpa)을 하지 않고 선(kusala)을 따르며 자신의 마음을 청정히 하는 것이 (일곱) 부처님들의 가르침이다" 15)라고 하고 있는 것이다.

---

15) sabbapāpassa akaraṇaṁ kusalassa upasampadā, sacittapariyodapanaṁ etaṁ
buddhāna sāsanaṁ(*Dhammapada*, 183)(諸惡莫作 衆善奉行 自淨其意 是諸佛教). 특
히 여기에서 '위로(upa) 함께(sam) 감(padā)'을 의미하는 '따르며'(upasampadā)는
'악행'을 피하면서 선법과 함께 열반으로 나아가는 '선한' 사람의 일상의 모습을 그
려주고 있다.

3. 탐진치 지멸의 성품 : 아라한

선, 즉 탐진치가 지멸된 성품을 성취한 사람은 주지하다시피 초기불교 윤리가 이상으로 제시하고 있는 '아라한'(arahant)이다. 탐진치 지멸의 성품상태에 도달함으로써 열반을 성취하고 아라한이 되었다는 것은 도덕적이기 위해서 의도적인 노력을 기울이지 않아도 되었다는 것을 의미한다. 오직 선하기만 한 성향으로 변형된 사람이기 때문에 그에 있어서 선행은 무의식적으로 자연히(spontaneously) 일어난다. 이러한 관점에서 열반은 프레마시리(Premasiri)가 지적하고 있는 것처럼 건전한 '상태'에 도달하는 근본적 변형(radical transformation)의 완수라고 말할 수 있다. 즉 "열반을 얻는다는 것은 불건전한 성향을 제거하고 건전한 성향을 배양하는 것이다. 이는 악의 성향이 있는 사람이 자연히 도덕적으로 행동할 수 있는 사람으로 변형되는 것이다."[16] 따라서 이러한 사람은 더 이상 "올바른 것이라고 알려진 것과 올바르지 않는 것을 하려는 성향 사이에서 갈등하지 않는다."[17] 이러한 까닭에 최봉수가 지적한 것처럼 "아라한이나 붓다에게는 수행이 필요하지 않다. 이미 좋은 자로 바뀌었고, 되어 있는 자로서 자연히 그렇게 살기 때문이다."[18]

아라한이 갖는 특징 중에서 무엇보다도 중요한 것은 덕윤리에서 윤리의 최고목표인 행복이나 자기실현을 성취한 자가 그랬듯이 아라한은 늘 탐진치 지멸이라는 도덕적 선 상태에 머무르면서도 자신의 내적 욕구, 충동, 혹은 성향과 갈등하지 않는다는 것이다. 그의 도덕은 자신의 욕구와 갈등이 없는 절제상태에 있지 욕구와 갈등하는 억제상태에 있지 않기 때

---

16) Premasiri, P.D., *Encyclopaedia of Buddhism* Vol.1(Sri Lanka: The State Printing Corporation, 1991) 147쪽.

17) Premasiri, 앞의 논문, 147쪽.

18) 최봉수,《불교란 무엇인가》(서울: 부디스트웹닷컴, 2000), 246쪽.

문이다. 이러한 까닭에 그는 늘 행복과 합치된 상태를 유지할 수 있는 것이다. 그의 삶 자체가 곧 도덕을 의미하며, 그에 있어서 도덕은 곧 행복을 의미하거나 행복을 전제한다. 이것이 바로 탐진치의 성품이 갖는 의미라고 이해된다.

이렇게 볼 때 탐진치 지멸의 성품완성, 도덕의 완성, 혹은 열반/행복의 상태에서의 삶은 외적인 조건에 의한 것이 아니라 내적인 전환에 의한 것이다. 즉 열반이 어떠한 말로 설명되든지 이것은 오직 자기노력에 의한 것이며 자기변형의 귀결일 뿐이다. 그것도 앞에서 언급한 바와 같이 일시적인 노력이 아니라 꾸준한 노력에 의한 점진적인 변형의 결과이다. 그것은 성취되어 일시적으로만 유지되는 것도 아니다. 또 그것은 탐진치 상태로 다시 되돌아가 윤회의 속박에 묶이게 되는 것도 아니다. 2부 2장에서 살펴보겠지만 그것은 퇴행/후퇴의 가능성이 없는 성취이기 때문이다.

이와 같이 이해되는 아라한의 열반은 일상의 삶의—그것이 어느 시대의 어떠한 상황에서의 어떠한 유형의 삶이든지 막론하고—한가운데에 있는 것이지 일상의 삶을 떠나 있는 것이 아니다. 이러한 까닭은 열반이 외적인 조건에 의존하는 것이 아니라 내적인 조건에 의존하는 것이기 때문이다. 즉 어떤 때 어떤 상황에서든지 탐진치 지멸이 관건이기 때문이다. 이러한 맥락에서 열반을 지칭하는 낱말, 닛바나(nibbāna, Sk.: nirvāṇa)가 '불어서 완전히 *끄는 것*', 즉 탐진치의 불을 완전히 끄는 것을 의미한다는 것을 다시 음미해 볼 필요가 있다.

4. 탐진치 지멸의 능력 : 인간에 대한 신뢰와 인간의 존엄

그런데 이상에서 살펴본 열반, 즉 '탐진치 지멸의 성품형성'이라는 아라한의 이상은 모든 사람에게 열려 있는 것일까? 즉 모든 인간은 이러한 최고선의 이상을 성취할 수 있는 능력을 갖는 것일까? 이러한 물음에 대하여 초기불교윤리는 어떠한 입장을 취하고 있는 것일까?

결론부터 말하자면 초기불교윤리는 모든 인간이 최고선 실현의 가능성을 가지며 최고선 실현의 능력을 갖는다고 본다. 그리고 이러한 최고선 실현의 능력을 가졌다는 점으로 인하여 인간이라는 존재는 모두 존엄하다. 이러한 입장을 살펴보기 위해서 인간의 본성에 대한 초기불교의 입장부터 살펴보기로 하자.

초기불교는 인간의 본성에 대하여 비결정론적이고 비본질주의적 입장을 취한다. 인간은 백지상태로 태어나는 것도 아니지만 고정되고 결정된 존재로 태어나는 것도 아니다. 또한 인간은 자신이 처한 조건 속에서 자신을 변화시키며 형성해 가는 존재이다. 인간은 특히 존재실상의 이해에 근거한 올바른 목적을 설정하고, 이를 달성하기 위해 자신을 능동적으로 변화시켜 궁극적으로 최고선을 달성할 수 있는 존재로 파악된다.

선악의 개념과 관련하여 인간은 어느 한쪽으로 결정되어 태어난 존재는 아니지만 분명한 것은 선을 지향하는 존재라는 것이다. 선지향의 과정은 살펴본 바와 같이 최고선을 향한 능동적이고 주체적인 자기변혁의 과정이다. 자기변혁의 과정에서 자신의 성품을 선택하고 변화시키고 만들어 간다. 자신은 자기자신의 성품에 대한 주인인 것이다. 불교는 어떤 악인도 항상 자기변혁의 가능성을 가지며 계기와 결단에 의해 질적 변환을 할 수 있다고 본다. 인간에 대한 근본적 신뢰를 어느 경우에도 버리지 않는 것이다.

인간이 갖는 질적 변환의 가능성에 대한 불교의 신뢰는 인간에 대한 신뢰를 의미하지만 이것은 동시에 불교가 생각하는 인간존엄의 근거이다. 인간이 존엄할 수 있는 이유는 자신이 자신의 힘으로 자신을 변혁시킬 수 있기 때문이다. 자기변혁에 의해서 열반이라는 최고선을 달성할 수 있기 때문에 '인간임' 자체가 의미를 갖는 것이다. 1995년 세계의 불교학자들이 참여한 한 온라인 학술회의에서 불교의 가르침을 세 가지로 요약하였는데 그 중 한 가지는 '인간의 존엄성'이다.[19] 인간뿐만 아니라 모든 살아 있는 존재들은 양도할 수 없는 존엄성을 갖는데 이러한 존엄성은 현재의 생이나 미래의 생에서 깨달음을 성취할 수 있는 능력에서 찾아진다는 것이다.

요컨대 탐진치 지멸의 성품을 완성하고 열반을 실현할 수 있는 능력, 즉 '아라한'이라는 지고의 존재에로의 변혁가능성을 갖기 때문에 모든 인간은 '인간임' 자체로 존엄을 갖는 것이다.

따라서 경전에서는 인간의 몸으로 태어난 것의 가치를 '눈 먼 거북이가 망망대해를 떠다니다가 나무판자, 그것도 작은 구멍이 뚫린 나무판자를 만나 자신의 머리를 그 구멍 속에 집어넣는 것과 같다'고 한다. 이 비유는 인간으로 태어남의 어려움과 희귀성, 그리고 '인간임'의 소중함을 천명하고 있다. 여기에서 그치지 않고 이 비유는 최고선 실현을 위한 노력/수행의 당위를 말하고 있다. '인간임'이라는 사실 자체로서 모두가 소중한 존재인데 '소중한 존재'의 진정한 의미는 최고선의 실현을 향한 인간의 노력이나 달성을 떠나 찾아질 수 없다. 인간이라는 사실 자체로서 '나'라는 존재는 소중하지만 만일 최고선을 지향하는 삶을 살지 않는다면 나의 소중함은 그 가치를 발하지 못하는 것이다. 그러한 삶을 통해서만 나는 진정한 '인간임'의 의미를 실현하고 나의 존엄을 현실화시킬 수 있기 때문이다.

---

19) 온라인 학술지인 《불교윤리》(*Journal of Buddhist Ethics*)는 1995년 '불교와 인권'이라는 주제로 2주 동안에 걸친 온라인 학술회의를 개최한 후 〈상호의존 선언(*Declaration of Interdependence*)〉을 하였다. 이 선언에서 불교의 가르침을 세 가지로 요약하였다. 다른 두 가지는 '상호의존성과 이로부터 비롯되는 상호의무', 그리고 '생명체에 대한 보편적 자비'이다(Harvey, 앞의 책, 121쪽).

5. 탐진치 지멸의 성품의 현시 : 자비

지금까지 필자는 초기불교윤리는 덕윤리 패러다임으로 이해될 수 있으며 이것이 의미하는 바는 성품형성에 의한 자기변형, 즉 탐진치 지멸의 성품형성을 수행/윤리의 핵심내용으로 한다고 주장하였다. 필자는 이러한 관점에서 선악의 개념도 이해하였는데 선악의 '근본기준'을 '탐진치의 유무'라고 보았다. 다른 어떤 기준들도 이 기준에 포함되거나 이 기준으로 환원된다는 의미에서 '탐진치의 유무'는 선악의 근본기준이다. 또 최고선은 탐진치가 완전히 지멸된 성품의 상태, 즉 열반의 상태에서 성취된다고 보았다. 이러한 상태에 도달한 인간은 초기불교가 이상적 인간으로 제시하고 있는 아라한이 되었음을 의미한다. 아라한은 그 성품의 완성으로 인하여 어떠한 의도적인 노력을 기울이지 않고도 자연히 도덕적이면서 행복한 인간이다. 그런데 아라한이 실현한 탐진치 지멸상태, 즉 열반은 인간이라면 누구든지 달성할 수 있는 열린 윤리적 목표이다. 인간은 이 윤리적 목표실현에의 가능성을 갖기 때문에 존엄하다. 그런데 그것은 자기자신이 스스로의 노력, 그것도 점진적인 노력에 의해서만 달성될 수 있다. 열반은 윤리적 목표로서 삶의 토대를 떠난 신비주의적인 체험도 아니며, 그것은 어떤 유형의 삶 속에서든지 탐진치 지멸의 성품상태가 유지될 때 언제든지 가능하다. 즉 열반은 일상의 한가운데서 일순간도 놓치지 않고 탐진치 지멸의 성품으로 행동하고, 말하고, 생각하게 될 때 구현되는 것이다. 그리고 이것이 바로 윤리의 완성점이다.

필자는 앞에서 탐진치 지멸의 성품이 구성적 측면에서 이해되었을 때는 한편으로는 사무량심에 의해서 무한한 자비의 마음을 계발하고 자비를 실천하며, 다른 한편으로는 오계, 팔계, 십계 등을 지키고 사섭법을 적극적으로 실천하는 것이라고 하였다. 자비희사(慈悲喜捨)의 사무량심이라고 한역된 자애(metta), 자비(karuṇā), 공감적 기쁨(muditā), 평정(upekkhā)은 특히 자비의 내화를 강조하고 있는 것으로 이해된다. 친절, 호의, 사랑 등의 마음으로서의 자애, 타인의 어려움이나 고통을 볼 때 측은해하여 돕고자 하는 자비, 타인의 기쁨에 대해 같이 기뻐하는 공감적 기쁨, 그리고 어떠한 상황에서도 흔들리지 않고 평정한 상태에서 모두를 차별하지 않고 똑같이 배려할 수 있는 평정은 자비의 내화를 강조하고 있다. 그러나 사무량심이 자비의 외적 표출, 즉 외화를 소홀히 하는 것은 아니다. 자비의 외적 표출은 내화가 되었을 때 저절로 외적으로 표출되기 때문에 일차적으로 자비의 마음을 강조한 것으로 생각된다. '성품'이라는 말은 내외적인 측면 모두와 관계되는 말이지만 보다 중요한 측면은 내적 측면에 있기 때문에 자비의 성품에 있어서도 내적인 자비의 마음이 강조되는 것은 당연할 것이다. 그러나 여기에서 중요한 것은 자비의 성품은 자비의 내화와 외화가 모두 갖추어진 것을 의미한다는 것이다. 이러한 자비의 성품은 불교에서 인간의 도덕성이 표현되는 내외의 전 영역을 망라하고 있는 몸, 말, 마음에 있어서 자비로서 표출되게 될 것이다.

몸, 말, 마음의 행동영역에서 표출되는 자비는 이 책에서 탐구하고 있는 주요 주제이기 때문에 다른 장에서 언급될 것이다. 따라서 여기에서는 자비가 드러나는 전체모습과 이와 관계된 핵심개념들에 대해서만 약술하고자 한다.

자비가 자신을 드러내는 방식은 '자리이타'(自利利他)의 방식이다. '자리이타'의 자비는 자기보존, 자기존중, 그리고 자기애 등의 자연적 욕구에 근거하여 자신을 보살피는 마음을 타인에게 확대하는 방식으로 전개된다. 여기에서 활용되는 주요 원리는 '해침 받고 싶지 않고 보호받고 싶은 마음'을 타인에게 똑같이 적용하는 불교의 '황금률', 그리고 타인의 상황에 자신을 이입시켜서 타인의 상태를 똑같이 느끼는 동정심을 매개로 한 '자신과 타자의 동일시'이다. 자비의 이와 같은 전개방식은 자비가 자기희생적 이타주의와 타인배타적 이기주의를 모두 거부하고 동등배려적 자리이타의 방식으로 나타나는 것과 긴밀한 관련이 있다. 황금률과 동일시는 원칙적으로 자신과 타자 모두를 존중하는 논리이기 때문이다.

필자는 동등배려적 자리이타의 자비가 나타나는 방식을 윤회적(saṃsāric) 사유구조와 열반적(nibbānic) 사유구조 속에서 이해해 볼 수 있다고 본다. 자비의 성품이 지향하는 자비의 표출방식은 당연히 후자이지만 후자를 지향해 가는 과정에서는 전자도 유용하다.

윤회적 사유구조는 자타분별적 사유구조를 의미하며 열반적 사유구조는 자타동체적 사유구조를 의미한다. 자타 분별/분리의 윤회적 사유구조 속에서의 자비는 상대적 세계에서의 자비로서 자기희생과 배타적 이기주의를 모두 지양한다. 이 사유구조 속에서 '자리'와 '이타'는 늘 구별되며 양자는 서로 다른 것으로 인지된다. 그러나 자타동체적 열반적 사유구조 속에서의 자비는 절대적 세계에서의 자비로서 자기희생이나 이기주의라는 개념 자체가 성립하지 못할 뿐만 아니라 '자리'와 '이타'의 구별 자체가 무의미하며 양자는 동일한 것으로 인지된다. 질적인 차이는 있겠으나 윤회적 사유구조와 열반적 사유구조 모두 속에서 자비의 외적 실천이 가능하리라고 본다. 그러나 불교가 지향하는 진정한 자비, 혹은 탐진치 지멸의 자비의 성품이 지향하는 자비는 열반적 사유구조 속에서의 자비이다.

열반적 사유구조 속에서의 자비는 연기(paṭiccasamuppāda), 공(suñña), 혹은 무아(anattan)의 체득에 근거한다. 연기의 개념은 자아의 타자와의 필연적 관계성과 공존성을 강조함으로써, 공과 무아의 개념은 자신과 타자 그어느 쪽도 고립적/독립적 구조 속에서 생존할 수 없다는 것을 강조함으로써 자리이타의 공존적 자비를 당위로써 요청한다. 연기, 공, 무아의 세 개념 중에서 어느 것을 택하든 자비의 필연성으로 귀결되지만 탐진치 지멸의 성품의 관점에서의 자비의 당위성은 '무아'의 개념으로 설명하는 것이 가장 용이한 것으로 보인다.

탐진치 지멸을 해체적 관점과 구성적 관점에서 이해할 수 있었듯이 '무아' 또한 마찬가지이다. 즉 우리는 '무아'를 해체적(de-constructive) 소멸전략의 관점과 구성적(constructive) 확산전략의 관점에서 이해할 수 있다. 전자는 자아를 해체적으로 무화시키면서 타자를 배려하는 전략이며, 후자는 자아를 구성적으로 확산시킴으로써 타자를 배려하는 전략이다. 자아소멸 전략에 의해서 배타적이고 고립적 자아의 개념을 버릴 수 있을 것이며, 자아 확산전략에 의해서 모든 존재를 자기화할 수 있을 것이다.

초기불교는 자비의 실천에 있어서 '한량없는 자비의 마음'을 강조하는데 이는 무아의 확산전략의 관점에서 이해될 수 있다. 한량없는 자비의 마음을 특정 개아나 이웃에 한정시키지 않고 모든 존재들에게 확산시킴으로써 그들을 자기화하는 것이다.

중요한 것은 해체적 소멸전략을 취하든지 구성적 확산전략을 취하든지 아니면 이 두 전략을 모두 취하든지, 자비실천의 구체적인 모습은 나와 타자/대상의 동일시로 귀결 될 것이라는 점이다. 그리고 동일시가 이루어지는 곳에서 무아가 의도하는 나와 타자/대상의 동체성이 현실화된다.

'무아'의 체득을 통한 자기의 타자와의 동일시는 연기나 공에 대한 체득의 귀결이기도 하다. 무아, 연기, 공의 개념이 의미하고 귀착하는 곳은 자신과 타자와의 동체성, 더 나아가서는 모든 존재와의 자기동일시이기 때문이다.

6. 초기불교에 대한 '소승'이라는 오해

살펴본 바와 같이 탐진치 지멸 성품의 구성적 측면은 자비의 성품의 형성이며 자비의 성품이 의미하는 바는 모든 가능한 행동의 영역에서 자비로울 수밖에 없는 행동을 한다는 것이다. 이와 같이 탐진치 지멸의 성품은 곧 자비의 실천을 의미하므로 초기불교의 자기변형의 윤리는 자기자신에게만 국한되지 않고 대사회적 윤리로 귀결될 수밖에 없다. 자기변형 과정에서의 탐진치 지멸의 성품형성을 말할 때는 이것이 극히 개인적인 윤리라고 오해될 소지가 있지만 이것이 갖는 인식적 근거(연기, 공, 무아)와 그 외화방식을 고려할 때는 대사회적인 적극적 윤리임을 알 수 있다.

그럼에도 불구하고 초기불교는 대승적이지 못한 불교로 오해받아 왔다. 현학적이고 이기적인 불교라고 간주되어 온 부파불교와 구별되지 않고 동일시되거나 '소승불교'라고 오해되고 있으며, 초기불교의 이상적 인간형인 '아라한' 또한 '소승적'이라는 부당한 비판[20]을 받고 있다. 이러한 오해와 부당한 비판은 근본적으로는 '대승'과 '소승'이라는[21] 대비적 이분으로부터 기인한다. 따라서 필자는 초기불교가 대승적이지 못하며 '아라한'의 이념 또한 '소승적'이라는 오해의 근거를 밝히기 위해서 이러한 이분법에 대한 고찰부터 시작해 보기로 한다.

주지하다시피 부파불교는 사원에서 교학적인 연구에만 치중하여 대사회적인 역할을 외면하고 자신의 해탈만을 추구한 불교로 알려져 있다. 이러한 부파불교는 대승불교 운동이 전개되면서 자칭 큰 수레인 '대승'

---

20) 박경준 또한 붓다와 그의 제자들의 삶의 사회적 유대를 들어 '초기불교가 자리만을 목표로 한다'는 비판의 부당성을 지적하고, 아라한을 성취한 사람들이 자신만의 깨달음을 추구하지 않았다고 본다(박경준, 〈佛敎思想으로 본 사회적 실천〉《한국불교학》 28, 1991), 421쪽).

21) 한 연구에 의하면 '대승'과 '소승'이라는 말은 대승학자인 용수, 무착, 월칭 등의 저술에 나타난다. 이들은 보살행에 대한 주제가 소승경전에서는 언급되지 않는다고 말하고 있으며, 소승에는 바라밀, 중생구제에 대한 서원, 공덕장려, 대자비 등의 내용이 없다고 하고 있다(Samuels, Jeffrey, "The Bodhisattva Ideal in Theravāda Buddhist Theory and Practice: A Reevaluation of the Boddhisattva- Śravāka" (*Philosophy East and West* 47, 1997), 407쪽). 물론 대승학자들의 이러한 주장은 초기불교 경전과 일치하지 않는다.

(Mahāyāna, 大乘)과 대비되어 대승에 의해서 '소승'(Hīnayāna, 小乘)이라고 폄하된 불교이다.

그런데 수많은 부파불교가 흥성하고 있을 당시 불교의 본래 정신—자리이타의 자비정신—으로부터 이탈하여 사원에서 교학적 연구에만 몰두한 수행자 집단이 있었다고 하지만 그 실체는 정확히 규명되지 않고 있다. 많은 부파들, 즉 18 혹은 20개의 부파들 중에서 구체적으로 어떤 부파들이 소승적이었는지 혹은 어느 정도 규모였는지 알 수 없다는 것이다. 요컨대 '소승'이라고 했을 때 역사적으로 그 지칭대상이 애매모호한 것이다. 이러한 애매모호성으로 인하여 오늘날 남방부 불교국가는 부파불교의 일파였던 상좌부(Theravāda)불교의 계승자라는 이유로 '소승불교국가'라고 칭해진다. 또 이들이 보존해 온 초기불교 또한 소승불교라 일컬어지고 초기불교에 의한 이들의 수행법 또한 소승수행법이라고 일컬어지고 있다. 오늘날 이들이 실천하고 있는 불교는 오히려 '대승적'이지 결코 '소승적'이 아니다. 그런데도 이러한 인식은 일반인에게만 국한되지 않고 전문학자들에게 의해서도 무심코 받아들여지고 있는 경우가 허다하다.

초기불교와 그것이 표방하는 '아라한' 이념을 '소승적'이라고 보는 오해는 이상과 같은 대 · 소승의 대비적 이분법이 내포하고 있는 다음의 두 가지 문제점에 기인한다고 생각된다.

첫째로 일신의 해탈만을 추구했기 때문에 '소승'으로 지칭되는 부파불교와 타자의 해탈, 즉 이타행을 수행의 중심으로 삼는 '대승'의 구분 자체가 꼭 적합하지만은 않다는 것이다. 지적한 바와 같이 모든 부파불교의 수행자들이 소승적인 것은 아니었기 때문에 이들 모두를 소승이라고 규정할 수는 없는 것이다. 이상에서 언급한 상좌부불교는 물론 대승불교의 원류가 되었다는 대중부불교 또한 부파불교라는 범주 안에 포함된다.

둘째로 소승과 대승의 대비적 이분은 초기불교의 '아라한'의 이념과 대승불교의 '보살'의 이념을 대비시키게 되었다는 것이다. 대승불교도들이 비판한 불교는 처음에는 '소승적' 생활을 하는 일군의 승려들에 대한 비판이었겠으나 차츰차츰 대승 이전의 경전에까지 '소승'이라는 말을 적용하게 된 것으로 생각된다. 그리하여 초기불교가 제시하고 있는 아라한의 이념은 대승의 보살이념과 대비되게 된다. 이타행 중심의 수행을 강조하는 대승의 '보살'과 대비시켜 '아라한'은 자신의 깨달음/행복만 추구하는 이기적인 수행자라는 의미로 통용되게 된 것이다. 더 나아가서 '보살'과 '아라한' 개념에 의한 이분은 경전의 이분화에로 확장되어 경전에 대해서도 소승경전과 대승경전으로 구분하게 되기까지 하였다.[22] 놀라운 것은 '아라한'의 이념이 대승의 '보살'의 개념과 본질적으로 다르지 않고 더구나 대비될 수 없음에도 불구하고 이들 두 개념이 후대불교에서 대·소승 이분적 도식에 의해 범주화되었다는 사실이다.

이처럼 대·소승의 대비적 이분은 문제점을 내포하고 있다. 따라서 '대승'과 '소승'이라는 말의 사용에는 주의를 요한다. 특히 역사적인 불교를 기술하는 맥락에서가 아니라 현실의 수행방법이나 수행자들을 규정하는 맥락에서 이 말을 사용하는 것은 더욱 주의를 요한다. 이 말이 대승적 삶을 살고자 하는 사람들에게 자신의 이념을 늘 확인·주지시키고 타인에게는 대승적 삶을 권유하는 방편으로 사용된다면 무방할지도 모르겠다. 그러나 상대방의 폄하를 전제하면서 자신의 입장과 삶을 드러내는 맥락에서 사용된다면 이는 무아정신과도 배치되는 비불교적이며 반불교적인 사용일 것이다.

---

22) 이에 대하여 이봉순은 이렇게 기술하고 있다. "후세 대승불교에서는 아라한을 성문·연각 二乘의 聖果에 지나지 않는다고 비하하고 있다. 성문과 연각은 自利行만 하는 小乘인 데 비해, 보살은 自利와 동시에 利他行을 하기 때문에 대승의 근기라고 하였다. ……菩薩思想의 有無가 소승경전과 대승경전을 구별하는 기준이 되어 있다고 해도 과언이 아닐 정도이다."(이봉순, 《보살사상성립사연구》(서울: 불광출판부, 1998), 114쪽).

　요컨대 대 · 소승의 대비적 이분은 여러 문제점을 내포하고 있다. 더구나 이러한 대비적 이분의 여파로 초기불교는 '소승'이라고 폄하받았던 부파불교와 혼동되기까지 하였다. 더 나아가서 자리이타의 자비의 삶을 이상으로 하고 있는 초기불교의 '아라한'의 이념 또한 대승의 '보살'의 이념과 대비되게 되었다.

　살펴본 대로 초기불교의 이상적 인간상인 '아라한'은 탐진치 지멸의 성품으로 자비의 삶을 살 수 밖에 없는 성품의 완성자이다. '아라한'은 자기자신의 해탈만을 추구하는 이기적인 수행자가 아니다. 검토해 온 바와 같이 '아라한'의 이념은 자비의 삶을 이상으로 하고 있다는 점에서 대승의 '보살'과 동일한 삶을 지향하고 있다. '아라한'의 이념은 대승의 '보살'의 이념과 본질적으로 다르지 않은 것이다.

　그런데 아라한과 대승보살의 이념에 있어서의 이상과 같은 '자비의 삶'이라는 동지향성 혹은 본질적인 동일성에도 불구하고 이 양자 사이에 차이가 전혀 없는 것은 아니다. 첫째로 '아라한'은 깨달음을 얻음으로써 더 이상 닦을 것이 없고 더 이상 태어남이 없는 상태를 지향하기 때문에 자리이타적인 자비의 삶 속에서 열반을 성취하여 다시는 윤회하지 않는 삶을 택한다. 그러나 대승의 '보살'은 아라한과 마찬가지로 깨달음을 지향하고 이타적인 자비의 삶, 즉 '상구보리 하화중생'(上求菩提 下化衆生)의 삶을 살지만, 늘 자신의 깨달음의 성취를 유보하고 윤회를 거듭하는데 이는 오직 이타행을 위해서이다. 대승의 보살은 윤회하는 삶을 스스로 적극적으로 선택하여 보살행(이타행)의 기회로 삼는 것이다. 또한 그에게 보살행은 자신의 깨달음을 달성해 가는 방편으로 간주된다. 둘째로, 자비를 실천하는 데 있어서도 아라한은 '자리'로부터 '이타'를 연역해 내는 '자리이타'의 자비를 실천하지만 대승의 보살은 '이타'로부터 '자리'를 연역해 내는 '이타자리'를 실천한다. 아라한이나 대승보살에게 있어서 온전한 자비, 즉 열반적 사유구조 속에서의 자타동체적인 자비의 실천에 있어서는 '자리'와 '이타'의 구별은 무의미해지지만 이를 달성해 가는 과정에 있어서는 차이가 있을 수 있다.

이상과 같은 점을 고려해 볼 때 아라한은 오해되고 있는 것처럼 자리행만 하는 것은 아니다. 아라한 또한 방법에 있어서는 다르지만 이타행의 삶을 이상으로 한다. 초기경전에서 수행자들에게 '사람들의 행복을 위해 돌아다니며 법을 전파하라' 혹은 '무엇을 하든지 타인의 복지를 위해 자비심으로부터 하라'라고 반복하여 말하는 것도 이러한 맥락에서 고려할 점이다. 아라한의 이러한 자비의 이념은 초기불교에 나타난 '보살'(bodhisatta)의 개념에 대한 성찰을 통해서도 알 수 있다. '보살'이라는 개념 또한 대승 고유의 이념이거나 대승에 의해서 창안된 것이 아니다. 초기불교경전에서 '보살'이라는 말은 '아직 깨닫지는 못하였지만 깨달음을 위해 노력하는 수행자'의 의미로서 붓다 자신을 지칭하는 경우가 많지만 동시에 이타행의 이념을 실천하는 보살의 의미로도 쓰인다. 따라서 《자타카》(Jātaka)나 《붓다밤사》(Buddhavaṃsa)와 같은 좀더 후기의 초기불교경전에서는 대승보살의 실천이념이 나타난다. 특히 《붓다밤사》에서는 다른 존재들을 위한 자비에서 정각 붓다가 되고자 하는 서원을 세우고, 미래불의 예언을 받으며, 십바라밀을 이룬 사람으로서 '보살' 개념이 나타난다.[23]

요컨대 대승보살의 자비의 정신과 삶은 초기불교의 아라한의 이념에서도 강조되므로 자비의 삶의 유무 혹은 보살이념의 유무를 들어서 아라한을 '소승적'이라고 하는 것은 초기불교를 '소승불교'라고 하는 것과 마찬가지로 온당하지 못하다. 무엇보다도 필자가 위에서 살펴본 '탐진치 지멸의 자비의 성품형성'이라는 개념은 아라한의 자비의 삶이라는 이상을 잘 드러내 주고 있다. 필자와 동일한 강도의 목소리로 보이지는 않지

---

23) Samuels, Jeffrey, 앞의 논문, 407쪽.

만 이봉순도 대승이 보살의 이상에 비추어 '아라한을 가리켜서 자리적인 독선주의자였다고 비난하고 폄하한 것은 결코 역사적인 사실의 전부가 아니다'라고 말하고 있다.[24]

7. 탐진치 지멸과 주요 교설[25]

탐진치 지멸의 자비의 성품형성이 초기불교의 수행/윤리의 핵심이라면 이것은 초기불교의 수행법은 물론 그 주요 교설들과 연관성을 가져야 하며 주요 교설은 탐진치 지멸의 관점에서 설명될 수 있어야 할 것이다. 따라서 초기불교의 주요 교설을 탐진치 지멸의 관점에서 간략히 언급해 보고자 한다.

주지하다시피 초기불교에서는 깨달음에 이르는 방법으로 37가지 수행법이 제시되고, 주요 교설로 연기, 공, 무아, 오온, 6입처, 12입처, 18계 등이 제시된다. 탐진치 지멸의 관점에서 볼 때 전자는 후자에 의한 세계/존재 이해를 근거로 한 탐진치 지멸의 구체적 방법이라고 할 수 있을 것이다. 그런데 이와 같이 세계/존재의 이해를 위해 다양한 교설들이 설해지고 있지만 이것들은 서로 다른 개념들이 아니다. 이것들은 모두 타자와 자기, 혹은 세계와 자기의 대립적 분별의 윤회적인 인식구조를 드러내고 있으며 자타동체의 열반적인 인식구조로의 전환의 당위성을 말하고 있다. 그리고 교설들에 따르는 수행이나 윤리는 우리의 삶의 양식을 존재

---

24) 이봉순, 앞의 책, 116쪽.

25) 초기불교의 여러 교설들에 대한 기초지식이 전혀 없는 독자라면 혹은 이에 대한 복잡한 논의를 피해가기를 원하는 독자라면 이 항목을 건너뛸 것을 권장한다. 이 항목은 전공자들을 위한 핵심교리들과 탐진치 지멸의 연관성에 대한 개략적인 논의일 뿐이지 이 책의 나머지 부분을 이해하는 데 필수적인 것은 아니기 때문이다.

구조의 실상인 열반적인 인식구조에 합치시켜 가는 것이다.

이렇게 볼 때 불교의 수행, 즉 윤리는 실천의 문제만이 아니며 인식의 문제이기도 하다. 올바른 실천은 올바른 인식을 전제해야 하기 때문이다. 또 실천은 올바른 인식의 필연적 귀결이며 인식은 올바른 실천으로 귀결될 때만 그 의미가 있는 것이다. 탐진치 지멸의 맥락에서 보면 실천이란 탐진치 지멸의 성품형성을 위한 수행을 의미하므로 결국 올바른 인식이란 이것을 목적으로 한다고 볼 수 있다. 따라서 불교의 지혜가 갖는 의미는 최종적으로 악의 뿌리들인 탐진치의 성향을 근절시키는 도덕적 맥락에서 찾아져야 할 것이다. 프레마시리는 불교의 지혜와 도덕적 실천의 불가분의 관계에 대하여 다음과 같이 서술하고 있다.

불교에서 인정되고 있는 궁극적 지혜는 도덕적 목적을 갖는다. 그것은 인간 마음 속에 깊이 뿌리박고 있는 악한 성향을 끝장내는 지혜이다.[26]

요컨대 불교의 올바른 인식과—핵심교리들에 의한 세계/존재의 이해—그 필연적 귀결인 실천은—깨달음에 이르는 37가지 수행—결국 탐진치 지멸의 성품을 형성하는 데로 귀착된다. 37가지 깨달음에 이르는 수행법에 포함된 7가지 종류의 수행법 중에서도 팔정도(atthaṅgikamagga)는 여타의 수행법들을 모두 포괄한다. 그래서 경전은 팔정도 수행에 의해서 열반에 이른다는 것을 반복하여 강조한다. 특히 팔정도는 다른 어떤 수행법들보다도 명백하게 올바른 인식을 전제하고 있다. 이는 팔정도 수행이 올바른 견해를 갖는 것으로부터 시작되기도 하지만 팔정도는 올바른 세계/존재이해(사성제의 전반부)의 필연적 귀결/실천(사성제의 후반부)이기 때문이다. 팔정도의 실천법을 담고 있는 사성제 또한 핵심교설

---

26) Premasiri, 앞의 논문, 145쪽.

의 하나인 연기설이나 오온설의 다른 표현이기 때문에 사성제, 팔정도는 불교의 세계 이해방법과 수행법을 망라하고 있다고 볼 수 있다.

이 같은 사성제, 팔정도에서 탐진치는 고통의 원인을 지칭하는 집착이나 갈애(집제)를 보다 포괄적으로 나타내는 말이라고 할 수 있다. 특히 탐욕(탐심)은 집착(upādāna)이나 갈애(taṇhā)를 수반한다. 그리고 이러한 탐욕 혹은 집착과 갈애는 그 속성상 조만간 혹은 언제인가는 좌절당하게 되고 그리되었을 때 성냄이나 미워함/싫어함/혐오(진심)로 귀결됨으로써 고통은 더욱 가중된다. 이러한 고통의 발생과정이나 원인에 대하여 성찰하지 못하고 어리석음(치심)에 머무를 때 탐욕과 성냄/미워함은 지속적으로 고통의 원동력으로 남아 있게 된다. 이렇게 볼 때 탐진치는 사성제 가운데에서도 집제를 보다 포괄적으로 설명해 주는 개념이다. 그래서 팔정도(도제)에 의해서 집착이나 갈애를 멸하고 열반에 이르듯이 마찬가지로 팔정도 수행에 의해서 탐진치를 지멸하고 열반에 이를 수 있다.

탐진치 지멸의 관점에서 볼 때 37가지 깨달음에로 이끄는 요소들 중에서 팔정도 이외에 사념처(catu satipaṭṭhāna, 四念處) 또한 중요하게 취급되어야 할 것이다. 팔정도가 사념처를 포함하고(일곱번째 올바른 주의집중인 正念) 있음에도 불구하고 사념처가 따로 거론되어야 할 만큼 중요한 이유는 이것이 초기경전에서 필수적인 수행법으로 전제되고 있는 비파사나(vipassanā, 觀) 명상법의 구체적 내용으로서 강조되기 때문이다. 몸, 감각, 마음, 마음의 대상에 대한 주의집중(사념처)에 의한 통찰적 명상인 비파사나는 마음을 고요한 상태에 머물게 하는 사마타(samatha, 止) 명상법과 함께 초기불교에서 존재실상을 보게 하는 필수적인 수행법으로 전제된다.[27]

---

27) 사념처의 관점에서 볼 때 다른 명상법인 호흡주의집중법인 아나파나사티(ānāpānasati)는 사념처 수행과 병행되며, 다른 중요한 수행법인 선정(jhāna)은 사마타(samatha) 혹은 삼매(samādhi)명상과 거의 같은 의미로 이해된다.

사념처에 의한 통찰적 명상은 모든 현상의 속성을 바로 보게 함으로써 그것들이 본질적으로 무상(anicca)하고, 고통이며(dukkha), 무아적인 (anatta) 것임을 보게 한다. 탐진치 지멸의 관점에서 볼 때 현상의 속성에 대한 이러한 통찰은 치심의 지멸을 의미한다. 그런데 치심의 지멸은 탐심과 진심의 지멸을 전제하므로 우리는 치심 지멸 이전에 사미타나 심매의 수행에 의한 탐심과 진심의 지멸을 전제해야 할 것이다. 즉 탐진치 지멸의 순서는 탐심의 지멸로부터 시작하는데 탐심이 사라졌을 때 진심은 일어날 수 없으며, 진심이 사라진 이후에 치심도 사라지게 된다. 탐진치 지멸에 대한 이와 같은 순차적 이해방식은 지혜 이전에 마음의 청정/평정을 전제하는데 이는 사마타와 비파사나 수행에 있어서 비파사나에 앞서서 사마타가 전제되고, 계정혜의 삼학에 있어서 혜에 앞서 계와 정이 전제되고, 심·혜 해탈에 있어서 혜해탈에 앞서 심해탈이 전제되는 것과 같다.

이상과 같이 37가지 깨달음에 이르는 수행법들이―그 중에서도 이 모두를 망라하는 팔정도와 특히 중요한 사념처법―탐진치 지멸의 관점에서 설명될 수 있듯이 인간이 지각하는 존재의 발생과 소멸을 설명하는 오온, 십이연기, 12처, 18계 등의 교리도 탐진치 지멸의 관점에서 이해해 볼 수 있을 것이다. 예컨대 오온과 십이연기의 경우 다음과 같이 이해될 수 있을 것이다.

탐진치 지멸은 오온으로 하여금 오취온으로서가 아니라 오분법신의 오온으로서 기능케 하는 것을 의미하고, 12연기의 경우에는 탐진치에 근거한 유전문의 윤회구조가 탐진치 지멸에 근거한 환멸문의 구조로 바뀌는 것을 의미한다. 특히 탐진치 지멸은 오온의 감각(vedanā, 受)과 생각(saññā, 想)에 있어서 탐진치가 없는 순수한 감각과 분별(nimitta, 相)에 잡힘이 없는 순수한 생각만이 남게 되며, 12연기의 경우 여섯, 일곱 번째 연결고리인 접촉(phassa, 觸)과 감각의 과정에서 탐진치가 없는 순수한 감각

만이 남게 되는 것이 강조되어야 할 것이다.[28] 우리는 보통 대상을 감각
하거나 접촉할 때 탐진치를 수반하는 세 가지 감각(쾌감각, 고감각, 중성적
감각)을 갖게 되는데, 탐진치가 지멸된 경우에는 탐진치를 수반하지 않는
감각만을 갖게 되는 것이다. 오온과 12연기에서 탐진치 지멸이 갖는 보
다 핵심적인 의미는 '성향'(saṅkhāra, 行)의 변환에서 찾아져야 할 것이다.
즉 오온의 넷째 요소와 12연기의 두번째 항목에서 탐진치의 성향이 무탐
진치의 성향으로 전환되었음을 의미한다. 그리하여 몸, 말, 생각의 영역
에서 무탐진치의 성향만이 활동하게 되는 것이다.

　주지하다시피 초기경전은 열반의 상태로서 '모든 성향의 지멸'(sabba-
saṅkhārasamatha)을 말하고 있기 때문에 여기에서 이 말과 관련하여 '탐진
치의 성향의 지멸'이 의미하는 바를 분명히 할 필요가 있을 것이다. 이 말
에 대한 이해는 초기불교를 이해하는 핵심임에도 불구하고 'saṅkhāra'라
는 말의 다의성과 복잡성 때문인지 그 해석에 있어서는 모든 학자들이 일
치하고 있는 것 같지 않다. 예컨대 요한슨(Johansson)과 같은 학자는 "불
교가 지향하는 것 중의 하나는 행을 감소시키고 가능하면 뿌리 뽑는 것"
이라고 하고 열반을 '행 없는 상태'[29]라고 한다. 요한슨과는 달리 조준호
는 열반의 상태인 '모든 상태의 지멸'을 '더하고 빼는 의지의 작용이 쉰
상태'로서 "'있는 그대로'를 조작시키는 의지를 쉬게 하고서 '있는 그대
로'를 드러나게 하는 것"이라고 보고,[30] 칼루파하나(Kalupahana)는 '성향
의 순화'(appeasement of dispositions)로 이해한다.[31] '모든 성향의 지멸'이

---

28) 이에 대해서는 2부 2장에서 상세히 다룸.

29) 요한슨, 루네, 《불교심리학》(박태섭 옮김, 서울: 시공사, 1996), 61~62쪽.

30) 조준호, 〈Vipassanā의 인식론적 근거: Pāli경전을 중심으로〉(보조사상연구원 월례발
　　표회 자료(39차발표), 2001), 5쪽.

31) 칼루파하나는 자신의 입장을 탐닉과 지멸의 중도적 입장이라고 한다. 그는 성향의
　　순화를 도덕적 자아의 토대로 이해하며 열반도 '성향의 순화'로 이해한다
　　(Kalupahana, David, *The Principles of Buddhist Psychology*(Albany: State University of

라는 말에 대한 필자의 이해는 '모든 성향의 지멸이 아니라 모든 탐진치의 성향의 지멸'인 만큼 요한슨의 '행 없는 상태'라는 이해보다는 조준호나 칼루파하나의 '있는 그대로를 드러나게 하는 것'이나 '성향의 순화'라는 이해와 합치한다. 모든 성향의 지멸은 사실상 죽음을 의미한다고 생각되므로 '성향의 지멸'을 요한슨처럼 '모든 성향의 지멸'로 이해해서는 아니 될 것이다.

탐진치 성향이 지멸되었을 때 탐진치의 성향으로부터 완전히 자유로운 자비의 성향만이 전 행동 영역에 남게 될 것이다. 이러한 이해는 오온(pañcakkhandhā)에서 감각과 생각의 경우에서도 마찬가지로 적용된다. 따라서 '감각과 생각 자체의 지멸'의 의미로서가 아니라 '탐진치의 영향 하에 있는 감각과 생각의 지멸'의 의미로서 이해되어야 할 것이다. 즉 오취온(pañcupādānakkhandhā)으로서의 감각과 생각이 멸하여 정화된 오온에서의 무탐진치의 감각과 생각만이 기능하는 것이다. 이러한 이해는 탐진치에 속박된 오취온으로서의 오온은 멸의 대상이지만 무탐진치의 정화된 오온은 열반에 이른 자에게서도 기능한다는 오온에 대한 이해를 전제한다.[32]

탐진치지멸의 관점에서 볼 때 6입처, 12입처(12āyatana), 18계(18dhātu)는 다음과 같이 이해될 수 있다. 6입처는 12입처에 내포되어 있고[33] 18계

New York Press, 1987), 42~43쪽).

32) 필자는 현생에서 가능한 유여열반(saupādisesa)과 죽은 후에 가능한 무여열반(anupādisesa)의 개념도 이러한 관점에서 이해될 수 있다고 본다. 즉 유여열반의 경우, 탐진치의 영향으로부터 자유로운 오온이지만 오온은 여전히 기능한다. 그러나 무여열반 상태에서는 이러한 오온마저도 완전히 작용을 멈춘다.

33) 주지하다시피 6입처는 눈, 귀, 코, 혀, 몸, 마음의 여섯 기관을 중심으로 한 여섯 종류의 인식주관이다. 그런데 인식주관으로서의 6입처는 육감각기관이 육감각대상과 만났을 때 발생하는 것이다. 이러한 의미에서 6입처는 12입처를 의미한다고도 말할 수 있고, 6입처가 12입처에 내포되어 있다고도 말할 수 있을 것이다. 이는 전재성이 붓다고사(Buddhaghosa)와 카루나라트네(Karunaratne)의 입장을 인용하면서 표현하고

는 12입처로부터 확장된 개념이므로 12입처를 중심으로 살펴보기로 한다.

주지하다시피 12입처는 윤회하는 보통사람의 다섯 감각과 마음, 그리고 이에 상응하는 다섯 감각대상과 마음의 대상(법)으로 구성된다. 전자는 보통사람의 인식주관으로서 육내입(ajjhatta)을 가리키고 후자는 보통사람에게 인식되는 인식객관대상으로서 육외입(bāhira)을 가리킨다. 경전에서는 6입처는 멸하고 육감각은 수호/제어(saḷindriyagutti, 六根守護)하라고 하는데, 이때의 6입처는 윤회하는 사람의 인식주관이며 수호된 육감각은 열반에 이른 사람의 인식주관이라고 할 수 있을 것이다. 동일한 육감각이 윤회의 구조 속에서는 지멸되어야 할 6입처로서 나타나고 열반의 구조 속에서는 수호되는 육감각으로 나타난다. 6입처가 지멸되어야 하는 이유는 이것이 탐진치를 전제하고 있기 때문이며, 육감각이 수호되어야 하는 이유는 이것이 탐진치의 지멸을 의미하기 때문이다. 그리하여 6입처의 지멸은 보통사람의 윤회하는 탐진치에 둘러싸인 인식주관의 지멸을 의미하지만 육감각의 수호는 탐진치를 지멸한 육감각의 활동을 의미한다.

우리가 지향해야 할 바는 당연히 탐진치에 둘러싸인 인식주관의 지멸, 즉 6입처(육내입)의 지멸이다. 그런데 6입처, 즉 육내입의 지멸은 육외입의 지멸로 귀결되어 12입처의 지멸을 의미하고 더 나아가서는 탐진치를 갖는 18계의 지멸을 의미한다. 이를 가장 단순하게 말하자면 6입처의 여섯 번째 항목인 마음에서의 탐진치의 지멸이라고도 말할 수 있을 것이다. 왜냐하면 마음은 자기자신뿐만 아니라 다른 다섯 감각의 활동에도 관여하기 때문이다. 니야나틸로카(Nyanatiloka)에 의하면 12입처는 '마음

___

있는 것처럼 12입처가 여섯 가지의 내외의 '통일장'을 형성하고 있기 때문이다(전재성 역주,《쌍윳따 니까야》(제6권 여섯감역 모음1)(서울: 한국빠알리성전협회, 2001)) 10쪽.

과정이 의존하고 있는 토대'[34]라고 정의되는데, 이 정의는 12입처의 특징, 즉 이것들이 모두 마음과 결부됨으로써 의미를 갖는 특징을 잘 드러내 주고 있다. 우리의 마음은 12입처를 떠나서 작용하지 않기 때문이다.

주지하다시피 경전에서는 일체(sabba), 즉 세계를 12입처라고[35] 하고 이것들을 '멸하라'(pajahati, pahātabba)라고 한다. 6입처의 지멸 혹은 탐진치에 둘러싸인 18계의 지멸로도 이해되는 12입처의 지멸은 육감각(활동)에 있어서 탐진치를 제거한다는 것을 의미한다. 육감각은 육감각대상과 결부되지 않고는 활동이 불가능하고 육감각대상은 육감각을 떠나 무의미하므로 육감각(활동)에서의 탐진치 지멸은 동시에 육감각대상에 대한 탐진치의 지멸을 의미한다.[36] 경전에서는 6입처를 멸하는 것을 강조하면서도 12입처를 멸하라고 하는데 이는 한편으로는 이 양자가 본질적으로 다르지 않기 때문이며 다른 한편으로는 인식주관의 입장에서 보았을 때 보다 강조되어야 할 것이 6입처를 멸하는 것이기 때문이다.

이미 시사된 것처럼 6입처를 멸하는 것을 긍정적으로 표현할 때는 '육감각수호'인데 그 의미는 육감각(활동)에 있어서 탐진치의 지멸이다. 그런데 육감각수호에 대한 설명방식은 다음과 같이 다양하다. 첫째, 육감각수호는 육감각으로 육감각 대상을 보고, 듣고, 냄새 맡고, 맛보고, 접촉하고, 생각할 때, 육감각을 제어하고(saṁyama), 길들이고(dama), 순화하는(upasama) 것[37]이다. 둘째, 육감각수호는 육감각이 육감각 대상을 만날 때 자신이 좋아하는/흡족한(piya) 감각대상에 대해서는 집착/몰입하지 않고(nādhimuccati) 좋아하지 않는(apiya) 감각대상에 대해서는 괴롭힘 당하

---

34) Nyanatiloka, *Buddhist Dictionary : Manual of Buddhist Terms and Doctrines* (Kandy: Buddhist Publication Society, 1997), 33쪽.

35) *Saṁyutta-nikāya* IV, 15쪽.

36) 그래서 경전에서는 육감각에서 탐진치를 멸하지 못했을 때 육감각 대상에도 탐진치가 있다고 한다(*Saṁyutta-nikāya* IV, 160~165쪽).

37) *Saṁyutta-nikāya* IV, 176쪽.

지 않으며(vyāpajati), 몸에 대한 주의집중(신념처, kāyasati)을 확립하며, 한량없는 마음(appamāṇacetasa)에 머무르며, 심·혜 해탈을 알아 악하고(pāpaka) 불선한(akusala) 상태(dhamma)를 떠나는 것을 의미한다.[38] 육감각에 대한 불수호는 이와 반대이다. 즉 좋아하는 감각대상에 대하여 집착하고, 좋아하지 않는 감각대상에 대하여 괴로워하며, 몸에 대한 주의집중을 확립하지 않으며, 편협한 마음(parittacetasa)에 머무르며, 심·혜 해탈을 알지 못하고 악하고 불선한 상태에 머무르는 것을 의미한다. 셋째, 육감각수호의 결과는 감각의 완성(indriyasampanna)이라고 표현되는데 이는 육감각에서 생멸(udayavyaya)을 보고(anupassati) 육감각을 싫어하여 떠나는 것(nibbindati)이다.[39] 이는 육감각이 일어나고 사라지는 것에 대하여 여실히 주의집중하여 이에 대하여 탐착하지 않는 것을 의미한다. 넷째, 육감각수호는 육촉입처(chaphassāyatana)를 길들이고(danta), 수호하고(gutta), 감시/주시하고(arakkhita), 절제하는(saṁvuta) 것이라고도 표현된다.[40] 그리하여 육촉입처의 수호에 의해서 "쾌접촉에 중독되지/탐닉하지(majja) 않고, 고접촉에도 크게 동요되지(sampavedha) 않으며, 쾌고라는 두 가지 접촉에서 평정/초연(upekha)하며, 그 무엇에 의해서도 방해받지 않고 자유롭다"[41]고 하며, 육촉입처에서 마음(manas)이 잘 연마되면 마음(citta)은 더 이상 접촉에 의해서 흔들리지 않고 탐진을 떠나 생사를 넘어선다(pāraga)고 한다.[42] 또한 육촉입처의 생멸과 달콤함과 위험 그리고 이로부터 벗어남을 여실히 알 때, 집착하지 않고 해탈함으로써 '일체'의 정복자(sabbaji)가 된다고 한다.[43] 이와 같이 육촉입처로부터 벗어남은

---

38) *Saṁyutta-nikāya* IV, 189쪽.

39) *Saṁyutta-nikāya* IV, 140쪽.

40) *Saṁyutta-nikāya* IV, 70쪽.

41) *Saṁyutta-nikāya* IV, 71쪽.

42) *Saṁyutta-nikāya* IV, 71쪽.

43) *Saṁyutta-nikāya* IV, 83쪽.

'고의 끝'(anta)을 의미한다.[44] 여기에서 우리는 육감각수호를 육촉입처의 수호로 설명하고 있음을 알 수 있다.

육감각수호에 대한 이상의 설명의 핵심은 육감각의 활동을 사념처에 의해 감시하고 제어함으로써 쾌를 주는 감각대상을 탐닉하거나 고를 주는 감각대상에 대하여 혐오하지 않는 것이다. 그리하여 쾌고에 동요되지 않는 것이다. 이러한 상태의 완성은 곧 '일체'에 대한 무집착과 무속박 그리고 '일체'에 대한 정복과 고의 소멸을 의미한다.

그런데 육감각수호는 보다 포괄적이다. 육감각수호는 1)육감각은 물론 2)육감각대상, 3)이 양자를 조건으로 하여 생기는 여섯 의식, 4)이 삼자의 접촉, 5)이 삼자의 접촉에서 생기는 세 가지 감각(vedāna)을 수호하는 것을 말한다. 이들 다섯 가지의 속성은 모두 매 순간 변화하고, 괴로우며, 실체가 없는 무상·고·무아이기 때문에 이들 다섯 가지는 멸해야 하는 것이라고 말해진다. 그래서 경전은 이들 다섯 가지의 속성에 대하여 무상하고(panānicca), 괴롭고(dukkha), 변화하는(vipariṇāma) 것이라고 반복하여 강조하고 최종적으로 우리에게 '무아'적 태도를 요청하는 것이다. 그리하여 열거한 다섯 가지 이 어느 것에 대해서도 "이것은 내 것이다"(etam mama), "이것은 나이다"(eso hamasmi), "이것은 나의 자아이다"(eso me attāti)라는 생각을 일으키지 말아야 한다고 한다.[45]

육감각수호가 이상의 다섯 가지에 대한 수호를 의미한다는 것은 우리가 멸해야 할 '일체'도 6입처나 12입처에 국한되지 않고 이 다섯 가지 모두에 해당한다고 보아야 할 것이다. 그래서 '일체'가 탐진치의 불에 의해서 타고 있다고 하는 저 유명한 '불탐'(ādittam)에 대한 가르침에서는 어떤 '일체'가 타고 있는가를 묻고 이 다섯 가지가 탐진치의 불에 의해서 타고

---

44) *Saṁyutta-nikāya* IV, 43쪽.
45) *Saṁyutta-nikāya* IV, 24~25쪽.

있다(rāragginā dosagginā mohagginā ādittaṁ)고 한다.[46] 그리고 우리가 멸해야 할 것은 이 다섯 가지에 수반되는 탐진치임을 분명히 하고 있다.

요컨대 12입처의 지멸은 탐진치의 지멸을 의미하는데 이 말은 '6입처의 멸함', 더 나아가서는 위에서 열거한 '다섯 가지 모두의 멸함'을 의미한다. 긍정적으로 표현할 때 12입처의 지멸은 '육감각수호'를 의미한다. 그래서 육감각을 수호하지 못하는 것도 탐진치를 지멸하지 못하는 것과 같은 것이다.

여기에서 분명하게 밝혀둘 것은 12입처나 '일체를 멸한다'는 것이 인간의 존재와 인식의 근본조건인 육감각 자체, 더 나아가서는 육감각대상 자체의 멸함을 의미하는 것은 아니라는 것이다. 12입처 혹은 '일체'를 멸하라고 했을 때 그 의미하는 바는 탐진치의 지멸(혹은 집착의 지멸이나 '일체'의 어느 것에서도 자아를 찾지 않는 것)이다. 보통사람의 존재와 인식 활동에는 항상 탐진치가 수반되어 있기 때문에 붓다는 육감각수호를 말하면서도 육감각을 포함한 일체를 멸하라고 말한 것이라고 생각된다.

12입처의 지멸이 육감각은 물론 육감각대상 자체의 멸함을 의미하지 않는다는 것은 '육감각과 육감각대상이라는 이원성(dvaya)을 거부하고 다른 이원성을 시설하지 않는다'는 경전의 말[47]에도 시사되어 있다. 또 함께 연결되어 하나로 묶여 있는 흰 소와 검은 소에 대한 비유에도 암시되어 있다. 한 쌍으로 묶여 있는 소를 보고 어떤 소가 어떤 소에게 묶여 있는가를 따지는 것은 잘못이다. 왜냐하면 흰 소가 검은 소에 묶여 있다거나 검은 소가 흰 소에 묶여 있는 것이 아니라 이 둘이 새끼나 멍에 끈에 의해서 묶여 있기 때문이다. 마찬가지로 육감각과 육감각 대상도 어느 하나가 다른 하나에 묶여 있는 것이 아니라 '욕탐'(chandarāga)이라고 표

---

46) *Saṁyutta-nikāya* Ⅳ, 19~20쪽.
47) *Saṁyutta-nikāya* Ⅳ, 67쪽.

현되는 탐욕(탐)에 묶여 있는 것이다.[48] 두 마리의 소를 묶임에서 풀어 자유롭게 하는 것은 한 마리의 소를 죽이는 것이 아니라 이 양자를 연결시켜 묶고 있는 새끼를 풀어야 하듯이 육감각과 육감각 대상에 있어서도 이들 자체를 멸하는 것이 아니라 이 양자를 묶고 있는 탐(진치)을 멸하는 것이다.

육감각과 육감각 대상을 묶고 있는 탐(진치)을 멸한다는 것 또한 이 양자의 접촉 자체를 멸하는 것이 아니다. 인식주관으로서 육감각이 육감각 대상을 만날 때의 우리의 태도를 바꾸는 것이다. 보통사람은 '나'라는 의식을 전제로 하여 대상과 접촉하는데 이 '나'라는 의식은 필연적으로 '탐'을 야기한다. '나'라는 생각은 '탐', 또한 결과적으로 '진치'의 조건이다. 따라서 접촉에 있어서 탐(진치)을 지멸하기 위해서는 대상과 접촉시에 털끝만큼의 '나'라는 생각도 갖지 말아야 한다. '일체', 즉 모든 것에서 '나'라는 의식을 버릴 때 탐진치도 버려지는 것이다. 경전에서는 이러한 태도를 다음과 같이 말한다.

마룽키야풋타여, 사물들을 보고, 듣고, 감각하고, 인식한다고 하자. 보는 것에는 보여지는 것만이 있으며, 듣는 것에는 들려지는 것만이 있으며, 감각되는 것에는 감각되는 것만이 있으며, 인식되는 것에는 인식되는 것만 있다. 그러므로 마룽키야풋타여, 그대는 그것과 함께 있지 않다. 마룽키야풋타여, 그대는 그것과 함께 있지 않기 때문에, 마룽키야풋타여, 그대는 그 속에 없다. 마룽키야풋타여, 그대는 그 속에 있지 않으므로 그대는 여기에도 없고

---

48) *Saṁyutta-nikāya* IV, 163쪽. 이 예에서 육감각과 육감각 대상을 묶고 있는 것으로서 '탐' 하나만을 들고 있지만 여기에서 '탐'은 '진'과 '치'를 동시에 함축한다고 보아야 할 것이다. 왜냐하면 '탐'은 필연적으로 '진'을 유발하며 '탐' 혹은 '탐진'은 무명인 '치'를 야기하거나 전제하기 때문이다. 경전에서는 '일체'에 대해서도 '탐'을 갖지 말라고 하기도 하고 '탐진'을 갖지 말라고 하기도 하는데 이 또한 '탐진치' 모두를 함축한다고 보아야 한다.

거기에도 없고 이 양자 사이에도 없다. 이것이 고의 끝이다.[49]

요컨대 육감각(활동)과 관련하여 어떠한 '나'라는 의식도 없이―따라서 감각과 관련하여 어떠한 집착도 없이― '나'라는 의식을 중심으로 생겨나는 탐(진치)도 없이, 오직 보여지고, 들려지고, 감각되고, 인식되는 것만을 느끼게 된다. 육감각이 육감각대상과 접촉하고 있는 동안에만 육감각기관을 통해 인식되는 감각만을 느끼는 것이다. 어떠한 개체적/실체적 자아의식도 없이 무아적으로, 즉 연기/공의 관점에서 주관과 객관 혹은 자신과 타자/대상의 이원적 대립의식을 떠나는 것이다. 그리하여 오직 조건적으로 일어나고 있는 존재활동 혹은 인식활동에 탐진치 없이 동참하는 것이다. 이러한 상태를 내용적으로는 6입처의 멸, 12입처의 멸, 육감각의 수호, 탐진치의 지멸 등 다양하게 부를 수 있을 것이다. 형식적으로는 육감각으로부터 감각(수)에 이르는 다섯 가지의 지멸이라고도 표현된다. 또한 이러한 상태는 18계에 있어서 탐진치를 지멸하는 것과도 같다.

18계와 탐진치 지멸과의 관계는 이미 12입처설에서 상당부분 설명되었다. 주지하다시피 18계는 육내입과 육외입 그리고 이 양자의 결합으로 생긴 여섯 의식(육식)으로 구성되어 있다. 18계 또한 6입처 혹은 12입처의 개념과 마찬가지로 인간의 인식구조(과정/활동)에 대한 분석이다. '계'(dhātu)라는 말은 다양한 존재의 영역을 지칭하지만 18계는 오직 인간에게만 해당한다. 비슷한 사람은 비슷한 계를 갖는다. 경전에서는 같은 계를 갖는 사람끼리 유유상종한다고 한다. 예컨대 저급한 사람은 저급한 사람끼리, 고급한 사람은 고급한 사람끼리, 도덕적인 사람은 도덕적

---

49) *Saṁyutta-nikāya* IV, 73쪽. 여기에서 '보고, 듣고, 감각하고, 인식한다'(diṭṭha-suta-muta-viññatabba)는 육감각(활동)을 총칭.

인 사람끼리, 비도덕적인 사람은 비도덕적인 사람끼리 끼리끼리 모인다고 한다. 18계는 사람들의 행동, 말, 생각에 있어서 다양성을 설명해 주는 개념으로서 성향과 인품의 토대라고도 할 수 있다.

18계는 12입처라는 개념에서 확장된 개념이지만 12입처와 본질적으로 상이한 개념이라고 생각되지는 않는다. 육내입과 육외입은 서로가 결합을 전제하거나 필연적으로 결합하는 성질을 가지고 있기 때문에, 그리하여 결합을 조건으로 한 육식이 18계를 성립시키기 때문에 12입처와 18계는 본질적으로 다른 것이 아니라고 생각되는 것이다. 따라서 경전에서는 일체, 즉 세계를 12입처라고 하지만 동시에 '일체', 세계를 18계라고도 한다. 또한 마찬가지로 12입처를 멸해야 하듯이 18계도 멸해야 할 대상인데 여기에서 멸함의 의미는 12입처에서처럼 탐진치의 멸함을 의미한다.

마지막으로 계(sīla, 戒), 정(samādhi, 定), 혜(paññā, 慧) 또한 탐진치 지멸의 관점에서 이해될 수 있다. 주지하다시피 계정혜는 불교의 인식과 실천, 모든 것을 축약해 놓은 말이다. 우리는 계정혜의 수행에 의해서 완전한 성품을 이루고 열반에 도달한다고 말할 수 있다. 따라서 탐진치 지멸이 모든 수행의 결과를 포괄한다면 탐진치 지멸 또한 어떤 식으로든지 계정혜 수행과 관련을 가져야 한다. 경전에서는 계정혜를 닦고 완성하면 탐진치가 멸해진다고 한다.[50] 더 나아가서 계정혜의 구조는 탐진치 지멸과 같은 구조를 보여준다. 보통 금지의 형태로 나타나는 '계'는 탐욕의 제어를 전제하거나 탐욕의 제어와 관계되는 것이며, 마음의 평정/고요를 전제하는 정은 성냄/미워함의 마음이 생기는 것을 다스릴 것이며, 지혜는 어리석음을 다스릴 것이다.

살펴본 바와 같이 초기불교의 존재이해에 관한 주요 교설들과 이에 근거한 수행법들은 탐진치 지멸의 관점에서 이해될 수 있다. 존재 이해에

---

50) *Aṅguttara-nikāya* I, 230~231쪽.

관한 교설들은 다양하지만 이것들이 갖는 의미는 윤리적 차원, 즉 탐진치
지멸의 자비의 성품형성으로 귀착되는 것이다.

8. 현대사회와 탐진치 지멸의 자비의 윤리

인식과 실천의 차원에서 아무리 완벽한 체계를 가진 윤리라도 이것이
삶 속에서 실천되지 않는다면 그것은 별 의미를 갖지 못할 것이다. 탐진
치 지멸의 자비의 윤리도 마찬가지이다. 따라서 필자는 여기에서 이러한
질문을 제기해 보게 된다. 오늘날과 같은 사회에서 이러한 윤리는 얼마
만큼 생장력을 가질 수 있을까? 특히 우리가 살고 있는 사회구조와 관련
하여 필자는 이러한 질문을 제기해 보게 된다. 자비의 윤리는 요청되지
만 우리 사회제도는 이러한 윤리의 실천에 역행하는 구조를 가지고 있지
는 않은가?[51]

모두가 인정하겠지만 우리가 사는 세계구조는 자비적이기보다는 반자
비적인 행동을 독려한다. 개인은 사회라는 유기체의 한 구성원이기보다
는 고유한 권리를 가지고 이를 주장하는 개체들이다. 개인은 타인배려적
삶의 양식보다는 자기중심적 삶의 양식에 익숙하다.

제도는 개체적 자아와 그들간의 경쟁을 전제하며 배타적 성취와 성공
을 고무시킨다. 학교, 회사, 공공기관 등의 모든 사회제도는 개체로서 자

---

51) 필자는 '불교윤리가 21세기의 윤리 패러다임이 될 수 있는가'라는 문제를 탐구해
   본적이 있다. 이 탐구에서 필자는 현재 우리의 윤리적 상황과 자본주의 사회의 특징
   을 검토하고 불교의 자비의 윤리가 미래의 대안윤리가 될 수 있는지에 대해 검토해
   보았다. 필자는 자비의 윤리가 갖는 1)감성과 이성의 조화, 2)규범과 덕의 조화, 3)책
   임과 권리의 조화, 3)절대주의와 상대주의 극복, 4)성차를 전제하지 않는 평등성의 도
   덕이라는 점을 들어 미래의 대안윤리가 될 수 있다고 보았다(〈21세기를 위한 윤리의
   모색: 불교윤리의 관점에서〉(《전통과 현대》 7, 1999)).

아를 평가하고 무제한의 목표를 제시한다. 무한경쟁, 무한성취, 무한축척을 지향한다. 협력, 조화, 공유보다는 견제, 대립, 배타적 소유를 유도한다. 사회제도가 요구하는 행동방식은 주변에 대한 배려가 아니라 경계와 긴장이다. 제도는 최소한의 법칙의 준수만을 요구할 뿐이다. 법 테두리 안에서의 비도덕적 삶은 보장된다. 때론 오히려 영웅시된다. 필자에게는 타인배려의 규칙으로서의 법을 지키지 않는 것도 문제이지만 사회제도가 법으로 인정·독려하는 개체주의적인 삶의 방식, 본질적으로는 이기주의적인 삶의 방식이 더 심각한 문제로 보인다.

물론 타인배려적인 삶이 없다는 것은 아니다. 그러나 이러한 상황 속에서의 타인배려적인 삶, 즉 사랑과 자비의 실천은 주변적이거나 소집단적이거나—따라서 다른 집단에 대해서는 오히려 배타성을 띠게 되는—개인적이다. 기독교의 사랑이나 유교의 인(仁)도 마찬가지이지만 불교가 말하는 자비는 이러한 편협하고 편파적이며 배타적인 배려나 사랑이 아니다. 그것은 너와 나, 나의 가족과 너의 가족, 나의 회사와 너의 회사, 우리 조직과 너의 조직 등의 사이에 경계를 전제한 자비가 아니라 경계선 해체에 근거한 자신과 타자를 동일시하는 자비이다. 이 점은 기독교의 사랑이나 유교의 인의 경우도 마찬가지이다. 불교의 자비는 또한 유교의 인과 마찬가지로 사람들의 성향 혹은 성품으로부터 비롯되는 자비이다. 이것이 갖는 의미는 자비의 성품으로부터 나온 행동은 모두 타인배려적일 수밖에 없다는 것이다.

인간의 모든 행동은 성품에 근거한다. 그래서 성품이 도덕적일 때 모든 행동은 도덕적일 수밖에 없다. 이와는 달리 성품에 근거하지 않는 도덕은 한계를 가질 수밖에 없다. 성품으로부터 비롯되지 않는 도덕은 대사회적으로는 적극성을 띠지 못하기 때문이다. 그것은 그야말로 자기보호나 자기방어 차원에서의 최소한의 도덕일 뿐이지 타인에 대한 적극적인 배려를 이끌어 내지는 못한다. 또한 성품에 근거하지 않는 도덕은 행위자 자신에게는 구속을 의미하기 때문에 한계를 갖는다. 그러한 도덕은 자신을 실현하고 해방시킴으로써 자유와 행복에로 인도하는 도덕이 아니다. 이에 반하여 성품에 근거한 도덕, 즉 자비의 성품의 도덕은 자신을 진정으로 자유롭고 행복하게 하며 타인도 그렇게 한다. 이러한 까닭에 탐진치 지멸의 성품으로서의 자비의 도덕은 우리가 버리고 갈 수 없는 요청되는 윤리이념인 것이다.

탐진치 지멸의 성품에 근거한 자비의 타인배려적인 삶이 추구되어야 한다면—사실상 이러한 삶은 인류 역사 이래로 모든 종교전통에서 이상으로 삼아 왔으며, 문화적 차이를 초월하여 모든 사회에서 지속적으로 추구해 온 이상적인 삶이기도 하다—경쟁과 대립을 전제하고 개인의 무한한 성공과 성취를 고무하며 규범 밖에서는 비도덕적 행동을 묵인하고 때론 고무하기까지 하는 현재의 우리의 제도는 재고되어야 할 것이다. 이미 오래 전에 자본주의 사회의 많은 병폐들을 지적했던 프롬(Fromm) 또한 이와 같은 생각을 피력하고 있는 것으로 보인다. 그는 한계를 가진 편협한 사랑이 아니라 일종의 사회현상으로서의 사랑이 필요하다고 보고 이를 위해 사회구조를 변화시키는 것이 필요하다고 본다.

> 사랑을 인간의 실존 문제에 대한 유일한 합리적 대답으로 보고 사랑에 진지한 관심을 갖고 있는 사람들은 사랑을 매우 개인주의적인 주변적 현상이 아니라 사회적 현상으로 만들기 위해서는 우리의 사회구조의 중요하고 급진적인 변화가 필요하다는 결론에 도달한다.[52]

탐진치 지멸의 성품에 근거한 자비의 윤리가 요청된다면, 더 나아가서 우리의 본래의 모습이 이러한 윤리를 선호한다면, 그리고 프롬이 생각하

---

52) 에리히 프롬, 《인간의 마음》(황문수 옮김, 문예출판사, 1977), 152쪽.

고 있는 것처럼 '편협하고 배타적이 아닌 사회현상으로서의 사랑'이 필요하다면 우리는 우리의 행동양식을 규정하고 있는 현대사회의 제도들의 속성에 대하여 진지하게 성찰해 볼 필요가 있을 것이다. 앞에서 논의한 대로 현대의 사회구조는 자비의 성품을 독려하기보다는 반자비적인 성품을 양산하고 있기 때문에 우리는 진지한 성찰에 근거하여 타인배려적인 삶을 장려하고 고무시키는 새로운 사회제도를 마련해야 할 것이다.

바람직한 공동체를 만들어 가는 방식에는 크게 두 가지 전략이 있을 것이다. 즉 사회제도 개혁이나 혁명에 의존하는 전략과 구성원 각자의 성품변화를 통한 전략이 그것이다. 불교는 제도개혁에 반대하는 것은 아니지만 본질적으로 개개인의 올바른 성품형성에—개개인의 올바른 심성형성 혹은 도덕의식의 변혁에 의한 태도변화—호소하는 전략을 취한다. 올바른 성품의 형성은 궁극적으로는 개인적 노력의 결과이겠지만 제도적 환경 또한 중요하다. 가족제도, 교육제도, 경제제도, 정치제도 등 우리의 일상을 규정하고 있는 모든 제도들을 자비의 성품을 계발하고 고취시키는 방향으로 재조직화할 수 있을 것이다. 우리가 우리의 제도들을 이러한 방향에서 재조직화해야 하는 까닭에 대하여 필자는 다음과 같이 정리해 본 적이 있다.

환경의 열악함에도 구애받지 않고 선을 행할 수 있는 사람도 있지만 현실 속에는 그렇지 않은 사람이 대부분이다. 현실의 악을 도덕적 단련이나 해탈을 위한 방편으로 승화시킬 수 있는 사람은 많지 않다. 엄동설한에 필 수 있는 꽃은 극히 제한되어 있고 고인 물에서 필 수 있는 꽃이 극히 제한되어 있는 것과 마찬가지이다. 썩고 고인 물에서는 연꽃 이외의 어떤 평범한 꽃이 피어날 수 없는 것과 마찬가지로 소수의 도덕적 영웅을 제외한 대부분의 사람들은 열악한 환경에서 도덕의 이상에 도달할 수 없는 것이다. 마찬가지로 탐욕을 독려하고 배타적 성공을 절대시하는 사회나 제도하에서는 자비스런

다수를 기대할 수 없다.[53]

요컨대 탐진치 지멸의 자비의 성품형성은 본질적으로 개인의 노력에 의한 자아변형을 통해 가능하지만 이를 위한 추동력이 될 수 있는 것이 바로 사회적 토대 마련이다. 비록 자비의 성품의 본질이 악의 상황에서 선을 꽃피우는 데 있을지라도, 그것을 효과적으로 기르기 위해서는 탐욕과 배타적 성공을 부추기는 사회나 제도가 아니라 절제와 만족을 독려하고 공존적 성취를 게임의 규칙으로 하는 사회나 제도가 마련되어야 한다.

---

53) 안옥선, 앞의 논문, 104~5쪽.

제 2 부

초기불교윤리의 특성

1장

●

감각의 성찰에 근거한 탐진치 지멸의 윤리

1. 시작하는 말

우리의 삶이 고통을 떠나 있다면 애초부터 불교는 존재하지 않았을 것이다. 필자의 이해에 의하면 불교의 궁극목표인 닛바나(nibbāna)는 삶 속의 다양한 고통을 행복[1]으로 전환시키는 것 그 이상도 이하도 아니다.

고통을 행복으로 전환시키는 데 있어서 붓다(Buddha)의 전략은 세계 자체를 바꾸는 방법이 아니다. 그의 전략은 세계인식과 세계에 대한 우리의 반응방식을 바꾸는 것이다. 그의 일차적 관심은 외적 상황을 바꾸는 것이 아니라 사람의 내면을 바꾸는 것이다. 그리고 내면을 바꾸는 것은 자아와 세계의 실상에 대한 올바른 인식과 이에 따라 사는 것이라고 할 수 있다. 감각[2]의 관점에서 볼 때 행복성취의 여부는 감각의 실상을

---

1) 필자는 닛바나를 행복으로 이해한다. 주지하다시피 '닛바나' (nibbāna)라는 말의 핵심적인 의미는 '불을 끄는 것' , '탐진치의 소멸' 혹은 '탐진치로부터 풀려남' 인데 이러한 의미는 감각에도 동일하게 적용되어 행복은 감각의 배후에 동반되는 탐진치를 소멸시키는 데서 획득된다.

바로 보고 이에 대처하는 우리의 태도에 달려 있다.

인간은 세계의 한 부분이면서도 세계와의 관계 속에서 세계와 쉼 없이 접촉한다. 우리의 존재는 세계 안의 대상과의 접촉 없이는 한 순간도 지속되지 않는다. 그리고 우리는 접촉으로부터 다양한 감각을 갖는다. 슬픔, 기쁨, 괴로움, 분노, 사랑, 미움, 혐오, 등등. 그런데 접촉의 대상은 다양하고 이에 따라 우리의 감각도 다양하지만 행복의 관점에서 볼 때 감각의 내용은 단순하다. 붓다에 의하면 그것은 즐거운 감각과 괴로운 감각 그리고 즐겁지도 괴롭지도 않은 감각이다. 따라서 감각과 관련하여 우리의 행복의 성취여부는 이 세 가지 감각에 대한 우리의 수용방식에 달려 있다고 할 수 있다.

이 장에서 필자는 붓다의 감각에 대한 인식과 태도를 살펴봄으로써 감각에 대한 그의 전략에 나타난 닛바나(행복)의 달성의 방법과 의미를 검토해 보고자 한다. 이를 위해서 필자는 붓다의 주요 교설 속에서 감각의 위치(2), 감각에 대한 분석과 그 위계적 이해(3), 감각의 속성에 대한 성찰과 이에 근거한 탐진치 지멸의 전략(4), 그리고 탐진치 지멸이라는 전략의 귀결로서의 닛바나(5)에 대하여 검토해 보고자 한다.

이러한 검토를 통하여 필자는 다음과 같은 것을 주장하고자 한다. 감각에 대한 태도로서 붓다가 권유하는 전략은 세 감각 배후에 있는 탐욕(rāga/lobhā, 貪), 성냄/미워함/혐오(dosa, 瞋), 어리석음(moha, 癡)(이하에서

---

2) 'vedanā'(sensation, feeling)에 상응하는 우리 말은 감각, 감정, 느낌일 것이다. 이희승의 국어사전에 의하면 감각은 '감촉되어 깨달은 느낌' 혹은 '외내부의 자극에 의해 일어나는 느낌'으로, 감정(感情)은 '사물에 느끼어 일어나는 심정' 혹은 '쾌, 불쾌를 중심으로 하는 의식의 주관적인 측면'으로, 느낌은 '느끼는 일' 혹은 '감상'으로 정의되어 있다. 필자가 감각이라는 말을 택한 이유는 'vedanā'라는 말이 외적 자극(대상)이 갖는 속성과 무관하게 주관적으로(내적으로) 촉발된 느낌뿐만 아니라 외적 자극이 지닌 속성에 의해 촉발된 느낌까지를 의미하며, 즐거운 감각과 괴로운 감각뿐만 아니라 보다 다양한 정서(많게는 108가지)를 의미하기 때문이다.

는 탐진치로 약칭)이라는 나쁜 성향을 지멸시키는 것이다. 붓다가 말하는 '감각의 지멸'도 (감각 자체의 지멸이 아니라) 세 감각 배후의 탐진치 지멸을 의미한다. 보통 우리가 추구하는 것은 여섯 감각기관을 통한 즐거운 감각이지만 붓다에 의하면 이것은 추구할 만한 진실한 즐거움이 아니며 저급한 것이다. 이것은 그 무상성으로 인하여 오히려 고통의 원인이다. 붓다는 즐거운 감각들을 위계적으로 파악하여 선정 속에서의 즐거움(sukha)을 높게 보며 그 중에서도 아홉 번째 선정, 즉 멸진정(nirodha-samāpatti)에서의 즐거움을 가장 높은 즐거움으로 본다. 생각과 감각지멸(saññā-vedayita-nirodha, 想受滅定)의 멸진정의 상태에 있는 사람은 탐진치를 완전히 지멸시켜 최고의 즐거움을 느끼지만 감각적 욕구나 감각적 즐거움에 의해 속박받지 않는다.

세 감각의 배후에 있는 탐진치를 지멸함으로써 행복에 도달한 사람은 윤리적 관점에서 볼 때 도덕의 완성지점에 이른 사람이다. 그는 탐진치라는 성향을 지멸시킴으로써 모든 악의 근원을 뿌리뽑은 사람이기 때문에 비도덕적 성향을 갖지 않는다. 자신의 성향은 항상 도덕과 합치하기 때문에 그에게 있어서 도덕적 행위는 그 자체가 행복을 의미한다. 탐진치 지멸은 감각에 대한 증폭적인 수용도 아니지만 감각에 대한 무감각은 더더욱 아니다. 세 가지 감각은 일차적으로 외부대상에 의해 야기되므로 대상에 의해 촉발된 만큼만 느끼는 것이 탐진치 지멸의 핵심이다. 이를 위해서 대상이 갖는 속성에 대하여 여실하게 보는 것(yathābhūtañāṇadassana)이 필수적이며 상황에 대하여 섬세한 감수성을 잃지 않는 것도 중요하다.

2. 연기설에 있어서 감각 : 지멸의 대상

붓다의 교설에 있어서 감각은 자아가 대상을 접촉할 때 발생하는 것이다. 감각은 십이연기설에서는 일곱 번째 연결고리로 지멸의 대상이다. 감각(vedanā)은 세계 발생의 직접적 단초인 접촉(phassa)에 수반되는 것이다. 여기에서 접촉은 욕구와 주의(력)를 가진 자아가 세계를 만나면서 존재를 발생시키는 직접적인 계기이다.

> 비구들이여, 다른 견해들을 가진 수행자들이 이렇게 묻는다고 가정해 보자. "친구들이여, 모든 존재(sabbe dhammā)들은 어디에 뿌리를 두며 모든 존재들은 무엇에서 기원하며 모든 존재들은 무엇에서 일어나며 모든 존재들은 무엇과 함께 오는가……." 이렇게 질문 받는다면 그대들은 다른 견해들을 가진 외도들에게 이렇게 대답하도록 하라. "친구들이여, 모든 존재들은 욕구(chanda)를 뿌리로 가지며 모든 존재들은 주의(manasikāra)를 기원으로 하며 모든 존재들은 접촉(phassa)으로부터 일어나며 모든 존재들은 감각(vedanā)과 함께 오며(samosaranā)……."[3]

여기에서 붓다가 말하는 접촉은 나와 대상의 단순한 물리적 부딪침이 아니다. 눈, 귀, 코, 혀, 몸, 마음이라는 인식 능력이 이들 각각에 상응하는 여섯 인식의 대상과 만나 이에 상응하는 여섯 가지 의식이 작용할 때 일어나는 것이 접촉이다. 접촉에는 여러 종류의 여러 층의 의식이 개입된

---

3) Sace bhikkhave aññatitthiyā paribbājakā evaṁ puccheyyuṁ 'kiṁmūlakā āvuso sabbe dhammā, kiṁsambhavā sabbe dhammā, kiṁsamudayā sabbe dhammā, kiṁsamosaraṇā sabbe dhammā', …… evaṁ puṭṭhā tumhe bhikkhave tesaṁ aññatitthiyānaṁ paribbājakānaṁ evam vyākareyyātha 'chandamūlakā āvuso sabbe dhammā, manasikārasambhavā sabbe dhammā, phassasamudayā sabbe dhammā, vedanāsamosaraṇā sabbe dhammā……(*Aṅguttara-nikāya* IV, 338~339쪽).

다. 현재의 접촉에는 이전의 접촉에서 형성되어 온 내면의 여러 의식이 동원되기 때문에 접촉은 단편적이거나 단속적인 것이 아니다. 접촉은 과거의 경험, 미래에 대한 기대, 현재의 상태 등이 관여하는 복잡한 과정인 것이다.

일반적으로 우리는 우리라는 인식주관과 우리 밖의 대상이 별개로 존재한다고 생각한다. 나는 세계와 독립적으로 존재하며 세계와 관계한다고 생각한다. 세계는 나의 접촉과 무관하게 존재하며 내가 지각하는 세계가 세계 자체인 것은 아니라고 생각하는 것이다. 이러한 생각 속에는 우리의 지각과 별도로 존재하고 있는 세계가 전제되어 있다. 붓다에 의하면 이러한 방식의 세계이해는 잘못된 것이다. 붓다의 핵심교설인 십이연기설은 이러한 세계이해가 잘못되었음을 지적하기 위한 교설이기도 하다.

십이연기의 구성요소들 중에서 접촉활동은 여섯 번째 연결고리인 (접)촉에서 일어난다. 위에서 본 바와 같이 접촉의 구체적 발생은 활동적 감각(indriya)과 객관대상(visaya) 그리고 의식(viññāṇa)이 만남으로 인해 이루어진다. 접촉을 발생시키는 것은 감각활동의 토대인 6입처(saḷāyatana)이고 접촉이 발생시키는 것은 일곱 번째 연결고리인 감각이다. 접촉으로부터 즐거운 감각, 괴로운 감각, 그리고 즐겁지도 괴롭지도 않은 감각이라는 세 가지 기본감각이 발생한다. 붓다는 이를 간단하게 말한다.

비구들이여, 이 세 가지 감각들은 접촉에서 발생하며 접촉에 뿌리박고 있으며 접촉을 원인으로 하며 접촉에 의해 조건지워져 있다. 어떠한 세 가지인가? 즐거운 감각, 괴로운 감각, 즐겁지도 괴롭지도 않은 감각이다.[4]

---

4) Tisso imā bhikkhave vedanā phassajā phassamūlakā phassanidānā phassapaccayā. Katamā tisso. Sukkhā vedanā dukkhā dedanā adukkhamasukhā vedanā(*Saṃyutta-nikāya* IV, 215쪽).

접촉과 마찬가지로 감각은 십이연기에서 우리의 잘못된 세계지각의 연결고리 중의 하나이므로 십이연기의 모든 연결 요소들과 마찬가지로 멸함의 대상이다. 붓다는 "감각이 그치었을 때 비구는 갈증이 사라져 반열반을 이룬다"(parinibbuta)고 한다.[5]

감각을 그치게 하는 핵심적 수행법은 네 가지 주의집중(sati)법에서 감각에 대한 주의집중법(수념처법)이다. 감각에 대한 주의집중법에서 감각은 한 순간도 놓치지 않고 관찰해야 할 알아차림의 대상이다. 주지하다시피 감각에 대한 주의집중법은 세 감각의 발생, 지속, 사라짐을 알아차려 이것들의 움직임에 대하여 깨어 있는 것이다.

> 삼매에 들며 올바로 알며 주의집중(sati)하는 붓다의 제자는 감각(vedanā)을 알며, 감각의 생겨남/기원(sambhava)을 알며, 어디에서 감각이 그치는지 그리고 무엇이 감각을 그치게 하는 길인지를 안다.[6]

인용문에 나타난 바와 같이 감각에 대한 알아차림에 의해서 감각의 속성을 직시하여 감각의 흐름을 그치게 하는 데 감각에 대한 주의집중의 목표가 있다.

감각에 대한 주의집중 수행에 의해서 감각의 흐름을 그친다는 것은 후에 상세히 논의되겠지만 감각을 느끼지 않는다는 의미가 아니다. 감각에 대한 주의집중은 대상에 의해 촉발되는 순수한 감각만을 수용하고 마음에 의해 주관적으로 야기되는 감정을 배제하는 것을 목표로 한다. 일반적으로 우리들은 외부 대상에 의해 촉발된 감각에 우리의 주관적인 감정을 덧칠하여 원래 일차적으로 주어진 감정을 과장하고 축소하며 왜곡하

---

5) Vedanānam khayā bhikkhu, nicchāto parinibuto ti(*Saṁyutta-nikāya* IV, 204쪽).

6) Samāhito sampajāno, sato buddhassa sāvako, Vedanā capajānāti, vedanānañca sambhavaṁ, Yattha cetā nirujjhanti, maggañca khayagāminam(*Saṁyutta-nikāya* IV, 204쪽).

는 이차적 과정을 거친다. 이차적 과정은 일차적 과정과 거의 동시에 일어나기 때문에 우리는 외부 대상이 이차적 속성까지를 갖는 것으로 착각한다. 따라서 감각에 대한 주의집중에서 우리는 대상에 의해 촉발된 원래의 일차적 감각만을 느껴지는 그대로 여실하게 지켜보아야 한다. 이것은 일차적 감각만을 대상화함으로써 감각에 직면하는 것이다.[7]

이상과 같이 감각은 십이연기설에서 접촉에 의존하여 발생하는 것으로서 감각에 대한 주의집중법에 의해서 지멸되어야 할―대상이 야기시키는 감각만을 느껴야―것이다. 다른 한편 감각은 오온설에서는 윤회하는 인간이 자아로 착각하는 다섯 가지 중의 하나로서 무집착의 대상으로 이해된다. 그런데 감각이 멸함의 대상이라는 말과 무집착의 대상이라는 말은 후에 살펴보겠지만 동일한 의미로 이해된다.

3. 감각에 대한 분석과 즐거운 감각의 위계성

붓다는 다양한 방법으로 감각을 분류한다. 가장 포괄적이고 다양한 분류는 《상윳타 니카야》에 나타난다.[8] 그는 아래와 같은 일곱 가지 분류를 제시한다.

---

7) 붓다에 의하면 세 가지 감각은 오직 주관에 의해서 형성되어지는 것이 아니다. 세 감각은 일차적으로 외적 대상에 의해 유발된다. 따라서 세 감각의 일차적이고 본원적 특징은 인식주관에 있지 않고 대상 자체에 있다. 세 가지 감각은 대상 자체에 내포된 성질인 것이다. 상윳타 니카야에서 붓다는 세 가지 감각이 모두 전적으로 과거부터 지금까지 행해온 것에 기인한다는 견해를 비판하고 감각은 담즙, 점액, 바람, 이 세 가지 모두에 의해서, 혹은 계절의 변화, 예기치 못한 충격, 상해, 혹은 업보 등에 의해서 생겨난다고 한다(*Saṁyutta-nikāya* IV, 230쪽).
8) *Saṁyutta-nikāya* IV, 231~232쪽.

1)두 가지: 신체적 감각과 심리적 감각.

2)세 가지: 즐거운 감각, 괴로운 감각, 즐겁지도 괴롭지도 않은 감각.

3)다섯 가지: 즐거운 감각, 괴로운 감각, 기쁜 감각, 슬픈 감각, 무심함.[9]

4)여섯 가지: 눈, 귀, 코, 혀, 몸, 마음에 닿아서 생긴 여섯 가지 감각.

5)열 여덟 가지: 여섯 가지 감각 각각에 세 가지 감각이 배합되어 발생하는 감각.

6)서른 여섯 가지: 열 여덟 가지 감각에 출가자의 생활과 재가자의 생활이 배합되어 발생하는 감각.

7)백 여덟 가지: 서른 여섯 가지 감각에 대하여 과거, 현재, 미래라는 조건이 배합되어 발생하는 감각.

이상의 감각의 분류는 즐거움과 괴로움, 몸과 마음, 감각이 일어나는 장소(감각기관), 생활 방식(재가/출가), 시간(과거, 현재, 미래) 등을 기준으로 한 것이다. 그런데 여러 가지 분류 기준들 중에서도 감각 속성의 기본 단위는 즐거움과 괴로움을 기준으로 한 즐거운[10] 감각(sukha vedanā), 괴

---

9) 즐거운 감각, 괴로운 감각, 기쁜 감각, 슬픈 감각, 무심함에 상응하는 말은 각각 'sukh' indriya', 'dukkh' indriya', 'somanass' indriya', 'domanass' indriya', 'upekkh' indriya'이다. 여기에서는 'vedanā'라는 말 대신에 'indriya'라는 말이 사용되고 있는데 필자는 'indriya'라는 말의 의미를 살려 차이 있게 번역하지 못했다. 또한 여기에서 무심함을 의미하는 'upekkhā' (indifference)는 네 번째 선정에서 얻어지는 평정심으로서의 'upekkhā' (捨)와는 다르다. 전자는 단순히 감각의 일종으로 이해되고 후자는 마음(의 수행)에 의해 형성된 것으로서 윤리적인 성취의 성격을 갖는다(Nyanatiloka의 *Path to Deliverance* (Kandy : Buddhist Publication Society, 1982), 147쪽을 참조).

10) 붓다는 '즐거움'이라는 말을 지칭하는 데 있어서 'sukhā' (즐거움), 'somanassa' (기쁨), 'pīti' (환의) 등 여러 용어를 쓴다. 'somanassa' (su+manas)가 심리적 차원의 즐거움을 나타내고, 'pīti'는 정서적 측면이 강조된 환희상태를 나타낸다면 'sukhā'는 보다 포괄적이고 일반적인 즐거움을 의미하는 것으로 생각된다. 즐거움과 괴로움에 대하여 성찰할 때 일반적으로 가장 많이 쓰이는 용어는 'sukhā'이다. 따라서 본고에서 즐거움이라고 할 때 특별히 명시하지 않는 경우를 제외하고는 모두 'sukhā'를 의

로운 감각(dukkha vedanā), 괴롭지도 즐겁지도 않은 감각(adukkhamasukha vedanā)의 세 가지 감각이다. 붓다는 감각의 속성을 설명하고 감각을 다루는 전략을 제시할 때 이 세 가지 감각을 기본적인 분석단위로 삼는다.

그런데 세 가지 기본감각은 사실상 다른 여섯 가지 분류 모두와 양립할 수 있으며 다른 분류들에 전제된 것이기도 하다. 붓다에 의하면 인간의 모든 다양한 감각들은 여섯 가지 감각의 영역에서 일어나지만 이것들 모두는 예외 없이 즐거움과 괴로움을 기준으로 세 가지 기본감각으로 분류될 수 있다.

세 가지 기본감각에 대하여 붓다는 다음과 같이 정의한다. 첫째로 즐거운 감각은 몸과 마음에 의해 즐겁고(sukha) 흡족하게(sāta) 경험되는 것이다(vedayita). 둘째로 괴로운 감각은 몸과 마음에 의해 고통스럽고 흡족하지 않게 경험되는 것이다. 셋째로 괴롭지도 즐겁지도 않은 감각은 몸과 마음에 의해 즐겁지도 않고 흡족하지도 않게 경험되는 것이다. 그리고 이러한 세 감각은 모두 몸과 마음으로 느껴지는 감각이다.[11]

모든 감각들이 최종적으로는 세 가지 기본감각으로 정리된다는 것은 이것들이 탐진치라는 세 가지 근본악과 연계되기 때문에 주목을 요한다. 주지하다시피 '탐진치'라는 세 가지 해로운 성향은 모든 번뇌와 악의 근원이다. 따라서 불교의 수행은 이 세 가지 근본적인 악의 뿌리를 근절하기 위한 것이라고도 할 수 있다. 그런데 감각과 관련하여 세 가지 악의 뿌리를 뽑는 것은 세 가지 감각에 대한 올바른 대처를 요구한다. 왜냐하면 세 감각 각각의 배후에는 이 세 가지 근본악의 성향이 각각 수반되어 있기 때문이다.

감각에 대한 이상과 같은 이해는 두 가지 특징을 갖는다. 첫째로 즐거

미한다.
11) *Majjhima-nikāya I*, 302쪽.

움과 괴로움을 기준으로 한 기본 감각에 있어서 그는 즐거운 감각도 괴로운 감각도 아닌 감각의 범주를 설정하고 있다. 둘째로 붓다는 즐거운 감각에 대하여 다양한 원천을 제시하고 이에 따라 다양한 즐거운 감각들을 말하고 있다. 더 나아가서 붓다는 즐거운 감각들을 위계적으로 파악하여 이것들에 대한 가치평가를 다르게 하고 있다.

붓다에 의하면 감각적 쾌락(kāmaguṇā) 혹은 감각적 즐거움(kāma sukhā)[12]은 비감각적인 즐거움에 비하여 저급하다. 감각적 즐거움은 다섯 감각에 기인한 즐거움에 마음으로부터의 즐거움을 더한 여섯 감각에 기인한 즐거움으로 모든 사람에 의해 추구된다. 비감각적 즐거움은 선정의 상태에서 가능하다. 비감각적 즐거움은 여섯 감각에 토대를 두지 않는다. 그런데 선정에서의 즐거움이 모두 감각적 즐거움보다 수승한 것이지만 선정에서의 즐거움 사이에도 등급이 있다. 선정에서 가장 높은 즐거움은 선정의 마지막 단계인 멸진정(nirodha-samāpatti)에서 얻어지는 즐거움이다.

감각적 즐거움에 대하여 붓다는 다음과 같이 말한다.

여기에 참으로 감각되지 않는 즐거움이 있다. 친구여, 이러한 다섯 가지 감각적 쾌락(kāmaguṇā)이 있다. 어떤 다섯 가지인가? 눈에 의해 인지되고, 기분 좋고, 즐길 만하고, 매력적이고, 보기에 좋고, 감각적 즐거움에 매여 있고(kāmū-pasaṁhita), 유혹적인(고딕 부분은 다음 문장에서 계속 반복되는 반복

---

12) 필자는 'kāmaguṇā'를 감각적 쾌락으로, 'kāma sukhā'를 감각적 즐거움으로 옮겼다. 구별하기 위한 방편으로 다르게 옮겼을 뿐 두 낱말의 의미는 본질적으로 동일하다고 생각된다. 차이가 있다면 전자가 쾌락의 토대로서 다섯 감각 자체를 좀더 강조하고 있다고 생각된다. 대비드(David)의 사전에 의하면 'kāmaguṇā'는 '쾌의 다섯 가닥'(the five strands of sensual pleasures)(한역으로는 欲樂, 欲, 貪慾)으로 'kāma sukhā'는 '감각적 즐거움으로부터 일어나는 행복' 혹은 '세속적인 즐거움'으로 풀이되고 있다.

구) 색이 있다. 귀에 의해 인지되고…(반복구)…소리가 있으며, 코에 의해
인지되고 …(반복구)…냄새가 있으며, 혀에 의해 인지되고…(반복구)…맛이
있으며, 신체에 의해 인지되고, 기분 좋고, 즐길 만하고, 매력적이고, 보기에
좋고, 감각적 즐거움에 매여 있고, 유혹적인 접촉이 있다. 친구여, 이것들이
다섯 가지 감각적 쾌락이다. 친구여, 이들 다섯 가지 감각적 쾌락(kāmaguṇā)
에 의존하여 즐거움(sukha), 곧 기쁨(somanassa)이 생겨난다. 따라서 친구
여, 이를 감각적 즐거움(kāma sukha)이라고 한다.[13]

그런데 고통으로부터 벗어나 해탈을 이루고자 하는 사람은 이러한 다
섯 감각에 기인한 즐거움과 여섯 번째의 의식작용에 기인한 즐거움을 추
구하지 않는다. 붓다는 해탈을 가로막고 고통을 가져오는 것은 여섯 감
각에 대한 집착(upādāna)이라고 본다.[14] "세상에는 다섯 가지 감각적 쾌
락(kāmaguṇā)과 여섯 번째 마음의 쾌락이 있으니 이러한 욕구에 대해 집
착하지 않는다면(jirājetvā) 고통으로부터 풀려난다."[15] 사실상 감각적 즐
거움은 고의 원인이며 해탈에 장애가 되므로 추구되는 것이 아니라 포기
되어야 하는 것이다.

감각적 쾌락(kāmaguṇā)이 저급하므로 포기되어야 한다는 이유는 이것
이 속성상 영속할 수 없으며 종국에는 괴로운 감각이 되어 우리에게 되돌

---

13) Etad eva khv ettha āvuso sukhaṁ, yad ettha natthi vedayitam. Pañc' ime āvuso
kāmaguṇā. Katame pañca? Cakkhuviññeyā rūpā iṭṭhā kantā manāpā piyarūpā kāmū-
pasaṁhitā rajanīyā, sotaviññeyyā saddā ……pe…… ghānaviññeyyā gandhā……
jivhāviññeyā rasā……kāyaviññeyā phoṭṭhabbā iṭṭhā kantā manāpā piyarūpā
kāmūpasaṁhitā rajanīyā. Ime kho āvuso pañca kāmaguṇā. Yaṁ kho āvuso ime pañca
kāmaguṇe paṭicca uppajjati sukhaṁ somanassaṁ, idaṁ vuccat' āvuso
kāmasukham(*Aṅguttara-nikāya* IV, 415쪽).

14) *Sutta-nipāta* 170.

15) Pañca kāmaguṇā loke manochaṭṭhā paveditā
   ettha chandaṁ virājetvā evaṁ dukkhā pamuccati(*Sutta-nipāta* 171).

아 올 것이라는 이해 때문이다. 즐거운 감각에 대한 인간의 욕망은 무한하고 그 어떤 것도 인간의 이러한 욕망을 만족시킬 수 없기 때문이다.

금 세례를 받는다 해도 감각적 욕망(kāma)에는 만족이 없다. 지혜로운 이는 감각적 욕망에는 만족이 작으며(appassādā) (이것이) 괴로움이라는 것을 안다. 그리하여 올바르게 깨달은 자의 제자는 천상의 감각적 욕망에 대해서도 즐거움(rati)을 구하지 않으며 갈애(taṇhā)를 줄이고자 한다.[16]

이와 같이 추구하도록 권유되는 즐거움은 감각에 기인한 외적인 즐거움이 아니라 감각을 지양한 내적인 선정의 즐거움이다. 붓다에게 있어서 감각적 즐거움은 진정한 최상의 즐거움을 가져다주지 못하는 것으로 인식된다.[17] 그에 의하면 내적인 즐거움이 가장 큰 최상의 즐거움이므로 우리는 이 사실을 인지해야 한다. "우리는 즐거움을 구별할 줄 알아야 한다. 즐거움을 구별할 줄 안다면(참된 즐거움이 무엇인지를 안다면) 내적인 (ajjhatta) 즐거움을 추구할 것이다."[18] 요컨대 보통 사람들은 감각을 통해 얻어지는 즐거움을 즐기는데 이것은 붓다에 의해 즐기도록 권유되는 고

---

16) Na kahāpaṇavassena titti kāmesu vijjati, appassādā dukhā kāmā iti viññāya paṇḍto, Api divvesu kāmesu ratiṁ so nādhigacchati, taṇhakkhayarato hoti sammā-sambuddhasāvako(*Dhammapada* 186~187).

17) *Majjhima-nikāya* III, 139쪽.

18) Sukhavinicchayaṁ jaññā sukhavinicchayaṁ ñatvā ajjhataṁ sukham anuyuñ-jeyya(*Majjhima-nikāya* III, 230쪽). 그런데 붓다는 감각적 즐거움에 대한 위험성과 저급성을 강조하여 감각적 즐거움을 지양하지만 동시에 고행적 수행에 의한 즐거움도 지양한다. 즐거움을 구하는 데 있어서도 중도적 방법이 고려된다. 붓다는 감각적 즐거움(kāmasukha)과 자기 고행적 수행(attakilamathānuyoga) 모두를 지양한다. 전자는 낮고 평범하여 고상하지 못하고 목표와 무관하며, 후자는 고통스럽고 고상하지 못하고 목표와 무관하다. 즉 양자를 모두 지양한 중도(majjhimā patipadā)가 권유되는 것이다.

귀한 즐거움이 아니다. (참된) 즐거움을 원하는 사람은 다섯 감각에 기인한 즐거움을 추구하지 말아야 한다.[19)]

다른 한편 붓다는 감각적인 즐거움은 재가생활과 보다 관련되어 있고 비감각적인 즐거움은 출가자의 생활과 보다 더 관련되어 있음을 시사한다. 이것은 붓다가 출가의 생활 조건이 재가의 생활 조건보다 수행하기에 용이한 조건이므로 출가생활을 권유하여 어떤 의미에서는 출가생활을 보다 높이 평가한 것과 상통한다. 붓다는 재가자의 즐거움과 출가자의 즐거움을 대비시켜 차별적으로 파악한다.

붓다는 재가자의 기쁨(somanassa)으로 여섯 가지를 열거한다. 여섯 감각기관을 통해서 물질적 형상, 소리, 냄새, 맛, 접촉, 마음의 상태가 즐거운 것을 얻을 때 (또한 과거에 얻었던 것을 회상할 때) 발생하는 여섯 가지가 그것이다. 이에 비해 출가자의 기쁨(somanassa)은 이욕과 결부된 여섯 가지이다. 출가자의 여섯 가지 기쁨은 현재와 과거의 물질적 형상, 소리, 냄새, 맛, 접촉, 마음의 상태가 무상함을 알 때 (여실지견하여 이것들의 무상성, 고성, 변화성을 아는 완전한 지혜를 얻을 때) 얻어진다.[20)] 여기에서 붓다가 권유하는 즐거움은 출가자의 즐거움으로서 이욕과 결부된 즐거움이다. 출가자의 이욕과 결부된 즐거움은 감각적 즐거움의 속성을 직시하

---

19) *Majjhima-nikāya* III, 233쪽.

20) 그는 슬픔(domanassa)과 즐거움도 괴로움도 아닌 무심함(upekkhā)에 대해서도 재가자와 출가자의 기준에서 다르게 설명한다. 재가자의 슬픔은 세속과 결부된 여섯 가지로 현재 이러한 것을 얻지 못할 때(또는 과거에 얻지 못한 것을 기억할 때) 일어나며, 세속과 결부된 여섯 가지 무심함은 어리석은 재가자가 여섯 감각기관으로 여섯 대상을 볼 때 일어난다. 이것은 번뇌를 끊지 못하고 감각적 기쁨의 위험을 모르는 무지한 사람의 무심함이다. 반면 출가자의 이욕과 결부된 여섯 가지 슬픔은 현재와 과거의 물질적 형상, 소리, 냄새, 맛, 접촉, 마음의 상태의 무상함을 알지만 해탈에 대한 욕구에 의해서 괴로워하는 것이며, 이욕과 결부된 여섯 가지 무심함은 여섯 감각기관을 통하여 대상들의 무상성을 알 때 일어난다. 붓다는 재가자의 슬픔과 무심함보다도 출가자의 슬픔과 무심함을 보다 높게 평가한다(*Majjhima-nikāya* III, 218~221쪽).

여 이를 떠남으로부터 얻어지는 즐거움이다. 이러한 즐거움은 선정에서 얻어지는 즐거움이다.

붓다는 감각에 기인한 즐거움으로부터 그리고 산란한 마음의 상태 혹은 마음의 불건전한 상태를 떠나(vivica) 삼매에 들어 첫번째, 두번째, 세번째, 그리고 네번째 선정에 머물러야 한다고 강조한다. 모든 선정에서의 즐거움은 독거를 전제로 하므로 수행자는 혼자가 되는 것(vivekja)을 즐기는 데서 여러 가지 차원의 즐거움을 가질 수 있다. 선정의 즐거움은 이욕의 즐거움(nekkhammasukha)이며, 독거의 즐거움(pavivekasukha)이며, 고요의 즐거움(upasamasukha)이며, 그리고 최고 깨달음의 즐거움(sambodhisukha)이다.[21]

그런데 선정의 즐거움[22]은 선정의 단계에 따라 다른 특징을 갖는다. 첫번째 선정에서 수행자는 독거로부터 생겨난 환희의 즐거움(vivekaja pītisukha)을 얻어 몸이 환희의 즐거움으로 충만하다. 두번째 선정에서 수행자는 삼매로부터 생겨난 즐거움을 얻어 몸이 환희의 즐거움으로 충만하다.[23] 세번째 선정에서 수행자는 평정심(upekkhā)과 주의집중(sati)을 유지하며 즐거움에 머무르며 몸이 환희 없는 즐거움으로 충만하다. 네번째 선정에서는 이 앞 단계의 즐거움과 괴로움을 떠나 괴롭지도 즐겁지도 않은 평정심과 정신집중에 의해서 완전히 정화된(upekkhāsatipārisudhi) 상

---

21) *Majjhima-nikāya* III, 233쪽.

22) 주지하다시피 선정은 붓다를 깨달음으로 인도했던 방편이기도 하다. 붓다는 선정 속에서 마음과 지혜의 해탈을 이루어 탐진치를 멸함으로써 깨달음을 이루었다. 선정의 과정은 어리석음(혹은 무명)의 관점에서 볼 때는 욕계, 색계, 무색계의 본질을 자각하고 어리석음을 떨쳐가는 과정이라고 할 수 있다. 필자는 이 글에서 선정의 이러한 측면에 대한 구체적인 논의는 피해가기로 한다. 선정의 이러한 측면에 대한 논의에 대해서는 이중표의 《아함의 중도체계》(서울: 불광출판부, 1991), 112~125쪽을 참조할 수 있을 것이다.

23) *Majjhima-nikāya* I, 277쪽.

24) *Majjhima-nikāya* I, 279쪽.

태에 이른다. 네번째 선정 이후에는[24] 공한 마음으로 1)자신의 전생을 기억하며, 2)존재들의 생멸을 보며, 3)공한 마음을 번뇌(āsava)를 소멸시키려는 데 집중하여 욕망의 번뇌(kāmāsava), 존재의 번뇌(bhavāsava), 무명의 번뇌(avijjāsava)를 소멸하여 심해탈을 이룬다. 이러한 해탈 속에서 자신이 해탈을 이루었다는 것을 안다(ñāṇa). 그리하여 더 이상 태어남이 없고 범행을 이루어 해야 할 것을 다하여 더 이상 닦을 것이 없다는 것을 안다.[25] 첫번째, 두번째, 세번째, 네번째 선정에서 각각 다른 즐거움을 경험하고 다섯, 여섯, 일곱, 여덟 번째의 선정 단계를 지나 마지막 단계에서 최고의 즐거움을 경험한다. 마지막 단계인 멸진정의 생각과 감각 지멸의 상태에서 지각과 감각이 끊겨 감각의 토대를 떠난 즐거움을 성취한다.

그런데 생각과 감각이 지멸된 멸진정의 상태에서 어떻게 즐거움을 경험하는 것이 가능할까? 즐거운 감각을 떠난 즐거움이 어떻게 가능하다는 것일까? 이러한 의문은 붓다 당시에도 외도들에 의해서 제기되었던 것 같다. 붓다는 이러한 의문이 제기된 상황에서 어떻게 답변해야 하는지에 대하여 다음과 같이 설명한다.

그런데 아난다여, 때로는 다른 견해들을 가진 수행자들이 이렇게 말할 것이다. "사문 고타마는 지각과 감각의 그침을 설한다. 그리고 그것을 (다시) 즐거움이라고 선언한다. 이것이 무엇이며(무슨 의미이며) 이것이 어떻게 가능한가?" 아난다여, 이와 같이 말하는 다른 견해들을 가진 수행자들에게 이렇게 말해야 한다. "친구들이여, 세존은 즐거운 감각만을 즐거움이라고 선언하지 않는다. 친구들이여, (그것이) 어디에서 얻어지든지 간에 즐거움이라고 한다. 여래는 어디에서 어떻게 (얻어지는) 즐거움이든지 그것을 즐거움이라고 선언한다."[26]

---

25) *Majjhima-nikāya* I, 270쪽.

감각되지 않는 즐거움의 의미에 대한 의문은 붓다의 제자들 사이에서
도 제기되었다. 《앙굿타라 니카야》[27]에서 우다인(Udain)이라는 비구는
사리풋타(Sariputta)에게 감각되지 않는(natthi vedaitam) 즐거움(sukha)의
의미에 대하여 질문한다. 사리풋타는 감각적 욕구(kāma)를 떠나(vivicca)
첫 번째 선정에 들어가(upasampajja) 머무르고(viharati) 차례로 멸진정에
이르는 선정의 과정들에 일종의 괴로움인 아바다(ābādha)가 있음을 지적
한다. 즉 첫번째 선정에서부터 여덟번째 선정에 이르기까지 각 선정의
단계마다 상이한 특징을 갖는 아바다가 존재한다. 다음 단계로 나아감으
로써 아바다를 멸해가지만 멸진정의 상태만을 제외하고는 여덟 단계 모
두에 아바다가 있다. 경전에서는 다음과 같이 말한다.

친구여, 여기 한 비구가 감각적 욕구를 떠나…… 첫 번째 선정에 들어가
머무른다. 그러나 친구여, 그 비구가 이러한 선정에 머무를 때 감각적 욕구
가 수반하는 지각과 생각작용(saññāmanaskāra)이 활동한다. 이것이 아바다
이다……. 세존은 이를 아바다라고 부른다. 친구여, 진실로 이와 같은 방법
으로 닛바나를 즐거움으로 이해해야 한다.[28]

---

26) Ṭhānam kho panetam Ānanda vijjati yam aññatitthiyā paribbājakā evam vadeyyum.
Saññavedayitanirodham Smaṇo Gotamo āha. tam ca sukhasmim paññ̄apeti tayidam
kimsu tayidam kathamsūti. Evam vādino Ānanda aññatitthiyā paribbājakā evam assu
vacanīyā. Na kho āvuso Bhagavā sukhaññeva vedanam sandhāya sukhasmim
paññāpeti. yattha yatthāvuso sukham upalabbhati. Yamhi yamhi sukham tam tam
tathāgato sukhasmim paññ̄apetīti(Samyutta-nikāya IV, 228쪽).

27) Aṅguttara-nikāya IV, 415~417쪽.

28) Idhāvuso bhikkhu vivicc' eva kāmehi……pe……paṭhama jhānam upasampajja
viharati. Tassa ce āvuso bhikkhuno iminā vihārena viharato kāmasahagatā
saññāmanaskārā samudācaranti, svāssa hoti ābādho……Iminā pi ko etam āvuso
pariyāyena veditabbam yathāsukham nibbānam(Aṅguttara-nikāya IV, 415쪽).

두번째 선정에서부터 여덟 번째 선정에 이르기까지 각 단계마다 분별(vitakka), 환희(pīti), 평정심(upekhā), 색(rūpa), 공무변처(ākāsānañcāyatana), 식무변처(viññāṇañcāyatana), 무소유처(ākiñcaññāyatana)가 수반하는 지각과 생각작용이 활동하는데 '이것들 또한 아바다라고 불리운다'고 하고 "진실로 이 같은 방법으로 닛바나를 즐거움으로 이해해야 한다"라고 한다.

여기에서 주목되는 것은 여러 단계의 선정마다에서 앞 단계의 선정의 특징이 수반하는 지각과 생각작용이 활동한다고 하고 이것을 일종의 괴로움인 아바다라고 하고 있다는 것이다. 더 나아가서는 이와 같이 말한 직후 "친구여 이 같은 방법에 의해서 닛바나를 즐거움으로 이해해야 한다"라고 말하고 있다는 것이다. 보다 상위의 선정 상태에서 보다 아래 단계 선정의 특징이 수반하는 지각과 생각작용이 아바다로 파악된 것은 이해되지만 "이 같은 방법으로 닛바나를 즐거움으로 이해해야 한다"는 말의 의미는 명료하지 않다. 아마도 이렇게 이해될 수 있을 것 같다. 즉 수행자가 보다 상위 단계의 선정에로 진입해 갈 때 새롭게 등장하는 아바다의 영향을 받지만 동시에 보다 하위 단계의 아바다를 소멸시킨다는 의미에서 즐거움(닛바나)으로 이해될 수 있다. 마지막 아홉 번째의 선정의 단계인 감각과 생각지멸의 멸진정에서는 아바다가 언급되지 않는다. 아바다가 완전히 소멸하는 것이다. 사리풋타는 비상비비상처를 넘어선 멸진정에서 감각과 생각지멸에 들어가 머무르며 지혜를 얻고 번뇌를 멸한다고 말하고 이러한 방법으로 닛바나를 즐거움으로 알라고 마무리한다.

이상의 사리풋타의 설명에 나타난 '감각되지 않는 즐거움'은 두 가지 의미로 이해된다. 첫째로 여덟 가지 선정 각각의 단계에서 하위의 아바다가 소멸되는데 이것은 감각되지 않는다. 둘째로 최종의 단계인 아홉 번째의 멸진정 단계에서 감각과 생각의 지멸과 함께 아바나가 완전히 사라지지만 이것 또한 감각되지 않는다. 멸진정의 상태에서 얻어지는 감각되지 않는 최상의 즐거움으로서 닛바나는 다섯 감각이나 마음이라는 감각의 욕구를 충족시킴으로써 달성되기보다는 이것들에 의해 구속받지 않는 상태에서 달성되는 것이라고 생각된다.

4. 감각의 속성에 대한 성찰과 탐진치 지멸전략

살펴본 바와 같이 감각적 즐거움은 선정에서의 즐거움에 비하여 저급하기 때문에 추구되기보다는 경계해야 할 즐거움이다. 또한 각 선정에서의 즐거움의 수준은 상이하며 선정의 마지막 아홉 번째 단계의 멸진정에서의 감각되지 않는 즐거움이 가장 높은 즐거움으로 이해된다. 여기에서 가장 높은 즐거움인 닛바나가 달성된다.

이제 필자가 제기해야 할 물음은 '보다 높은 즐거움을 지향하고 궁극적으로 최상의 즐거움인 닛바나를 달성하기 위해서 우리는 감각에 대해 어떠한 전략을 취해야 하는가?'이다. 필자는 감각의 속성들에 대한 붓다의 성찰과 이 성찰에 근거한 감각에 대한 전략을 살펴봄으로써 이 물음에 대한 답을 찾아보고자 한다.

세 가지 기본 감각에—즐거운 감각, 괴로운 감각, 괴롭지도 즐겁지도 않은 감각—대한 붓다의 성찰의 핵심은 두 가지로 요약될 수 있다. 첫째 세 가지 감각은 무상하므로(anicca) 괴로운 것이며(dukkha)(혹은 무상하고 괴로운 것이며), 둘째로 세 감각의 이면에는 탐욕, 성냄/미워함, 어리석음이라는 세 가지 나쁜 성향(anusaya)이 잠재되어 있다는 것이다.

첫번째 성찰, 즉 감각의 속성이 무상하므로 괴롭다고 할 때, 감각이 무상하다는 의미는 무엇인가? 이 말은 두 가지 측면에서 이해될 수 있을 것이다. 한편으로는 우리의 생명의 유한성으로 인하여 몸이 멸할 때 감각 또한 식을 것이기 때문에 감각은 무상하다. 붓다는 몸에 의해 제한받는

(kāyapariyantika) 감각을 경험할 때 자신의 감각이 몸에 의해 제한받는다는 사실을 알고, 생명(의 기간)에 의해 제한받는(jīvitapariyantika) 감각을 느낄 때 자신의 감각이 생명(의 기간)에 의해 제한받는다는 사실을 알고, 생명(의 기간)이 다하여 몸이 멸할 때 모든 감각(sabbavedayitāni abhinanditāni)들이 식을 것이라는 것을 알라고 한다.[29] 즉 우리의 생명이 유한하기 때문에 생명에 근거한 우리의 감각은 유한하다는 것을 알라는 것이다.

다른 한편 감각은 순간적으로 다른 감각으로 전환되기 때문에 무상하다(anicca). 즉 감각은 오래 지속되지 못하고 순간마다 그 모습을 달리한다. 붓다는 즐거운 감각은 즐거움이 지속되지만(thitisukha) 괴로움이 그 후면에 있으며(viparināmadukkha), 괴로운 감각은 괴로움이 지속되고 있지만(thitidukkha) 즐거움이 그 후면에 있으며(viparināmasukha), 괴롭지도 즐겁지도 않은 감각은 즐거움을 인지하지만(ñānāsukha) 괴로움을 인지하지 못하는(añandukkha) 것이라고 설명한다.[30] 현재 순간의 감각은 그것이 즐거운 감각이든지, 괴로운 감각이든지, 즐겁지도 괴롭지도 않은 감각이든지 막론하고 모두 다음 순간에는 사라지고 다른 모습의 감각으로 변화한다는 것이다. 이들 감각들은 매순간 전도될 수 있다. 감각의 이러한 속성을 보는 사람은 지극히 즐거운 순간에도 괴로움을 볼 줄 알고 괴로운 순간에도 즐거움을 볼 줄 알 것이다. 그리하여 그는 즐거움에 집착하여 기뻐 날뛰거나 괴로움에 집착하여 슬퍼 우울해 하지 않을 것이다.

그런데 세 감각은 무상한 데 그치지 않는다. 세 감각은 고통스럽다. 붓다는 무상하기 때문에 괴롭다고 한다.

---

29) *Majjhima-nikāya* III, 244쪽.

30) *Majjhima-nikāya* I, 303쪽.

……비구여, 나는 세 가지 감각을 말했다. 즐거운 감각, 괴로운 감각, 괴롭지도 즐겁지도 않은 감각이 그 세 가지이다. 비구여, 나는 또 '감각된 것은 무엇이든지 괴로운 것이다' 라고 말했다. 비구여, (내가) 이와 같이 말한 것은 (다음과 같다. 즉) '감각된 것은 무엇이든지 괴롭다' 라는 나의 말은 조건 지워진 현상(saṅkhāra)이 무상하다는 것이다. 비구여, (내가) 이와 함께 말한 것은 (다음과 같다. 즉) '감각된 것은 무엇이든지 괴롭다' 라는 나의 말은 조건 지워진 법(현상)이 소멸하는 법(khayadhamma)이며, 상실되는 법(vayadhamma)이며, 사라지는 법(virāgadhamma)이며, 지멸하는 법(nirodhadhamma)이며, 변화하는 법(vipariṇāmadhamma)이라는 것이다.[31]

여기에서 붓다는 감각이 괴로운 이유가 무상하기 때문에 그러하다고 명시하고 있지만 왜 무상함이 괴로움이 되는지에 대해서는 구체적으로 설명하지 않는다. '무상하기 때문에 괴롭다' 라는 말은 주지하다시피 초기경전에서 공식처럼 자주 등장하는 말이다. 그러나 무상이 괴로움이 되는 이유에 대하여 구체적으로 설명하는 경우를 찾아보기 어렵다.

필자는 무상과 괴로움의 연결고리로서 붓다가 집착을 가정하고 있다고 생각한다. 윤회의 삶을 사는 보통 사람들은 무상한 것에 대하여 집착하기 때문에 무상에 의해 괴로움을 유발시키거나 무상을 괴로움 자체로 받아들이지 않는다. 깨달은 자라면 무상을 무상한 것으로 보고 집착하지 않기 때문에 무상이 괴로움이 되지 않는다. 따라서 무상성과 괴로움의

---

31) ……tisso imā bhikkhu vedanā vuttā mayā sukhā vedanā dukhā vedanā adukkhamasukhā vedanā imā tisso vedanā vuttā mayā. Vuttaṁ kho panetam bhikkhu mayā Yaṁ kiñci vedayitaṁ taṁ dukhasmin ti. taṁ kho panetam bhikkhu mayā saṅkhārānaṁ yeva aniccataṁ sandhāya bhāsitaṁ yam kiñci vedayitaṁ taṁ dukkhasmin ti. taṁ kho panetam bhikkhu mayā saṅkhārānaṁ yeva khayadhammataṁ vayadhammataṁ virāgadhammataṁ nirodhadhammataṁ vipariṇāmadhammataṁ(*Saṁyutta-nikāya* IV, 216~217쪽).

연결고리를 끊으려면 무집착이 요청된다.[32] 감각의 속성을 알아 감각에 대한 집착을 끊으라는 말을 붓다는 다음과 같이 표현한다.

> 눈으로 형상(rūpa)을 볼 때 즐거움을 주는 형상에 대해 탐닉하지(sārajjati) 않으며 역겨움을 주는 형상에 대해 역겨워하지(byāpajjati) 않는다. (귀, 코, 혀, 몸, 마음에 대해서도 동일한 태도를 갖는다고 하고 각각의 항목에 대하여 다음을 반복함.) 무한한 마음(appamāṇacetaso)으로 몸에서 일어나는 것을 항상 의식하며 생활하는 자는 마음의 해탈과 있는 그대로를 보는 지혜의 해탈을 이해하듯이 (그러한 방법으로) 악하고(pāpa) 불선한(akusala) 것들을 완전히 끊는다. 만족과 불만족을 버린 자는 즐거운 감각, 괴로운 감각, 즐겁지도 괴롭지도 않은 감각이 무엇인지를 아는 자로서 그는 그러한 감각에 대하여 즐거워하지도 않으며, 반가워하지도 않으며, 애착하지도 않는다. 즐거워하지도 않으며 반가워하지도 않으며 애착하지도 않음으로부터 그는 그러한 감각들에서 쾌락(nandi)을 갖지 않는다. 쾌락을 갖지 않음으로부터 그는 집착을 멸하고, 집착을 멸함으로써 유를 멸하며…… 이와 같이 모든 괴로움의 덩어리의 멸함이 있다.[33]

---

32) 그런데 십이연기에서 나타난 바와 같이 집착의 직접적 원인은 갈애(taṇhā)이므로 갈애를 끊는 것 또한 중요하다. 갈애는 집착의 직접적 원인일 뿐만 아니라 집착 자체라고도 할 수 있으므로 갈애를 끊는다는 것은 무집착에로의 이행을 의미한다. 따라서 붓다는 감각의 무상성과 관련하여 즐거운 감각을 괴로운 감각으로 보고(dukkhato daṭṭhabbā) 괴로운 감각을 가시(고통)로 보며(sallato daṭṭhabbā) 즐겁지도 괴롭지도 않는 감각을 무상한 것으로 보아(aniccato diṭṭhabbā) 갈애의 속박을 버리고 괴로움을 끊으라고 한다(*Saṃyutta-nikāya* IV, 207쪽). 즉 즐거운 감각은 무상하기 때문에 언제 괴로운 감각으로 변화할 줄 모르므로 괴로운 감각으로 볼 수 있으며, 괴로운 감각은 그 자체가 고통이므로 가시에 비유될 수 있으며, 즐겁지도 괴롭지도 않는 감각은 언제 즐거운 감각 혹은 괴로운 감각으로 그 모습을 드러낼 줄 모르므로─세 가지 감각 모두가 무상하므로─갈애의 속박에서 벗어나라는 것이다.

33) So cakkhunā rūpaṃ disvā piyarūpe rūpe na sārajjati, appiyarūpe rūpe na byāpajjati, upaṭṭhitakāyasati ca viharati appamāṇacetaso, tañ ca cetovimuttiṃ paññāvimuttiṃ

감각의 속성에 대한 붓다의 두번째 성찰은 세 감각의 배후에 바람직하지 않는 세 가지 성향(anusaya)이 잠재해 있다는 것이다. 즐거운 감각에는 탐욕의 성향(rāgānusaya)이 괴로운 감각에는 싫어함/혐오의 성향(paṭighānusaya)이 즐겁지도 괴롭지도 않는 감각에는 무지의 성향(avijjānusaya)이 잠재해 있다.[34] 감각의 속성에 대한 이와 같은 성찰은 세 감각에 있어서 탐진치 지멸전략으로 귀결된다.

앞에서 언급한 바와 같이 붓다에 의하면 탐진치는 모든 악과 번뇌의 근본뿌리로서 절멸시켜져야 할 대상이다. 그가 제시하는 모든 수행의 목표는 이 세 가지 마음을 뿌리뽑는 것에 있다. 연기, 무아, 공, 중도와 같은 핵심개념들의 이해와 실천도 마찬가지이다. 탐진치가 완전히 뿌리뽑혔을 때 닛바나가 달성되므로 붓다는 세 감각에 있어서 탐진치의 제거에 대하여 역설한다.

> ······ 즐거운 감각에서 제거되어야 할 것은 무엇인가? 괴로운 감각에서 제거되어야 할 것은 무엇인가? 즐겁지도 괴롭지도 않는 감각에서 제거되어야 할 것은 무엇인가? 친구, 비사카여, 탐욕의 성향이 즐거운 감각에서 제거되어야 한다. 성냄/혐오의 성향이 괴로운 감각에서 제거되어야 한다. 어리석음의 성향이 즐겁지도 괴롭지도 않는 감각에서 제거되어야 한다.[35]

---

yathābhūtaṁ pajānāti yatth' assa te pāpakā akusalā dhammā aparisesā nirujjhanti. So evaṁ anurodhavirodhavippabīno yaṁ kañci vedanaṁ vedeti, sukhaṁ vā dukkhaṁ vā adukkhamasukhaṁ vā, so taṁ vedanaṁ nābhinandati nābhivadati nājjhosāya tiṭṭhati. Tassa taṁ vedanaṁ anabhinandato anabhivadato anajjhosāya tiṭṭhato yā vedanāsu nandī sānirujjhati, tassa nandīnirodhā upādānanirodho, upādānirodhā bhavanirodha, ······evaṁ etassa kevalassa dukkhakkhandhassa nirodha hoti(*Majjhima-nikāya* I, 270쪽).

34) *Majjhima-nikāya* I, 303쪽.

35) Sukhāya pan' ayye vedanāya kiṁ pahātabbaṁ, dukkhāya vedanāya kiṁ pahātabban ti. Sukhāya kho āvuso Visākha vedanāya rāgānusayo pahātabbo, dukkhāya vedanāya

요컨대 감각이 무상하며 고통스럽다는 붓다의 첫번째 성찰은 감각에 대한 무집착이라는 전략으로 귀결되며, 감각에 탐진치의 성향이 잠재해 있다는 붓다의 두번째 성찰은 탐진치 지멸의 전략으로 귀결된다.

그런데 감각에 대한 무집착의 전략과 감각에 잠재된 탐진치의 지멸전략을 이해하는 데 있어서 지적되어야 할 것은 이 전략이 대상에 의해 촉발된 감각 자체의 거부나 회피와는 무관하다는 것이다. 이러한 전략은 대상에 의해 촉발된 감각 자체의 뿌리뽑음을 의미하는 것은 더더욱 아니다. 붓다의 전략은 즐거운 감각이나 괴로운 감각 자체에 대한 거부나 회피가 아니라 이러한 감각을 수용한 가운데서의 무집착의 체화와 탐진치의 지멸에 있다.

혹자는 무집착이나 탐진치 지멸을 적극적 행동이나 실천적 삶 자체를 떠나야 하는 것이라고 이해하는데 이는 올바르지 않다. 무집착이나 탐진치의 지멸은 감각을 유발시키는 대상 자체에 대한 회피와도 구별되어야 하며 대상에 의해 촉발된 감각 자체에 대한 무감각과도 구별되어야 한다. 무집착과 탐진치 지멸은 감각을 야기시키는 대상들 속에서 유발된 감각을 느끼는 가운데에서 실천될 때 도덕적 의미를 갖는다. 경전은 대상이 야기한 세 가지 감각을 수용하는 가운에 탐진치를 지멸시키는 예를 보여준다.

《맛지마 니카야》[36]에서 붓다 자신은 즐거운 감각, 괴로운 감각, 그리고 괴롭지도 즐겁지도 않은 감각을 일으키는 상황에서 이들 감각을 그대로 느끼면서도 세 가지 나쁜 성향을 떠나 머무르는 예를 보여 준다. 그는 감각에 대한 주의집중법에 의해서 자신의 감각에 대하여 여실하게 알아차리고 있다. 그가 제자 수행자들의 행복을 위해 자비의 마음에서 법을 가

---

paṭighānusayo pahātabbo, adukkhamasukhāya vedanāya avijjāusaya pahātabbo-ti(*Majjhima-nikāya* I, 303~304쪽).

36) *Majjhima-nikāya* III, 221쪽.

르치지만 그들이 듣지 않고 회피할 때(괴로움을 유발시키는 상황에서) 그는 즐거움을 느끼지 않고 주의 깊고(sato) 사려 깊게(sampajāna) 머무른다. 일부 제자가 듣고 회피하지 않을 때(즐겁지도 괴롭지도 않음을 유발시키는 상황에서) 그는 괴로워하지도 않고 즐거워하지도 않으면서 주의 깊고 사려 깊게 머무른다. 마지막으로 동일 상황에서 제자들 모두가 회피하지 않고 들을 때 그는 즐거움을 느끼며 주의 깊고 사려 깊게 머무른다. 그리고 여래는 이 세 가지 상황에서 번뇌를 갖지 않는다(anavassuta)고 한다. 즉 괴로움의 상황에서 성냄이나 혐오/싫어함의 마음을 갖지 않으며, 괴롭지도 즐겁지도 않음을 유발시키는 상황에서 감각에 대한 무심한(upekkhā) 자세를 유지함으로써 어리석음의 마음을 갖지 않으며, 즐거움의 상황에서 탐욕의 마음을 갖지 않는다. 여기에서의 핵심은 세 감각을 일으키는 상황에 처하여 이에 합당한 감각을 느끼면서도 탐진치를 갖지 않고 자신의 감각에 대하여 여실하게 주의집중하면서 깨어 있는 것이다.

이상과 같이 감각 자체의 무상함과 고통스러움에 대한 성찰은 감각에 대한 무집착의 태도로 귀결되고 감각 내의 탐진치의 잠복성에 대한 성찰은 탐진치의 지멸로 귀결된다. 그런데 무집착과 탐진치 지멸은 상이한 것이 아니다. 감각에 대해 집착하지 않는다는 것은 감각에 대한 탐진치를 떠나 있을 때 가능하며 탐진치를 지멸한다는 것은 무집착 상태에서 가능하기 때문이다. 따라서 어떤 경우에 붓다는 세 감각의 무상한 속성에 대한 명상을 무집착의 태도가 아니라 탐진치 지멸의 태도로 귀결시킨다.

그는 몸과 즐거운 감각에 대하여 무상(anicca)을 명상하여 머무르고, 소멸함(vaya)을 명상하여 머무르고, 사라짐(virāga)을 명상하여 머무르고, 그침(nirodha)을 명상하여 머무르고, 이욕(paṭinissagga)을 명상하여 머무른다. 그가 (이와 같이) 몸과 즐거운 감각에 대하여 무상을 명상하여 머무르고, 소멸함을 명상하여 머무르고, 사라짐을 명상하여 머무르고, 그침을 명상하여 머무르고, 이욕을 명상하여 머무르므로 몸과 즐거운 감각에 대하여 탐욕의 잠재성향이 사라진다(몸과 괴로운 감각 그리고 몸과 괴롭지도 즐겁지도 않은 감각에 대해서도 이와 같이 할 때 혐오의 잠재성향(paṭighānusaya)과 어리석음의 잠재성향(avijjānusaya)이 사라진다).[37]

탐진치라는 나쁜 성향을 지멸시키는 데 있어서 핵심적인 수행방법은 선정(jhāna)이다. 선정의 각 단계들을 거치면서 탐진치는 점차적으로 지멸되어 멸진정의 단계에서 완전히 지멸되는 것으로 이해된다. 예컨대 붓다는 선정의 각 단계들을 거치면서 말, 생각의 일으킴과 사유, 희열, 입출식, 그리고 생각과 감각이 멸하여 궁극적으로는 번뇌가 다하고 탐진치가 멸한다고 한다. 그는 "번뇌가 다한 비구에게서 탐욕의 그침이 있고, 혐오/싫어함의 그침이 있고, 어리석음의 그침이 있다"라고 한다.[38]

감각과 관련하여 탐진치를 지멸한다는 것은 감각을 보다 섬세하게 느끼는 것으로 이해할 수 있다. 접촉에 수반되는 감각에 대하여 삼매나 주의집중(sati)이 요청되고 있는데 이는 대상에 의해 야기된 순수한 감각만을 느끼기 위한 것이라고 할 수 있다. 경전은 접촉에 수반되는 감각은 삼매상태에서 가장 잘 드러나며 이렇게 드러난 감각은 주의집중 상태에서 제어된다고 한다. 사리풋타(Sāriputta)와 사미디(Samiddhi) 간의 다음과 같

---

37) So kāye ca sukhāya ca vedanāya aniccānupassī viharati. vayānupassī viharai. virāgānupassī viharai. Nirodhānupassī viharati. paṭinissaggānupassī viharati. Tassa kāye ca sukhāya ca vedanāya aniccānupassino viharato vayānupassino viharato virāgāupassino viharato nirodhānupassino viharato paṭinissaggānupassino viharato yo kāye ca sukhāya ca vedanāya rāgānusayo sa pahīyati(Saṁyutta-nikāya IV, 211~212쪽).

38) khīnāsavassa bhikkuno rāgo niruddho hoti. doso nirudho hoti. moho nirudho hoti(Saṁyutta-nikāya IV, 217쪽).

은 대화는 감각이 삼매상태에서 가장 명료하게 인지되며 주의집중 상태에서 감각이 지배된다는 것을 보여준다.

> ……"그러면 사미디여, 그것들(접촉)은 무엇과 함께 오는가?" "존자시여, 감각과 함께 옵니다." "그러면 사미디여, 그것들(감각)의 높은 상태는 무엇인가?" "존자시여, 삼매가 높은 상태입니다." "그러면 사미디여, 그것들(삼매)의 지배(상태)는 무엇인가?" "존자시여, 주의집중(sati)의 지배(상태)입니다."……[39]

외부 대상에 의해 촉발된 세 가지 감각을 내적으로 축소하거나 증폭시키지 않고 주어지는 그대로 느끼면서 탐진치를 지멸한다는 것은 십이연기설에서 무명에 둘러싸인 감각의 그침을 의미한다. 이것은 세 감각 자체를 축소하거나 과장하지 않고 대상이 야기하는 정도의 세 감각만을 섬세하게 느끼는 것이다. 예컨대 즐거운 감각에 대해서는 즐거운 감각 자체가 아니라 즐거운 감각에 대한 탐욕만을 끊어버리는 것이다. 괴로운 감각에 대해서는 혐오와 거부의 마음만을 버리고 담담하게 수용하는 것이다. 괴롭지도 즐겁지도 않는 감각에 대해서는 이것들이 다음 순간에 즐거운 감각 혹은 괴로운 감각을 주는 것으로 변화될 수 있다는 것을 알아 이에 대한 무지의 마음을 떨쳐버리는 것이다. 이와 같이 대상이 야기하는 감각을 수용하는 데 있어서 탐진치의 마음을 버린다는 것은 '지각을 순수한 상태로 지키는 것'을 의미하기도 한다. 즉 감각기관이 제공하는 정보를 받아들이지만 이를 마음 속에서 증폭시키거나 축소시키지 않

---

39) …… 'te pana Samiddhi kiṁsamosaraṇā' ti iti puṭṭho samāno 'vedanāsamosaraṇā bhante' ti vadesi, 'te pana Samiddhi kiṁpamukhā' ti iti puṭṭho samāno 'samādhipamukhā bhante' ti vadesi, 'te pana Samiddhi kiṁ adhipateyyā' ti iti puṭṭho samāno 'satādhipateyyā bhante' ti vadesi…… (*Anguttara-nikāya* IV, 386쪽).

는다.[40]

또한 대상에 의해 야기된 세 감각을 그대로 느끼면서 탐진치를 지멸한다는 것은 여섯 감각기관의 활동의 제어(saḷindriyagutti, 六根守護)라고도 할 수 있고 여섯 가지 잘못된 인지활동인 6입처를 멸하는 것이라고도 할 수 있다. 주지하다시피 육근수호와 6입처의 지멸은 붓다에 의해 강조되고 있는데 여기에서 육근수호는 '대상에 의해 야기된 순수한 감각'만을 받아들인다는 의미로 이해할 수 있고 6입처의 지멸은 주관이 야기시키는 탐진치를 멸하는 것이라고도 이해할 수 있을 것이다. 육근수호의 완성에 의해서이든지 혹은 6입처의 지멸에 의해서이든지 수행자는 닛바나라는 결과에 도달할 수밖에 없을 것이다. 왜냐하면 "6입처에 의하여 생사유전이 이루어지고 육근을 수호함으로써 해탈이 이루어진다"[41]고 볼 수 있기 때문이다.

탐진치의 지멸은 선정의 마지막 단계인 멸진정(nirodha-samāpatti)에서의 생각과 감각 지멸(saññā-vedayita-nirodha) 상태에서도 동일한 의미로 이해될 수 있다. 붓다는 멸진정에서 무명을 멸하고 연기법과 중도의 실상을 깨달았지만[42] 동시에 무명에 기초한 잘못된 존재양식으로서의 성향을 완전히 지멸한다. 그는 멸진정에서 무명에 기초한 잘못된 존재양식에—몸, 말, 생각의 영역을 통해 드러나는—대한 점차적인 지멸(anupubbasaṅkhārana nirodha)이 있을 때 번뇌는 그치게 되고 탐진치도 그친다고 한다. 여기에서 '무명에 기초한 잘못된 존재양식으로서의 성향'을 필자는 '탐진치의 성향'과 같은 것으로 이해한다.

탐진치를 동반하지 않고 오직 외적 대상이 야기하는 감각만을 느끼는 사람은 감각에 의한 심리적 동요를 받지 않는다. 즐거운 감각에 대하여

---

40) 요한슨, 《불교 심리학》(박태섭 옮김, 서울: 시공사, 1996), 110쪽.
41) 이중표, 〈6입처와 육근은 동일한가?〉(《범한철학》 17, 1998), 311쪽.
42) 이중표, 《아함의 중도체계》(서울: 불광출판부, 1991), 121~124쪽 참조.

들뜨지 않으므로 이것이 사라질 때도 좌절하지 않으며 괴롭지도 즐겁지도 않은 감각에 대해서도 담담하며 괴로운 감각에 대해서도 상심하거나 흔들리지 않는다. 특히 외적인 괴로운 감각을 겪는 경우 자신의 내면을 괴로운 감각에 맡기지 않는다. 붓다는 올바른 수행자는 육체적으로 괴로운 감각을 겪더라도 좌절하거나 슬퍼하지 않고 "하나의 감각, 즉 육체적 감각은 느끼지만 심리적/정신적인 감각은 느끼지 않는다."[43]

5. 탐진치 지멸전략의 귀결: 닛바나

위에서 살펴본 바와 같이 세 가지 기본감각의 속성—무상성과 고성, 그리고 탐진치 수반성—에 대한 붓다의 성찰은 무집착과 탐진치의 지멸이라는 전략을 요청한다. 그런데 지적한 바와 같이 무집착은 탐진치 지멸과 내용적으로 다르지 않다. 따라서 이제부터 필자는 탐진치 지멸이라는 말에 의해서 또한 무집착까지를 의미하고자 한다.

강조한 바와 같이 탐진치 지멸은 감각 자체의 지멸을 의미하지 않는다. 요청되는 것은 외부 대상에 의해 촉발된 감각을 그대로 느끼면서 (주관에 의해서) 각 감각에 수반된 탐진치만을 지멸시키는 것이다. 접촉으로부터 발생하는 감각에 대하여 대상에 의해 촉발되는 감각만을 수용하고 감각 속에 잠재되어 있는 탐진치를 지멸한다는 것은 감각에 지배되지 않고 감각으로부터 자유를 지향하는 것으로 가장 높은 즐거움인 닛바나를 달성하기 위한 것이다. 따라서 세 가지 기본 감각에 대한 성찰과 이에 근거한 탐진치 지멸이라는 전략은 닛바나라는 궁극적 즐거움의 달성 내지는 행복의 성취에서 그 목표를 이룬다. 그리고 닛바나라는 목표달성을 위한

---

43) so ekaṁ vedanaṁ vediyati kāyikaṁ na cetasikaṁ(*Saṁyutta-nikāya* IV, 209쪽).

탐진치 지멸의 과정에서 선정(jhāna)과 삼매(samādhi), 그리고 사마타(samatha)와 주의집중(sati)을 내용으로 하는 비파사나(vipassanā) 등의 수행방법이 중요한 역할을 한다. 탐진치 지멸의 과정에서 이들 명상법의 실천은 필수적이다.

세 가지 기본 감각의 속성에 대한 이해를 기초로 탐진치를 지멸하여 닛바나라는 행복을 달성하는 것은 필연적이다. 붓다는 자신의 모든 교설의 목표를 닛바나라고 하는 진정한 의미의 행복의 실현에 두고 있다.[44] 더 나아가서 경전에서 즐거움은 닛바나와 동일시된다.[45]

그런데 감각에 있어서 탐진치의 지멸의 귀결로서 닛바나의 달성은 윤리적 관점에서 말할 때 도덕의 완성지점이다. 붓다의 연기법(혹은 무아, 공 등)에 의한 세계인식 그리고 이러한 인식의 필연적 귀결로서의 윤리적 삶은 윤회하는 고통의 세계에서 닛바나라는 행복의 세계를 실현해 가는 것이기 때문에 윤리적 관점에서 탐진치 지멸, 즉 도덕의 완성 또한 행복/닛바나의 성취를 의미한다.

그런데 탐진치 지멸에 의한 도덕의 완성이 행복/닛바나를 의미한다면 닛바나 또한 도덕적 맥락에서 설명되어야 할 것이다. 1부에서 개괄적으로 설명하였듯이 탐진치의 지멸은 성품의 전환을 의미하여 탐진치 지멸 성품의 완성을 의미한다. 그러면 이러한 탐진치 지멸의 성품 상태가 어떻게 하여 행복/닛바나를 의미한다는 것일까?

1부에서 약술하였다시피 탐진치 지멸의 성품을 완성한 사람에게 윤리는 구속이 아니라 해방이다. 그 사람에게 윤리가 구속이 아니라 해방인

---

44) 그는 자신의 교설을 인간의 복지와 즐거움을 위한 것으로 보아 "이것은 너의 복지를 위한 것이며, 이것은 너의 즐거움을 위한 것이다." (idaṁ vo hitāya idaṁ vo sukhā-yati)라는 말을 반복한다.

45) 예컨대 사리풋타는 즐거움이 곧 닛바나라고 한다(sukham idaṁ āvuso nibbānaṁ) (*Anguttara-nikāya* IV, 414쪽).

이유는 자신의 모든 욕구나 충동이 윤리적인 것으로 전환되었기 때문이다. 강조하였다시피 탐진치는 불교윤리에서 모든 악과 구속의 원천이다. 탐진치라는 성향 자체를 지멸했다는 것은 불건전한/악한 생각, 말, 행동뿐만 아니라 악의 성향 자체를 뿌리뽑았다는 것을 의미한다. 자신의 성향이 선을 추구하고 선에서 만족을 느끼는 것이다. 여기에는 내적인 갈등이나 상충하는 욕구가 개입할 여지가 없다. 이러한 사람은 윤리적일 수밖에 없는 성향 혹은 도덕과 합치하는 욕구나 충동만을 갖기 때문에 도덕과 비도덕 사이에서 갈등하지 않는다.

감각에 있어서 탐진치를 지멸한 사람은 도덕적일 수밖에 없는 성품을 가지고, 의도적인 노력을 기울이지 않고도 감각적인 즐거움에 속박되지 않으며, 도덕과 합치하는 행동만을 할 것이라고 기대되는데, 이것은 아리스토텔레스가 말하는 절제적인 인간의 이념이기도 하다.

아리스토텔레스는 절제(sōphrosune)적인 사람을 억제(enkrateia)적인 사람과 구별한다. 억제적인 사람은 육체적 쾌락 때문에 이치에 어긋나는 일을 하지 않는다는 점에서는 절제적인 사람과 마찬가지로 외적으로는 동일한 도덕적 행동을 표출할 수 있다. 그러나 억제적인 사람은 이성에 따르지 않고 이치에 맞지 않는 욕구를 자신 속에 가지고 자신의 욕망과 끊임없이 투쟁한다. 반대로 절제적인 사람은 이성과 합치하는 욕구 혹은 올바른 욕구만을 가지므로 내적인 갈등을 하지 않는다. 절제적인 사람은 내면의 갈등 없이 이치에 합치하는 마음 상태 속에서 이치에 맞는 행동을 자연적으로(spontaneously) 표출한다는 점에서 억제적인 사람과 다른 것이다.[46]

요컨대 억제적인 사람은 이치에 어긋나는 즐거움을 느끼지만 절제적인 사람은 이치에 어긋나는 즐거움을 느끼는 일이 없으며, 억제적인 사람

---

46) 아리스토텔레스, 《니코마코스 윤리학》(최명관 옮김, 서울: 삼성출판사), 7권 1152a.

은 이치에 어긋난 즐거움을 느끼면서 여기에 이끌려가지 않도록 많은 노력을 해야 하고 자신 속의 올바르지 않는 욕구와 끊임없이 투쟁해야 하지만 절제적인 사람은 그렇지 않다. 절제적인 사람과 마찬가지로 탐진치를 지멸한 성품을 갖는 사람은 도덕과 비도덕, 혹은 당위와 욕구 사이에서 갈등하지 않는다. 그의 성품 자체가 도덕이기 때문이다.

탐진치의 지멸의 성품을 완성한 사람이 도덕과 비도덕, 당위와 욕구 사이에서 갈등하지 않는다는 것은 도덕과 행복이 동일 영역에서 추구되는 불교윤리의 특징을 드러낸 것이다. 도덕과 행복은 별개의 영역에 있지 않으며 도덕의 최고 실현상태가 행복, 즉 닛바나이다. 불교윤리의 이러한 입장은 서양윤리학의 전통에서 볼 때 도덕과 행복을 대치상태에 둔 칸트의 입장[47]과 대조되며 도덕의 목표는 행복이라고 본 아리스토텔레스의 입장과 상통한다.

아리스토텔레스에 의하면 도덕의 최고 목표는 행복이며 행복은 도덕의 영역을 떠나 있지 않다. 그는 덕이나 행복을 추구하는 인간은 즐거움을 긍정적으로 수용할 뿐만 아니라 자신의 행동을 완성하는 데 있어서 즐거움(hedon, 쾌락)을 필수적인 것으로 삼는다고 이해한다. 그에 의하면 우리는 즐거움(쾌락)과 괴로움(고통)을 행동의 표준으로 삼고 있을 뿐만 아니라 우리의 덕은 즐거움과 괴로움에 관계한다. 덕은 "쾌락을 생기게끔 하는 행위에 의해 조장되고 그것을 생기게끔 하지 않는 행위에 의해

---

47) 칸트에 의하면 행복과 선은 무관하며 행복은 오히려 도덕성에 장애가 되는 것이다. 그는 행복의 원리가 "도덕을 수립하는 데 아무런 도움이 되지 않는다. 실은 그 원리는 도덕성을 거꾸로 바뀌게 하여 그 숭고성을 말살하게 하는 동기를 지니고 있다"고 명시한다(칸트, 《도덕형이상학》(박태훈 옮김, 서울: 형설출판사, 1996), 61쪽). 그의 도덕체계 속에서 의무/도덕성은 행복과 날카로운 대조를 이루고 있다. 칸트의 이러한 생각은 행복이 쾌, 욕구, 경향성 등과 관련되어 있고 도덕은 이러한 것들과 반대된다는 신념에 기초해 있다. 이러한 생각은 또한 도덕의 영역이 이성의 영역에 한정되어 있으며 감성이나 정서의 영역과 무관할 뿐 아니라 오히려 대립되어 있다는 신념에 기초한다.

상실된다."[48] 따라서 쾌락은 우리의 삶에서 필수적인 것이며 의미 있는 삶은 반드시 쾌락을 동반해야 하는 것이다.[49] 최고의 선 또한 필연적으로 쾌락을 동반하지 않을 수 없다. 그에 의하면 올바르게 향유되는 쾌락은 삶의 활동을 완성하며 선이다.[50] 우리의 욕구는 물론 활동을 완전케 하는 것은 쾌락이며 쾌락은 우리의 욕구는 물론 활동 속에서 추구된다.[51]

붓다는 칸트처럼 쾌락이나 행복을 도덕과 대립시키지 않고 아리스토텔레스처럼 이것들이 도덕과 무관하지 않다고 보며 즐거움을 도덕의 최종목표로 설정한다. 그런데 붓다는 다양한 즐거움을 인정하고 이들 사이에 질적인 차이 내지는 위계가 있다고 본다. 그가 권유하고 있는 것은 당연히 보다 높은 차원의 즐거움이다. 여섯 감각을 통한 감각적 즐거움은 저급한 것으로 진정한 즐거움이 아니다. 그 본질은 무상하고 고통스러운 것이다. 선정에서의 즐거움이 보다 추구할 만한 것이다. 특히 선정의 마지막 단계인 멸진정에서의 즐거움은 어디에도 비할 바 없는 가장 높은 즐거움이다. 왜냐하면 멸진정 상태에서의 즐거움은 탐진치로 상징되는

---

48) 아리스토텔레스, 앞의 책, 2권 1105a.

49) 아리스토텔레스, 앞의 책, 10권 1176a~b.

50) 아리스토텔레스에 의하면 행복은 인간활동의 궁극목적으로서 하나의 활동이다(아리스토텔레스, 앞의 책, 10권 11761a~b).

51) 아리스토텔레스는 이렇게 쓰고 있다. "누구나 살기를 희구하는 까닭에 또한 쾌락을 욕구하는 것이라고 말할 수 있을 것이다. 산다는 것은 활동이요, 또 사람마다 자기가 가장 사랑하는 것에 관해서 자기가 가장 사랑하는 능력을 가지고 활동한다. 가령 음악가는 여러 가지 음율에 관해서 그의 청각을 가지고, 학문을 사랑하는 사람은 이론적인 문제에 관하여 그의 理知를 가지고, 등등으로 활동한다. 그런데 쾌락은 이러한 활동을 완전케 하며, 따라서 또한 사람들이 욕구하는 삶도 완전케 하는 것이다. 그런즉, 사람들이 쾌락을 찾는 것도 당연한 일이다. 쾌락은 모든 사람의 삶을 완전케 하는 것이고…… 모든 활동은 거기 따르는 쾌락으로 말미암아 완전케 되는 것이다."(아리스토텔레스, 앞의 책, 10권 1175a). 또한 그에 의하면 우리는 어렸을 적부터 쾌락과 함께 자라오며 쾌락은 우리가 선택하는 모든 대상에 수반되는 것이다(아리스토텔레스, 앞의 책, 2권 1105a).

모든 번뇌가 지멸된 상태에서 발생할 수 있는 가장 높은 즐거움이기 때문이다.

붓다에 의하면 감각의 속성에 대한 성찰은 보다 높은 진정한 즐거움을 달성하기 위해서 필수적이다. 저차원적 즐거움을 얻고자 고분분투하거나 저차원적 즐거움에 함몰되는 것은 비윤리적이며 올바르지 못하다. 이러한 붓다의 입장은 즐거움의 추구에 있어서 올바른 쾌의 추구를 강조한 아리스토텔레스나 에피쿠로스(Epikuros) 학파의 입장을 연상시킨다. 이들도 붓다와 마찬가지로 쾌 선택에 있어서 신중할 것을 강조한다. 아리스토텔레스는 올바른 방법으로 올바른 쾌를 갖는 것을 강조하고[52] 에피쿠로스 학파는 쾌 선택에 있어서 사려분별을 강조하여 양자 모두 올바른 쾌의 추구를 강조한다.

붓다는 즐거움의 추구에 있어서 즐거움이 수반할 수 있는 위험성에 대하여 경고한다. 그에 의하면 특히 감각적 즐거움은 진정한 의미의 즐거움이 아니다. 이러한 즐거움은 오히려 고통이 될 수 있다. 따라서 감각적 즐거움에 대하여 그가 취하는 전략은 탐욕의 마음을 버리는 절제 혹은 무집착의 태도이다. 이러한 붓다의 입장은 쾌를 도덕의 목표로 보았을 뿐만 아니라 "즐거움은 행복한 삶의 시작이며 목표이다"[53]고 하고 올바른 즐거움은 욕구의 절제와 자족에 근거한 단순한 삶에서 얻어질 수 있다고 주장한 에피쿠로스 학파의 입장을 연상시킨다.

---

52) 아리스토텔레스는 "우리의 활동과 삶을 완전케 하는 것, 그리하여 덕 있는 행복한 사람이 되는 데 있어 필수적으로 수반되는 쾌락은 어떠한 방식으로 획득되어야 하는가?"라고 묻고 다음과 같이 답변한다. "물론 올바른 종류의 쾌락을 올바른 방식에 의해 획득하는 것이다. 올바른 종류의 쾌락이라고 하더라도 그 획득의 방법이 옳지 않을 때는 포기되어야 한다. 쾌락은 덕 있는 성품의 상태, 숙고의 상태, 이성적 관조의 상태, 실천지(를 행사하는) 상태, 중용의 상태에서 절제의 방법에 의해 얻어져야 한다."(아리스토텔레스, 앞의 책, 10권 1175a)

53) Epicurus, *Letter to Menoeseus*, 129.

　요컨대 탐진치를 지멸한 사람은 합당하지 않는 욕구나 충동을 갖지 않으며 서로 상충하는 욕구로 인한 내적인 갈등도 겪지 않는다. 따라서 닛바나라는 최고의 즐거움은 탐진치의 성향을 탐진치 지멸의 성향으로 변화시킨 결과이지 외적 대상을 변화시킴으로써 성취된 것이 아니다. 그것은 감각의 관점에서 볼 때 외적 대상이 주는 자극 내지는 감각에 대한 무상성(無常性)과 고성(苦性)에 대한 성찰, 그리고 세 가지 기본 감각에 수반된 탐진치에 대한 성찰에 근거하여 자신의 반응양식을 변화시킴으로써 성취된 것이라고 할 수 있다. 즉 대상에 의해 유발된 감각의 속성에 대한 통찰에 근거하여 내적으로 탐진치를 유발하지 않고 외적으로 야기된 순수한 감각만을 느낌으로써 얻어지는 것이다. 여기에서 대상에 의해 촉발된 감각만을 수용하되 내적으로 탐진치를 일으키지 않는 것은 내적 성향(saṅkhāra, disposition)의 변화로서 자아의 변형, 전환, 혹은 변혁(pariñā-ma, transformation)을 의미한다.

6. 요약 및 맺음말

　우리는 대상세계와 끊임없이 접촉하고 접촉의 결과 다양한 감각을 갖는다. 붓다에 의하면 접촉으로부터 우리가 갖는 모든 감각은 즐거움과 괴로움을 기준으로 하여 즐거운 감각, 괴로운 감각, 그리고 괴롭지도 즐겁지도 않은 감각으로 분류될 수 있다. 감각기관, 삶의 방식, 과거/현재/미래라는 시간 등을 변인으로 하여 발생하는 감각들은 다양하지만 이 모든 감각들의 기본이 되는 감각은 세 가지 감각이다.

　세 가지 감각에는 탐욕, 성냄/미워함/혐오, 어리석음이라는 나쁜 성향이 잠재해 있고 행복/닛바나를 얻기 위해서 이 세 가지 성향은 지멸되어야 한다. 그런데 세 가지 성향을 지멸하는 데 있어서 외적 대상에 의해 촉발된 감각마저도 지멸하는 것은 아니다. 외적으로 촉발된 감각은 수용하되 감각에 동반된 탐진치만을 지멸해야 한다. 십이연기에서 윤회의 일곱 번째 연결고리인 (무명에 덮인) 감각의 지멸도 세 감각 자체의 지멸이 아니라 이들의 배후에 있는 탐진치의 지멸을 의미한다.

인간이 자연스럽게 추구하는 것은 즐거운 감각이지만 모든 즐거운 감각이 동일한 가치를 갖는 것은 아니다. 붓다에 의하면 인간의 여섯 감각을 통해 얻어지는 감각적 즐거움은 저급한 것으로서 추구할 만한 즐거움이 아니다. 오히려 이것은 즐거움이라기보다는 고통의 원인이다. 보다 높은 즐거움은 선정에서 얻어지며 가장 높은 즐거움은 선정의 마지막 아홉 번째 멸진정의 단계 — 붓다가 무명을 멸하고 연기법과 중도의 실상을 깨달았다고 하는 — 에서 얻어진다.

멸진정에서의 지각과 생각의 지멸상태의 즐거움은 감각적 욕구에 구속받지 않고 감각적 즐거움으로부터 떠난 상태 (혹은 감각에 대한 탐진치가 완전히 지멸된 상태)의 즐거움이다. 무명에 덮인 잘못된 존재양식으로서의 성향(saṅkhāra, 行)이 지멸된 멸진정에서는 괴로움의 일종인 아바다마저도 완전히 끊기고 가장 높은 즐거움인 닛바나가 달성된다.

닛바나/행복을 달성하기 위해 감각에 대해서 붓다가 세운 전략은 두 가지이다. 첫째로 세 가지 감각 이 어느 것에 대해서도 집착하지 않으며, 둘째로 세 감각의 배후에 있는 탐진치의 성향을 지멸시키는 것이다. 첫째의 전략은 세 가지 감각이 무상하고 괴로운 것이라는 통찰에 근거하며, 두번째 전략은 세 감각의 배후에 탐진치가 잠재해 있다는 성찰에 근거한다. 그런데 무집착이라는 전략과 감각에 대한 탐진치 지멸이라는 전략은 내용적으로 동일하다.

붓다는 자신의 교설의 목표를 행복을 얻는 것에 두고 있으며 행복은 곧 닛바나를 의미하므로 감각에 대한 탐진치 지멸이라는 전략도 행복으로서의 닛바나를 달성하기 위한 것이다.

감각에 대한 탐진치 지멸에 의해 성취한 행복으로서 닛바나는 윤리적 관점에서 볼 때 도덕의 완성지점이다. 이 지점에 도달한 사람은 탐진치라는 성향을 지멸시킴으로써 악의 근원을 뿌리뽑은 사람이기 때문에 비도덕적 성향을 갖지 않는다. 따라서 절제적인 사람이 그러한 것처럼 그는 도덕과 비도덕 사이에서 갈등하지 않는다. 자신의 내적 성향이 항상 도덕과 합치하기 때문에 그에게 도덕적 행위는 행복을 의미한다.

그런데 감각에 대한 탐진치 지멸로서 행복이라고 이해되는 닛바나에는 대상에 대한 즐거운 감각은 물론 괴로운 감각과 괴롭지도 즐겁지도 않은 감각이 포함된다. 닛바나에 세 감각이 포함되는 이유는 탐진치가 지멸된 상태에서 탐진치의 작용에 의한 감각의 축소나 증폭 혹은 왜곡은 없지만 대상이 유발하는 감각의 속성은 거부되지 않고 그대로 수용되기 때문이다. 따라서 닛바나는 즐거운 감각의 상태라기보다는 즐거운 감각과 괴로운 감각 이 어느 것에도 흔들림이 없는 마음의 평온상태라고 할 수 있을 것이다. 이러한 마음의 평온상태를 (내적으로 성취한) 행복의 상태라고 말할 수 있을 것이다. 그리고 이러한 닛바나는 외적 대상이나 자극을 변화시킴으로써가 아니라 감각에 대한 내적인 태도변화의 결과이다. 즉 닛바나는 감각의 관점에서 볼 때 대상에 유발된 감각의 속성에 대한 성찰, 그리고 이에 근거한 감각에 대한 합당한 대처방식에 의해 얻어진 것이다.

이상과 같이 닛바나를 이해할 때 혹자는 행복실현에 대한 붓다의 전략은 지극히 개아론적이고 내면 지향적이어서 사회(체제)의 변혁에 의한 인류 공동의 행복의 성취와는 거리가 멀다고 생각할 수 있다. 이는 옳지 못하다. 왜냐하면 붓다는 인류 공동의 행복에 관심이 없는 것이 아니라 사회(체제)의 변혁과 인류 공동의 행복이 개개인의 올바른 세계관과 이에 근거한 삶의 양식의 변화에 의해 달성될 수 있다고 보고 있기 때문이다. 붓다는 사회변혁에 의한 인류 공동의 행복을 위해서는 자아변혁이 필수적이며 무엇보다도 우선한다고 보고 있을 뿐이다. 또한 붓다에 의하면 인류 공동의 행복을 달성하지 않고서는 개아의 참된 행복도 가능하지 않다. 자신과 관계된 존재들과 그들의 삶과 무관하게 자신의 행복이 달성된다고 생각하는 것은 도착적 생각일 뿐이다.

또한 도덕의 관점에서 '감각에 대한 탐진치 지멸은 내적 성향의 전환에 의한 도덕적일 수밖에 없는 성품 형성'을 의미하지만 이것은 순전히 개인적 차원의 내적 변화만을 의미하지는 않는다. 탐진치 지멸이 갖는 사회적 함의는 지대하기 때문이다. 세 가지 감각에 대한 탐진치의 지멸은 즐거운 감각을 불러일으키는 대상에 대한 탐닉으로부터의 결별과 괴로운 감각을 야기하는 대상에 대한 혐오/거부의 마음으로부터의 결별을 의미하므로 탐진치 지멸의 태도가 자기가 관계 맺고 있는 사람들에게 적용될 때 사람들은 배려와 자비의 행동을 표출할 수밖에 없다. 이러한 행동의 표출이 연기, 공, 무아에 입각한 삶의 표출이며 이러한 삶 속에서 불교윤리는 개인적인 고통 극복의 윤리에서 사회 전체의 행복 실현―닛바나―을 추구하는 윤리로 전환된다.

2장

●

덕윤리적 패러다임

1. 시작하는 말

서양 윤리학의 맥락에서 초기불교윤리를 논의하거나 서양 윤리학의
용어를 적용하여 불교윤리 전체를 일관성 있게 설명하는 것은 쉽지 않
다. 왜냐하면 초기불교윤리는 다양한 이론적 특징을 가지고 있는 것으로
보이기 때문이다. 예컨대, 지켜야 할 규범적 덕목(sīla, 戒)들을 명시하고
있다는 점에서는 의무론적 윤리의 특성을 가지고 있으며, 점진적인 수행
을 쌓음으로써 완전한 인격자(arahant, buddha)나 덕의 완벽한 체화를 추
구한다는 의미에서는 덕의 윤리적인 특성을 지니고 있다. 또 인간이 지
향해야 할 도덕의 목표로서 닛바나(nibbāna)라는 궁극목적을 설정하고
있다는 점에서 목적론적인 윤리의 특성을 띠며, 윤리체계 전체가 고통
(dukkha)의 극복을 지향하고 이를 선(kusala)을 결정하는 하나의 기준으
로 삼고 있다는 점에서 고전적 공리주의 윤리의 특성을 지니기도 한다.
자신이나 타인에게 이로운 행동을 선으로 보고 있다는 점에서 결과주의
적 윤리의 특성을 가지며, 행위의 선악판단에 있어서 행위자의 의도

(cetanā)를 중시한다는 점에서 동기주의적 윤리의 특성을 가지며, 타인에 대한 배려나 자비를 통합적 윤리덕목으로 삼는다는 점에서는 보살핌 (care)의 윤리의 특성을 지니기도 하며, 행복의 다양성과 근기에 따른 방법의 다양성을 인정한다는 의미에서 다원주의적 윤리의 특성을 지닌다. 이처럼 초기불교윤리는 대조적인 것으로 생각되는 윤리적 특성들을 모두 가지고 있다고 볼 수 있다.

초기불교윤리는 이와 같이 다양한 이론적 특징들을 갖기 때문에 규범주의 윤리(normative ethics) 혹은 덕윤리(virtue ethics), 절대주의 윤리 혹은 상대주의 윤리, 이성 중심주의 윤리 혹은 정서 중심주의 윤리, 의무론적 윤리(deontological ethics) 혹은 결과주의 윤리(consequencialist ethics) 등의 어느 하나의 입장을 택하여 윤리 내용을 일관성 있게 규정짓기가 곤란하다고 이해되어 왔다.[1]

이와 같이 서양의 윤리학의 용어에 의탁하여 초기불교윤리 전체를 포괄적으로 설명하기란 쉽지 않음에도 불구하고 서양 윤리학의 맥락에서 초기불교윤리를 논의하고 설명해 보려는 시도들이 있어 왔다. 필자는 이러한 시도들은 나름대로 의미를 가질 수 있다고 생각한다. 왜냐하면 서양 윤리이론들의 맥락에서 불교윤리를 논의해 보는 일은 불교윤리의 보다 깊고 넓은 이해를 위해서 뿐만 서양윤리 이론의 맥락에서 불교윤리를 명료화시키고 불교윤리를 현대적 맥락에서 이해 · 해석하기 위해서도 의미 있다고 생각되기 때문이다. 우리는 불교윤리를 다른 윤리체계들의 윤리개념들과 관련지워 고찰함으로써 유사성과 차이점 등을 밝혀낼 수 있

---

1) 불교윤리의 이러한 특징을 가리켜 레위스와 암추츠는 "불교는 다양한 목소리를 낼 수 있는 문제들로 가득하다. 불교는 서양의 어떠한 영역에도 속하지 않는 전통들의 조합이다. 또한 직접적으로 상응하는 윤리용어도 불교에는 없다"라고 기술하고 있다 (Lewis, Stephen와 Amstutz, Galen, "Teleologized 'Virtue' or Mere Religious 'Character?'"(*Journal of Buddhist Ethics*, vol.4, 1977), 1쪽).

으며 이러한 과정에서 불교 윤리의 특징과 성격들을 보다 명료하게 드러내고 현대적 맥락에서 불교윤리를 재해석할 수도 있을 것이다.

그런데 서양윤리 이론의 맥락에서 초기불교윤리를 논의하고 설명하려고 할 때 가장 먼저 직면하게 되는 의문점들은 다음과 같은 것이라고 생각된다. 초기불교윤리의 다양한 특징들이 윤리체계 내에서 동등한 비중을 갖는 것일까? 아니면 이들 중 어느 특징—따라서 이 특징을 잘 반영하는 어느 한 이론—이 초기불교윤리체계를 보다 더 잘 설명해 주는 것은 아닐까?

필자는 초기불교윤리의 다양한 특징들은 서로 모순되지 않고 하나의 포괄적인 이론 틀 안에서 설명될 수 있다고 생각한다. 바꾸어 말하면 필자는 보다 지배적인 한 이론 틀에 의해서 지배적이지 않는 다른 특징들을 포섭하여 초기불교 전체 윤리체계를 일관성 있게 설명할 수 있다고 본다.

이러한 입장에서 필자가 이 장에서 다루고자 하는 내용은 크게 두 가지이다. 첫째로 불교윤리의 이해방식을 둘러싼 최근의 논쟁을 검토해 보는 것이다. 검토의 결과로서 필자는 초기불교윤리의 전체적인 특성을 설명하기 위한 포괄적인 이론 틀이나 개념에 대한 모색이 계속되어야 한다고 주장하고자 한다(2). 둘째로 필자는 초기불교윤리를 설명하는 포괄적인 윤리 이론을 덕윤리적 패러다임이라고 보고 이를 설명하기 위해서 한편으로는 초기불교에 나타난 반칸트주의적 윤리 특징을 탐색해보고(3) 다른 한편으로는 덕윤리로서의 초기불교윤리의 특징을 고찰해 보고자(4) 한다.

이상과 같은 고찰을 통하여 필자는 결론적으로 초기불교윤리는 덕윤리라는 패러다임 속에서 가장 잘 이해되며 따라서 덕윤리가 초기불교윤리를 설명하는 가장 상위의 패러다임이라고 주장하고자 한다. 필자가 초기불교윤리를 덕윤리적 패러다임으로 이해하는 이유는 다음과 같은 초기불교윤리의 본질적 특징 때문이다. 즉 초기불교윤리는 도덕적일 수밖에 없는 덕 있는 성품의 형성을 목표로 하여 인간 내면의 모든 불건전한/악한(akusala) 요소를 제거함으로써 몸(kāya, 身), 말(vācā, 口), 마음(mano, 意)의 세 영역에서 새로운 습관의 형성을 추구한다는 것이다.

습관형성의 구체적 내용은 성향을 변화시킴으로써 탐욕, 성냄/미워함, 어리석음과 같은 마음의 모든 불건전한 상태를 떨치고 자애, 자비, 나누는 기쁨, 평정심과 같은 마음을 체화하는 것을 말한다. 필자는 닛바나도 이러한 맥락에서 이해될 수 있다고 본다. 닛바나는 새로운 습관의 형성의 결과로서 자신이 욕구하는 바대로 행하여도 덕에 합치하여 선법(kusaladhamma)에 어긋남이 없는 삶을 사는 상태에 도달한 것을 의미하기도 한다.

2. 포괄적인 이론틀에 대한 모색

초기불교윤리의 성격을 규명하려는 연구는 최근까지 활기를 띤 분야가 아니었다. 1992년 키온(Keown)의 연구[2]를 기점으로 하여 이에 대한 연구는 활성화되기 시작하였고 보다 최근에는 한 윤리체계에 의한 초기불교윤리의 설명 가능성―하나의 포괄적 이론에 의한 초기불교윤리의 이해 가능성―을 둘러싸고 주목되는 하나의 논쟁이 있었다.

할리세이(Hallisey)는 〈상좌부[3] 불교에서의 윤리적 지방주의〉라는 논문에서 초기불교윤리는 지방주의적이기 때문에 어떠한 윤리 이론에 의해서도 포괄적으로 설명될 수 없다고 주장한다. 따라서 그에 의하면 포괄

---

2) Keown, Damien, *The Nature of Buddhist Ethics*(New York: St. Martin's Press, 1992).
3) 할리세이는 상좌부불교라는 용어를 쓰고 있는데 필자는 이하에서 초기불교라고 통일하여 쓴다.

적인 윤리이론의 틀을 찾는 연구는 무의미하며 초기불교윤리가 하나의 도덕이론만을 갖는다고 말하는 것은 잘못된 것이다. 그는 초기불교의 윤리가 다양한 특성을 가지고 있어서 윤리의 전체 체계를 규정할 수 있는 이론은 없다고 본 것이다. 그는 이와 같은 초기불교윤리의 특징을 가리켜 '윤리적 지방주의'(ethical particularism)라고 한다.

할리세이의 윤리적 지방주의에 의하면 초기불교의 어느 텍스트를 골라 그 텍스트가 의미하는 바에 따라 초기불교윤리의 성격을 기술할 수 있지만 이 성격은 다른 나머지 텍스트들에 적용될 수 없다. 왜냐하면 경전의 나머지 다른 부분들은 각각 또 다른 윤리성격들을 드러내고 있어서 또 다른 설명과 이론을 필요로 하기 때문이다. 초기불교의 윤리는 상이하여 부분적으로는 (지방적인) 무수한 비일관적인 윤리적 사고의 틀을 가지고 있을 뿐이지 전체적으로는 (보편적인) 윤리적 사고의 틀이나 이론을 가지고 있지 않다는 것이다. 요컨대 초기 불교는 하나의 용어 혹은 하나의 윤리이론으로 전체윤리의 성격이나 틀을 설명할 수 없다는 것이다. 할리세이는 자신의 이러한 입장을 다음과 같이 표현하고 있다.

특히 불교를 결과주의나 다른 어떤 윤리이론 계열과 유사한 것으로써 개념화하도록 고무하는 질문이 제기될 때 우리는 불교윤리를 단일한 하나의 윤리이론 계열에 속한다고 생각해야 하는지 애 대하여 분명한 해답을 갖고 있지 않다. 역사적 현상으로써 상좌부 불교전통(더 일반적으로는 불교 역시 말할 필요도 없이)은 이슬람교, 기독교, 힌두교가 그러한 것과 꼭 같이 내적으로 다양하다. 또한 기독교 전체를 목적론적이라거나 의무론적이라고 말하는 것이 분명하게 부적절한 것과 꼭 마찬가지로 불교 전통도 그러하다. 우리가 불교윤리에 대하여 어떠한 연구를 수행하든지 간에 상식적인 예측— 어떤 역사적인 전통과 가치는 그 전통의 실천가들과 지식인들이 하나 이상의 도덕이론에 호소한다는 증거를 불가피하게 드러낸다는 점—을 가지고

시작하는 것이 보다 바람직할 것이다.[4]

그런데 흥미로운 것은 할리세이가 초기불교윤리 전체를 설명할 수 있는 포괄적인 윤리이론의 부재를 주장하면서도 초기불교윤리를 이해하는 차원에서는 여러 이론들의 유용성을 인정하고 있다는 점이다. 그는 '윤리적 지방주의'라는 말 자체가 다양한 윤리이론들을 불교연구 분야에 적용하는 것을 부정하는 것이 아니라고 한다. '지방주의'와 같은 개념들은 물론 '결과주의' 혹은 다른 개념들이 교육적으로 필요한데 왜냐하면 이것들은 우리로 하여금 상이한 불교 전통들 속에서 윤리의 구체적인 윤곽들에 대하여 더 배울 수 있도록 하는 도구적 역할을 하기 때문이다.[5] 그리하여 그의 입장에서 볼 때 다양한 윤리이론들은 초기불교윤리를 전체적으로 설명하기 위해서가 아니라 오직 이해를 위한 도구의 차원에서만 유용한 것이다.

할리세이의 '지방주의'라는 말이 함축하고 있는 것은 초기불교는 물론 다른 불교윤리 전통 속에는 다양한 도덕적 선이 있으며 이것들은 서로 조화되지 않기 때문에 그것들은 어떤 하나의 체계적 방법에 의해 통일적으로 이해될 수 없다는 것이다. 이러한 입장에 의하면 초기불교는 다원주의 윤리이므로 시대마다 다양하게 나타난 도덕적 선과 특수한 것에 관심을 두고 일반적 혹은 포괄적인 것에는 관심을 두지 말아야 한다. 따라서 윤리적 지방주의 입장에서는 쉴브락(Schilbrack)이 핵심을 지적한 것처럼 초기불교윤리에 대하여 어떤 일반적 진술도 허용되지 않으며 유일하게 허용될 수 있는 일반적 진술은 '초기불교 전통은 다원주의 전통이다'는 것이다.[6] 이러한 입장에서는 초기불교윤리에는 일반적 (포괄적 혹은 전체

---

4) Hallisey, Charles, "Ethical Particularism in Theravāda Buddhism" (*Journal of Buddhist Ethics*, vol.3, 1995), 2쪽.
5) Hallisey, 앞의 논문, 6쪽.

적) 도덕원리가 없다고 보므로 일관성을 발견하려고 하거나 도덕의 성질에 대한 보편 성질을 묻는 연구는 헛된 것이다.

할리세이의 주장에 대하여 반론을 제기하고 그의 주장이 옳지 않다고 주장한 학자는 쉴브락이다. 할리세이 주장에 대한 반박의 핵심 이유로서 쉴브락은 비록 초기불교 전통이 다른 어떤 종교 전통처럼 하나의 윤리이론 이상을 포함하고 있기는 하지만 그렇다고 하여 우리가 윤리의 일반적인 특징들이나 형식상의 특징들에 대하여 탐구하지 말아야 한다고 주장할 타당한 이유를 갖지 않는다는 것이다. 그는 할리세이가 불교 윤리연구의 방법으로서 주장하는 역사적 연구법, 즉 다양한 불교전통들 모두를 설명할 수 있는 일반적이고 포괄적인 이론 틀이 없으므로 각각의 전통들을 별개로 다루어 그 성격들을 규명해야 한다는 방법뿐만 아니라 할리세이가 거부하고 있는 일반적이고 포괄적인 이론 틀을 찾는 연구법인 철학적 연구법을 병행해야 한다고 주장한다. 그는 할리세이와 달리 불교윤리 일반에 내재한 속성을 연구해야 한다고 주장한다. 이러한 주장의 이면에는 초기불교 전통의 다원주의의 이면에 통합성이 있다는 믿음이 전제되어 있다. 그의 이러한 입장은 "할리세이가 다원성을 인지한 것은 옳지만 이 사실이 우리들로 하여금 전통 속에서 전체적인 정당화의 패턴을 탐구하는 것을 포기해야 한다는 것을 의미하지는 않는다"[7]는 주장 속에 잘 드러나 있다.

요컨대 쉴브락은 초기불교윤리를 다원주의 윤리로 이해하는 데 있어서는 할리세이와 입장을 같이하면서도 초기불교윤리의 다원주의적 측면에 대한 일반적 진술이나 이론을 모색하는 연구방법이 수용되어야 한다고 주장하는 점에서 할리세이와 입장을 달리한다. 두 사람은 초기불교윤

---

6) Schilbrack, Kevin, "The General and the Particular in Theravāda Ethics: A Response to Charles Hallisey" (*Journal of Buddhist Ethics*, vol. 4, 1997), 3쪽.
7) Schilbrack, 앞의 논문, 2쪽.

리를 보는 관점의 측면에서가 아니라 초기불교윤리에서 형식적, 포괄적, 일반적, 추상적 개념이나 이론을 찾는 연구의 필요성에 대하여 입장을 달리하고 있는 것이다. 쉴브락은 할리세이와 달리 종교윤리를 연구하는 데 있어서 윤리의 특정내용에 관한 역사적 연구는 물론 윤리적 판단에 대한 일반적 형태에 대한 연구도 필요하다고 한다. 즉 도덕적 추리의 일반적 혹은 형식적 측면에 대한 연구가 필요하다는 것이다.

그러면 쉴브락은 자신의 주장을 뒷받침하기 위해서 어떠한 이유를 제시하고 있는가? 그는 (역사학의 의미에서 윤리인) 올바른 행동에 대한 가르침이 불가피하게 어떤 형태의 도덕 추론과 도덕 정당화의 패턴을 필연적으로 함축하고 있는 것과 마찬가지로 (윤리학의 의미에서 윤리인) 도덕 추론의 패턴들도 구체적이고 역사적으로 주어진 어떤 것에 대한 추론이라고 본다. 그리고 이 양자는 서로 어느 한쪽 없이 있을 수 없다고 한다. 즉 윤리 판단의 일반적 패턴과 윤리의 특정 내용은 구별되는 것이겠지만 분리될 수 있는 것은 아니라는 것이다. 이와 같이 쉴브락에 의하면 윤리적 판단의 일반적 패턴에 대한 연구와 같은 철학적 연구는 연구되고 있는 (특정의 내용과 같은) 역사적 맥락에 대한 결정을 필연적으로 포함하며, 역사적인 연구는 철학적 문제에 대한 결정을 필연적으로 포함하기 때문에[8] 양자에 대한 연구가 모두 필요한 것이다.

할리세이와 쉴브락의 논쟁에 있어서 초기불교윤리를 다원주의로 보는 양자의 공통된 인식에 대해서는 또 다른 논의를 요하지만[9] 필자는 논의

---

8) Schilbrack, 앞의 논문, 5쪽.

9) 다양한 전통과 다양한 선, 그리고 선의 다양한 실현방법을 인정하고 다양한 선 각각이 비교할 수 없이 평등하고 고유한 가치를 갖는다는 의미에서의 다원주의가 초기불교윤리와 합치할 수 있는지에 대하여 필자는 회의적이다. 초기불교윤리는 다양한 수준의 선과 이에 이르는 다양한 방편을 제시하고 있지만 다양한 수준의 모든 선은 '닛바나' 라는 상위의 유일한 최고 선(목적)에 의해 통합된다고 할 수 있다. 또한 초기불교윤리는 선에 이르는 방법에 있어서도 개개인의 근기에 따른 여러 가지 방법들과 함께

의 맥락상 이를 논외로 하고 이들의 핵심 논점인 초기불교윤리에 대한 접근 방법으로서 포괄적 (일반적, 철학적) 접근의 필요성 여부에 대한 필자의 입장만을 밝히고자 한다.

필자는 쉴브락과 마찬가지로 초기불교윤리를 포괄적으로 설명할 수 있는 윤리의 틀을 모색해야 한다고 생각한다. 쉴브락은 지방적 (역사적) 연구와 포괄적 (철학적) 연구가 분리 불가능하고 양자가 서로를 필연적으로 포함 또는 요구하고 있기 때문에 포괄적 (철학적) 연구가 필요하다고 주장하는데, 필자 또한 포괄적 성격과 틀을 모색하는 연구는 다음의 두 가지 이유 때문에 계속되어야 한다고 본다.

첫째로, 하나의 일관된 윤리틀이 발견되기보다는 여러 가지 윤리이론들 (서로 상이한 도덕추리의 양태들)이 존재한다고 하는 사실은 포괄적인 윤리이론 틀을 발견할 수 없다는 논리로 반드시 귀결되지는 않는다. 왜냐하면 현재 서로 모순되고 비일관적으로 보이는 이론들일지라도 제 삼의 새로운 시각에서는 모순이 해소될 수 있기 때문이다. 이는 어떠한 해석이나 이론도 인간의 관점을 떠나서는 존재할 수 없으며 인간의 관점이 바뀌었을 때는 대립적으로 보이는 이론들이 제 삼의 새로운 차원에서 종합될 수 있는 것과 같다. 이는 마치 형식 논리에서 명제는 'a는 a이면서 동시에 a가 아닌 것이 아닐 수 없다'라는 모순율을 충족시켜야만 참이 되지만 변증법적 논리에서는 'a는 a이면서 동시에 a가 아니다'라는 반모순율적 명제가 참이 되는 경우와 비슷할 것이다.

둘째로 불교의 핵심적인 교리인 연기법이 모든 상황과 시대의 변화하는 사건들을 설명할 수 있는 변화하지 않는 보편적 인식의 틀이듯이 우리는 불교가 모든 상황과 시대 속에서 변화하는 사건들을 포괄적으로 설명

공통적인 왕도를 제시하고 있다. 따라서 초기불교윤리를 통상적 의미에서 다원주의 윤리라고 할 수 있는지에 대해서는 보다 조심스러운 검토를 요한다.

하는 윤리이론의 틀을 내포하고 있다고 가정할 수 있다. 즉 붓다는 인식
에 있어서 보편 타당한 세계관을 제시했듯이 윤리에 있어서 보편 타당한
행동의 틀을 제시했을 수 있다. 필자는 붓다가 올바른 행위를 위한 준거
틀을 제시했으며 우리가 그 틀을 발견했을 때 우리는 다양하게만 보이는
불교윤리를 하나의 이론 틀에 의해서 포괄적으로 설명할 수 있을 것이라
고 생각한다.

필자는 초기불교윤리의 다양한 특징들이 반칸트주의적 덕의 윤리의
틀에 의해 포괄적으로 설명될 수 있다고 생각하며 시대와 상황의 변화 속
에서 일관성 있게 붓다가 제시한 행동의 틀은 덕윤리의 패러다임이거나
이에 근거한 것이라고 생각한다.

3. 초기불교윤리의 반칸트주의적 성격

도덕법칙과 의무, 선의지, 오직 이성에 입각한 선행위, 행위동기에 선
악판단, 탈맥락적 행동 등을 강조하는 칸트의 윤리는 덕과 성품, 이성과
정서의 조화에 의한 선행위, 실천지(phronesis), 목적과의 연관성 속에서
의 행위평가, 행위자의 도덕적 성향 등을 중요시하는 덕윤리와 대립되는
이론틀이다. 이러한 덕윤리를 필자는 초기불교윤리를 설명할 수 있는 가
장 포괄적인 윤리틀이라고 생각한다. 따라서 필자는 이러한 주장을 전개
하기 위해서 일차적으로 초기불교윤리에 나타난 반칸트주의적 윤리의
특징을 탐색해보고자 한다. 칸트의 윤리적 입장과 대비시켜 가면서 초기
불교윤리의 반칸트주의적 특징을 설명하고자 한다.

1) 선험적 · 절대적 도덕주의 입장의 거부: 칸트에 의하면 절대적 도덕법칙
은 선험적으로 존재하며 보편적 도덕법칙이 인간의 현실의 경험세계와

무관하게 독립적으로 시공간을 초월하여 존재한다. 따라서 도덕법칙은 상황차와 개인차에 무관하게 언제나 동일한 법칙으로서 준수되어야 하는 절대적인 것이다.

붓다의 입장에서는 인간의 세계에 선험적으로 존재하는 법칙은 없으며 도덕 규율이나 윤리 덕목의 경우도 마찬가지이다. 초기불교의 윤리는 어떠한 경우에도 인간의 경험적 세계를 토대로 하고 있기 때문에 인간의 경험세계와 무관하게 선험적으로 존재하는 윤리도덕을 허용하지 않는다. 바꾸어 말하자면 초기불교의 윤리는 경험세계에 존재하는 고통에 대한 직접적 지각으로부터 시작되어 지각된 고통을 경험세계 내에서 극복하는 것에서 완성된다고 할 수 있다. 따라서 초기불교의 윤리의 목표는 경험세계에서 지각된 고통을 경험적인 세계 내에 머무르면서 경험적인 방법에 의해 소멸시키는 것이라고 할 수 있다.

초기불교윤리가 경험세계 내에서의 고통의 지각과 소멸에 관한 것이라는 사실은 고통으로부터의 해방 상태인 닛바나에 이르는 방편(upāya)으로서의 윤리차원을 드러낸 것이다. 초기불교의 윤리는 이것이 규율의 형태로 표현되든지 아니면 덕목의 형태로 표현되든지 고통으로부터 해방 상태인 닛바나라는 선에 이르는 도구나 수단으로 이해되는 차원이 있으며 이러한 차원은 아래에서 논의되겠지만 행복의 증진의 관점에서 선을 규정하는 고전적 공리주의 윤리와 상통한다.

초기불교의 규율들과 덕목들의 방편성―즉 닛바나라는 선에 이르는 방편으로서의 윤리―은 보다 각론적 수준에서는 올바른 판단을 내리고 올바른 행동을 선택할 때 구체적인 경험의 맥락을 떠난 절대주의 윤리를 거부한다는 초기불교윤리의 입장을 충실히 반영한 것이라고 할 수 있다. 올바름과 그름 혹은 선과 악은 구체적 경험 상황과 무관하게 절대화되어 화석화한 형태로 고정되어 있는 것이 아니다. 따라서 초기불교윤리는 구체적 경험적 맥락을 떠난 절대적 의미의 올바름(선)과 그름(악)을 거부하기 때문에 시대와 상황을 초월하는 도덕법칙도 거부한다.

이와 같이 초기불교윤리는 절대주의 입장을 거부한다. 그런데 초기불교윤리의 절대주의 거부 입장이 상대주의적 윤리체계로 귀결되는 것은 아니다. 초기불교윤리는 윤리 규율들과 윤리 덕목들을 방편적 차원에서 이해하고 옳음과 그름이나 선과 악을 구체화하는 데 있어서 시대와 상황을 반영하여 방편적으로 결정하지만 동시에 닛바나에 이르는 원리나 보편적 규율들 자체의 준수를 강조한다. 따라서 우리는 초기불교윤리를 상대주의 윤리라고도 할 수 없다.

키온은 불교윤리를 절대주의 윤리라고 할 수도 없지만 상대주의 윤리라고도 할 수 없다고 하고 불교윤리가 이 양자를 모두 지양한 것으로 정리한다. 그는 '절대적'(absolute)이라는 말을 '모든 이성적 존재들에게 적용되는' 것을 의미하는 '보편적'(universal)이라는 말과 구별하여 '모든 상황에 적용될 수 있는'이라는 의미로 규정하고[10] 불교윤리는 절대주의와 상대주의 사이에서 중도적 입장을 취하는 것으로 이해한다. 그는 다음과 같이 기술한다.

상대주의와 절대주의 문제에 관하여 불교는 중간의 행로로 나아가고 인간의 선을 추구해 가는 구조화 된 틀 내에서 변화를 인정한다. 인간의 선은 인위적이거나, 임의적이지 않으며 인간 본성과 우리가 살고 있는 세계의 양도할 수 없는 특징들인 무상성과 변화성에 의해서 지배된다. 그러므로 극단적 상대주의의 입장은 제외된다. 이러한 경계 내에서 삶의 양식들이 어느 정도까지 다양할 수 있다는 것은 붓다에 의해 인정된 사실이다. 즉 기본적 선들은 다양한 방법들과 관계되어 있을 수 있는 것이다. 따라서 절대주의는 약해지고 누그러뜨려 진다.[11]

---

10) Keown, 앞의 책, 232쪽.
11) Keown, 앞의 책, 231쪽.

2) **상황에 대한 민감성의 강조**: 위에서 논의한 바와 같이 초기불교윤리는 경험적 상황 속에서 발생하고 완성되는 윤리로서 절대주의 입장을 거부한다. 이러한 초기불교윤리의 특징은 초상황성을 강조하는 절대주의 윤리와는 달리 윤리적 판단과 행위에 있어서 구체적 경험의 맥락인 상황에 대한 민감성을 강조하는 입장을 견지하게 된다. 이와 같은 초기불교윤리의 특징은 초기불교윤리의 중도(majjhimā paṭipadā)의 개념과 승가의 계율 제정 원칙에서 가장 잘 드러난다.

중도는 인식론적으로 관념론(sassatavāda)과 유물론(ucchedavāda)을 모두 지양하고 윤리적으로 고행주의와 쾌락주의를 지양하며, 몸, 말, 마음의 영역에 있어서 감관을 제어함으로써 절제된 행동을 이상으로 하는 입장이라고 할 수 있을 것이다. 그런데 이것은 일차적 의미의 중도의 개념[12]이라고 할 수 있고, 하나의 윤리 이론틀로서 중도의 이차적인 의미는 이것이 불교윤리의 전 영역에 적용되는 윤리적 판단과 행위의 기본원리로서 행위자가 처한 다양한 상황 속에서 윤리적 판단과 행위를 이끌어 내는 원리라는 점에 있다. 그리고 이 이차적 의미의 중도는 윤리적 행동을 선택하는 데 있어서 상황에 대한 민감성을 강조하는 초기불교윤리의 입

---

12) 필자는 일차적 의미에서의 중도는 몸, 말, 마음의 영역에 있어서 감관의 제어라고 이해한다. 붓다는 고행이 윤리의 최고 목표인 닛바나에 도달하는데 실질적인 도움이 되지 않는다는 실용주의적 통찰에서 고행주의를 거부할 뿐만 아니라, 쾌락은 순간적으로는 달지만 이것의 무한계성 때문에 인간이 끊임 없는 갈애와 집착의 사슬 속에 갇힐 수 있다는 통찰에서 쾌락주의도 거부한다. 이러한 고행주의와 쾌락주의를 지양하는 중도를 곧 감관의 제어라고 할 수 있을 것이다. 붓다가 윤리의 초석으로서 그리고 깨달은 자의 성품을 이루는 하나의 필수적 요소로서 강조하는 감관의 제어는 감각기관의 억압이나 감각기관에 대한 무감각을 의미하는 것이 아니다. 감관의 제어는 감관에 대한 억압이나 무시는 물론 감관을 통한 탐닉 행위 모두를 지양하는 것을 의미한다. 이러한 까닭에 고행주의와 쾌락주의를 지양하는 중도는 윤리적 관점에서 볼 때 감관의 제어를 의미하게 된다. 필자가 윤리적 맥락에서 중도의 일차적 의미를 감관의 제어라고 할 때 이는 고행과 쾌락주의를 지양한 중도의 의미를 보다 적극적이면서 포괄적으로 표현한 것일 뿐이다.

장을 대변한다.

이차적 의미에서 중도는 인간의 행위 상황의 무한한 다양성에 기인한다. 엄밀히 말하여 세계 안에서는 어떠한 상황도 동일하게 반복되지 않는다. 따라서 인간은 무한히 다양하고 가변적인 상황에서 매순간마다 윤리적 판단을 내리고 행위의 양식을 결정해야 한다. 인간의 존재 상황의 이러한 특성에 대한 붓다의 대응 방법은 탈상황적이거나 초상황적이 아니라 상황을 고려하여 판단하고 행동양식을 선택하는 것이다. 이러한 상황에서는 상황에 대한 민감성이 강조되지 않을 수 없으며 중도는 매순간 가변적인 상황 속의 존재인 인간이 상황에 민감하게 반응하면서 윤리적 판단을 내리고 윤리적 행동양식을 결정하는 하나의 원리로서 기능해야한다.

이와 같은 상황에 대한 민감성을 전제로 한 윤리 판단과 행동 원리로서의 중도는 상황 독립적이고 상황의 변화에 무심해야 하는 법칙 절대주의 윤리와 대립될 수밖에 없다. 이차적 의미에서 중도는 상황에 민감하게 반응하는 특징을 가지므로 윤리적으로 판단하고 행동하는 데 있어서 융통성(flexibility)을 가질 수밖에 없는데 이 또한 융통성을 허용하지 않는 법칙 절대주의와 대조를 이루는 것이다.

윤리적 판단을 내리고 윤리적 행위를 선택하는 데 있어서 상황에 대하여 민감하게 반응하라는 초기불교윤리의 특징은 붓다의 승가의 생활규범(vinaya, 律)의 제정원칙에서도 잘 드러난다. 어떤 상황에서 바람직하지 않다고 판단되는 행동이 먼저 발생하고 후에 이를 삼가라는 규범이 제정된다. 규범은 상황과 독립적인 맥락에서 제정되지 않는다. 특정 상황의 요청에 따라 상황 반영적으로 제정되는 것이다. 또한 제정된 규범은 그러한 규범을 요구하는 상황이 사라졌을 때 버려져야 할 것으로 이해된다. 주시하다시피 붓다는 열반시에 교단이 바란다면 사소한 규칙을 폐지하라고 말한다.[13] 사소한 계들을 파기하라고 하는데 이는 곧 규범이 필요한 상황이 사라질 때 그 규범 또한 생명을 다해야 한다는 것을 의미한다. 이는 새로운 규범을 필요로 하는 새로운 상황이 생겼을 때 이에 따른 새로운 규범이 제정되어야 함을 의미하는 것이기도 하다. 요컨대 규범은 어떠한 경우에도 상황과 인간을 떠나 그 자체로 절대적인 것이 될 수 없다. 그것은 지속적으로 변화하는 경험 세계 속에서 상황의 변화에 대응하면서 변화되어야 할 것으로 이해된다.

3) 목적달성의 지향: '인간이 왜 윤리적이어야 하느냐'는 물음에 대한 칸트의 대답은 '선험적이고 절대적인 도덕법칙이 존재하기 때문이다'라는 것일 것이다. 도덕적 행동을 하는 것은 자신을 위해서도 타인을 위해서도 그 무엇을 위해서도 아니다. 무엇을 위해서 행동한다고 할 때 그것은 결코 도덕적일 수 없다. 이미 그 행동의 이면에는 무엇을 위한 동기가 수반되어 있기 때문이다. 동일한 물음에 대한 초기불교윤리의 대답은 닛바나의 성취를 위해서 혹은 자신과 타아를 포함한 모든 존재의 행복을 위해서 인간은 도덕적이어야 한다는 것이다. 초기불교윤리에서는 모든 윤리적인 행위가 이를 지향한다.

칸트의 법칙주의 도덕은 행위가 달성해야 할 목적을 규정하지 않고 행위 자체의 도덕성을 강조하지만, 붓다는 규율이나 윤리 덕목의 실천 등의 윤리적 행위는 궁극적으로 닛바나라는 목적과 목적 달성과 관계된다고 본다.

칸트의 입장에서 도덕적 행위의 가치는 행위 결과의 좋고 나쁨과 무관하며 도덕적 행위는 어떤 목적 달성을 지향하는 것이 아니다. 그에 의하면 도덕적 행위는 그 자체로서 가치가 있고 의미가 있으며 그 행위가 가져올 결과와는 무관하다. 따라서 도덕적 행위는 무엇을 달성하기 위한

---

13) *Dīgha-nikāya II*, 154쪽.

수단이 아니다. 어떤 행위가 그 행위의 결과가 가져올 수 있는 결실을 얻고자 하는 동기에서, 혹은 행위 그 자체 이외의 목적을 달성하기 위해서 행해진 것이라면 그 행위는 도덕적이라고 할 수 없다. 요컨대 칸트의 윤리가 행위의 목적이나 결과와 무관하게 행동 자체의 도덕성만을 강조하는 의무론적 입장을 취하는 데 반하여, 불교의 윤리는 도덕적으로 의미 있는 행위는 대체로 최고 목적달성을 위한 것이라는 목적론적 입장을 취한다.

그런데 여기에서 불교윤리가 제시하는 규율이나 윤리 덕목들이 닛바나라는 목적을 달성하기 위한 윤리라고 할 때 이것들 모두가 목적을 달성한 경우에만 도덕적으로 의미가 있다는 말은 아니다. 만일 그렇다고 한다면 현실적으로 윤리적 행위의 목적인 닛바나를 달성하는 사람의 수는 제한되어 있다고 할 수 있으므로 많은 윤리적 행위들이 사실상 닛바나의 달성으로부터 소외되어 있다고 말할 수 있다. 따라서 닛바나의 성취로 귀결되지 않는 윤리적 행위도 닛바나의 성취를 위한 것이라는 점에서 본래적 선(intrinsic good)의 가치를 갖는다고 할 수 있다. 이렇게 이해했을 때 윤리적 행위는 목적 달성을 향한 과정 자체로서 도덕적 의미를 가지며 따라서 크고 작은 규율의 지킴과 윤리적 행위들 자체가 목적의 달성 여부와 관계 없이 목적달성을 지향하는 행위라는 측면에서 도덕적 선이 될 수 있다.

4) 공리주의적 윤리의 성격: 칸트의 윤리는 윤리적인 것이 행위의 결과와는 전적으로 무관할 뿐만 아니라 인간 일반의 행복의 성취와도 무관한 것이라고 보기 때문에 철저히 반공리주의적이지만, 초기불교윤리는 쾌/행복과 고통/불행을 인간의 행동에 있어서 지양/선과 거부/악의 기초개념으로 보고, 윤리적인 것은 쾌나 행복의 성취와도 직결되어 있다고 보는 점에서 공리주의적 윤리의 특성을 가진다고 할 수 있다. 공리주의 윤리,

특히 고전적 공리주의인 행위공리주의(act utilitarianism)가 고통을 감소시키고 쾌/행복을 증진시키는 것이 선이라고 보아 쾌고를 선악의 판단의 기초개념으로 삼듯이 초기불교윤리에서도 쾌를 증가시키는 데 기여한 행동은 선으로 분류되고 반대로 고를 증가시키는 데 기여한 행동은 악으로 분류된다. 이러한 초기불교의 입장은 초기불교경전이 수행해야 할 이유, 혹은 도덕적이어야 할 이유로서 자신과 타인의 복지나 행복을 위하는 데 있음을 강조하고 있는 것과 일치한다.

그런데 초기불교윤리의 공리주의적 특성을 따질 때 지적되어야 할 것은 초기불교윤리가 공리주의 윤리의 특성을 갖기는 하지만 공리주의윤리는 아니라는 점이다. 예컨대 고전적 의미의 공리주의 윤리에서는 목적이 수단을 정당화시키기 때문에 우리가 일상적으로 비도덕적이라고 생각하는 행동이 도덕적으로 정당화될 수 있지만 초기불교윤리에서는 그렇지 않다. 초기불교윤리에 의하면 결과에 의해서 모든 행동이 정당화될 수 있는 것은 아니다. 하비(Harvey)와 키온 또한 불교윤리의 공리주의적 특성에 대한 논의를 전개하면서 불교윤리가 공리주의윤리와 유사한 점이 있고 공리주의적 특징을 갖지만 공리주의윤리라고 규정될 수는 없다고 본다.[14]

---

14) Harvey, Peter, *An Introduction to Buddhist Ethics*(Cambridge: Cambridge University Press, 2000), 49쪽. 키온은 다양한 공리주의 형태들을 검토하면서 '불교윤리가 공리주의윤리일 수 있는가'에 대하여 치밀한 논의를 전개하고 있다. 그에 의하면 우리는 불교윤리를 유용성의 원리를 행위에 적용하여, 어떤 행위의 옳고 그름을 그 행위의 결과가 갖는 선악에 의거하여 판단하는 행위공리주의라고도 할 수 없고, 유용성의 여부에 의해 결정된 규칙의 타당성 여부에 의해 옳고 그름을 판단하는 규칙공리주의라고도 할 수 없으며, 행복의 최대화보다는 고통의 최소화에 관심을 두어야 한다고 주장하는 부정적 공리주의라고도 할 수 없다. 그는 불교윤리가 공리주의 윤리가 될 수 없는 이유로서 선악을 불가분리적이라고 보아 이 두 개념을 의존적으로 본 것, 행동의 시초부터 닛바나라는 가치의 입장에서 선악을 구분하는 것, 행동의 결과와 무관하게 동기에 의거하여 옳고 그름을 평가하는 것 등을 들고 있다. 이에 대한 자세한 논의를 살피기 위해서는 키온의 앞의 책 177~179쪽을 참조.

5) 정서와의 대립 지양: 칸트는 이성적인 인간이 도덕의 주체로서 주관적 법칙을 객관적 법칙에 일치시킴으로써 도덕적 행위를 할 때에 한 개인은 개인적 성향이나 동기 등과 같은 주관적인 것들로부터 결별해야 한다고 생각하지만, 붓다는 인간이 도덕적인 행위를 한다고 할 때 반드시 자신의 개인적인 성향이나 동기 등과 같은 주관적인 것과 결별해야 한다고 보지 않는다. 또한 칸트는 도덕적 행위를 하는 경우에 있어서 행위자는 이성의 대립물인 정서나 감정으로부터 완전히 자유로워야 한다고 하지만, 붓다는 윤리적 행위 상태에서 행위자는 이성과 정서의 대립 상태가 해소된 조화의 상태에 있는 것이라고 본다. 붓다에 의하면 완전한 행위는 완전한 인격에 근거해 있고 완전한 인격은 정서적인 차원에서의 윤리성까지를 전제로 한다.

칸트의 윤리체계 안에서 관찰되는 정서 내지는 감성과 이성의 이분과 대립은 그의 철학체계 속에서의 대상과 물자체, 경험적 자아와 선험적 자아, 감성계와 예지계 등의 이분구도의 일관적 요청으로서 필연적인 것으로 보인다. 도덕론에서 전제된 이와 같이 필연적인 이원도식은 칸트가 윤리의 영역을 자연적인 것의 영역으로부터 분리시키고 오직 이성의 영역에 위치시키기 위한 필연적 요청일 것이다. 또한 이러한 이원도식은 '도덕법칙에 대한 존경심' 이외의 어떠한 것도 인정하지 않고 도덕을 인간의 모든 경향성이나 성향과 배치시키기 위해서도 필연적으로 요청되는 것이라고 보여진다. 그런데 칸트의 윤리에서 관찰되는 이러한 반자연주의적 특징은 초기불교도덕에서 찾아보기 어렵다. 초기불교윤리는 오히려 인간의 성향들과 정서들을 인정하고 이것들을 활용하며 온전한 도덕은 인간의 정서를 포함한 자연적 영역과 분리되어 있다고 보지 않기 때문이다.

그런데 지금까지 논의한 초기불교윤리의 이상과 같은 반칸트주의적 특성들에도 불구하고 초기불교윤리가 행동의 동기를 매우 중시한다는 점을 들어 칸트주의적 윤리의 특성이 있다고 생각하는 사람도 있을 것이다. 초기불교윤리가 행동의 동기로서 행위자의 의도(cetanā)를 중요시하여 이를 선악 판단기준의 하나로 삼고 있기 때문에서 칸트가 말하는 동기와 유사성이 전혀 없다고 할 수는 없는지도 모른다. 그러나 좀더 깊이 생각해 본다면 두 윤리가 말하는 동기는 다른 맥락에서 말해지고 있으며 서로 유사하기보다는 매우 다른 개념이다. 하비가 지적하고 있듯이 행위의 동기만을 중시하고 결과를 고려하지 않는 칸트윤리와는 달리 초기불교윤리는 행동의 결과를 무시하지 않으며[15] 칸트에 있어서 도덕행위의 동기는 법칙에 대한 존경심으로서 순전히 이성적인 동기이지만 초기불교윤리에 있어서 동기는 자연적인 것들과 결별한 동기가 아니다.

4. 초기불교윤리의 덕윤리적 성격

이상에서 고찰한 초기불교윤리의 반칸트주의 윤리의 특성은 초기불교윤리의 덕의 윤리적 특징의 이면이라고도 할 수 있을 것이다. 이제 필자는 초기불교윤리의 덕윤리[16]적 특성을 검토함으로써 초기불교윤리의 성격을 규명해 보고자 한다.

---

15) Harvey, 앞의 책, 50쪽.

16) 최근에 불교윤리 일반을 덕윤리라고 주장해 온 대표적인 학자는 키온과 휘테힐이다. 키온은 '불교의 윤리를 의무론적 법칙주의 윤리라고 할 것인가 아니면 목적론적 덕의 윤리라고 할 것인가' 라는 물음을 제기하고 불교윤리의 특징을 가장 잘 대변해 주는 윤리는 덕의 윤리라고 주장한다. 휘테힐 또한 불교윤리를 덕의 윤리라고 보고 우리가 덕의 윤리의 관점에서 불교윤리를 이해할 때 불교의 핵심을 보는 것이라고 한다(Whitehill, James, "Buddhist Ethics in Western Context" (*Journal of Buddhist Ethics* vol.1, 1994), 1쪽).

1) 덕의 의미: 초기불교윤리의 '덕'(virtue)을 이해하는 데 있어서 먼저 검토해야 할 용어는 'sīla'일 것이다. 주지하다시피 이 말은 '계'로 한역되어 오계, 팔계, 십계, 비구계, 비구니계 등 여러 가지 계를 지칭하는 경우에 쓰인다. 이러한 여러 가지 계들은 출가자(samaṇa/samaṇī)와 재가자(upāsaka/upāsikā), 사미(sāmaṇera)와 사미니(sāmaṇerī), 그리고 비구(bhikkhu)와 비구니(bhikkhunī) 등의 구분에 따라 상이하게 적용되지만 모두 회피나 금지를 요청하고 있다는 점에서 동일한 속성을 갖는다.

그런데 '덕' (virtue)이라는 말에 상응하는 'sīla'는 직접적으로는 회피해야 하거나 금지된 '계'를 의미하지만 초기불교윤리를 '덕윤리'(virtue ethics) 패러다임이라고 말할 때에 '덕' 이라는 말은 이러한 의미의 '계'에만 한정되지 않고 윤리적 인간 혹은 완성된 인격이 적극적으로 실천해야 할 권장덕목까지를 의미하고 더 나아가서는 이러한 한 회피/금지의 계와 권장덕목들을 성품으로 체화한 '습관화' 까지를 의미한다.[17] 강조하여 좀더 덧붙여 말하자면 불교윤리에서 '덕' 이라는 말은 불교적인 생활양식을 택한 사람들이 소극적으로 회피/금지해야 할 도덕규칙(예컨대 여러 가지 계), 긍정적으로 실천해야 할 도덕규칙(예컨대 10선업), 그리고 성품 완성의 차원에서뿐만 아니라 적극적 추구/실천이 권장되는 보다 포괄적인 덕목(예컨대 사무량심이나 사섭법) 등까지를 의미한다. 불교윤리에서 권장하는 모든 규범 및 덕목을 우리가 적극적으로 피하거나 금지해야 할

---

17) 송재운은 불교적 맥락에서 '계' 의 뜻을 '좋은 상태, 좋은 버릇, 고상한 품성, 도덕성' 을 의미하는 것으로 이해한다(송재운, 〈불가의 덕성함양론〉《덕성함양의 전통적 방법론》, 이계학 외 공저, 서울: 한국정신문화연구원, 1998), 5쪽). 정태혁 또한 "불교에서 말하는 계라는 것은 도덕적인 규범을 뜻하는 것이기도 하지만 좋은 습관을 익히는 것을 의미하기도 한다" 라고 지적함으로써 습관의 의미를 강조하고 있다(정태혁, 《붓다의 호흡과 명상》I(서울: 정신세계사, 1990), 141쪽). 서양의 불교학자들은 'sīla' 라는 말을 'moral obligation'이나 'moral rule' 뿐만 아니라 'moral habit'이나 'virtue' 등으로 옮겨 쓰는데 후자의 두 번역은 'sīla' 의 의미를 단순한 '일회적 준수' 차원에 국한시키지 않고 '습관적인 준수'의 의미까지 살리고자 한 것이라 생각된다.

행동(vāritta)과 적극적으로 성취/실천해야 할 행동(cāritta)으로 나눌 때
'덕'이라는 말은 이 양자 모두를 포괄한다고 보아야 할 것이다.

2) 덕윤리 체계 내에서의 규범윤리적 특성의 수용: 불교적 맥락에서 '덕'이
라는 말이 소극적으로 피하거나 금지되어야 할 도덕규칙은 물론 적극적
으로 실천해야 할 권장덕목들까지 의미하고 더 나아가서는 습관화까지
를 의미한다는 것은 덕의 윤리로서의 초기불교윤리가 규범적 윤리를 수
용하는 차원이 있다는 것을 의미한다. 그런데 초기불교윤리의 규범윤리
적 특징은 전체 윤리체계의 관점에서 볼 때 윤리의 기초적 토대를 이루기
는 하지만 부분적이라고 생각된다. 왜냐하면 규범윤리적 특징은 초기불
교윤리의 덕윤리의 차원 속에서 덕윤리의 한 특징으로서 이해되며 어떠
한 경우에도 초기불교윤리의 덕윤리 체계를 능가하지 못한다고 생각되
기 때문이다. 즉 규범윤리적 특징은 언제나 초기불교윤리의 덕의 윤리의
부분적인 특징으로서 그리고 하위개념으로서 존재한다.

초기불교윤리의 덕윤리가 규범적 윤리를 수용하는 차원이 있다는 사
실은 아리스토텔레스의 덕윤리에서 어느 정도의 규범윤리적 특성이 수
용되고 있는 것과 마찬가지이다. 아리스토텔레스도 인간이 어떠한 경우
에도 대체로 지켜야 할 규범을 인정하고 있다.[18]

아리스토텔레스의 덕윤리에서 뿐만 아니라 초기불교윤리의 덕윤리에
서 규범윤리적 특성이 수용되고 있다는 사실은 덕의 윤리가 규범적 윤리
를 원칙으로 하는 의무론적 윤리와 항상 대립/상충하는 것만은 아니라는
것을 의미한다. 특히 초기불교윤리의 덕윤리 입장은 규범적 윤리가 덕의
윤리와 첨예하게 대립하지 않고 덕의 윤리체계 아래서 부분적으로 수용

---

18) Alasdair, MacIntyre, *After Virtue*(Notre Dame: University of Notre Dame Press, 1984),
    152쪽.

될 수 있다는 것을 시사한다.

여기에서 분명히 해야 할 한 가지 사실은 다음과 같다. 초기불교윤리의 윤리체계가 덕윤리 체계라는 큰 틀 안에서 규범윤리적 특성을 수용하고 있다는 사실이 규범윤리적 체계 안에서 덕윤리를 수용하거나 규범윤리와 덕윤리를 동등한 비중으로 수용하는 것을 의미하지 않는다는 것이다. 이러한 사실은 규범윤리와 덕윤리가 상충하는 경우에는 덕윤리의 기준이 우선한다는 것을 함축한다. 이러한 초기불교윤리의 성격은 필자로 하여금 '초기불교윤리가 시대와 상황을 초월하여 절대적으로 지켜야 할 어떤 규범을 설정하지 않을 것'이라는 결론을 도출하게 한다. 초기불교윤리의 반절대주의적 성격은 이미 앞에서 검토한 바 있다.

초기불교윤리의 덕윤리 체계 내에서 규범윤리적 특성을 수용하는 관점은 '의무론적 규범 윤리'를 기초로 하여 '이상 중심적 덕의 윤리'를 확대할 수 있다는 주장과 합치될 수 있다. 의무론적 윤리와 덕윤리의 상보성에 입각하여 새로운 윤리체계의 방안을 모색할 것을 제안하는 황경식의 관점이 여기에 속한다. 그는 의무론적 규범윤리인 최소도덕과 이상 중심적 덕의 윤리인 최대도덕의 조정의 필요성을 제기하고 "최소 도덕을 기초로 삼고 최대 도덕을 향해 그 지평이 점차 확대되어 가는 중도적인 도덕체계"를 제안한다.[19] 앞에서 논의한 바와 같이 초기불교윤리 또한 덕윤리 체계의 틀이 유지되는 조건만 전제된다면 규범윤리의 특성을 수용한다.

그런데 여기에서 중요한 것은 '초기불교윤리가 덕윤리체계 내에서 규범윤리의 특성을 수용한다'는 것은 어느 경우에도 규범윤리가 덕윤리보다 상위개념일 수 없으며 항상 덕윤리가 규범윤리의 상위개념이라는 것

---

19) 황경식, 〈덕의 윤리에 대한 찬반 논변〉, 《현대사회와 윤리》(서울: 서광사, 1989), 206쪽.

이다. 이것이 의미하는 바는 덕윤리와 규범윤리가 마찰을 일으켰을 때 덕윤리의 원칙에 따라야 함을 의미한다.

3) 덕의 윤리 내에서의 규범적 윤리의 역할: 초기불교윤리에서 규범적 윤리는 이것이 금지의 형태로 나타나든지 권유의 형태로 나타나든지 막론하고 덕윤리를 체화해 가는 단계, 즉 덕의 성품을 형성해 가는 과정에서 기여하는 바가 크다. 규범으로서의 계는 시공간을 초월한 절대적인 것은 아니지만 덕 있는 성품을 형성해 가는 사람이 기본적으로 따라야 할 윤리이다. 수행자는 계를 체화하기 이전에는 외적 강제에 의해서 혹은 의도적인 노력에 의해서 계를 따르겠지만, 이를 반복함으로써 점차 자신 속에 내면화하게 되고 결국에는 어떠한 의도적인 노력을 하지 않고도 자동적으로 계에 합치되는 행동을 하게 될 것이다. 그리하여 일단 계가 습관화되면 수행자는 의도적인 노력 없이도 계를 지키는 단계에 이를 것이다.

초기불교의 덕윤리에서 수용된 규범윤리는 덕 있는 성품을 형성하는 데 있어서 기초적 역할을 담당한다. 수행자는 규범적 윤리 덕목을 실천함으로써 바람직하지 않는 행동들을 제어하고 버릴 수 있다. 따라서 수행자는 몸, 말, 마음의 영역에 있어서 선(kusala)한 특질을 갖는 행위만을 장려 반복하고 선하지 않은(akusala) 특질을 갖는 행위는 점진적으로 소멸시켜 가는 것이다. 요컨대 수행자는 규범윤리적 덕목을 따름으로써 현재 자신이 가지고 있는 바람직하지 않은 비윤리적 습관을 점진적으로 버리고 바람직하고 윤리적인 습관을 형성해 간다.

4) 규범윤리적 차원을 넘어선 성품의 형성과 완성: 지금까지 검토한 바와 같이 초기불기윤리의 규범윤리적 특성은 바람직한 윤리적 습관을 형성하는 데 있어서 기초적이면서도 도구적 역할을 한다. 그런데 초기불교의 덕윤리의 요체인 바람직한 습관 형성에 의한 성품의 형성과 완성의 차

원[20]은 규범윤리적 차원에서는 달성될 수 없는 것이다.

성품의 형성과 완성을 요체로 하는 초기불교의 덕윤리의 관점에서 볼 때 중요한 것은 '덕 있는 행동 자체'보다도 '덕 있는 성품'을 기르는 것이다. 즉 규범에 합치하는 일회적 행동보다도 습관적으로 규범적일 뿐만 아니라 규범 이상의 덕 있는 행동을 할 수 있고 덕 있는 행동을 할 수밖에 없는 성품을 형성하는 것이 관건이다.

덕 있는 행동을 할 수 있는 성품이 형성되었을 때 행위자는 규범이나 법칙 준수라는 외적인 구속이나 이에 의거한 내적인 강제에 의해 도덕적인 행동을 하는 것이 아니라, 내면의 윤리적 성향 혹은 성품에 근거하여 자연적으로 도덕적 행동을 하는 것이다. 따라서 초기불교의 덕윤리에서 중요한 것은 윤리적인 행동을 산출해 낼 수 있는 도덕적 성품을 형성·완성하는 것이라고 할 수 있다.

초기불교의 덕윤리가 지향하는 성품형성과 완성이 무엇을 의미하는가는 매킨타이어(MacIntyre)의 덕에 대한 통찰을 인용함으로써 보다 명료하게 밝혀질 수 있을 것이다. 아리스토텔레스의 덕의 윤리로의 복귀를 주장하는 현대의 공동체주의 윤리학자 맥킨타이어는 성질이나 성향 등과 같은 덕의 윤리가 갖는 성품 형성의 측면을 강조한다.

덕은 특정의 방법으로 행동할 뿐만 아니라 특정한 방법으로 느끼는 성질(disposition)이다. 덕 있게 행동한다는 것은, 칸트가 후에 생각했던 것처럼 성향(inclination)과 대립하여 행동하는 것이 아니다. 덕 있게 행동한다는 것

---

20) 초기불교의 덕윤리는 '덕윤리'가 갖는 다른 어떤 특징들보다도 인품의 형성과 완성을 지향하는 측면에서 그 특징을 찾아야 할 것이다. 덕윤리의 특징을 (원리에 의해 유도되거나 행동에 초점이 맞추어졌다기보다는) "성품(혹은 인품)에 근거하고, 실천 지향적이며, 목적론적이며, 공동체 특유"(Whitehill, 앞의 논문, 2쪽)의 윤리라고 규정할 때 초기불교윤리는 이 모든 특징을 갖는다. 그러나 이러한 특징들 중에서도 '성품에 근거한 덕윤리'라는 점이 초기불교 덕윤리의 요체라고 생각된다.

은 덕을 닦음으로써 형성된 성향에 의거해서 행동하는 것이다.[21]

초기불교윤리에서 성품형성과 완성은 윤리적으로 행동하는 도덕적 성품, 즉 몸, 말, 마음의 세 영역에서 의도적인 노력을 하지 않고도 습관적으로 덕 있는 행동을 할 수 있는 성품을 기르는 것이라고 할 수 있다. 즉 습관적으로 윤리적일 수밖에 없는 성품을 기르는 것을 목표로 하는 것이다. 따라서 우리는 이러한 초기불교윤리의 특징을 "특정의 선택과 행동에 초점을 맞추기보다는 도덕적일 수밖에 없는 인성"(personality)을 기르는 것이라고 할 수 있을 것이다.[22]

5) **명상에 의한 성품형성**: 앞에서 논의한 바와 같이 초기불교의 덕윤리에서 '윤리적으로 행동할 수밖에 없는 성품'을 형성한다고 하는 것은 몸, 말, 마음의 영역에서 윤리적으로 행동하는 습관을 체화하는 것이라고 할 수 있다. 그러면 도덕적 성품을 기르는 것은 어떻게 가능할까?

주지하다시피 초기불교윤리는 여러 가지 방법들을 다양한 표현으로 제시하고 있다. 예컨대 대표적으로 계(sīla), 정(samādhi), 혜(paññā)의 삼학, 탐진치라는 근본번뇌의 지멸, 혹은 37가지 깨달음에 이르는 법 등으로 표현할 수 있을 것이다. 그런데 이것들은 서로 다른 체계를 가진 별개의 것들이 아니다. 본질적으로 동일한 내용을 다른 구조 속에서 다르게 설명하고 있을 뿐이다. 제시된 예들의 경우, 이것들을 면밀히 살펴보면 탐진치도 계정혜에 상응하며 37가지 깨달음에 이르는 방법을 구성하고 있는 일곱 가지 종류의 수행법도 다시 계정혜의 개념으로 분석될 수 있

---

21) MacIntyre, 앞의 책, 149쪽.

22) Ken Jones, *The Social Face of Buddhism: An Approach to Political and Social Activism* (London: Wisdom Publications, 1989), 157쪽(Whitehill의 앞의 책 4~5쪽에서 재인용).

다. 사실상 다른 어떤 개념보다도 계정혜는 초기불교윤리를 총괄하여 유기적으로 잘 표현하고 있다. 초기불교 윤리의 요체를 포괄적으로 가장 단순하게 개념화한 말이 '계정혜'인 것이다.

그런데 '계정혜'에서도 '정'에 포괄될 수 있는 다양한 종류의 불교 특유의 명상법들이 성품형성의 과정에 독특하게 기여할 것이라고 생각된다. 물론 '정'은 항상 '계'와 '혜'와 유기적인 연관성 속에서 이해되어야 하고[23] 또 이들과 함께 도덕적 구조로서의 성품형성에 기여하겠지만 '정'은 특정의 성품을 지향해 가고 습관화시켜 가는 데 있어서 가장 핵심적인 역할을 할 것이라고 생각된다.

'정'의 범주에 포함시킬 수 있는 모든 다양한 명상법들 중에서도 주의집중(sati, 念)은 매순간 몸, 감각/느낌, 마음(의 움직임), 그리고 마음에 투영된 현상에 대하여 알아차리고 의식하여 이것들의 속성을 바로 봄으로써 한편으로는 이것들을 중심으로 일어나는 집착, 갈애, 혹은 탐진치를 경계할 수 있을 것이다. 다른 한편으로는 이러한 주의집중을 지속함으로써 연기, 공, 무아로 대표되는 자아와 세계에 대한 근본통찰을 얻게 될 것이다. 이러한 까닭에 네 가지 주의집중은 통찰적 명상인 비파사나(vipassanā, 觀)를 닦는 핵심내용이 된다. 네 가지 주의집중을 주요 내용으로 하는 비파사나 명상 이외에도 마음의 평정상태를 유지케 하는 사마타(samatha, 止) 명상, 마음의 평정상태 유지에 그치지 않고 깨우침의 단계를 높여 가는 선정(jhāna, 禪定), 그리고 마음의 평정을 유지케 한다는 점

---

23) 성품형성에 있어서 다양한 명상들을 바르게 실천한다(정)는 것은 규범윤리로서의 계의 준수(계)와 지혜의 습득(혜)을 의미한다. 예컨대 선정은 완성된 형태는 아닐지라도 오계(pañcasīla)의 준수에 의한 행위자의 청정(visuddhi)을 요구하며 존재의 의존성 · 일체성에 대한 지혜를 획득해 가는 과정이라고도 할 수 있다. 이는 계와 지혜의 관점에서 보았을 때 이를 얻기 위해서는 선정이라는 명상이 전제되어야 하는 것을 의미한다. 따라서 명상을 실천한다는 것은 계를 실천하고 지혜를 얻는 것을 의미하기도 한다. 여기에서 계정혜는 각각 분리할 수 없는 하나가 되는 것이다.

에서 사마타와 선정 명상법과 유사한 삼매(samādhi) 또한 도덕적 성품형성의 과정에 기여할 것이다. 이 모든 명상법들은 몸, 말, 생각의 영역에 있어서 도덕주체의 행동방식을 지켜봄은 물론 바람직한 행로를 빗겨나지 않도록 도덕주체를 보호하는 역할을 할 것이다. 이러한 명상법들이 이렇게 할 수 있는 이유는 이것들이 어떠한 상황 속에서도 평정을 유지하고 지혜를 찾아가도록 하는 역할을 하기 때문이다.

요컨대 선한/도덕적 성품형성의 관점에서 우리는 여러 가지 명상에 대하여 이렇게 말할 수 있을 것이다. 매순간 나쁜 성품을 억제하고 좋은 성품을 만들어 가며 의식의 영역뿐만 아니라 무의식의 영역에서까지 여러 가지 명상법에 의해서 선한 성품은 지속·강화시키며 불건전한 성품은 점진적으로 소멸시켜 가는 것이다.

윤리적으로 행동하는 습관을 체화하여 도덕적 성품을 형성하고 완성하는 데 있어서 초기불교윤리의 여러 명상법들의 역할의 중요성은 아무리 강조해도 지나치지 않을 것이다. 다양한 명상들은 바람직하지 않는 부정적인 성품들을 근절시키고 바람직한 성품을 습관화하여 자애, 자비, 나누는 기쁨, 평정심과 같은 최고의 윤리 덕목들을 체화하는 데 있어서 결정적인 역할을 할 것이다. 드레이푸스(Dreyfus)는 명상을 "덕에 익숙해지고 이것들을 발전시키는 과정이며 좋은 삶에 대한 내면의 부정적 장애들을 근절시키는 시도"라고 하는데 이는 덕목들을 체화해가는 데 있어서 명상의 역할을 잘 지적한 것이라고 생각된다.[24]

명상과 관련하여 도덕적 성품의 핵심적 내용을 구체적으로 표현한다면 그것은 탐진치 지멸의 무한한 자비의 배양이다. 붓다는 한편으로는 탐진치 지멸을 강조하면서도 다른 한편으로는 명상에 의한 무한한 자비

---

24) Dreyfus, Georges, "Meditation as Ethical Activity" (*Journal of Buddhist Ethics*, vol. 2, 1995), 9쪽.

심 배양을 강조한다. 탐진치 지멸과 자비심의 배양은 분리될 수 없는 두 측면으로서 그 연관성은 동전의 양면이 있어야 동전일 수 있는 것에 비유될 수 있다. 그리고 이러한 탐진치 지멸의 자비의 마음은 다른 존재와의 상호 의존성(paṭiccasamuppāda)과 존재의 실상(suññatā, anattan)에 대한 인식과 체화의 깊이에 따라 그 정도가 달라질 수 있다.

6) 도덕적 성품형성의 내용: 이제 남겨진 질문은 다음과 같다. 계와 지혜의 실천을 의미하는 선정을 포함한 여러 가지 명상을 실천함으로써 도덕적인 성품을 형성한다고 할 때, 주체의 내면에 있는 변화의 대상은 무엇이며 변화의 내용은 어떠한 것일까?

필자는 도덕적 성품의 형성에 있어서 변화의 대상은 성향(saṅkhāra, 行)―불변의 것이 아니라 유동적인 것으로서의 본성―이라고 이해한다. 불교적 의미에서 성향은 어떤 실체성도 갖지 않으면서 변화하며 유전되어 타고날 때부터 갖춘 것으로써 몸, 말, 마음의 영역에 있어서 자아가 갖는 행위방식이라고 이해 할 수 있을 것이다. 윤리적 관점에서 보았을 때 자연인의 성향 속에는 긍정적인 것과 부정적인 것, 혹은 건전하고 유익한 것과 불건전하고 무익한 것 등 모두가 혼합되어 있다고 볼 수 있다. 따라서 '도덕적 성품을 형성한다'고 할 때 이 말이 의미하는 바는 특정의 성향을 소멸시켜 감으로써 혹은 특정 성향을 다른 성향으로 전환시켜 감으로써 건전하여 선하고 유익한 성향만을 유지한다는 것이다.

붓다에 의하면 자연인의 성향은 고정된 것이 아니기 때문에 이를 선이나 악 어느 하나의 개념에 의해 규정하려고 하는 것은 옳지 않다. 붓다는 인간이 태어날 때 선악 어느 한 개념에 의해서 규정될 수 없는 복합적인 상태의 성향을 가지고 태어난다고 보고 있으며, 이것은 변화 가능하다고 생각한다. 그에 의하면 현재의 자아의 성향은 실체성은 없지만 과거의 오랜 시간에 걸쳐서 상황 속에서 조건과 상호작용하며 자신에 의해 형성되어 온 것으로서 현재의 삶 속에서도 스스로가 주체적으로 변형·형성해 갈 수 있는 것이다.

요컨대, 붓다에 의하면 우리는 어느 시점에서도 자아의 성향의 실체성을 상정할 수 없으므로 '인간의 성향이 선하냐 악하냐'라는 질문은 적절하지 못한 질문일 뿐만 아니라 부질없는 것으로 생각되며 '어떠한 성향이 선하냐' 그리고 '어떻게 하면 선한 성향을 형성할 수 있느냐'라는 윤리적 질문만이 의미를 갖게 된다. 이러한 윤리적인 질문에 직면하여 자아에게 부여된 윤리적인 과업은 선한 성향, 즉 도덕적인 성품을 형성하는 것이다.

붓다의 관점에서 볼 때 인간의 성향은 태어나기 이전부터 오랜 기간을 통하여 형성된 것이므로 성향의 변화나 새로운 형성 또한 오래 시간을 필요로 한다고 할 수 있다. 짧은 순간에 걸친 성향의 변화나 새로운 성향의 형성은 생각할 수 없다. 따라서 선한 성향의 형성에 있어서도 점진적인 형성의 개념만이 가능하다고 할 수 있고 이러한 성향의 형성에 의한 성품의 형성도 점진적인 과정을 통해서만 가능하다고 할 수 있다.

그러면 선한 성향을 형성함으로써 도덕적 성품을 형성한다고 할 때 그 구체적 내용은 무엇일까? 필자는 이에 대해 여러 가지로 답변할 수 있다고 생각하지만 그 대답들은 모두 다음의 핵심적인 세 가지를 포함해야 한다고 생각한다.

첫째, 도덕적 성품의 형성은 인간 내면에 잠재하고 있는 나쁜 성향인 아누사야(anusaya)[25]를 멸진시키는 것을 내용으로 한다. 아누샤야는 완성된 성품의 소유자인 아라한이 반드시 멸진시켜야 할 대상으로서—따

---

25) 필자는 아누사야(anusaya)를 (잠재되어 있는) 나쁜 성향이라고 이해한다. 'saṅkhāra'가 나쁜 성향뿐만 아니라 좋은 성향까지를 포함한 인간의 모든 성향을 총칭한다면, 아누사야는 건전하지 못한 제거되어야 할 나쁜 성향—예컨대 탐진치의 성향 등과 같은—만을 가리킨다고 할 수 있을 것이다.

라서 아누사야의 멸진은 아라한의 특성[26]이다 ─ 대표적인 아누사야는 탐욕(rāga/lobha, 貪), 성냄/미워함/혐오(dosa, 瞋), 어리석음(moha, 癡)이라고 할 수 있을 것이다. 따라서 도덕적 성품의 형성은 탐욕, 성냄/미워함, 어리석음으로 대표되는 마음의 건전하지 못한 것들을 제거하는 것이라고 이해할 수 있을 것이다. 이 세 가지 마음이 탐욕스럽지 않고(arāga/alobha), 성내거나 미워하지 않으며(adosa), 어리석지 않은(amoha) 마음으로 전환될 때 몸, 말, 마음의 영역에 있어서 모든 비윤리적인 뿌리(akusalamūla)가 완전히 뽑혀 윤리적인 뿌리(kusalamūla)만이 남는 마음의 상태가 될 것이다. 이는 곧 마음의 해탈의 상태이고 그리고 더 나아가서는 마음의 해탈(cetovimutti)에 근거하여 곧 지혜의 해탈(paññāvimutti)에까지 이를 수 있는 상태라고 할 수 있다.

둘째, 도덕적 성품을 형성한다는 것은 탐진치 삼독심을 지멸시키는 것뿐만 아니라 자비희사의 사무량심을 일상 속에서 지속적으로 유지하는 것이라고 할 수 있다. 붓다는 도덕의 이상적 실현상태를 탐욕, 성냄/미워함, 어리석음이라는 세 가지 마음을 여읜 상태일 뿐만 아니라, 자애, 자비, 공감적 기쁨, 평정의 마음을 유지하는 상태라고 말한다.[27] 앞에서의 세 가지 삼독심을 여읜 상태는 도덕적 성품을 해체적인(de-constructive) 관점에서 기술한 것이지만 네 가지 완전한 마음상태의 유지는 도덕적 성품을 구성적인(constructive) 관점에서 말한 것이다. 붓다는 탁발에서 돌아와 식사를 마치고 숲에 가부좌를 하고 앉아 정신집중을 하는 것과 같은 일상생활 속에서 감각적 욕구들과 유익하지 못한 마음의 상태를 떠나 첫 번째 선정으로부터 네 번째 선정에까지 이른다고 한다. 네 번째 선정에서 그는 쾌감각과 고통이라는 감각으로부터 자유로운 완전한 청정상태

---

26) *Aṅguttara-nikāya* II, 156~157쪽.
27) *Aṅguttara-nikāya* I, 181~184쪽.

에 이르러 평정(심)을 얻는다고 하고 이를 최고의 상태라고 말한다. 또한 그는 어떠한 곳에서든지 어떠한 존재들에 대해서든지 항상 자애, 자비, 공감적 기쁨, 평정의 마음을 간직하는 것을 최고의 상태라고 한다. 그는 이와 같이 평정심을 얻는 최고의 상태와 자비, 연민, 나누는 기쁨의 마음을 만방에 확대하는 최고의 상태를 '천상의(dibba) 탁월한(brahma) 높고 도(uccā-) 큰(mahā-) 침상(sayana)'이라고 은유적으로 표현한다. 이러한 최고의 상태에 이른 자는 고통을 여읜 상태에서 앉거나 서거나, 걷거나, 눕거나 어떤 행동을 하는 중에도 이러한 덕목을 유지한다. 도덕적 성품의 완성자라면 이상의 사무량심을 체화하여 '브라흐마 비하라'(brahmavihāra, 四梵住)라고 일컬어지는 완전한 마음상태에 머무르며 일상의 모든 행위 속에서 이러한 마음을 드러내게 될 것이다.

셋째, 도덕적 성품을 형성한다는 것은 현상세계 속에서 다른 존재들을 만나는 데서 생겨나는 세 가지 종류의 감각, 즉 즐거운 감각, 괴로운 감각, 중성적 감각 가운데 어느 것에도 지배되거나 구속되지 않는 상태를 유지하는 것이라고 할 수 있을 것이다. 이는 세계 속의 현상을 무시하거나 현상과의 상호작용을 회피하는 것을 의미하는 것도 아니며, 현상과의 접촉에서 아무런 느낌 없이 무감각하라는 것을 의미하는 것도 아니다. 이는 2부 1장에서 살펴 본 바와 같이 현상과 상호작용 속에서 머무르되 여기에서 생겨난 세 가지 종류의 감각에 대하여 집착(upādāna)을 버려서 이것들에 의해 마음이 동요되지 않는 상태를 의미한다고 볼 수 있다. 여기에서 집착을 버림으로써 동요되지 않는 마음의 상태를 유지한다는 것은 마치 불을 태우는 연료의 공급을 중단했을 때 불이 더 이상 타오를 수 없는 것처럼 마음의 갈애(taṇhā)가 완전히 꺼진(nibbāyati) 상태라고 생각할 수 있다.

요컨대 도덕적으로 완전한 성품을 형성한다는 것은 탐진치를 지멸하고 자비심으로 대변되는 사무량심의 상태를 유지함으로써 세계와의 경험에서 유발되는 감각에 대하여 집착하지 않는 것을 의미한다. 탐진치가 지멸된 자비의 성품상태는 필연적으로 감각에 대한 무집착을 전제하므로 초기불교윤리가 제시하는 완전한 도덕적 성품이 무엇이냐를 한 마디로 간추리자면 탐진치 지멸의 자비의 성품이라고 할 수 있을 것이다. 또한 '탐진치 지멸상태'와 '자비심의 상태'는 표현만 다를 뿐 본질적으로 같은 것을 의미하므로 초기불교윤리가 제시하는 완전한 도덕적 성품에 대하여 보다 간결하게 표현하자면 '탐진치 지멸'의 성품 혹은 '자비의 성품'이라고 말할 수 있을 것이다.

7) 윤리적 성품의 완성자, 아라한(arahant): 이상과 같은 내용을 골자로 하는 윤리적 성품이 완성되었을 때 자아는 윤리적 관점에서 아라한 혹은 붓다[28]의 성품을 갖게 되었다고 말할 수 있다.

윤리적 관점에서 볼 때 아라한의 성품을 가진 자는 윤리적으로 완성된 성품의 소유자이므로 그의 어떠한 행동이든지 덕에 합치한다. 자신이 욕구하는 대로 행동하더라도 덕에 부합한다. 그의 성품은 지극히 순화되어 청정하고 윤리적일 수밖에 없으므로 그 성품 속에서 비롯되는 어떠한 욕구도 덕 있는 행위로부터 이탈할 수 없는 것이다. 비아라한은 완성된 윤리적 성품의 소유자가 아니므로 항상 윤리와 비윤리 사이에서 갈등하거나 애써 노력하여 윤리적이면서도 때때로 비윤리의 함정에 빠지지만, 아라한은 항상 자연적으로 윤리적일 수밖에 없을 것이다.

자연적으로(spontaneously) 도덕적일 수밖에 없는 아라한의 성품의 상태는 욕구와 윤리적 행위의 관점에서 볼 때 유학에서 완성된 성품의 소유자인 성인(聖人)이 도달한 상태/경지와 유사할 것이라고 생각된다. 이 상

---

28) 필자가 이해한 바에 의하면 초기불교에서 '아라한'의 개념은 '붓다'(buddha)의 개념과 다르지 않다. 초기불교에서 '아라한'은 곧 '붓다'를 의미한다.

태는 공자가 도달했다고 생각되는, 그리고 유교에서 도덕적 인간이 도달해야 할 이상으로 제시하고 있는 '종심소욕 불유구(從心所欲 不踰矩)'의 경지 ─ '마음이 욕구하는 바에 따르더라도 법도를 넘어서지 않는다'는 경지 ─ 와 다를 바가 없을 것이다. '종심소욕 불유구'의 경지에 이른 사람이 갈등과 의도적인 노력 없이도 자연적으로 법도에 따르는 삶을 살듯이 아라한도 자신의 자연적인(natural) 욕구에 따르면서도 계율, 연기, 공, 무아, 37가지 깨달음에 이르는 법, 계정혜 등등의 모든 선법(kusala dhamma)에 합치되는 삶을 산다고 할 수 있을 것이다.[29] 아라한의 '자연적인 욕구'는 순화되고 청정하여 도덕적일 수밖에 없는 욕구이기 때문이다. 앞장에서 살펴보았지만 도덕적 성품을 지닌 인간이 도달해야 할 이러한 상태는 아리스토텔레스의 윤리학에서도 추구되는 상태였다.

그런데 '자연적인 욕구에 따르면서도 법에 합치되는 삶을 산다'는 것은 (공간적으로 모든 상황에서 뿐만 아니라) 시간적으로도 지속적인 완성된 성품의 유지를 전제로 한다. 그런데 여기에서 혹자는 도덕적으로 완성된 성품을 성취한 사람이 다시 이전의 상태로 되돌아 갈 수 있다고 생각할 것이다. 그러나 붓다는 그렇게 생각하지 않는다. 그에 의하면 완성된 성품은 마음의 악한 상태를 철저하게 여읜 상태이기 때문에 다시 이전의 상태로 되돌아가지 않는다. 악한 마음의 상태, 즉 탐욕, 성냄/미워함, 어리석음에 의해 속박된 상태를 완전히 벗어나 전환된 성향을 갖게 되면 다시는 이 상태로 되돌아가지 않는다는 것을 붓다는 분명히 하고 있다.

비구들이여, 이 같은 사람[30]의 탐욕이라는 나쁘고(pāpa) 악한(akusala) 심

---

29) '군자'(君子)라는 완성된 인품을 지향하는 선진유가의 윤리에 대한 덕윤리적 이해와 '군자'와 '아라한'의 이념 사이의 유사성에 대해서는 필자의 졸저를 참조(An, Ok-Sun, *Compassion and Benevolence*(New York: Peter Lang Publication Co., 1998)).

30) 탐욕, 성냄/미워함, 어리석음의 마음 상태로부터 벗어난 사람.

적 상태(dhamma)는 그 뿌리가 뽑히어 야자나무 뿌리가 뽑힌 것처럼 되고 더 이상 존재화되지 않으며 미래에도 다시 생겨나지 않게 되어 그는 바로 이 세계에서 행복하게 생활하여 걱정으로부터 자유로우며, 심란함으로부터 자유로우며, (마음의) 열기로부터 자유롭게 되어 바로 이 세계에서 닛바나에 이른다(parinibbāyati).[31] (성냄/미워함과 어리석음에 대해서도 동일)

악한 마음의 상태를 여읜 자가 다시는 이전의 상태로 되돌아가지 않는 다는 것을 붓다는 넝쿨식물의 뿌리를 뽑아 조각내어 말린 후 소각하여 흔적도 없이 없애는 것에 비유하고 있다. 그는 계속하여 다음과 같이 기술한다.

비구들이여, 가령 넝쿨식물의 침입을 받아 이것들에 의해 뒤덮힌 살나무, 다바나무, 혹은 사시나무가 있다고 생각해 보자. 그때에 한 사람이 괭이와 바구니를 가지고 와서 그 넝쿨식물을 뿌리에서 잘라낸다고 치자. 그는 뿌리에서 (넝쿨식물을) 잘라내어 우시라의 수염뿌리 같이 미세한 것까지 철저히 뿌리를 뽑아낸다. 그런 다름 그는 넝쿨식물을 잘라 토막낸다. 그는 잘라 토막낸 후 (다시) 잘게 쪼갠다. 그는 잘게 쪼갠 후에 (다시) 조각들을 만든다. 그는 조각들을 만든 후에 그것들을 바람과 태양에 말린다. 그는 (그것들을) 바람과 태양에 말린 후에 불에 태워 잿더미로 만든다. 잿더미로 만든 후에 (그) 재를 센 바람에 날려보내거나 빠르게 흐르는 하천에 띄어 보낸다. 비구들이여, 그러므로 뿌리가 잘린 그 넝쿨식물은 참으로 뿌리가 뽑히고 다시 존재화되지 못하며 미래에 다시 생겨나지 않게 된다.[32]

---

31) Evarūpassa bhikkhave puggalassa lobhajā pāpakā akusalā dhammā pahīnā ucchinnamūlā tālāvatthukatā anabhāvakatā āyatiṃ anuppādadhammā diṭṭh' eva dhamme sukhaṃ viharati avighātaṃ anupāyāsaṃ apariḷāhaṃ diṭṭh' eva dhamme parinibbāyati(Anguttara-nikāya I, 204쪽).

붓다가 탐욕, 성냄/미워함, 어리석음이라는 악한 상태를 완전히 벗어나면 다시는 이 상태로 되돌아가지 않는다고 말하고 있는 것과 마찬가지로 붓다의 제자 모갈라나(Moggallāna)도 이와 같은 생각으로 자이나교 수행자인 밧파(Vappa)를 비판하고 있다. 밧파가 이전의 악행이 아직 과보로 나타나지 않고 미성숙의 상태에 있기 때문에 미래에 고통을 불러올 수 있는 아사바(āsava)가 있다고 주장한 데 대하여 모갈라나는 아사바가 소멸되면 다시는 되살아나지 못한다고 하고 이는 나무를 뿌리 뽑아 잘라 말려서 태워 재로 날려보내는 것과 같다고 하고 있다.[33]

닛바나의 성취의 관점에서 '자연적인 욕구에 따르면서도 법에 합치되는 삶을 산다' 는 것은 항구적으로 고통과 결별한 것을 의미한다. 마음의 악한(나쁜/해로운/불건전한) 상태가 고통의 원인으로 인식되므로 마음의 악한 상태에서 벗어나 다시는 이 상태로 되돌아가지 않는다는 사실은 고통과도 항구적으로 결별했다는 것을 의미한다. 《데바다하경》(Devadaha Sutta)에서는 이를 독화살을 맞은 후 화살을 빼내어 상처를 치료함으로써 화살 맞은 고통으로부터 완전히 자유로워지는 것에 비유하고 있다.[34]

---

32) Seyyathāpi bhikkhave sālo vā dhavo vā phandano vā tīhi māluvālatāhi uddhasetā pariyonaddho. Atho pusiso āgaccheyya kuddālapiṭakaṃ va ādāya. So taṃ māluvālataṃ, mūle chindeyya mūle chetvā palikhaṇeyya palikhaṇitvā mūlāni uddhareyya antamaso usīranālamattāni pi. So taṃ māluvālataṃ khaṇḍākhaṇḍaikaṃ chindeyya, khaṇḍākhaṇḍikaṃ chetvā phāleyya, phāletvā sakalikaṃ sakalikaṃ kareyya, sakalikaṃ sakalikaṃ karitvā vātātāpe visoseyya, vātātāpe visosetvā agginā daheyya, agginā dahetvā masiṃ kareyya, masiṃ karitvā mahāvāte vā opuneyya nadiyā vā sīghasotāya pavāheyya, evam assa tā bhikkhave māluvālatā uccinnamūlā tālavatthukatā anabhāvakatā āyatiṃ anuppādadhammā(Anguttara-nikāya I, 204~205쪽).
33) Anguttara-nikāya II, 196~199쪽.
34) Majjhima-nikāya III, Devadaha Sutta.

5. 요약

필자는 초기불교윤리에 대한 이해와 해석에 있어서 여러 윤리학 이론들과의 연계성을 고려해 볼 수 있다고 보면서 초기불교윤리를 설명할 수 있는 포괄적 이론틀을 찾아내는 작업이 지속되어야 한다고 하였다. 이러한 입장에서 필자가 관심을 가졌던 문제는 '초기불교윤리는 하나의 포괄적 이론틀을 가지고 있는가' 라는 것이었다. 이에 대한 탐구는 초기불교윤리가 하나의 포괄적인 윤리틀 속에서 이해될 수 있으며 그것은 덕윤리라는 것을 보여준다. 비록 초기불교윤리는 다양한 윤리적 입장을 반영하고 있는 것처럼 보이지만 다양하게 보이는 입장들은 모두 덕윤리라는 틀 안에서 종합될 수 있을 것이다.

필자는 초기불교윤리가 덕윤리의 틀 안에서 통일될 수 있다는 것을 주장하기 위해서 초기불교윤리의 반칸트주의적 특성을 탐색하고 덕윤리적 특성을 논의하였다. 초기불교윤리를 덕윤리로 이해하면서 필자가 드러내려고 노력한 것은 초기불교윤리가 윤리적일 수밖에 없는 성품의 형성과 완성에 초점을 맞춘다는 것이었다. 이를 위해서 초기불교윤리는 하위 구조로서 규범적인 윤리(여러 가지 '계'들)를 채택하고 다양한 명상법에 의해 점진적으로 덕들을 체화하는 구체적인 방법들을 제시하고 있다.

덕윤리의 관점에서 볼 때 덕을 체화한 성품의 완성자로서 아라한은 더 닦을 필요가 없이(asekha)[35] '바로 이 세계에서'(diṭṭa' eva dhamme) 닛바나에 도달한 자라고 생각된다. 윤리의 관점에서 닛바나에 도달했다는 것은 더 이상 닦을 것이 없도록 몸, 말, 마음의 영역에 있어서 도덕적일 수밖에 없는 성품을 형성한 것이라고 이해된다. 이는 또한 점진적인 수행

---

35) *Anguttara-nikāya* III, 134쪽. 계(sīla), 삼매(samādhi), 지혜(paññā), 해탈(vimutti), 혹은 해탈지견(vimuttiñaṇadassana)을 체화하면(samannāgata) (더 이상) 닦을 필요가 없다(asekha)고 한다. 즉, 더 이상 닦을 것이 남아있지 않다는 것이다.

에 의해서 모든 불건전한 상태를 여읜 후에 구습에서 벗어나 새로운 습관을 형성한 것을 말하는 것으로 이해할 수 있을 것이다. '뱀이 허물을 벗어 던진다'는 비유나 '이편 언덕에서 저편 언덕으로 건너간다'는 의미도 구습을 벗어 던지고 새로운 습관 속에 머무른다는 의미로 이해할 수 있을 것이다.

3장

●

불교윤리의 상호존중과 포용성

1. 시작하는 말

불교윤리는 오늘날과 같은 다원주의 사회에서 보편적인 설득력을 갖는 보편주의적 윤리가 될 수 있을까? 다원주의 사회는 상이성과 다양성을 전제하고 인정하는 데서 출발하기 때문에 어떤 윤리가 보편적 설득력을 가지려면 이를 존중하는 데서 출발해야 할 것이다. 따라서 보편적 설득력을 가진 보편적 윤리가 되려면 그것은 반드시 사회 구성원 각각의 상이성과 다양성을 인정하고 존중해야 할 것이다. 초기불교뿐만 아니라 대승불교의 핵심개념들은 상이성과 다양성에 대한 인정·존중을 전제할 뿐만 아니라 이를 적극적으로 수용한다.

필자는 이 장에서 불교의 주요 개념들인 무아, 연기, 불성, 자비, 무집착, 방편에 함축된 상호존중성과 포용성을 밝힘으로써 이들 개념들이 다원주의 사회에서 보편적 설득력을 가진 보편적 윤리가 될 수 있음을 주장하고자 한다.

필자는 불교의 상호존중성을 밝히는 데 있어서는 불교의 무아(anattan)

와 연기(paṭiccasamuppāda) 그리고 불성(Sk.buddhadhātu)의 개념을 고찰하고(2) 불교의 포용성을 밝히는데 있어서는 자비(karuṇā), 무집착(anupayo, anupādāna), 방편(upāya)의 개념을 고찰하고자 한다(3). 전자는 세계와 인간에 대한 불교의 인식론적 개념들이며 후자는 전자로부터 도출되는 윤리적 개념들이라고 할 수 있다.

주지하다시피 무아와 연기의 개념은 나와 모든 인간(또한 모든 존재들)의 필연적 연계성, 의존성, 동체성을 나타내며 불성의 개념은 모든 인간에게 내재된 완성(깨달음)의 가능성을 나타낸다. 무아와 연기의 개념이 나와 너의 필연적 연계성, 의존성, 동체성을 드러냄으로써 상호존중을 요청한다면, 불성의 개념은 나와 네가 최고선(깨달음) 실현의 가능성을 가진 평등한 존재임을 밝힘으로써 상호존중을 요청한다.

다른 한편 불교의 자비, 무집착, 방편은 타아에 대한 관용 내지 포용을 전제한 개념들이다. 자비는 타인에 대한 포용 자체를 내용으로 한다. 더 나아가서 자비는 타인에 대한 적극적인 배려를 요청하는 불교의 이상사회 이념이다. 무집착은 자아중심적 태도에서 타아배려적 행위에로의 이행을 요청함으로써 타자에 대한 포용을 함축하는 개념이다. 방편은 타아가 갖는 성향, 환경상의 개성 내지는 다양성을 존중함으로써 타아를 적극적으로 포용하는 개념이다.

2. 불교윤리의 상호존중

1) 무아, 연기와 상호존중

무아(anattan, 無我)와 연기(paṭiccasamuppāda, 緣起)의 개념은 자성이 없이 공한 세계와 인간의 실상을 설명하는 붓다의 핵심교설이다. 이 두 개

념은 인간이라는 종의 속성과 존재모습뿐만 아니라 모든 현상의 속성과 존재모습을 설명하는 개념이다.[1]

　인간이라는 종에 국한시켜서 무아와 연기의 개념을 고찰한다면 우리는 이 두 개념으로부터 인간개체의 속성과 인간 사이의 관계의 속성에 대한 붓다의 입장을 알 수 있다. 무아의 개념이 개체적 자아분석에 초점을 맞추어 '나'의 무실체성을 규명함으로써 윤리적 자아로서의 '나'를 강조한다면 연기의 개념은 인간존재의 관계적 속성을 설명함으로써 '나'의 타자에의 의존적 실상을 부각시키고 있다.

　인간에 대한 설명으로서 무아와 연기의 개념은 상이한 개념들이 아니다. 무아가 미시적 관점에서 자아에 대한 해체적 설명이라면 연기는 거시적 관점에서 자아에 대한 구성적 설명이다. 무아가 탈에고적인 자아를 강조한다면 연기는 타아배려적인 자아를 강조한다. 무아와 연기는 에고적인 작은 자아에서 자리이타적인 큰 자아를 요청한다. 무아와 연기는 에고적 자아에 대한 포기의 요청이면서 진정한 자아의 실현에 대한 요청이다. 이러한 관점에서 진정한 자아의 실현은 유아(唯我)론적 삶에서가 아니라 무아론적 삶에서 그리고 탈관계적, 관계초월적 삶에서가 아니라 공존적이고 한 몸적인 연기적 삶에서 성취된다. 이렇게 이해되는 무아와 연기는 '나'의 보존과 발전을 위하여 '타자'의 보존과 발전을 전제하며 '나'의 존중을 위하여 '타자'의 존중을 요청한다. 이제 무아와 연기의 개념 분석을 통해 이를 구체적으로 살펴보고자 한다.

---

1) 예컨대 무아라는 개념은 인간의 존재실상을 설명할 때는 오온무아(五蘊無我)로 표현되고 포괄적으로 존재일반의 속성을 설명할 때는 제법무아(諸法無我)로 표현된다. 연기개념의 경우에는 무아의 경우에서와 같이 말의 적용에 있어서 표현상의 차이 없이 '연기'라는 한 가지 말이 포괄적으로 쓰이고 있다. 여기에서 논의할 '상호존중'은 사람과 여타의 존재와의 관계가 아니라 사람과 사람 사이의 관계를 설명하는 말이다. 따라서 필자는 무아와 연기의 개념 적용에 있어서도 사람과 사람들의 관계를 설명하는 데 초점을 맞추고자 한다.

일반적으로 우리는 '나'라는 것을 우리의 육체 혹은 육체의 일부분과 동일시하거나 우리의 욕구, 성격, 생각, 가치, 희망 등을 우리를 이루는 것이라고 여기지만, 붓다의 다섯 가지 구성요소(pañcakhandha, 五蘊)에 의한 인간 이해에 의하면[2] 이 어느 것도 자아라고 불릴 수 있는 것이 아니다. 그는 인간의 의식이나 몸, 이 어느 것에도 우리가 자아라고 할 수 있는 어떤 것도 없다고 함으로써 실체적 자아의 존재 가능성을 부정한다. 그에 의하면 흔히 우리가 자아라고 간주하는 것들은 — 육체적인 것이든지 정신적인 것이든지 — 조건적으로 일어나 변화하다가 사라지는 무실체적인 것이다. 그래서 무아이다.

따라서 붓다에 의하면 우리는 고정불변의 어떤 속성을 가진 존재도 아니며 우리가 '나'라고 취착하고 애지중지하는 오온도 '나'가 아니다. 고정불변의 실체적 자아를 찾는 것, 나의 모습, 느낌, 생각, 의지, 판단의식 등을 중심으로 '나 만들기'(ahaṁkāra)나 '나의 것 만들기'(mamaṁkāra)[3]를 하는 것, 혹은 사람과 사물에 대하여 '나 만들기'나 '나의 것 만들기'를

---

2) 필자는 '오온무아'의 붓다의 입장에 대한 보다 상세한 분석은 4부 2장에서 시도하고자 한다. 그 핵심취지만을 말하자면 이러하다. 우리가 자아라고 생각하는 몸, 느낌, 생각, 성향, 의식은 우리의 관념이나 경험의 덩어리일 뿐이고 자아라고 할 만한 것이 없다는 것이다. 붓다는 몸(rūpa, 色)도 내 것이 아니며, 감각(vedāna, 受)도 내 것이 아니며, 생각(sañña, 想)도 내 것이 아니며, 성향(saṁkhāra, 行)도 내 것이 아니며, 의식(viññāna, 識)도 내 것이 아니라고 한다(*Saṁyutta-nikāya*, III, 19쪽). 붓다는 이를 보다 구체적으로 1) 몸은 자아가 아니며, 2) 자아는 몸을 갖는 것도 아니며, 3) 몸은 자아 속에 있는 것도 아니며, 그리고 4) 자아는 몸 속에 있는 것도 아니라고 말한다. 이는 감각, 생각, 성향, 그리고 의식에 대해서도 동일하다(몸, 감각, 생각, 성향, 의식 이 어느 것도 자아가 아니라는 말은 경전의 여러 곳에서 반복되고 있지만 대표적으로 *Saṁyutta-nikāya*, III, 16~18쪽). 또한 붓다는 자아가 가질 수 있는 감각의 종류의 차원에서 육체를 여섯 요소로 분석하여 이것들 각각이 무아이며, 무아인 것은 내가 아니라고 한다(*Saṁyutta-nikāya* IV, 1~2쪽). 붓다에 의하면 여섯 감각기관 이 어느 것도 '나'가 아니며, 육체에는 우리가 자아라고 부를 수 있는 어떠한 것도 없는 것이다.

3) *Saṁyutta-nikāya* IV, 40~41쪽.

하는 것은 잘못된 자아활동이며 고통을 부르는 삶의 방식일 뿐이다.

붓다가 '무아'에 의해 요청하는 것은 실체적 자아를 찾는 망념, 오온을 매개로 한 그릇된 자아 정체성 확인, 그리고 '나'와 '나의 것' 만들기라는 고정된 습관을 버리는 것이다. 붓다는 이러한 자아활동을 거부하면서도 윤리적 자아[4]의 활동은 일관성 있게 강조한다. 팔정도 혹은 보다 포괄적인 37가지 깨달음에 이르는 방법의 실천, 사무량심의 체화, 삼독심의 제거 등은 붓다가 일관성 있게 강조하는 윤리적 자아의 활동이념이다.

이상과 같은 자아의 활동이념에 따른 자아의 행동은 붓다가 이상으로 제시하는 올바른 삶의 기준이기도 하다. 이러한 삶에 대한 지향성 여부는 우리들 자신에게 달려 있으며 선택에 따라 과보를 받는다는 것이 붓다의 입장이다. 그는 실체적 자아를 거부하면서도 우리들 자신이 선택한 행위에 대한 과보나 결과의 수용자로서 연속/윤회하는 자아의 의미는 부정하지 않는다. '업보는 있으나 작자는 없다'라는 붓다의 말도 동일성을 유지하는 실체적 자아(작자)를 부정하면서도 자신의 행동 내지는 삶의 패턴에 따라 새롭게 전개되고 유지되는 결과(업보)를 긍정함으로써 연속적/윤리적 자아를 전제하고 있다.[5]

이상과 같은 붓다의 무아개념이 내포하고 있는 의미를 필자는 다음과 같이 정리하고자 한다. 붓다는 무아의 개념을 통해서 실체적 자아를 부정하면서도 윤리적인 삶을 강조하고 자신의 행위와 행위의 결과의 집적으로서의 연속적/윤회적 자아를 인정하고 윤리적 자아를 강조한다. 그는

---

4) '무아'가 경험적 자아까지 부정하는 것은 아니라는 것에 대한 상세한 논의는 4부 2장을 참조. '무아'라는 말은 실체적 자아의 존재를 부정할 뿐이지 현상적 자아로서 경험아, 특히 도덕책임의 주체로서 경험아를 부정하는 것이 아니다.

5) 붓다는 일관성 있게 행위의 의미와 우리들의 행위에 의해 규정되는 우리 자신들을 강조한다. 그에 의하면 우리들 자신은 우리 행위의 산물이며 행위 자체로 표현된다. 붓다는 세계도, 세계의 모든 존재들도, 바로 우리들 자신도 우리들 행위에 의해 존재한다고 명시한다(*Sutta-nipāta*, 654참조).

무아설에 의해서 실체적이고 고정적인 자아의 없음을 강조하지만 도덕적 회의주의나 허무주의에 빠지지 않고 자아의 의미를 윤리적 자아의 행위에서 찾고 있다. 윤리적 자아에게 요청되는 삶은 이기적, 미시적, 폐쇄적 삶이 아니라 배려적, 거시적, 개방적 삶이다. 이러한 삶은 '나'를 타인에로 확대시키고 타인을 '나'로 보는 타인과의 공존적 관계 속에서 '나'와 타인이 유기적으로 연계된 한 몸적 삶이다.

따라서 무아의 개념은 '나'만을 중심에 둔 이기적, 미시적, 폐쇄적 자아가 아니라 타자를 '나'의 존재와 연계시켜 나의 일부로 보아 배려적, 거시적, 개방적 삶을 요청한다. 그리하여 자아와 자아의 의미는 오온 속에서는 찾아질 수 없지만 무아적인 타자배려적 관계 속에서의 활동을 통해 드러나는 것이다.

이렇게 볼 때 무아의 개념은 '나'와 '나'의 삶이 타인과 타인의 삶과의 연계성 속에서 드러난다는 것을 함축하고 있다. '나'라는 존재와 의미는 타인의 존재와 의미를 떠나 생각될 수 없다. 즉 '나'라는 존재의 존중과 번영을 위해서는 타인에 대한 존중과 번영이 전제되어야 한다. 무아의 이러한 의미는 연기의 개념에서 보다 적극적으로 표명된다.

인간 사이의 관계에 연기의 개념을 적용할 때 연기는 나의 존재가 타인의 존재에 의존하여 있음을 나타낸다. 나의 생명, 나의 삶, 나의 존재의 존중은 타인의 그것에 대한 존중 없이는 성립할 수 없다. 왜냐하면 '나'라는 존재의 유지와 발전은 타인과의 상호적이고 보완적인 관계를 떠나서는 가능하지 않기 때문이다. 이러한 연기의 의미는 형이상학적인 것이 아니라 우리가 매일매일 일상생활 속에서 경험적으로 확인할 수 있는 사실이다. 우리의 활동은 이것이 단순한 생명유지적 활동이든지 아니면 존재의 의미실현적 활동이든지 타인과의 관계를 떠나서 혹은 타인의 도움 없이는 원만히 지속될 수 없기 때문이다.

'나'라는 존재의 타인의 존재에의 의존성은 연기의 공식에 의해 잘 표현될 수 있다. 우리는 존재의 유무와 생멸의 상관성을 나타내는 연기공식의 'imasmiṁ'(이것, 此)과 'idaṁ'(저것, 彼)에 각각 '나'의 생명, '나'의 삶, '나'의 존재와 타인의 생명, 타인이 삶, 타인의 존재를 대입해 볼 수 있다.

나의 존재가 있는 곳에 너의 존재가 있으며, 나의 존재가 생겨나는 곳에 너의 존재가 생기며, 나의 존재가 없는 곳에 너의 존재가 없으며, 나의 존재가 소멸하는 곳에 너의 존재가 소멸한다.[6]

'나'의 존재와 '나'의 삶의 활동이 개체독립적으로 성립하지 못하고 타인과의 연계 속에서만 가능하다는 것은 나로 하여금 타인의 존재와 그의 삶의 의미를 존중할 것을 요청한다. 나와 나의 삶이 갖는 타자와 타자의 삶과의 관계성 때문에 나는 타인이 나에게 좋은 사람이든지 나쁜 사람이든지 혹은 타자의 삶이 건전하든지 그렇지 않든지 막론하고 상호 보존적이고 공존적인 입장에서 타자와 타자의 삶을 존중하고 공존적 삶을 모색해야 한다는 것이 연기의 공식이 내포하는 원칙이다. 즉 나와 다른 이념을 소유하고 나와 다른 삶의 방식으로 사는 타자도 '나'와의 필연적 관계성으로 인하여 공존해야 하는 공존의 대상이다.

이와 같이 연기공식에 의하면 '나'와 '나의 삶'이 '타자'와 '타자의 삶'과 필연적 관계 속에서 파악된다.[7] '나', '나의 삶'의 타인 혹은 타인

---

6) 다음과 같은 연기의 일반 공식에 '나의 존재'와 '너의 존재'를 대입하였다. Imasmiṁ sati idaṁ hoti, imassuppādā idaṁ upppajjati. Imasmiṁ asati idaṁ na hoti, imassa nirodha idaṁ nirujjhati.

7) 나와 타자 그리고 나의 삶과 타자의 삶 간의 관계는 화엄불교에서는 사사무애(事事無碍), 이사무애(理事無碍), 중중무진(重重無盡), 일즉다 다즉일(一卽多 多卽一), 일미진중함시방(一微塵中含十方) 등의 논리로 다시 설명된다. 화엄의 이러한 개념들은 연기의 법칙을 보다 철학적으로 전개시켜 우주의 모든 존재들이 막힘이 없이 서로 무

의 삶 간의 필연적 관계성 속에서 나의 보존과 존중을 위해서 '나'는 타인의 보존과 존중을 요청받고 있으며 이는 타인의 관점에서도 마찬가지이다.

그런데 연기에 함축된 상호존중의 논리는 선택적 타자에게만 적용되는 것이 아니며 모든 타자에게 적용된다. '나'라는 존재는 시공간적으로 사실상 확정할 수 없는 관계망 속에서 모든 타자와 연계되어 있기 때문이다. 그래서 화엄불교에서도 개체인 '나' 자신은 인드라망에서처럼 모든 사람들과 연계되어 우리들 모두가 모두에게 열려 있는 관계 속에 있다고 하는 것이다. 따라서 상호존중의 개념도 선택적 타자가 아니라 모든 사람들에게 적용되어야 한다.

요컨대 연기의 개념은 자아에 대한 해체적인 무아적 설명방식과는 상이한 방법, 즉 구성적 설명방식으로 자아가 필연적으로 타아와의 관계구조 속에 있을 뿐만 아니라 자신의 존재와 삶이 타아와 공존하는 방식으로 전개된다고 봄으로써 모든 타자에 대한 존중을 요청한다.

이상과 같이 '무아'와 '연기'의 개념은 자아의 보존과 의미실현이 개체적이고 고립적인 방법으로는 가능하지 않다고 볼뿐만 아니라 자아의 진정한 의미는 타자와 공존적인 삶 속에서 실현된다고 본다. 이러한 인식 속에는 타아가 자신과 동일하게 존중되며 자신이 타자를 통해 실현 될 뿐만 아니라 타자도 자신을 통해 실현된다는 '나'와 타자를 한 몸으로 보는 이념이 함축되어 있다. '나'라는 존재의 보전과 실현은 타자의 보전과 실현 없이는 불가능하므로 '나'라는 존재의 존중은 타자의 존중을 필연적

한히 연관되어 있음을 밝힌 것이다. 이들 개념들을 인간계에 한정시켜 놓고 볼 때 '나'는 다른 모든 사람들과 관계를 맺고 있어서 '나'와 무관한 사람은 한 사람도 없다. '나'와 나의 삶 속에는 모든 이와 그들의 삶이 투영되어 있다. 이러한 인식 속에서는 '나'의 삶은 '너'의 삶을 떠나 있지 않고 '나'의 삶의 실현은 '너'의 삶의 실현을 통해서 가능하다. '나'라는 존재의 의미는 수많은 타자들과의 관계 속에서 실현되며 그들의 삶의 의미를 구성시키는 데 있어서도 '나'라는 존재는 필연적이다.

으로 요청하는 것이다.

2) 불성과 상호존중

대승불교에서 발달된 불성(buddhadhātu, 佛性)의 개념은 초기불교에 전제된 '모든 인간의 깨달음에로의 가능성'을 적극적으로 전개한 것이다. 초기불교에서는 불성이라는 말이 직접적으로 등장하지는 않지만 모든 인간이 깨달음을 성취하여 붓다 혹은 아라한이 될 가능성을 가진 존재라고 보고 있다는 점에서 대승불교의 불성개념 발전에 대한 기초를 제공하고 있다.

대승불교에서 발전한 불성의 개념은《승만경》,《보성론》등에서는 '여래장(如來藏)' 이라는 말로 나타나고,《대승대반열반경》에서는 '일체중생 실유불성'(一切衆生 悉有佛性)이라는 유명한 말로 결정화된다.

여래가 될 씨앗을 의미하는 '如來藏' (Sk. : tathāgatagarbha)은 인간 모두가 최고 선(깨달음)을 달성할 수 있는 가능성에 대한 신념을 표현하며, 佛性을 가진 인간 모두가 붓다(buddha)가 될 자연적 성질(dhātu)[8]을 구유한 존재라는 것을 나타낸다.

불성사상에 의하면 우리 모두는 본래부터 붓다가 될 성질을 가지고 태어났으며 현재에도 항상 가지고 있으나 이것들이 번뇌에 의해 가려져 있어서 그 모습을 드러내지 못하고 있을 뿐이다. 여래장사상에서는 이를 '자성청정심 객진번뇌염'(自性淸淨心 客塵煩惱染)이라고 표현하는데 이는 "인간은 본질적으로 청정한 존재임에도 불구하고 외래적인 번뇌에 염오되어 있음을 말한다."[9] 비도덕적인 행동을 거듭하는 인간일지라도 그

---

8) 여기에서 性을 의미하는 dhātu는 자연조건(natural condition), 성질 내지는 특성 (property), 혹은 성향(disposition)을 의미한다.
9) 정호영,《여래장사상》(민족사, 1993), 36쪽.

사람의 내면에는 사라질 수 없는 본래 청정한 마음으로서의 불성이 간직
되어 있다는 것이다.

불성의 개념은 선불교에서는 '나 자신이 본래 붓다'라는 한층 급진적
인 말로 표현된다. 선불교에서는 모든 인간이 본래 붓다이니 자신이 붓
다임을 본 순간에 붓다가 된다고 하여 '견성성불'(見性成佛)을 종지로 삼
는다.[10) 선불교의 핵심경전인 《육조단경》에 의하면 우리의 참성품은 항
상 한결 같으니[11) 본래 깨끗한 모습을 바로 알아 이를 바로 쓰면 깨달음
이 이루어진다. 그래서 책의 서두에서 다음과 같이 천명한다.

보리의 자기 모습 본래 깨끗하니 다만 이 마음을 쓰면 곧 깨달음을 이루어
마침이다.[12)

이상과 같은 불성사상은 우리 모두가 항상 가능성으로서의 불성을 간
직하고 있어서 언제든지 우리 스스로 우리를 붓다의 상태로 전환시킬 수
있다는 것을 시사한다. 어떠한 원인이나 장애에 의해서 지금은 불성을
드러내지 못하여 우리 자신을 붓다로 표출하는 삶을 살고 있지는 못하지
만 그 가능성은 항상 열려 있다. 이러한 불성사상은 인종, 연령, 성별, 지
위, 부, 신체적 차이 등등에 관계 없이 인간이 본질적으로 모두 평등하다
는 것을 시사한다. 그리고 불성에 근거한 이와 같은 인간평등의 논리는
타인도 나와 마찬가지로 존중되어야 하는 존재임을 함축하고 있다.

이상과 같은 인간평등과 존중의 논리는 붓다의 태도에서 구체적으로

---

10) 예컨대 선불교에서는 이렇게 말한다. "…… 불성을 보고 말 아래 단박 깨달음의 길
을 이룸이다."(卽見成佛 卽言下佛道成)(법성, 《육조법보단경해의》(서울: 큰수레,
1995), 314~315쪽).
11) "어느 때나 자신의 참성품은 스스로 한결같다."(一切時中 自性自如)(《육조법보단
경해의》, 360~361쪽).
12) 菩提自性 本來淸淨 但用此心 直了成佛(《육조법보단경해의》, 191~192쪽).

드러난다. 붓다는 성별과 카스트에 차별을 두지 않고 모든 사람을 교단에 받아들였다. 그는 브라만 계급, 크샤트리야 계급, 평민 계급, 천민 계급 모두에게 문호를 개방하였으며, 그 당시의 상황으로 볼 때 파격적으로 여성도 출가 수행자가 되어 깨달은 자가 될 수 있다고 보았다. 또한 그는 도덕적으로 나쁜 행위를 저지른 과거가 있는 사람도 차별하지 않았으며 인간의 무한한 변화가능성을 존중하였다.

붓다는 출신성분에 따라 인간을 규정하거나 차별하는 것을 거부하면서 출생에 의한 사성계급의 의미를 부정하였다. 그는 이상적 인간형으로서의 브라만이 출생에 의해 천부적으로 정해지는 것은 아니며 우리가 어떠한 방식으로 사느냐에 따라 브라만이 되기도 하고 그렇지 않기도 하다고 보고 브라만의 개념을 새롭게 정의하였다. 그는 이렇게 말한다.

누구도 브라만으로 태어나는 것은 아니며, 누구도 비브라만으로 태어나는 것도 아니다. (자신의) 행동에 의해서 브라만이 (되)며, (자신의) 행동에 의해서 비브라만이 (된)다.[13]

이와 같이 붓다는 모든 사람이 자신의 출생신분과 무관하게 자기자신의 삶의 도덕적 질에 따라 가장 고귀한 브라만이 될 수도 있고 가장 천한 계급이 될 수도 있다고 본 것이다.[14] 다른 부류의 사람들에 대해서도 그는 동일하게 말한다. 그는 구체적으로 행위에 의해서 농부, 상인, 하인, 도둑, 군인, 성직자, 혹은 왕이 되는 것이라고 한다.[15] 그의 이러한 입장

---

13) Na jaccā brāhmaṇo hoti, na jaccā hoti abrāhmaṇo, kammanā bāhmaṇo hoti, kammanā hoti abrāhmaṇo(*Sutta-nipāta*, 650).

14) '행동의 질에 따라 고귀한 성품의 브라만이냐 아니냐가 결정된다'는 붓다의 주장은 일차적으로는 숙명론적으로 이해되었던 사성계급에 대한 도전이며, 이차적으로는 사성계급에 의한 인품평가를 거부한 것이라고 이해된다.

속에는 인간 모두가 평등하게 깨달음의 가능성과 자질을 가지고 이를 실현할 수 있다는 절대적 신념이 전제되어 있다.

덕이 높은 브라만이 되는 것도, 다른 부류의 사람이 되는 것도 자기자신의 행동에 달려 있으며, 그렇게 될 수 있는 가능성은 성별, 출신성분, 직위와 무관하게 모두에게 동등하다. 산, 들, 물, 그리고 허공의 여러 생물들은 종에 따라 구별되며 그들은 종에 따라 다른 특징을 가지며 그들은 나면서부터 상이한 특징에 따라 규정된다.[16] 그러나 인간은 태어날 때 서로 상이한 특징을 갖지 않는다. 인간은 신체의 모양도 형식도 모두 같아 나면서부터 서로를 구별하는 특징을 갖는 것이 아니다. 인간에 있어서 차이(vokāca)는 이름(samaññā)에 의한 것일 뿐이다.[17] 이와 같이 인간은 동일한 특징을 가진 동일한 생물체로서 모두 평등하다.

요컨대 붓다에 의하면 인간은 누구나 깨달음을 성취할 수 있는 가능성을 가진 평등한 존재로 태어난다. 이러한 가능성은 후대의 불교에서는 여래장 혹은 불성이라는 다른 명칭으로 나타나지만 이것들은 모두 가능적 존재로서의 인간의 절대평등을 천명하는 개념들이라는 점에서는 동일하다. 어떤 이가 현재는 부조리하고 모순된 삶을 살고 있을지라도 그는 이러한 삶을 극복할 수 있는 가능성을 어떤 경우에도 상실할 수 없을 뿐만 아니라 언제든지 이 가능성을 현실화시켜서 자신을 다른 형태의 존재차원―깨달은 자아가 되고 깨달은 자아로서의 삶을 사는 차원―으로

---

15) *Sutta-nipāta*, 651~652.

16) *Sutta-nipāta*, 602~610.

17) "(서로) 유사한 사람들에게서 개별성(paccatta), 이것은 발견되지 않는다. 사람들에게서 차이는 이름뿐이다." (Paccattaṁ sasañesu manussesv-etaṁ na vijjati vokārañ ca manussesu samaññāya pavuccati.)(*Sutta-nipāta*, 611). 여기에서 '개별성이나 차이가 없다'는 말은 '모든 인간이 평등하게 태어나 평등한 가능성을 갖는다'는 말로 이해되어야 할 것이다. 왜냐하면 붓다는 개인 특유의 성질이나 각자가 처한 환경에 있어서의 다름/차이를 부정한 것은 아니기 때문이다.

전환시킬 수 있다. 이러한 가능성을 저버릴 수 없을 뿐만 아니라 이를 현실화시키고자 하는 욕구조차도 망각할 수 없다는 것은 인간의 운명이기도 할 것이다. 이러한 이유로 붓다의 관점에서는 성별, 나이, 지위, 권력, 부 등에 의해서 사람들을 차별적으로 대우하는 것은 온당하지 못하며 모두가 평등하게 존중받아야 하는 존재이다.

3. 불교윤리의 포용성

위에서 살펴본 바와 같이 무아와 연기의 개념은 자아의 존재, 보존, 실현을 위하여 타자의 존재, 보존, 실현을 전제함으로써 타자에 대한 존중을 필연적으로 요청한다. 그리고 불성의 개념은 모든 존재가 평등하게 태어나 최고의 선을 달성할 능력 내지는 가능성을 갖는다고 봄으로써 이들에 대한 존중을 요청한다. 이와 같이 인간에 대한 인식론적 차원에서 요청되는 상호존중의 가치는 윤리적인 실천의 차원에서 포용이라는 가치로 구체화된다. 따라서 다음에서 필자는 불교의 실천이념인 자비, 무집착, 방편의 개념을 고찰해 봄으로써 이들 개념 속에 내포된 포용성을 밝혀보고자 한다.

1) 자비와 포용성

자비(karuṇā)는 이것이 인간에게 적용될 때 자아가 타인과 어떻게 관계맺을 것인가에 대한 붓다의 응답으로서 타인에 대한 포용을 적극적으로 실현하는 것 자체라고 할 수 있다.

자비란 '자신과 타인에게 이롭지 않은 것과 괴로움을 제거하려는 의도와 행동 그리고 자신과 타인에게 이로운 것과 행복을 가져오려는 의도와 행동'이라고 정의될 수 있으며,[18] 이러한 의미의 자비가 구체적으로 요청하는 바는 '자신의 고통을 제거하고 자신을 보존·발전시키는 마음과 행동을 타인에 대해서도 똑같이 적용하라'는 것이다.

인간은 자발적으로 자신을 보존·발전시키는 욕구를 가지며 자신에 대해서는 너그러우며 무한히 용서하고 포용한다. 그러나 타인에 대해서는 너그럽지 못하며 타인의 잘못을 용서하는 데 인색하다. 자비는 자신이 자신을 대하는 것과 같은 태도로 타인을 대할 것을 요청한다. 우리는 '자비'라는 말을 우리들 자신이 우리 스스로를 포용하는 데 인색하지 않듯이 타인에 대해서도 그렇게 하라는 말로 받아들일 수 있다.

자비는 원칙적으로 '나' 이외의 모든 존재에게 적용된다. 즉 나와 가족 및 이웃, 모든 인간, 모든 생명체에 적용된다. 논의의 범위상 자비를 인간의 영역에 국한시켜 말할 때 자비는 각자의 세계관, 신념, 출신성분, 성별, 나이, 지역 등등의 차이를 넘어서 모두에 대한 포용을 요청하는 덕목이다.

자비의 실천에 있어서는 나와 타인과의 관계성에 대한 이해, 그리고 자비가 요청되는 상황에 대한 이해를 위해서 이성적 차원의 지혜가 요청되지만 보다 본원적으로는 자비의 대상에 대한 자연적 공감의 정서가 필수적이다. 붓다는 자비가 일차적으로 이성적 능력보다는 인간의 자연적 공감의 능력에 근거한다고 본다.[19]

자비가 이성을 필요로 하면서도 공감의 정서에 보다 근거하고 있다는 사실은 자비의 포용성을 입증하는 것이기도 하다. 타인에 대한 진실한 포용은 우리의 이성적 능력뿐만 아니라 우리의 감성적 능력까지를 요청하기 때문이다.

---

18) 이 책의 4부 1장에서 자비에 대하여 보다 구체적으로 개념규정하고 자비에 대하여 포괄적인 논의를 진행할 것이다.
19) 자비의 이러한 속성에 대해서는 4부 1장에서 보다 상세히 분석될 것이다.

　우리 사회에 관용의 미덕이 무엇보다도 요청되고 중요하다고 본 김용
환은 우리가 관용의 사회를 만들어 가는 데 있어서 감성적 공감이 중요한
기능을 한다고 본다. 그는 공감, 연민의 감정, 자비심이 중요하다고 본
다.[20] 관용은 타인에 대한 적극적인 끌어안음을 의미하는 포용보다도 더
약한 의미로 이해되지만 포용은 관용을 전제하기 때문에 포용 또한 감성
적 공감능력을 필요로 한다는 것은 당연하다.

　요컨대 붓다는 가까운 관계에 있는 가족과 친지에서부터 보다 먼 이웃
에로 자비를 무한히 확대하는 데 있어서 필요한 기초적 정서를 공감 내지
연민의 감정이라고 보고 이러한 정서를 길러내는 마음의 수행을 강조한
다. 사실상 자비는 공감이나 연민의 감정을 보다 많은 타인에게로 끊임
없이 확대해 가는 것이며, 자비의 이러한 확대과정은 보다 많은 타자를
무한히 포용해 가는 과정 자체라고 할 수 있다.

　그런데 모든 사람에 대한 무한한 포용을 내용으로 하는 자비라는 덕목
은 그 성격으로 인하여 보편적 호소력을 갖는다. 필자는 다음과 같은 두
가지 성격으로 인하여 자비가 보편적 호소력을 가질 수 있다고 생각한
다. 첫째, 자비는 인간의 보편적 욕구에서 기인하며 보편적 욕구에 호소
하는 덕목이다. 둘째, 자비는 이기주의는 물론 자기희생을 거부하여[21] 자

---

20) 김용환은 다음과 같이 말한다. "비록 사람들이 생각하는 의견이나 느끼는 감정 그
　리고 신념들이 서로 다르다고 하더라도 서로 동일한 사회 또는 넓게는 한 세계 안에
　서 공존할 수 있는 것은 공감의 힘이 인간의 본성 가운데 있기 때문이다. 한 사람의
　느낌과 생각이 다른 사람에게로 전달 또는 전이될 수 있는 심리적 근거가 바로 공감
　이다." (김용환, 《관용과 열린사회》(서울: 철학과 현실사, 1997), 180~181쪽).
21) 자기희생 거부의 특징을 논함에 있어서 여기에서는 그 범위를 초기불교에 국한시
　키고자 한다. 왜냐하면 (비록 무아, 연기, 공의 관점, 혹은 자타분별을 떠난 한 몸적 관
　점에서는 자기희생이라는 말이 성립할 수는 없을지라도) 대승불교에서의 보살의 이
　상은 외면상 현상적으로 자기희생을 절대이념으로 하는 측면이 있기 때문이다. 불교
　윤리에서 자기희생이 정당한지에 대해서는 4부 3장에서 보다 심도 있게 다루어 질 것
　이다.

리이타(自利利他)를 지향한다.

첫째, 자비는 인간의 보편적 욕구에 기인한다고 이해되기 때문에 보편적 호소력을 갖는다. 붓다에 의하면 인간은 누구나 자기보존 욕구를 가지며 해침 받기를 원치 않는다. 인간은 보살핌 받기를 원한다. 따라서 우리에게 요청되는 것은 내가 해침 받기를 원치 않고 보살핌 받기를 원하는 마음을 타인에게 적용하는 것이다. 자비는 이와 같이 자기자신에 대한 보존욕구의 마음을 타인에게 확대시키는 것이다. 확대시키는 데 있어서는 자기자신에 대한 보살핌의 마음을 가까운 사람들에게도 적용하고 궁극적으로는 세계의 모든 사람들에게 적용하는 것이다.

자비의 확대는 어떤 외적인 혹은 선험적인 도덕요구에 의한 것이 아니며 우리의 내적 욕구나 본성으로부터 비롯되는 것이다. 즉 모든 인간에게는 자기보존 욕구, 더 나아가서는 최고 행복 실현의 욕구가 있으며 이 욕구는 타인과의 관계 속에서 실현되는 것이다.[22]

둘째, 자비는 이기주의뿐만 아니라 자기희생도 거부하기 때문에 보편적 설득력을 갖는다고 생각된다. 칸트(Kant)의 형식주의 윤리에서든지 밀(Mill)의 공리주의 윤리에서든지 아니면 다른 어떠한 윤리이론에 있어서든지 이기주의는 설득력이 없는 것과 마찬가지로 자기희생의 이념도 설득력이 없다. 특히 자기희생을 강요하는 윤리는 전체주의 윤리로서 결코 도덕적일 수 없으며 현대사회에서 설득력을 갖지 못할 것이다.

자비의 반이기주의적이면서도 자기희생 거부[23]의 특성은 자비의 자리

---

22) 붓다는 인간이 본래 자기보존을 원하여 타인으로부터 해침 받기를 원치 않는다고 보고 이러한 마음을 타인에게도 똑같이 적용해야 한다고 한다(*Dhammapada*, 129~130). 그는 자기보존 욕구를 자비의 단초로 삼고 있는 것이다.

23) 필자의 이해에 의하면 대승불교적 시각에서 후에 첨가되었다고 생각되는 《자타카》를 제외한 어떤 초기경전도 자기희생을 장려하지 않는다. 우리는 그 대표적 예를 *Aṅguttara-nikāya* II, 95쪽과 *Dhammapada*, 166에서 찾을 수 있다. 특히 *Dhammapada*, 166에서는 "타인의 복지에 대한 지나침(지나친 배려) 때문에 자신의 복지를 무시

이타성에 나타난다. 불교의 자비사상은 자리와 이타를 동시에 추구하는 윤리로서 자신의 행복을 위해 타인의 행복에 대한 희생을 요청하는 윤리도 아니며 타인의 행복을 위해 자신의 행복에 대한 희생을 강요하는 윤리도 아니다. 자비는 항상 자신과 타인의 행복 모두를 동시에 추구하며 자신의 행복과 타인의 행복이 필연적으로 긴밀하게 연결되어 있으며 궁극에서는 이 양자가 하나라는 인식 위에서 성립한다.

붓다는 우리가 우리 자신의 복지를 무시해서도 안되지만 타인의 복지를 해쳐서도 안 되며, 우리가 우리 자신의 이득(salābha)을 무시해서도 안되지만 다른 사람의 이득을 탐내어서도 안 된다고 명시한다.[24]

자비의 윤리가 갖는 이기주의와 자기희생 거부의 특징은 화엄불교의 사사무애(事事無碍)나 이사무애(理事無碍)의 개념에도 함축되어 있다고 생각된다. 예컨대 '사사무애'는 서로 막힘이 없이 연계되어 있는 개아들이 상호작용 속에서 기능하는 가운데 세계가 전개되어 가고 있음을 시사한다. 막힘이 없는 관계 속에서 상호작용하는 개아들은 타인에게 해를 끼치고 자신의 것만을 추구함으로써 이기적일 수도 없으며, 자신의 보존이나 번영을 포기하여 자기희생적일 수도 없다. 다른 개체들/현상들과 걸림이 없는 관계 속에서 자신의 고유한 기능을 발휘한다는 것은 반이기주의적이면서도 반자기희생적인 조화로운 활동의 전개를 의미한다고 이해할 수 있을 것이다.[25]

해서는 안 된다"(Atta-d-atthaṃ paratthena bahunā pi na hāpaye……)라고 하고 있다. 이에 대해서는 4부 3장에서 보다 상세히 분석되고 논의될 것이다.

24) Salābhaṃ nātimaññeyya nāññesaṃ pihayaṃ care, aññesaṃ pihayaṃ…… (*Dhammapada*, 365).

25) '이사무애' 또한 마찬가지라고 생각된다. 이사무애는 하나의 보편원리(理)하에서 모든 개체들/현상들(事)이 조화롭게 자기활동을 전개하는 모습을 나타내는 개념이라고 이해될 수 있다. 그리고 이때의 모든 개체들의 조화로운 자기활동에는 어떤 개체/현상의 희생도 용납되지 않을 것이다.

개인의 행복 추구권과 권리를 그 무엇보다도 소중하게 여기는 오늘날과 같은 자유주의 윤리 이념하에서는 '공동체의 이익을 위해 자신의 이익을 희생하라' 거나 자신의 복지는 '타인을 위해 희생되어야 한다' 는 전체주의적 윤리는 보편적 설득력을 갖지 못할 뿐더러 옳지 않다. 소수에 대한 희생을 강요하거나 소수의 희생을 전제로 한 사회복지는 정의롭지 않기 때문이다. 그렇다고 하여 다수의 권리나 전체의 이익을 무시하고 개인의 권리나 행복만을 주장할 수도 없다. 사실상 사회 전반의 복지나 행복과 무관하게 개인의 행복은 달성될 수도 없다. 그러기 때문에 개인의 행복을 사회 전체와의 조화로운 관계 속에서 모색하는 자리이타의 윤리이념은 설득력을 가질 수 있는 것이다.

살펴본 바와 같이 자비는 타인에 대한 포용 자체를 내용으로 하며 포용 자체를 목표로 한 덕목이다. 그런데 이러한 자비는 인간의 보편적 욕구에서 기인할 뿐만 아니라 보편적 욕구에 호소하기 때문에 그리고 자기희생과 이기주의를 지양한 자리이타적 도덕이기 때문에 보편적 호소력을 갖는다.

2) 무집착과 포용성

초기불교에서 무집착(anupaya, anupādāna)은 해탈과 동일시된다. 붓다는 집착을 고통의 대표적인 원인으로 본다. 그는 "비구들이여, 집착은 속박이요, 무집착은 해탈이다" 라고 명시한다.[26]

무집착은 무아와 연기의 입장으로부터 비롯되는 필연적인 이념으로서 자기자신은 물론 모든 것에 대한 무집착을 의미한다. 그러나 가장 핵심적이고 기본이 되는 무집착은 자기자신에 대한 무집착이다. 왜냐하면 붓

---

26) Upāyo bhikhave avimutto anupāyo vimutto(*Saṁyutta-nikāya* III, 53쪽).

다는 자아에 대한 무집착에 의해서 세상의 다른 어떤 것에도 집착하지 않
게 되며 고통으로부터 자유롭게 된다고 하고 자아에 대한 무집착을 강조
하기 때문이다. 그에 의해 강조된 자아에 대한 무집착은 다른 모든 것에
대한 무집착으로 귀결되고 결국에는 깨달음에로 귀결된다. 그는 다음과
같이 말한다.

> 그러므로 '나' 라는 자의식을 갖지 않는 사람은 세상의 무엇에도 집착하
> 지 않는다. 집착하지 않는 사람은 고통을 받지 않는다. 고통을 받지 않는 사
> 람은 스스로 완전한 깨달음에 이른다.[27]

자아에 대한 무집착의 실천은 구체적으로 1)여섯 인식주관, 2)여섯 인
식대상, 3)이들 각각에 대한 여섯 가지 의식, 4)이 세 가지—인식주관, 인
식된 대상, 그리고 의식—의 접촉, 5)접촉으로부터 일어나는 세 가지 감
각을 모두 버리는 것(pahātabbā)이다. 붓다가 말한 자아에 대한 무집착에
는 사실상 우리가 주관과 대립하여 존재한다고 생각하는 모든 객관대상
에 대한 무집착이 포함된다. 2), 3), 4), 5)는 객관대상이거나 객관대상의
인식과 관련된 것이다. 따라서 붓다는 자아의식을 갖지 않아 자아에 대
해 집착하지 않는 사람은 세상의 무엇에도 집착하지 않는다고 말할 수 있
는 것이다. 이와 같은 자아에 대한 무집착은 모든 무집착의 토대가 되며
자아에 대한 무집착이 완결될 때 이념이든지 대상이든지 그 모든 것에 대
한 무집착이 실현된다. 자아에 대한 이러한 무집착은 곧 타아에 대한 배
려의 토대가 되어 타아에 대한 포용 자체를 의미한다.
  그런데 붓다는 자아에 대한 무집착에서 나아가 보다 구체적으로 네 가

---

27) So evaṁ na maññamāno na kiñci loke upadiyati anupādiyaṁ na paritassati
aparitassaṁ paccattaññeva parinibbāyati(*Saṁyutta-nikāya* IV, 24쪽).

지 것에 대한 무집착을 말한다. 붓다는 《맛지마 니카야》에서 감각적 쾌/
욕망에 대한 집착(kāmupādāna), 견해에 대한 집착(diṭṭupādāna), 규율이나
관습에 대한 집착(sīlabbatupādāna), 그리고 자아이론에 대한 집착(attavā-
dupādāna)을 말한다.

> 비구들이여, 이러한 네 가지 집착이 있다. 무엇이 (그) 네 가지인가? 감각
> 적 쾌에 대한 집착, 견해에 대한 집착, 규율과 관습에 대한 집착, (그리고) 자
> 아이론에 대한 집착이다.[28]

이상의 네 가지 것에 대한 집착은 윤회의 연결고리들인 애, 수, 촉, 6입
처, 명색, 식, 행, 그리고 최종적으로는 무명에 기인한[29] 올바르지 않은 욕
망추구, 세계와 자아에 대한 올바르지 않는 인식, 올바르지 않는 행위방
식으로 드러난다. 따라서 각각의 연결고리들을 멸하여 세계와 자아에 대
한 올바른 인식(연기와 중도)과 이에 근거한 삶을 통하여 자아는 이 네 가
지 집착을 네 가지 무집착으로 전환시켜야 한다는 것이 붓다의 입장이
다.

이렇게 전환된 네 가지의 무집착은 타아와의 관계의 관점에서 확장적
으로 이해될 때 포용의 모습을 드러낸다. 특히 두번째의 견해에 대한 무
집착과 세번째의 규율과 관습에 대한 무집착이 그러하다. 왜냐하면 특정
의 견해에 집착하거나 자신의 규율이나 관습에 집착함으로써 다른 견해
를 가진 사람들을 포용하지 못하고 다른 삶의 방식들에 대하여 배타적이
기 쉽기 때문이다. 그래서 붓다는 이 양자에 대한 집착에 대하여 경계한
다. 그에 의하면 우리가 들은 것, 인지한 것은 물론 우리의 견해와 규율

---

28) Cattār' imāni bhikkhave upādānāni, katamāni cattāri: kāmupādānaṁ diṭṭupādānaṁ
   sīlabbatupādānaṁ attavādupādānaṁ(*Majjhima-nikāya* I, 66쪽).
29) *Majjhima-nikāya* I, 66~67쪽.

및 관습에 의존하여 '다른 이들은 어리석으며 불선하다'고 말하면서 판단하고 자만하는 것은 어리석은 행동이다.[30] 그는 견해, 계율과 관습에 대한 무집착을 누누이 강조한다.[31] 이로부터 한 걸음 더 나아가서 붓다는 좋은 행동과 나쁜 행동 자체에 대한 무집착을 말한다.[32]

견해에 대한 무집착과 규율이나 관습에 대한 무집착은 인식과 윤리에 있어서 주관주의를 거부하면서도 절대적 객관주의 혹은 절대주의를 거부하는 붓다의 입장에 근거한다. 붓다의 세계인식의 틀이면서 세계현상의 설명 원리로서의 연기설은 절대객관주의나 절대주의적 인식을 거부한다. 연기설은 주관과 객관의 상호작용에 의해 전개되는 현상세계를 설명하는 개념으로서 항상 주관과의 작용 속에서 전개되는 세계를 설명하는 개념이다. 세계발생을 인식주관과 객관대상의 상호작용의 산물로 이해하는 이와 같은 붓다의 입장에서는 확정적, 고정적, 절대적, 불변적 세계도 있을 수 없고 그러한 인식내용도 있을 수 없다. 단지 조건적이면서 불확정적으로 변화하는 현상세계와 이를 설명하는 조건적 인식내용이 있을 뿐이다.

반확정적, 반고정적, 반절대적, 반불변적 세계현상을 설명하는 연기설의 관점에서 볼 때 우리가 갖는 견해조차도 상황과 인식의 변화에 따라 변화하는 것이지 절대적인 것이 아니다. 또한 이러한 견해에 근거하여 생겨난 규율이나 관습으로서의 삶의 양식도 절대적일 수 없다. 견해와 계율 및 관습 등에 대하여 독단과 편견에 빠져 자기만을 주장하는 말싸움에 대한 붓다의 경계는[33] 이러한 맥락에서 볼 때 의미가 있다.

---

30) *Sutta-nipāta*, 887.

31) 붓다는 견해, 계율과 관습에 대한 집착을 떠날 것을 누누이 강조한다(예컨대 *Sutta-nipāta*, 783~900).

32) 예컨대 그는 "계율과 관습으로부터 떠나고 모든 좋은 행동과 나쁜 행동으로부터도 떠나라." (*Sīlabbataṁ vāpi pahāya sabbaṁ kammaṇ ca sāvajjanavajjam etaṁ*)고 한다 (*Sutta-nipāta*, 900).

견해에 대한 무집착과 규율 및 관습에 대한 무집착 (혹은 삶의 양식에 대한 무집착)은 자신과 상이한 견해와 삶의 양식에 대하여 개방적이게 한다. 개방적인 태도 속에서 사람들은 자신과 상이한 입장들과 삶의 양식에 대하여 배타적이지 않고 포용적일 수 있는 것이다.

요컨대 자아에 대한 무집착은 무아와 연기의 필연적 귀결로서 타아에 대한 배려는 물론 타아에 대한 포용에 핵심적 의미가 있다. 자아에 대한 무집착의 실천은 모든 것에 대한 무집착의 실천을 의미하지만 붓다는 구체적으로 네 가지 무집착을 강조한다. 그리고 네 가지 무집착 중에서도 견해에 대한 무집착과 규율 및 관습에 대한 무집착(삶의 양식에 대한 무집착)은 타인과의 관계 속에서 포용적 태도로 그 모습을 드러낸다.

3) 방편과 포용성

초기불교에서 '방편'(upāya, 方便, skill-in-means)은 붓다가 깨달음에로 이끄는 교설을 설명하는 데 있어서 상황과 듣는 사람의 성향이나 특징(근기)에 따라 그 사람에게 가장 적합한 내용을 가장 적합한 방법으로 설명하는 것을 말한다.[34] 해탈이라는 목표에 이르게 하는 방법을 이해하는 데 있어서 사람마다 차이가 있으므로 듣는 사람의 수준에 따라 설명의 방법

---

33) *Sutta-nipāta*, 887. 붓다가 제시하고 있는 올바른 견해는 연기(공, 무아, 중도)이지만 붓다는 다른 견해를 가진 사람들에 대하여 배타적인 태도를 취하지 않았으며 그들과 다투거나 논쟁하지 않았다. 그는 연기가 불변의 진리임을 확신하였으나 자신과 다른 견해를 가진 사람들도 지극히 존중하였다.

34) 초기불교에서 방편은 일반적으로 '깨달음에로 이르게 하는 데 있어서 상황이나 개인차를 고려한 교설설명 방법'을 의미했지만, 대승불교에서 방편은 자비행과 관련하여 그 의미가 확장된 것으로 이해된다. 예컨대 《법화경》에서는 자비의 실천이라는 관점에서 거짓말과 같은 부도덕한 행동(예컨대 불타고 있는 집에서 아이를 구해내기 위해 거짓말하는 행동)도 방편으로 용납되지만 초기불교의 관점에서 이러한 방편이 수용될 수 있을지는 의문이다.

을 달리할 수 있다. 예컨대 불교교설의 특징 중의 하나는 다양한 교설들이 중층적 구조를 이루고 있다는 것인데 이러한 특징도 듣는 이의 성향과 환경에 있어서의 다양성을 고려한 것이라고 볼 수 있다.

방편설의 의미는 자기 중심적 관점에서가 아니라 듣는 이의 관점에서 가장 이해하기 쉽도록 설명하고 그 사람의 상황과 수준에 맞는 적절한 실천방법을 제시해 주는 데 있다. 이러한 방편의 의미는 붓다의 교화방법, 즉 병의 증상과 체질에 따라 상이한 약을 주는 응병여약(應病與藥)식의 방법에 가장 잘 나타난다. 치료, 즉 해탈이라는 동일목적을 위해 다양한 진단, 처방, 처치가 사용된다.

개인은 서로 상이한 삶의 체험을 가지며 타인과 구별되는 고유의 특징을 가지며 타인과 상이한 상황에 처해 있다. 서로 상이한 체험과 특징을 가진 사람들을 존중하는 방법은 그들의 체험과 특징을 존중하고 그것에 적합한 방법으로 대우해 주는 것이다. 그들의 체험과 특징에 무관한 기준이나 방법에 의해서가 아니라 그들의 체험과 특징에 부합한 기준이나 방법으로 대하는 것이 그들에 대한 존중이다. 이는 곧 각각의 개성 내지는 다양성에 대한 존중이며 이러한 존중은 그들을 있는 그대로 포용하는 것이기도 하다.

개인의 다양성에 대한 존중은 가장 포괄적인 불교윤리 덕목인 자비를 실천하는 데 있어서도 필수적이다. 《화엄경》에서는 자비를 실천하는 데 있어서 다양한 개성과 차이에 대한 인식, 존중, 포용을 다음과 같이 구체적으로 묘사한다.

…… 중생은 이와 같은 갖가지 삶의 부류와 갖가지 형상과 갖가지 모습과 갖가지 목숨과 갖가지 종족과 갖가지 이름과 갖가지 마음 씀과 갖가지 알음 알이와 갖가지 하고 싶어함과 갖가지 뜻으로 행함과 갖가지 몸가짐과 갖가지 옷과 갖가지 음식으로 갖가지 마을과 성읍, 궁전에 살고 있다. …… 나는

저러한 뭇 삶들의 뜻에 따라 살며 그들을 갖가지로 받들어 섬기고 갖가지로 공양하기를 어버이를 공경하듯이 하며 스승과 윗 어르신과 아라한을 섬기 듯 하며 나아가서는 여래를 섬기는 것과 평등하여 다름이 없이 하겠다.[35]

'방편'을 의미하는 'upāya'라는 말 자체는 '가까이(upa) 감(aya)'을 의미하여 나의 입장이 아니라 상대의 입장에 서서 그에게 가장 적합한 방법으로 그에게 다가간다는 의미로 이해할 수 있다. 다가가는 목적도 다가가는 방법도 나의 관점에서가 아니라 타자의 관점에서 그렇게 하는 것이다. 여기에는 다가가는 자의 무아적 태도가 요구된다. 무아적 태도 속에서는 일차적으로 타자의 욕구, 의도, 기대, 필요를 고려하여 자기자신의 욕구, 의도, 기대, 필요와 절충한다.

다가가는 자가 자신의 입장에서 자기 중심적으로 상황을 이해하고 행동을 선택하는 것은 상대방에 대한 진정한 자비나 배려의 행위라기보다는 자기자신의 만족이나 욕구충족이며 이는 방편의 의미를 살리지 못한 것이다. 흥미롭게도 방편을 의미하는 팔리어 'upāya'라는 말은 집착을 의미하는 'upaya'라는 말과 아주 흡사하다. 이 두 말은 모두 어근 'i'(가다)로부터 파생한 말에 접두사 'upa'(가까이)가 결합한 말이다. 그런데 집착(upaya)에서의 '감'은 (방편에서의 '감'에서처럼 타아의 욕구, 기대, 필요에 중심을 두고 타아에 따르는 것이 아니라) 자기자신의 욕구, 기대, 필요를 우선으로 하여 자신을 따르는 것, 즉 자신에 대하여 집착하는 것이다.

요컨대 집착을 의미하는 'upaya'와 방편을 의미하는 'upāya'라는 말의

---

35) ……以生住者 種種生類 種種色身 種種形狀 種種相貌 種種壽量 種種族類 種種名號 種種心性 種種知見 種種欲樂 種種意行 種種威儀 種種衣服 種種飮食 處於種種村嶺 聚落城邑宮殿 …… 我皆於彼 隨順以轉 種種承事 種種供養 如敬父母 如奉師長及阿羅 漢 乃至如來 等無有異……(법성 역,《화엄경》〈보현행원품〉(서울: 큰수레, 1992), 180 쪽).

차이는 전자는 자기중심적이라는 것이고 후자는 상대/타아 중심적이라
는 것이다. '나' 중심의 관점에서 나의 욕구, 기대, 필요를 따르면서 여기
에 상대의 욕구, 기대, 필요를 편입시키거나 무시할 때 집착이 된다. 자기
의 견해와 자기의 생활방식 등을 포함한 '자기 의식'의 밑바탕에는 항상
집착의 씨가 도사리고 있으므로 이로부터 다양한 집착이 나오게 된다.
이러한 집착에 근거할 때는 타자 중심적인 방편이 있을 수 없으며, 이러
한 방편을 실천 지침으로 하는 자비도 있을 수 없다.

　방편과 자비의 긴밀한 상관성 때문에 —방편은 자비라는 이념의 외화
이며 자비는 방편의 내용이기 때문에—집착과 방편이 대립적일 때마다
집착과 자비도 대립한다. 따라서 방편에 따라 자비를 실천할 때는 집착
을 버리는 것이 강조되지 않을 수 없다. 《화엄경》의 〈이세간품(離世間
品)〉에서 보현보살은 자비를 실천하면서 사람의 뜻에 따르면서도 집착이
없어야 함을 이렇게 말한다.

　　상황의 변화를 깊이 이해하고 중생의 마음에 잘 응해 갖가지 몸을 나타내
보이지만 그 모든 것에 집착하지 않는다.[36]

　이상과 같이 개인의 다양성을 존중하고 이를 적극적으로 포용하는 방
편은 원래는 교설에 대한 타자중심적 설명방법을 의미했지만 후에는 타
자에 대한 한량없는 포용을 핵심 내용으로 하는 자비의 실천수단이 된
다. 여기에서 방편은 무집착을 전제로 한 타자포용과 상이한 문화포용의
방법이 된다.[37] 보살의 자비와 수행의 방편인 보시(布施), 애어(愛語), 이

---

36) 深知變化法 善應衆生心 示現種種身 而皆無所著(《화엄경》〈보원행원품〉, 188쪽).
37) 그런데 개인의 다양성과 차이성을 존중하는 방편은 다양한 교학의 발전에도 적용
　　된다. 초기불교로부터 중관, 유식, 화엄, 정토 등의 다양한 대승불교의 발전도 이러한
　　맥락에서 이해할 수 있다. 또 참선, 염불, 사경 등의 다양한 수행법들과 지역의 특성

행(利行), 동사(同事)의 사섭법(四攝法)과 보시, 지계, 인욕, 정진, 선정, 지혜의 육바라밀이라는 덕목 또한 타인에 대한 무집착을 수반한 포용을 전제로 한다. 특히 보시, 이행, 동사, 인욕은 또 하나의 자기로서의 타자에 대한 포용정신을 함축하고 있다.

요컨대 방편은 개인의 다양성을 존중하여 모든 인간을 포용하기 위한 하나의 방법이다. 개개인의 상이성은 획일적인 척도에 의해 평가되지 않으며 오히려 각자가 갖는 고유성으로 존중되어 각자에게 적합한 해탈의 방법이 제시될 수 있다. 요컨대 성차, 나이, 신념, 생활방식, 세계관, 생김새 등의 차이는 배려의 근거이지 차별의 기준이 아니다.

4. 요약

필자는 무아, 연기, 불성은 세계와 인간에 대한 인식론적 측면에서 상호존중의 특징을 나타내는 개념들이며, 자비, 무집착, 방편은 윤리적 측면에서 포용성을 나타내는 개념들이라고 주장하였다. 더 나아가서 필자는 불교의 이러한 상호존중성과 포용성이 현대의 다원주의 사회에서도 보편적 설득력을 가질 수 있으며 따라서 무아, 연기, 불성, 자비, 무집착, 방편이 보편적 윤리가 될 수 있다고 보았다.

무아와 연기의 개념에 의하면 '나'라는 개체는 타자와의 관계 속에서만 유지될 수 있고 그 의미가 드러난다. 이들 개념들에 의하면 개아의 보존, 유지, 전개, 발전은 타아의 보존, 유지, 전개, 발전을 전제하지 않고는 가능하지 않다. 자아가 타아에 대하여 갖는 이와 같은 관계론적 구조는

에 따라 상이한 모습으로 발전한 한국, 티벳, 중국, 일본 불교 등도 지역의 문화적 차이를 고려한 불교의 방편성을 보여준다.

타아를 나의 존재만큼이나 중요하게 인식하여 존중할 것을 필연적으로 요청한다. 무아와 연기의 개념이 타인의 존재와 삶의 활동에 대한 필연적 존중을 요청하는 것과 마찬가지로, 불성의 개념도 타인도 '나'와 마찬가지로 불성을 갖추고 이를 실현할 수 있는 가능성의 존재라고 봄으로써 존중을 요청한다.

무아, 연기, 불성으로 표현된 세계와 인간에 대한 불교의 인식은 이것이 윤리적 차원으로 현실화될 때 자비, 무집착, 방편으로 나타난다. 이 세 가지 개념은 모두 자신에 대한 희생을 강요하지 않고 자신도 동등하게 배려하면서 타자중심적/배려적 태도를 전제한다. 자비는 타자에 대한 포용 자체를 의미하고, 무집착은 자아에 대한 무집착과 모든 대상에 대한 무집착을 의미하여(특히 견해에 대한 무집착, 그리고 규율과 관습으로 대표되는 삶의 양식에 대한 무집착에 의해서) 타인을 존중하고 포용하는 태도를 전제하며, 방편은 타자의 성향과 상황에 따른 다양성에 근거하여 타자를 포용하는 방법이라고 할 수 있다.

필자의 주장대로 무아, 연기, 불성의 개념에 내포된 상호존중성과 자비, 무집착, 방편의 개념에 내포된 포용성이 다원주의 사회에서 보편적 호소력을 갖는다면 이러한 개념들은 현대의 보편적 윤리로 수용될 수 있을 것이다. 상대주의나 허무주의를 경계하면서도 도덕적 절대주의와 거리를 유지하는 불교윤리는 자신과 상이한 세계관과 삶의 방식에 대해서도 관용하고 포용하는 융통성과 신축성을 갖는다.

불교윤리가 제시하는 올바른 세계인식은 '나'와 '타자'의 근원적 관계성을 인식하는 것이다. 즉 '나'의 존중이 곧 '타자'의 존중이며, '타자'의 존중이 곧 '나'의 존중이라는 것을 인식하는 것이다. 그리고 그 귀결로서 불교윤리가 제시하는 올바른 삶의 방법은 '나'는 물론 '타자'의 무한한 포용이다.

무아, 연기, 불성이라는 상호존중의 논리 그리고 이에 근거한 타인에 대한 포용의 윤리는─자비, 무집착, 방편의 개념 속에 드러나 있는 포용의 윤리는─불교윤리의 핵심이라고 할 수 있을 것이다. 이러한 불교윤리의 핵심에는 '무엇 때문에 우리가 타인을 존중하고 포용해야 하는가?'라는 물음에 대한 응답이 전제되어 있다. 응답은 '타인의 존중과 포용이 나의 존중과 포용을 의미하기 때문이다'. 즉 나의 존중과 포용, 나의 보전과 실현은 타자의 존중과 포용 그리고 타자의 보전과 실현을 전제하지 않고는 불가능하기 때문에 나는 타인을 존중하고 포용해야 한다.

붓다는 인간의 존재상황을 만인대 만인의 투쟁상태로 상정하지 않고 '협동하며 도울 수 있는 상황'으로 상정한다. 즉 붓다에 의하면 '인간은 자신의 보전과 실현을 욕구하면서도 이를 위해서 타자의 보전과 실현이 요청되는 상황을 인지하고 이에 근거하여 자신은 물론 타인도 자신과 동일한 방법으로 배려할 수 있다'. 붓다는 이러한 이해 위에서 불교윤리를 정립하고자 한다. 그의 이러한 이해를 나타내는 개념들이 바로 무아, 연기, 불성이다. 그는 이러한 개념들을 통하여 우리가 자기보존과 자기개발을 지향하면서 자아와 타자의 상호의존적 존재구조를 인식하고 궁극적으로는 연기적이고 동체적(무아적) 삶을 실현할 수 있다고 보고 있는 것이다.

흥미롭게도 현대의 대표적 철학자 로티(Rorty)는 우리들이 타자를 우리의 일부로 생각할 수 있고 또 그러한 관점에서 행동할 수 있다고 봄으로써 우리들이 타인들을 배려할 수 있는 존재라고 믿고 있다. 그에 의하면 우리들은 실행가능성(feasibility)과 선의지에 근거하여 상호신뢰하며 공동체를 이루는 구성원들이라고 전제된다. 그리고 이러한 전제로부터 그는 '우리들 자신이 다른 사람들을 돕고자 하는 의도와 그들을 도울 수 있다는 신념에 근거하여 우리가 다른 사람들을 동일한 '우리'의 일부로 생각하는 것이 가능하다'[38]는 결론을 도출한다. 그는 도덕의 근거를 '우리 속에 내재된 선성'과 이것을 타인에게 적용하여 '타인을 우리 자신처럼 볼 수 있는 우리의 능력'에서 찾고 있는 것이다. 로티의 이러한 입장은 살펴본 바와 같이 붓다의 무아, 연기, 불성, 자비, 무집착, 방편 혹은 상호존중과 포용의 이념 속에서 그대로 관찰된다.

---

38) Rorty, Richard, "Moral Universalism and Economic Triage", UNESCO 1996 Philosophy Forum(http://www.unesco.org/phiweb/uk/2rpu/rort/rort.html, 1996) 기조연설의 결론.

제 3 부

초기불교윤리와 프라이버시

1장

•

자유주의 윤리에서의 프라이버시

1. 시작하는 말

오늘날 '프라이버시'(privacy)는 누구에게나 인정되고 추구되며 타인으로부터 보호되고 존중되어야 하는 하나의 가치라고 인정되고 있다. 아마도 인간은 타인과 공유할 수 없는 특유의 발전영역을 가지고 있어서 프라이버시권의 인정, 존중, 보호는 윤리의 기본전제로 간주되어야 하는지도 모른다.

서양의 주류 윤리담론인 자유주의(liberalism) 윤리에서 프라이버시권은 인간의 기본권중의 하나로서 보호되어야 하는 것이다. 자유주의 윤리는 인간의 자율성의 실현과 평등이라는 이념 하에서 프라이버시권의 존중을 거의 절대시하고 있다. 더 나아가서 그것은 신성불가침의 영역으로 간주되고 있다. 그런데 이러한 자유주의 윤리의 프라이버시권 보호이념은 도덕적인 것만은 아니며 비도덕적 측면을 내포하고 있다.

이 장에서 필자는 철학적 맥락에서 프라이버시의 의미를 규명해보고(2) 프라이버시권 보호이념에 대한 비판자들의 논의를 살펴봄으로써(3)

이 이념이 갖는 비도덕적 측면을 검토해(4) 보고자 한다. 더 나아가서 필자는 이 이념의 비도덕적 측면의 근본원인이 되고 있는 자유주의 윤리의 특징을 탐색하여 이를 비판적으로 조명해(5) 보고자 한다.

이상과 같은 논의를 전개하기 위하여 필자는 두 가지 전략을 취하고자 한다. 한편으로는 아렌트(Arent), 킴릭카(Kymlicka), 그리고 여성주의자의 '공적인 것'(the public)과 '사적인 것'(the private)에 대한 분석을 활용하고 다른 한편으로는 루소(Rousseau), 칸트(Kant), 그리고 롤즈(Rawls)의 자유주의 윤리가 함축하고 있는 전제들과 도덕주체의 개념을 비판적으로 고찰하고자 한다.

2. 프라이버시의 의미

철학적인 맥락에서 프라이버시의 의미는 다음의 두 가지로 집약할 수 있다고 생각된다. 즉 내용적 측면에서의 '인간 개개인에 대한 정보의 통제와 관리'로서의 프라이버시와 형식적 측면에서의 '타인의 간섭이나 공적인 영역으로부터 자유로운 시공간의 확보'로서의 프라이버시이다.

프리드(Fried)는 프라이버시를 우리들 자신들에 대한 정보의 통제/관리를 의미한다고 하는데[1] 이는 내용적 측면에서 프라이버시를 말한 것이다. 우리가 우리 자신에 대한 정보의 통제권/관리권을 가졌다고 할 때 전제하고 있는 것은 우리들 자신이 타인에게 노출시키지 않는 고유의 정보를 가졌다는 것이며 이것은 프라이버시(개인적인 것(the personal), 혹은 사적인 것(the private)의 본질적 내용이 된다.

---

1) Fried, Charles, "Privacy: A Rational Context"(Wasserstrom, Richard 편, *Today's Moral Problems*(New York: MacMillan Publishing Co., 1979)), 367~368쪽.

그런데 노출되지 말아야 할 것으로서 프라이버시의 내용은 문화와 사람에 따라 다를 것이다. 그것은 자신이 처한 문화의 특징을 반영하면서 각자의 선택에 의해 결정된다. 또한 사람에 따라 내용이 다르게 결정되는 프라이버시는 상대가 누구냐에 따라 노출/공유의 정도를 달리한다. 동일 내용이라도 상대에 따라 공유의 정도를 달리하는 것이다. 따라서 우리는 프라이버시의 구체적 내용을 결정하고 그 결정된 내용의 노출/공유 정도를 결정하는 데 있어서 우리의 자율적 의지를 행사한다고 볼 수 있다. 우리가 이렇게 할 때 우리는 프라이버시를 갖는다고 말할 수 있고 우리들 자신에 대한 정보를 자율적으로 통제하고 관리한다고 말할 수 있을 것이다.

형식의 측면에서의 프라이버시는 '공적인 영역이나 타인의 간섭으로부터 자유로운 자신만을 위한 절대적 시공간의 확보(시공간적 독거)'를 의미한다고 할 수 있다. 프라이버시의 이러한 의미는 그리스 시대부터 인지되어 낭만주의자들에 의해서 강조되고 자유주의자들에 의해 윤리이론의 기초개념으로 수용된다.

아렌트의 분석에 의하면 고대 그리스인들의 경우 공적인 영역은 인간의 유한성, 자연성, 혹은 무상성을 극복하는 세계였다. 이들에게 사적인 영역은 자신의 유한성, 자연성, 혹은 무상성을 확인하는 영역이었기 때문에 회피되고 극복되고 평가절하되는 영역이었다.[2] 사적인 영역과 사적인 영역에서 일어나는 일에 대한 평가절하는[3] 사적인 영역이 죽음과 소

---

2) 아렌트, 한나, 《인간의 조건》(이진우/태정호 옮김, 서울: 한길사, 1996), 108~109쪽.

3) 고대 그리스인이 사적 생활이 인간으로 하여금 제한된 가정의 영역에서만 일생을 보내게 하여 삶에 본질적인 것을 박탈한다고 이해한 것은 이들이 가정이라는 영역을 인간의 육체적 활동의 영역 및 생물학적 영역과 결부시켜 이해하고 이를 평가절하했기 때문이다. 즉 이들의 관점에서 볼 때 인간은 삶을 유지할 수 있는 재화를 획득하기 위하여 사적인 영역에서 육체적인 노동을 해야 하는 존재이며 생물학적으로는 공적인 영역으로부터 감추어진 출생과 죽음의 영역에 속박되는 존재이다. 이들에게 삶의 필

멸의 영역이므로 극복되어야 한다는 이들의 입장을 반영한 것이며, 공적인 세계에의 참여와 그 세계 자체에 대한 의미 부여는 인간이 공적인 영역의 활동에 참여함으로써 생물학적 한계와 유한성을 극복할 수 있다는 이들의 입장을 반영한 것이다. 고대 그리스인들에게 공적인 영역은 무상성 극복을 위한 무한한 기회제공의 장이지만 사적인 영역은 이러한 기회가 박탈된 영역으로 지각된 것이다.

사적이라는 말은 공적인 영역에 참여하지 못한 사람들이 가정의 영역에 머무름으로써 객관적 관계가 박탈된 것을 의미한다.[4] 완전히 사적인 생활을 한다는 것은 우선 인간에게 필수적인 것이 박탈되었음을 의미한다. 즉 타인이 보고 들음으로써 생기는 현실성의 박탈, 공동의 사물세계의 중재를 통해 타인과 관계를 맺거나 분리됨으로써 형성되는 타인과의 '객관적' 관계의 박탈, 삶 그 자체보다 더 영속적인 어떤 것을 성취할 수 있는 가능성의 박탈을 의미한다.[5]

그리스인들의 사적인 영역에 대한 평가절하는 인간의 생물성과 이로부터 비롯되는 한계성의 인식에 근거해 있고 이러한 인식은 공적인 영역을 한계성 극복의 영역으로 보아 공적인 영역에 의미를 부여하고 평가절상 시키는 것으로 연결된다.[6] 그런데 여기에서 중요한 것은 이들에게 공

연성과 가정의 사적인 영역은 동일시되었으며 사적인 영역은 공론 영역으로부터 감추어진 어둡고 숨겨진 영역이었던 것이다(아렌트, 앞의 책, 116쪽).

4) 아렌트, 앞의 책, 116쪽.

5) 아렌트, 앞의 책, 112쪽.

6) 킴릭카도 이와 비슷한 분석을 제공한다. 그에 의하면 그리스인들이 가정으로 대표되는 사적인 영역을 평가절하한 것은 본성과 문화라는 이분적 사유에 근거하고 있다. 그는 이러한 사유가 오늘날까지 지속되고 있으며 우리 사회에서 여성을 문화적으로 평가절하하는 바탕이라고 본다. 예컨대, 생산과 육아와 같은 여성의 노동의 평가절하 속에는 이것들이 문화적인 것이기보다는 자연적 생물학적 본능이라는 생각이 깔려 있다는 것이다. 그래서 여성은 가사노동이라는 동물적 기능과 연관된 존재로, 남성은 동물적 본성이 아니라 문화적 목표에 따라 활동을 선택함에 의해 참된 인간적

적인 영역에 대한 사적인 영역은 박탈적인 것을 의미했음에도 불구하고
사적인 영역 안에서는 사적인 것이 비박탈적인 성격을 갖는다고 인식된
것이다.

사적인 영역 안에서 사적인 것은 두 가지 비박탈적 성격을 갖는데 그
중에서 시공간적 독거로서의 프라이버시의 의미와 관련하여 주목되는
것은 사적영역이 은신처로 이해된 것이다. 즉 사적 영역은 공적 세계로
부터 숨을 수 있는 유일한 장소로서 자신을 공공성으로부터 보호할 수 있
는 은신처를 제공한다. 그것은 공적인 세계에서 드러내지 않고 은폐할
필요가 있는 것들에 대해서 사적으로 숨길 수 있는 장소를 제공한다.[7]

사적인 영역이 갖는 박탈적 성격 때문에 그리스인들이 이 영역에 대해
평가절하하고 경멸하면서도 동시에 은신처라는 비박탈적 성격을 인지한
것은 중요한 의미를 갖는다. 왜냐하면 은신처라는 개념은 낭만주의자들
에 의해서 부각되고 자유주의자들에 의해서 구체화된 '시공간적인 독
거'의 의미로서의 프라이버시 개념으로 발전되기 때문이다.

사적인 영역에 대하여 보다 긍정적 측면을 인식하고 이에 대해 의미를
부여하고 재평가한 것은 낭만주의자들이었다. 킴릭카에 의하면 낭만주
의자들에게 있어서 사적인 영역은 인간의 자기발달과 실현을 위하여 매
우 중요하다. 이들에게 사적인 것은 세속적인 존재로부터 탈피하여 자기
발달, 자기표현, 예술적인 창조와 관계된 것으로서 사적인 영역은 이러한
사적인 것을 도모하기 위해 절대적인 것이다. 인간은 공적인 생활을 멀

삶을 성취하는 존재로 여겨진다(Kymlicka, Will, *Contemporary Political Philosophy*
(Oxford: Clarendon Press, 1992), 255쪽).

7) 다른 한 가지 비박탈적 성격은 삶과 밀접히 관련된 필연성인데 그것은 개인의 생활
과 종의 생존에 이바지하는 모든 활동의 필연성이다. 예컨대, 삶의 필수적인 것들을
획득하기 위해서 자신의 신체로 일하는 노동자의 활동과 자신의 신체로 종의 신체적
생존을 보장하는 여자들의 활동은 이러한 필연성을 대변한다(아렌트, 앞의 책, 124~
125쪽).

리하고 평범하지 않은 생각을 사색해보고 시험해보기 위해서, 힘을 재충전하기 위해서, 그리고 친밀한 관계들을 기르기 위해서 스스로를 위한 시간을 필요로 한다.[8]

낭만주의자들에 의하면 사적인 영역은 자기발전과 창조적인 삶을 위하여 전제되어야 할 것으로서 타인에 의해 방해받지 않는 영역이다. 이들은 타인에 의한 방해여부를 사적인 영역과 공적인 영역을 가르는 중요한 기준으로 삼는다. 이러한 견지에서 보면 국가권력의 행사의 장으로서 지칭되는 공적인 영역과 일반 시민사회의 조직들로 대표되는 사회적 영역은 사적인 영역과 대립되는 개념이다. 그래서 이들에게 있어서 사적인 영역의 보장은 국가권력에 의한 간섭이나 사회적 조직들에 의한 간섭으로부터 자유스러울 수 있을 때 달성되는 것이다.

낭만주의자들은 사회적인 영역이든지 혹은 정치적인 영역이든지 막론하고 공적인 영역이라면 어느 것이든지 사회적인 군집성, 단체성, 동조성, 획일성이 내재되어 있다고 보고 이것들이 개체성, 고유성, 독창성에 부정적 영향을 미칠 수 있다고 생각한다. 이들은 어떠한 종류의 사회적인 압력이든지—묵시적이든지 가시적이든지 혹은 자발적이든지 강제적이든지—개인에게 부정적인 영향을 미칠 수 있다는 것을 강조한다.

개체성, 고유성, 독창성을 강조하는 낭만주의자들은 이것들을 위한 필수적인 것으로서 사적인 영역에서 개인적 시간과 공간의 확보를 중요시한다. 이에 대하여 고전적 자유주의자들은 사회적인 조직과 조직 속에서의 활동이 사적인 영역에 속한다고 생각하여 사회적인 활동 안에서 사적인 것을 강조한다. 따라서 사회적인 결사와 관련하여 전자는 이로부터의 절대적인 자유를 강조하지만 후자는 자유스런 결사의 보장과 장려를 강

---

8) Kymlicka, 앞의 책, 257~258쪽. 공적인 영역과 사적인 영역에 대한 낭만주의자들의 입장에 대해서는 주로 킴릭카의 분석(Kymlicka, 앞의 책, 247~262쪽)을 재정리한 것임을 밝힌다.

조한다.

　결사와 관련하여 현대의 자유주의자들은 사회적 자유에 대한 고전적 자유주의자들의 강조와 낭만주의자들의 사회적 압력에 대한 강조 입장을 통합하려고 노력한다.[9] 현대의 자유주의자들은 시민생활에의 적극적 참여라는 고전적 자유주의자의 이상과 사회생활로부터의 개인적인 은거를 보호하고자 하는 낭만주의자의 이상을 모두 추구하여 사회생활의 사적인 영역을 보호하면서 개인들이 프라이버시를 가질 수 있는 사적인 영역을 보호코자 한다. 이러한 입장은 이들의 윤리이론에 그대로 수용된다.

　낭만주의자들에 의해 강조된 '시공간적 독거'의 의미로서의 프라이버시는 자유스런 사회적 참여를 강조한 고전적 자유주의자들에 의해 부정되지 않았으면서도 주목받지 못하다가 현대의 자유주의자들에 의해서 재환기된 것이다. 그런데 살펴본 바와 같이 시공간적 독거로서의 프라이버시, 특히 가정이라는 사적인 영역 안에서의 시공간적 독거로서의 프라이버시의 의미는 가정의 박탈성을 강조하면서도 가정의 비박탈적 측면—은신처 혹은 보호처로서의 가정의 측면—을 인지한 그리스인에게서 연원한다고 볼 수 있다.

　요컨대 그리스인들의 사유 속에서 내면적으로 인지되고, 낭만주의자

---

9) 사실상 낭만주의자들의 프라이버시에 대한 강조는 자유주의자들의 직업단체, 노동조합, 교육제도 등의 구성원들에 대하여 행사되는 강제적 권력집단에 대한 공포 그리고 보다 일반화된 사회적 동조에의 압력에 대한 공포와 일치한다. 또한 이들의 프라이버시에 대한 강조는 다수의 결사와 관념이 개인성을 보호하지 못한 것에 대한 대결이기도 하다. 이러한 입장은 현대의 자유주의자들에게 반영되는데 이들이 사회생활의 사적인 영역 보호뿐만 아니라 개인들이 프라이버시를 가질 수 있는 사적인 영역의 분리에도 관심을 두기 때문이다. 그리하여 이들에게 사적인 생활은 고전적 자유주의자들이 강조했던 시민사회 제도에의 적극적인 참여를 의미할 뿐만 아니라 낭만주의자들이 강조했던 규제된 사회생활로부터의 개인적인 칩거 모두를 의미한다 (Kymlicka, 앞의 책, 258쪽).

들, 고전적 자유주의자들, 그리고 현대 자유주의자들에 의해 공통적으로 인식된 프라이버시는 '누구에게도 방해받지 않고 공적인 영역으로부터 자유로운 시공간 확보'를 의미한다. 그런데 이와 같은 형식적 의미의 프라이버시는 자신(혹은 사적인 결사)에 대한 정보의 통제/관리라는 내용적 의미의 프라이버시를 내포하거나 전제해야 할 것이다.

3. 프라이버시의 영역과 여성의 주변화

내용적 의미의 프라이버시를 전제한 시공간적인 독거―즉 '누구에게도 방해받지 않고 공적인 영역으로부터 자유로운 시공간 확보'―로서의 프라이버시는 자유주의 윤리의 프라이버시권의 근간이다. 특히 대표적인 프라이버시의 영역―사적인 영역―인 가정은 누구에게도 방해받지 않아야 할 신성불가침의 영역으로 간주된다.

인류의 역사상 가정은 항상 사적인 영역으로 남겨져 왔으며 공적인 노동의 영역과 대립된 은신처로서 간주되어 왔다. 그런데 가정이라는 은신처는 여성의 영역이면서도 여성의 은신처라기보다는 남성의 은신처라고 볼 수 있다. 왜냐하면 은신처라는 말 자체가 은신처 이외의 주된 활동 영역을 전제하고 있고 근대까지 대부분의 여성은 가정 이외의 활동영역을 갖지 못했기 때문이다. 여성에게 가정은 은신처라기보다는 노동의 장소였던 것이다.

따라서 은신처로서 가정은 인간이 만든 그 어떤 제도보다도 성구분을 전제한 개념이라고 볼 수 있다. 가정은 여성의 영역이고 사회는 남성의 영역이라는 전통적 믿음과 관습은 공적인 영역과 사적인 영역에 따른 가정에서의 성구분의 단적인 표현일 것이다. 이러한 입장은 고전적인 자유주의 사상가 루소의 사상에 생생하게 드러나 있다. 그는 자연법에 근거하여 남녀의 성역할을 규정하고 여성과 남성에게 각각 사적인 영역으로서의 가정과 공적인 영역으로서의 사회를 대응시켰다.

　루소에 의하면 남성과 여성은 각각 자연에 의해 고유의 성격을 부여받았고 이러한 성격에 순응하여 사는 것이 자연의 질서에 따라 사는 것이다. 성적 교류의 차원에서 볼 때 각각의 성은 서로 다른 사명을 따라 자연의 목적을 따라 가는데 남성은 능동적이며 강하도록 되어 있고 여성은 수동적이며 약하도록 되어있다.[10] 루소는 남녀가 평등하다고 하지만 자연이 부여한 남녀의 속성을 각각 능동과 수동, 힘과 매력, 공격과 방어, 대담성과 수줍음 등으로 파악하고 이러한 속성에 의해 남녀의 조화로운 관계를 설명함으로써 사실상 남녀 불평등을 주장한다. 그에 의하면 "여성은 남성의 마음에 들기 위해 또는 정복당하기 위해 태어난 것이라면 남성에게 도전하는 따위의 짓을 하지 말고 남성이 기분 좋게 여기는 자가 되어야 할 것이다."[11]

　루소에 의하면 여성의 교육도 남성과의 관련 속에서 생각되어야 하며 "남성의 마음에 들고, 쓸모가 있고, 남성의 사랑을 받고, 존경받고, 남성이 어릴 때는 길러 주고, 크면 뒷바라지를 하고, 조언을 해주고, 위로해 주고, 생활을 즐겁고 기분 좋은 것으로 만들어 주어야 한다. 이런 일들이 시대를 통한 여성의 의무이며, 여성이 어릴 때부터 가르쳐야 할 일들이다."[12] 따라서 그에 의하면 여성의 교육은 여성이 더욱 매력 있고 우아하게 보이도록 하는 데 맞추어 남성과 가정을 위한 역할을 성실하게 담당할 사람으로 기르는 것을 목표로 해야 하고 남성의 교육은 스스로의 능력을 개발시켜 가정 밖의 영역에서 유능하게 활동하는 사람으로 기르는 것을 목표로 해야 한다.[13] 이러한 입장에서는 "젊은 여성들이 결혼하면 집에

---

10) 루소, 《에밀》(정동희 옮김, 서울: 동서문화사, 1976), 566쪽.
11) 루소, 앞의 책, 567쪽.
12) 루소, 앞의 책, 577쪽.

들어앉아 집안 일과 가족을 돌보는 일에 전념하는 것이야말로 자연과 이성이 여성에게 명한 삶의 방식이다.”[14]

루소의 자연법에 의거한 남녀 성차, 이에 기초한 성역할 구별, 그리고 이에 따른 가정과 사회라는 사적인 영역과 공적인 영역의 대응은 자신 이전과 자신의 시대의 관습을 대변하고 있을 뿐만 아니라 그 이후의 자유주의자들에게 지대한 영향을 미쳤다. 루소의 사상에 나타난 공적인 영역과 사적인 영역의 구분을 전제로 한 통합사회의 이상은 자유주의 윤리사상으로 그 구체적 모습을 드러낸다.

루소 이후의 자유주의 윤리에서 공적인 영역/공적인 것에 대한 담론은 사적인 영역/사적인 것에 대한 담론을 전제하며 성구분을 전제로 한 담론이다. 공적인 영역은 사적인 영역에서의 여성의 활동을 전제로 하여 가능하다. 사적 영역으로서의 가정은 공적 영역을 주요 활동 무대로 하는 남성에게는 은신처 혹은 안식처이지만 여성에게는 활동의 영역이며 일의 영역이다. 그리고 사적인 영역에서의 여성의 활동은 공적인 영역에서의 문제들과 전혀 상이한 종류로 규정된다. 벤하비브(Benhabib)는 자유주의 윤리이론의 이러한 성격을 다음과 같이 기술한다.

공공성(publicity)—공적인 영역과 공적인 대화—에 대한 어떤 이론도 사적인 것과 공적인 것 간의 어떤 구분을 전제해야 한다. 서구의 정치사상 속에서 그리고 우리들의 시대에 이르기까지 공적인 영역과 사적인 영역의 구분이 그려져 온 방법은 자유주의 국가에서 여성을 제약하고 여성의 전형적

---

13) 루소는 건강한 신체를 기르는 데 있어서도 남성은 힘을 증진시키고 힘에 의해 무엇이든지 쉽게 할수 있도록 하는 능력을 기르는 데 있으나 여성의 경우는 남성을 유약하게 하지 않게 하기 위하여 그리고 튼튼한 남아 출산을 위하는 데 그 목적이 있다고 함으로써 여성의 역할과 활동영역을 명시하고 있다(루소, 앞의 책, 581쪽).
14) 루소, 앞의 책, 580쪽.

인 활동영역―집안 일, 출산, 양육, 젊은이, 병자, 나이든 이를 보살피는 일과 같은―을 사적인 영역에 한정하는 데 봉사해 왔으며 여성들을 공적인 문제로부터 떼어놓는 데 봉사해 왔다. 이러한 문제들은 자주 좋은 삶의 문제, 가치의 문제, 그리고 일반화할 수 없는 이익의 문제로 고려되어 왔다.[15]

자유주의 윤리 담론은 사적인 영역/사적인 것과 공적인 영역/공적인 것 그리고 결과적으로 남녀구분을 전제로 하고 있기 때문에 인간의 역사 속에서 형성된 객관적이라고 생각되는 대부분의 담론들처럼 성불평등을 전제하고 있다. 자유주의 윤리 담론은 대표적인 사적인 영역인 가정을 부수적 혹은 종속적으로 파악하여 이를 이론 적용의 대상에서 제외시키고 여성을 사적인 영역의 존재로 파악하여 공적인 영역에서의 도덕주체를 보조하는 존재로 규정한다. 여성은 윤리의 주체로 이해되기보다는 공적인 영역의 주변부인 사적인 영역에서 공적인 영역의 도덕주체의 보조자로 이해되는 것이다.

4. 프라이버시권 보호이념의 비도덕성

살펴본 바와 같이 자유주의 윤리에서 사적인 영역으로서의 가정은 윤리의 영역인 공적인 영역에 종속되어 있거나 밖에 있다. 게다가 사회의 어떤 사적인 조직과도 구별되어 "사회의 나머지 부분간 명확한 경계를 전제"[16]로 하는 가정은 자본주의 시장경제의 발전과 함께 은신처로서의 그 의미를 강화해 나감으로써 국가의 간섭으로부터 철저히 자유로워야

---

15) Benhabib, Seyla, *Situating the Self*(Cambridge: Polity Press, 1992), 107쪽.
16) 배리 쏘온, 매릴린 얄롬 엮음, 《페미니즘 시각에서 본 가족》(권오주 등 옮김, 서울: 한울 아카데미, 1991), 27쪽.

되는 영역[17)]으로 간주된다.

은신처의 개념은 낭만주의와 자유주의 이론 속에서 꾸준히 보존되어 왔지만 역사상 어느 때보다도 이 개념이 의미를 갖게 된 것은 자본주의 시장경제의 발전 때문이다. 가정이 자유주의 속에서 신성불가침의 영역으로서 그 위치를 굳혀나간 것도 사실상 가정이 시장경제 구조 안에서 은신처 내지는 안식처의 의미를 강화해 간 것과 긴밀한 관련이 있다.

시장경제 구조 안에서 저렴한 여성의 노동력을 제공하는 가정은 공적인 시장경제 단위에 상응하는 사적인 경제단위이면서 동시에 공적인 경제단위에 대립되는 은신처이자 안식처로서의 자신의 의미를 역사상 어느 때보다도 부각시킨다. 시장경제 논리에 의해 움직이는 공적인 사회는 경쟁적이고 계약적이며 냉엄한 현실로 인식되는 반면에 가정은 사적인 경제단위로서 큰 시장경제에 종속되어 있지만 경쟁이나 계약 그리고 냉엄성을 피할 수 있는 곳이다. 가정은 긴밀한 인간관계와 애정을 토대로 성립하는 것이기 때문이다.

자본주의 시장경제의 발전과 함께 가정이 애정적이고 개인적이며 초경쟁적이고 인간적인 도덕원리에 의해 움직이는 영역[18)]으로 간주되면서 가정은 사적영역의 대표 개념에서 사적영역 그 자체가 된다. 가정은 사적영역의 대명사가 된 것이다. 사적영역의 대체 개념으로서 가정은 애정, 사랑, 유대성 등에 의해 상징되면서 계약, 경쟁, 개체성 등에 의해 상

---

17) 또한 자유주의윤리의 국가이념은 사적이고 비정치적인 영역이라는 묵시적인 개념을 내포하고 있으며 이 영역에서는 개인의 자율성이 행사되고 있기 때문에 국가의 간섭은 부당하다고 간주되고 있다(Frazer, Elizabeth & Lacey, Nicola, *The Politics of Community: A Feminist Critique of the Liberal-Communitarian Debate*(Toronto: University of Toronto Press, 1993), 72쪽).

18) 가족 내에서 창출되고 유지되는 관계는 외부세계, 특히 자본주의적 시장에서의 관계와는 다르다. 가족은 법이 규정하는 도덕률과는 다른 도덕률에 의해 유지될 뿐만 아니라 애정적이고 영구적이며 중요한 관계를 대표한다. 반대로 시장관계는 비개인적이고 경쟁적이며 계약적이고 일시적인 특성을 갖는다(쏘온, 앞의 책, 29쪽 참조).

징되는 공적인 영역과 더욱 대립적으로 인지된다.[19] 또한 계약, 경쟁, 개체성에 근거한 자유주의와 시장경제 사회가 모순을 드러냄에 따라 애정, 사랑, 유대성에 근거한 가정은 단순한 은신처나 안식처라는 개념을 넘어선다. 계약, 경쟁, 개체성 지향의 사회에 의해서 공적인 영역이 더욱 더 탈인격화되고 비도덕적이 되어 감에 따라 가정은 더욱더 신성시된다.

현실의 제도인 자본주의가 도덕과 가치의 문제에 있어서 한계를 드러내고 이에 따라 삶이 모순을 드러내면 드러낼수록 가정은 더욱 성역화되는 경향이 있다. 공적인 영역에서 반인간적이고 반도덕적인 것들에 의한 우리들의 좌절이 크면 클수록 사적인 영역으로서의 가정은 더 많은 의미를 부여받게 된다. 가정은 공적인 영역과 대비하여 청정구역, 신성불가침의 영역 그 자체로 간주된다. 가정의 이러한 의미는 그리스 시대부터 태동하여 꾸준히 발전해 온 것이지만 자본주의의 등장과 함께 가속화되고 자유주의 윤리의 프라이버시권 보호이념 속에서 구체화된다.

자유주의 윤리에서 가정은 개인의 권리인 프라이버시의 개념이 발생하고 성장하고 기능하는 대표적인 영역이라고 할 수 있다. 따라서 자유주의 윤리는 안식처, 은신처, 신성불가침의 영역으로서 가정을 개인의 권리차원에서 법률적으로 보장한다. 자유주의 윤리는 가정에서의 개인의 권리를 프라이버시권으로 보고 이를 국가적 차원에서 적극적으로 보호한다.

---

19) 계약, 경쟁, 개체성 등에 대한 대립개념에 의해 이해되는 가정은 많은 비판적 사상가들이 인지해 온 것처럼 인류가 발전시켜 온 모순적인 개념들 중의 하나가 되었다. 사적인 영역으로서의 가정과 공적인 영역으로서의 국가의 구분은 여성과 남성뿐만 아니라 다른 모든 이원적 개념들(예컨대, 본성과 문화, 속과 성, 주관과 객관, 감성과 이성, 육체와 이성, 밤과 낮, 낮음과 높음, 내부와 외부 등)과 상관된다. 다른 모든 이원적 개념들과 마찬가지로 가정과 국가의 개념은 이것이 현실 속에서 발전된 개념이든지, 인간의 관념세계에서 만들어진 개념이든지 혹은 현실과 관념의 접합지점에서 만들어진 개념이든지 간에 이제는 인간의 관념 속에 뿌리박혀 현실을 인식하는 기본틀로 고착되었다.

그런데 이러한 프라이버시권이 실제로 현실화될 때 가족 내의 모든 개인에게 동일한 의미로 적용되지 않는다. 프라이버시권은 남편/남성과 아내/여성 혹은 어른과 아동에게 차등적으로 혹은 종속적으로 현실화된다. 왜냐하면 가족 구성원들 사이에서 남편과 아내(혹은 부모와 자녀) 관계에는 불평등의 권력이 작용하고 있고 이 권력은 비도덕적 형태로 표출되기 때문이다. 가족 안에는 정신적 구속, 억압, 박해, 혹은 구타가 있으며 모두가 프라이버시권을 가진 존재로 동등하게 존중되는 것은 아니다. 따라서 자유주의 윤리의 프라이버시권 보호이념은 허구적일 수밖에 없다. 이것은 여성주의자들이 지적해 왔다시피 오히려 가정 내의 폭력이나 학대를 방조하고 조장하기까지 한다.

자유주의 윤리에서 말하는 프라이버시권 보호의 허구성은 일차적으로 이것이 모든 이에게 개인적으로 주어지는 것이 아니라 가족 혹은 가정이라는 단위로 주어진다는 데에서 비롯된다. 가족 내에서 프라이버시권이 침해될 때 국가는 이를 방조하는데 바로 이 사실은 프라이버시권이 가족의 구성원 모두에게 동등하게 보장되지 않고 가족단위로 보장된다는 것을 입증한다. 자유주의 윤리의 프라이버시권 보호이념이 갖는 이러한 허구성을 킴릭카는 다음과 같이 기술한다.

이는 가족의 집단적 프라이버시로서 개인의 프라이버시를 규정하고 있기 때문에 문제가 있다. 프라이버시권은 가족 단위에 속해 있지 가족 내의 각각의 개인에게 속한 것이 아니다. 따라서 개인들은 가족 내에서 프라이버시를 주장하지 못한다. 두 사람이 결혼할 때 프라이버시권은 한 쌍의 가정 내의 결정에 대하여 국가가 간섭하지 않는 것을 의미한다. 여성은 가정의 결정에 있어서 힘을 갖지 못하여 권리를 갖지 못하며 가족의 프라이버시권은 여성에게 개인적 권리를 부여하고 있지 않다. 결과적으로 국가는 여성의 프라이버시 보호를 위한 어떤 행동도 하지 못한다.[20]

자유주의 윤리에서 프라이버시권이 개인 단위로 주어지지 않고 가족 단위로 주어진다는 사실은 프라이버시권 보호—더 나아가서는 개인의 자율성의 실현과 평등—라는 자유주의 윤리이념이 허구적이라는 것을 보여주는 것이다. 자유주의 윤리의 프라이버시권 보호이념이 갖는 허구성에 주목하고 이를 문제시한 최초의 비판자들은 여성주의자들이었다.[21] 여성주의자들은 공적인 영역과 사적인 영역을 구분하고 프라이버시권 보호를 위하여 사적인 영역인 가정을 신성불가침의 영역으로 간주하는 자유주의 윤리가 여성 억압적인 가부장 제도에 정당성을 부여하는 역할을 한다고 주장한다. 이들의 이러한 입장은 "개인적인 것은 정치적이다"(The personal is political)라는 슬로건에 함축되어 있다.

개인적인 것, 즉 사적인 것이라고 생각되는 것은 사실상 인간 모두에게 평등하게 프라이버시권을 보장하는 차원에서의 개인적인 것(사적인 것)이 아니며 오히려 여성의 프라이버시권을 침해하는 가부장적 지배와 억압 이데올로기를 정당화하고 있다는 것이 이 슬로건의 주장이다. 즉 자유주의 윤리의 프라이버시권 보호이념은 허구에 그치지 않고 여성의 프라이버시권 침해를 정당화하는 정치적 이데올로기라는 것이다.

이 슬로건의 주창자들이 성취하고자 하는 것은 프라이버시권 보호이념 아래 사적인 영역에서 부당하게 대우받고 도덕적으로 주체화되지 못

---

20) Kymlicka, 앞의 책, 259쪽.

21) 가정이라는 영역에서 일어나는 부정의와 그 정치적 의미가 지적되기 이전까지 국가는 가정의 영역에 대해 무개입 원칙을 고수했다. 자유주의 윤리의 공적인 영역과 사적인 영역의 구분과, 가정이라는 사적인 영역에 대한 무간섭과 신성불가침의 입장이 정의롭지 못한 현상들을 방관하며 여성에 대한 억압기제로 작용한다는 여성주의의 통찰이 있기 전까지 그것은 인간이 만들어 낸 가장 유용한 제도 중의 하나로서 당연시되었다(Young, Iris Marion, "Impartiality and the Civic Public: Some Implications of Feminist Critiques of Moral and Political Theory"(Benhabib, Seyla와 Cornell, Drucilla편, *Feminism As Critique*(Minneapolis: University of Minnesota Press, 1987), 74쪽).

한 개인의 상황을 고발함으로써 사적인 영역에서 은폐되고 무시되어 온 비도덕을 타파하는 것이라고 할 수 있을 것이다. 이를 성취하기 위한 전략으로써 영(Young)은 이 슬로건이 주창하고 있는 원칙을 다음의 두 가지로 정리한다.

첫째, 공론화하기에는 타당한 주제가 아니라는 이유로 어떠한 사회적 제도나 관습도 선험적으로 공적인 토론에서 제외되어서는 안 된다. 예컨대 가정폭력, 여성에 대한 성폭행, 가사노동의 성적 구분 등의 문제 등은 사적인 문제로 치부되어 공적인 논의에서 제외되어서는 안 된다. 둘째, 어떠한 개인, 어떠한 행동, 혹은 개인의 어떠한 생활의 측면도 프라이버시로 강요되어서는 안 된다.

사적인 영역의 주제를 공론화하는 것은 어떠한 형식의 인권침해나 부정의에 대한 사회적 감독과 방지차원에서 바람직할 수 있을 것이다. 또한 이것은 다양한 삶의 방식들을 소외시키지 않고 인정하고 수용하면서 통합사회를 이루어 나가는 차원에서 바람직한 방법일 수 있다. 영은 사적인 문제들을 공론화함으로써 사적인 문제들을 공적이고 합리적인 논의로 공개할 뿐만 아니라 이러한 논의를 실천함으로써 각자의 양식에 합당한 자리를 인정하고 공적인 활동을 인정할 수 있다고 한다.[22]

슬로건이 주창하는 두 번째 원칙인 '어떠한 개인, 어떠한 행동 혹은 개인의 어떠한 생활의 측면도 프라이버시로 강요되어서는 안 된다'는 자유주의 윤리가 제시하고 있는 '공적인 영역에의 참여조건'에 대한 대항이라고 할 수 있다. 즉 이것은 개인의 특수한 입장과 상황을 공적인 영역 안으로 불러들이는 것을 금지하고 철저하게 사적인 것으로 고수할 것을 요구하며 이 요구 조건이 준수되는 조건하에서만 공적인 영역에의 참여를 허용하는 자유주의 윤리에 대한 대항이다. 이러한 대항은 '프라이버시로

---

22) Young, 앞의 논문, 75쪽.

단정하고 규정하는 곳에서 개인의 가장 독특한 측면에 대한 공적인 관심을 배제시키는 시민의 개념이 만들어지고 있으며 우리 모두가 참여하고 있는 공적인 생활 안에서 우리는 성, 인종, 나이 등에 대하여 분별하지 말 것을 요구받고 있다' 는[23] 통찰에 근거하고 있다.

"개인적인 것은 정치적이다"라는 슬로건이 표방하고 있는 두 가지 전략—사적인 것이라고 치부되는 것들에 대한 공론화 전략과 강요된 프라이버시에 대한 반대전략—은 한 동전의 양면과 같은 것으로서 모두 프라이버시권 보호라는 이념 아래 일어날 수 있는 프라이버시권 침해에 대한 방지전략이다. 구체적으로는 한 개인/남성 가부장의 프라이버시 보호가 다른 사람/아내의 프라이버시를 침해하는 것에 대한 반대라고 볼 수 있다. 흔히 우리는 경제적인 것이나 사랑이라는 이름으로 여성(자녀)에게 행사되는 남성(부모)의 억압이나 권력을 본다. 여기에서 아내(자녀)의 욕구나 프라이버시는 무시되고 가장(부모)의 욕구와 프라이버시가 권력적으로 행사되는 경우를 보는데 슬로건의 두 가지 전략은 이러한 사례의 방지를 위한 것이라고 볼 수 있다. 또한 이 전략은 우리의 행동이나 생활의 고유한 측면을 사적인 것이라고 사소하게 여기거나 방치하지 않고 공론의 영역 속으로 유도하여 발전케 하는 격려일 수 있다. 따라서 이 전략은 사적인 것이라고 생각되는 다양한 삶의 방식들을 사회적 차원 혹은 공적인 영역에서 수용하고 통합하는 데 기여할 수 있다.

요컨대 "개인적인 것은 정치적이다"는 슬로건은 자유주의 시장경제사회에서 신성불가침의 영역이라고 간주되는 사적인 영역인 가정 안에서 작용하는 정치적 역학을 분석함으로써, 자유주의 윤리의 프라이버시권 보호이념이 갖는 비도덕성을 고발하고 이를 바로잡는 전략을 제시한 것이라고 할 수 있다.

---

23) Young, 앞의 논문, 74쪽.

다른 한편 사적인 영역에서 작용하는 프라이버시의 정치성에 대한 분석의 의의는 현대 자유주의 윤리의 프라이버시권 보호이념이 갖는 비도덕성의 고발에 그치지 않는다. 이것은 의식적으로 혹은 무의식적으로 역사 속에서 논의의 대상에서 무시되어 왔던 영역에 대한 통찰을 담고 있다. 우리는 "가정적이고 친밀한 영역을 무역사적이고 무변화하며 바뀌지 않는 것으로 규정하고 따라서 이 영역을 반성과 토론에서 제외시키는 정치학"에 익숙해 왔기 때문에 이들의 통찰은 더욱 의미 있다고 할 것이다.[24]

5. 프라이버시권 보호이념의 비도덕성의 근본원인 : 탈감성적 도덕주체

"사적인 것은 정치적인 것이다"라는 슬로건은 자유주의 윤리의 프라이버시권 보호이념에 대한 비판이기는 하지만 프라이버시권 보호이념 자체에 대한 비판은 아니라는 점은 주의를 요한다. 이 슬로건은 사실상 자유주의 윤리의 프라이버시권 보호이념이 적용상 드러내는 비도덕성을 비판한 것이다.

비판자들은 프라이버시권 보호라는 이념 자체에 반대하는 것은 아니다. 우선 우리는 이 슬로건이 "공적인 것과 사적인 것 간의 구분 자체를 부정하는 것이 아니라 상이한 제도, 상이한 활동, 그리고 상이한 인간의 속성에 의한 공적인 영역과 사적인 영역 간의 사회적 구분을 부정하는" 것이라는 점을 분명히 할 필요가 있다.[25] 양자는 모두 프라이버시의 필요

---

24) Benhabib, Seyla, "The Generalized and the Concrete Other: The Kohlberg-Gilligan Controversy and Feminist Theory"(Benhabib, Seyla와 Cornell, Drucilla편, *Feminism As Critique*(Minneapolis: University of Minnesota Press, 1987)), 95쪽.

성을 강조하고 보호를 주장한다. 차이는 프라이버시권 보호라는 이념 자체에 있는 것이 아니라 비판자들이 한 구성원의 프라이버시권이 다른 구성원의 프라이버시권 침해를 주장한 데 있다.

따라서 비판자들은 자유주의 윤리가 공적인 영역에서와 마찬가지로 사적인 영역에서 실현하고자 하는 이념—인간의 자율성의 실현과 평등—자체를 거부하지 않는다. 이들은 자유주의 윤리가 자신의 본래 이념에서 이탈하여 비도덕적인 모습으로 드러나는 것에 대해 비판하고 있는 것이다. 여기에서 혹자는 오늘날 자유주의 윤리가 사적인 영역에 대한 국가의 불간섭의 원칙을 완화하여 사적인 영역에서 일어나는 부정의에 대해서 대처하고 있다고 생각할지도 모른다. 그러나 국가가 아무리 적극적으로 개입한다고 하더라도 사적인 영역에서 일어나는 무수한 비도덕적 행위들을 해소할 수는 없을 것이다. 왜냐하면 사적인 영역은 그 범위가 무한할 뿐만 아니라 다차원적이어서 국가가 개입하는 데는 한계가 있을 뿐만 아니라 사적인 영역에서의 다양한 비도덕적 행위들은 국가권력에 의해 모두 해결될 수 있는 성질의 것이 아니기 때문이다. 사적인 영역에서의 비도덕적 행위들의 교정은 일회적 처벌에 의해 가능하지 않으며 각자의 타자에 대한 자발적이고 섬세한 존중과 배려에 근거할 때만 가능할 것이기 때문이다.

프라이버시권 보호이념이 갖는 비도덕성의 극복은 이 이념의 토대가 되고 있는 자유주의 윤리의 특징들에 대한 비판적 점검에서부터 시작되어야 할 것이다. 우선 우리는 이 이념의 비도덕성이 사적인 영역과 공적인 영역이라는 이분적 도식, 이성적 남성과 감성적 여성이라는 전제, 사적영역인 가정과 공적영역에 대한 성별적 규정, 그리고 감성적 여성의 영역으로 규정된 가정의 윤리영역으로부터의 배제라는 자유주의 윤리의

---

25) Young, 앞의 논문, 74쪽.

특징들에 근거하여 배태되고 있다는 것을 주목해야 할 것이다. 그런데 이러한 특징들은 자유주의 윤리의 보다 핵심적인 특징인 탈감성적 도덕주체라는 개념과 필연적 관련을 가지고 있다. '탈감성적 도덕주체'라는 개념은 자유주의 윤리의 다른 특징들을 성립시키는 필수적 요소이거나 필수적 전제이다. 따라서 우리는 탈감성적 도덕주체라는 개념을 프라이버시권 보호이념의 비도덕성을 배태시키고 있는 가장 근본적 원인이라고 말할 수 있다.

탈감성적 도덕 주체라는 규정 위에서 사적인 영역과 공적인 영역, 감성의 영역으로서의 사적인 영역과 이성/자율성의 영역으로서의 공적인 영역, 그리고 여성의 영역으로서의 사적인 영역과 남성의 영역으로서의 공적인 영역이라는 대립 개념들이 성립할 수 있으며 각각의 대립 개념들 간의 관계도 종속적으로 설정될 수 있다. 따라서 프라이버시권 보호이념의 비도덕성의 해소를 위해서 혹은 타자에 대한 자발적이고 섬세한 존중과 배려의 체화를 위해서 우리는 앞에서 열거한 자유주의 윤리의 특징들의 성립에 기여하고 있는 탈감성적 도덕주체라는 개념을 비판적으로 검토해 볼 필요가 있다. 우선 '탈감성적 도덕주체에 대한 구체적 모습이 자유주의 윤리에서 어떻게 그려지고 있는가'에 대한 것부터 생각해 보기로 하자.

자유주의 윤리는 도덕의 주체를 이해하는 데 있어서 이성과 감성이라는 이분적 도식 속에서 이해하고 감성이 배제된 도덕주체를 설정한다. 도덕적으로 사유하고 도덕적으로 판단하여 도덕적으로 행위하는 자아는 이성적 자아이지 감성을 수용한 자아가 아니다. 자유주의 윤리에서의 탈감성적 도덕주체는 고대로부터 내려온 서양의 주류 윤리이론의 입장으로서 자유주의 윤리 사상가의 대표자들인 루소, 칸트, 그리고 롤즈의 윤리이론 속에 전제되어 있다.

루소를 계승하고 롤즈에게 영향을 미친 칸트의 경우 도덕적 자아는 의

지적 존재이며 자율적 존재로서 철저하게 이성적인 의지와 이성적인 자율에 의해서 행동하는 자아라고 할 수 있다. 그에 의하면 도덕적으로 의미 있는 행위는 우리의 정서, 기분, 성향, 감정 등의 자연적으로 타고난 성품과 무관할 뿐만 아니라 이러한 것들과의 결별을 전제해야 한다. 우리의 행동이 도덕적인 의미를 가지려면 우리는 자연적인 성벽이나 감정 혹은 경향성(Neigung, inclination)에 의해 영향받지 않아야 한다. 그에 의하면 보편적인 객관법칙과 일치하는 주관적인 도덕법칙으로서 의지의 격률은 성벽이나 감정을 필요로 하지 않는다.[26] 의지의 격률은 이성 이외의 아무것도 필요로 하지 않는 것이다.[27] 오히려 경향성과 같은 감성계의 내용들은 도덕적 명령인 의무(Pflicht, duty)와 날카롭게 대립한다.[28]

칸트는 "도덕성의 본질을 마음의 자연적 욕망과 경향성에 대한 의지의 부정성 속에서만" 찾고 있는 것이다.[29] 그에 의하면 어떠한 자연발생적 감정도 도덕에 기여하지 못하며 장애가 되므로 부정되어야 한다. 도덕의 영역에서 유일하게 허용되는 감정이 있다면 그것은 '존경(심)'이라는 도덕감정이다. 그런데 칸트가 말하는 존경은 "법칙에 복종하는 격률에 대한 순수한 존경"[30]으로서 일체의 감정과 차원을 달리한다. 존경은 일차적인 자연적 감정이나 정서라기보다는 '법칙에 대한 존경'으로서 '의무의식'이다.[31] 칸트는 존경의 범위를 오직 법칙에 한정하고—그에 의하면 사람에 대한 존경도 법칙에 대한 존경에 불과하다—존경을 "법칙에 의한

---

26) 칸트, 《칸트 도덕형이상학》(박태흔 옮김, 서울: 형설출판사, 1996), 54쪽.

27) 칸트, 앞의 책, 53쪽.

28) 칸트, 앞의 책, 18, 23쪽. 박태흔의 번역본에서 'Neigung' 의 옮김말인 '애착심' 을 필자는 '경향성' 이라고 바꾸었다.

29) 김상봉, 〈칸트 윤리학과 동정심의 문제〉, 《칸트와 윤리학》(한국칸트학회 편, 서울: 민음사, 1996), 141쪽.

30) 칸트, 앞의 책, 19쪽.

31) Kant, Immanuel, *The Metaphysics of Morals*(Gregor, Mary 영역, New York: Cambridge University Press, 1991), 256쪽.

의지의 직접적인 규정 및 그 의식"이라고 정의한다. 그리고 법칙에 대한 존경은 이성개념에 의해 자발적으로 일어난 감정으로서 밖에서 수동적으로 발생된 모든 감정과 구별된다고 본다.[32] 그가 말하는 도덕법칙에 대한 존경은 감정의 영역에 속하는 일차적/자연적인 감정적 정서라기보다는 이차적/개발적인 이성적 정서인 것이다.

따라서 칸트의 윤리이론 속에서 도덕적으로 의미 있는 행동을 하는 인간—도덕법칙에 대한 존경심을 가지고 의무감에 의해서 행동하는 인간—은 이성과 감성을 일체적으로 표현하는 인간도 아니며 감성적 이성에 의해 행동하는 인간도 아니다. 도덕적 자아는 감성과 이성의 통합적 자아가 아니라 이성적 자아이며 탈감성적 자아이다. 이러한 입장은 감성과 이성의 일체나 조화의 상태 속에서 도덕주체의 모습을 형상화하는 동양 윤리의 입장과 사뭇 대조가 된다.

동양의 주요 윤리인 불교윤리나 유교윤리에서는 자연발생적인 동정심(sympathy)이나 공감(empathy)을 도덕적 행동의 원천으로 인정하고 도덕적 행동의 표출에 있어서 이것들의 역할이 지대하다고 보지만 감성과 이성의 분리와 오직 이성에 근거한 탈감성적 도덕적 자아를 주장하는 입장에서는 이것들은 배제되어야 한다. 칸트에 의하면 공감이나 동정심과 같은 자연적 정서는 도덕적으로 의미 있는 행동의 근저에서 영향을 미치는 정서가 아닌 것이다. 그에 의하면 자연이 인간에게 부여한 이러한 정서는 적극적이고 이성적인 자애를 촉진/개발하는 수단으로서 하나의 특정의 의무로서 요청되는 덕목이기는 하지만[33] 도덕적 행위 일반의 토대가 되는 정서가 아니다.

자유주의 윤리의 근간을 이루는 칸트의 이상과 같은 이성적 도덕주체

---

32) Kant, 앞의 책, 19쪽.
33) Kant, 앞의 책, 250쪽.

는 감성을 결여하며 감성의 영향권으로부터 자유로워야 하기 때문에 탈감성적 도덕주체인 것이다. 이와 같은 탈감성적 도덕주체는 성별의 관점에서는 남성적 자아로 인지/전제되며 공적인 영역과 사적인 영역의 관점에서는 공적인 영역의 자아로 인지/전제된다. 이미 살펴본 바와 같이 자유주의 사상가 루소에 의하면 사적인 영역인 가정은 감정, 사랑, 애정의 영역으로서 여성이 자신의 감성적 특징을 발휘하여 탈감성적인/이성적인 자아인 남성의 공적인 활동을 보조하는 영역이다. 따라서 탈감성적 도덕주체가 이성적 자아로서 남성적 자아와 공적인 영역의 자아와 결부되고 감성적 자아가 여성적 자아와 사적인 영역의 자아와 결부되어 전자가 후자를 종속적으로 규정한 것은 자유주의 윤리의 당연한 귀결이라고 보여진다. 우리는 칸트의 윤리학에서 이를 확인할 수 있다.

칸트는 여성이 감정적이고 정서적인 존재라는 전통적인 관념을 고수하고 여성을 가정에 머무르면서 남성에게 활력소 역할을 하는 비자주적이며 비주체적 존재라고 이해한다. 그에 의하면 여성은 자신보다 더 합리적이고 지적이며 경제적 능력이 있는 남성의 지배를 받아야 하는 존재이다.

칸트는 남성과 여성이 재능과 성향에 있어서 선천적으로 상이하다는 것을 당연하게 여겼다. 그가 여성 학대나 여성에 대한 폭력을 지지하지 않을 것이 분명하지만 그는 가족과 사회 안에서 대체로 여성을 남성에게 종속시키는 모른 사례들을 부정의하다고 보지 않았다.

사실상 칸트는 한 사람의 다른 사람에 대한 종속에 대하여 반대하지 않았던 것으로 보이며 심지어는 이를 필수적으로 여긴 것으로 보인다. 예컨대 결혼에 있어서 "조화롭고 변치 않는 결합은 두 사람의 무계획적 배합을 통해서 이루어질 수 없다. 한 사람이 다른 사람에게 종속되어야 하거나 한 사람은 어떤 점에 있어서 다른 사람에 대하여 우월해야 한다. 그래서 그는 지배할 수 있거나 통제할 수 있다……." 칸트는 대개 자신이 깊이 존경했었던 아내와 어머니라는 전통적 역할을 여성에게 부여하였다……. 칸트는 여성을 감정적이고 정서적인 피조물로 간주하는 통속적인 고정관념을 수용하면서 여성이 남성(비록, 물론, 남성조차도 전적으로 합리적인 것만은 아니지만)보다도 더 충분히 합리적이지 못한 존재라고 생각하였다.[34]

탈감성적 도덕주체는 사실상 새로운 개념이 아니다. 이것은 이성에 의한 감정의 억제나 통제의 관점에서 도덕주체를 설명해 온 그리스 시대 이후의 서양 윤리전통을 대변한 것이다. 이러한 탈감성적 주체는 루소의 영향을 받은 칸트에 의해 그의 윤리이론 속에서 개념화되고 칸트의 도덕 철학원리를 제도로 구체화시키려고 한 현대의 대표적 자유주의자 롤즈의 윤리체계 속에서도 자연스럽게 수용된다.

롤즈의 윤리이론을 대변하는 원초적 입장(original position)은 자신이 말한 바와 같이 칸트의 자율성 개념과 정언명법에 대한 절차적 해석(procedural interpretation)이라고 할 수 있으며 이는 자신 스스로가 도덕적 자아에 대한 칸트의 입장 위에서 이론을 전개하고 있음을 표명한 것이다.[35] 또한 롤즈가 무지의 베일(veil of ignorance)하의 원초적 입장에서 우리는 자신의 사회적 지위나 계층상의 지위, 소질, 능력, 지능, 체력은 물론 가치관 혹은 심리적 성향 등등에 대해서 무지하다고 전제한 것은[36] 칸

---

34) Zweig, Arulf, "Kant and the Family" (*Kindred Matters: Rethinking the Philosophy of the Family*(Meyers, Diana등 편, Ithaca: Cornell University Press, 1993)), 290~292쪽. 칸트는 가족관계를 이해하는 데 있어서도 '소유권'의 개념을 적용한다. 그에 의하면 결혼관계도 소유권의 형태로 이해되며 따라서 아동과 아내도 가장의 소유물로 파악된다. 뿐만 아니라 간통도 사랑과 신뢰에 대한 배반이면서 동시에 재산권의 위반으로 이해된다. 이러한 입장은 칸트만의 독특한 생각이 아니며 자신의 전통과 자기시대의 사상가들의 입장을 대변한 것일 뿐이다(Zweig, 앞의 논문, 299쪽).
35) 롤즈, 《사회정의론》(황경식 옮김, 서울: 서광사, 1985), 273쪽.
36) 롤즈, 앞의 책, 155~156쪽.

트의 입장—도덕적 인간이 주관적인 도덕법칙을 객관적 도덕법칙과 일
치하게 하기 위해서는 자신의 이기심이나 경향성과 같은 일체의 것들을
배제해야 한다는 입장—의 계승발전일 것이다. 원초적 입장에 있는 도덕
의 주체가 도덕 대상에 대한 동정심과 도덕적 상황 등에 대한 정보를 가
진 동정적 관망자가 아니라 이상적 관망자로서 동정심과 타인은 물론 자
신의 조건에 대해서까지 철저하게 무지하다는 입장은[37] '동정심이 도덕
의 토대가 될 수 없으며 되어서는 안 된다'는 칸트의 입장을 재확인한 것
이라고 할 수 있다.

롤즈의 원초적 입장이나 칸트의 정언명령과 같은 도덕명제 속에 그려
진 도덕주체는 감성에 의해 영향받지 않을 뿐만 아니라 감성의 흔적조차
도 찾아볼 수 없는 자아이다. 원초적 입장의 계약의 상황에서든지 정언
명령에 따라 의무를 수행하는 상황에서든지 도덕주체가 필요로 하는 것
은 이성의 능력일 뿐이다. 이러한 이성적인 도덕주체에 대한 최근의 비
판—이러한 자아가 탈개인적/몰개인(impersonal)적이고 탈상황적이며 추
상적 자아라는 비판—도 도덕주체를 탈감성적 자아로 규정한 것에 대한
비판이라고 할 수 있을 것이다.

요컨대 자유주의 윤리 이론의 가장 근본적인 문제는 탈감성적인 도덕
주체 설정에 있다고 생각된다. 프라이버시권 보호이념—더 나아가서는
자율(autonomy)의 실현과 평등 이념—의 비도덕성의 근본원인도 도덕주
체의 탈감성적 규정에 있다고 생각된다. 상술한 바와 같이 남성과 여성
그리고 공적인 영역과 사적인 영역이라는 중심부와 주변부로의 규정 혹
은 주종관계로의 규정도 탈감성적 도덕주체라는 전제 없이는 불가능하
기 때문이다.

따라서 감성의 영역으로서의 가정과 이성의 영역으로서의 공적인 영

---

37) 롤즈, 앞의 책, 203쪽.

역, 감성적 자아로서 여성과 이성적 자아로서의 남성, 그리고 여성의 영역으로서의 사적인 영역과 남성의 영역으로서의 공적인 영역이라는 양분과 이러한 양분에 근거한 중심부와 주변부 혹은 주와 종의 관계 규정의 해체는 '탈감성적 도덕주체'라는 개념의 탈피를 전제해야 할 것으로 생각된다.

필자는 탈감성적 자아는 도덕의 참다운 주체가 될 수 없다고 생각한다. 주관적 도덕률을 객관적 도덕률에 맞도록 행동하는 자율의 개념이 인간의 감성적 측면을 배제하고 있다면 그리고 자율개념에 근거한 도덕주체의 평등개념이 인간의 감성적 측면을 고려하지 않는다면 이러한 자율과 평등의 이념은 자아완성이라는 도덕의 궁극목표로 우리를 이끌 수 없을 것이다. 왜냐하면 인간은 이성적 존재만이 아니라 감성적 존재이기도 하므로 감성을 배제한 어떠한 완성의 개념도 불완전하고 공허할 것이기 때문이다. 게다가 우리의 감성이 도덕의 영역에서 이성과 협응할 수 있으며 경우에 따라서는 도덕적 판단과 행위에 있어서 이성보다도 더 탁월하고 유용하다고 볼 때 감성을 배제한 도덕주체는 더더욱 불완전할 것이기 때문이다. 인간이 감성적 존재이면서도 이성적 존재이고 인간의 감성과 감성의 영역이 악으로 규정될 수 없는 한 우리는 이 양자 모두를 활용하고 발현시키는 자아를 도덕의 주체로 삼아야 할 것이다.

요컨대 도덕의 근거를 이성에서만 찾고 이성의 영역 안에서만 도덕적 인격을 규정하는 것은 도덕의 근거를 감성에서만 찾으려 하고 도덕의 영역을 감성의 영역에 한정하는 것과 똑같이 불완전 할 것이다. 도덕적 완성 혹은 인간의 완성은 인간의 감성적 능력과 이성적 능력의 조화로운 활용과 전개 속에서 이루어질 수 있을 것이다.

호아그랜드(Hoagland)에 의하면 인간의 이성적 능력인 추론(reasoning)으로부터 감정(emotion)을 분화시키는 것은 우리들의 능력을 분화시키는 것을 의미한다. "창조성은 우리가 우리들 자신을 분화시킬 때 출현하지 않는다."[38] 그녀에 의하면 이성적 능력과 감정은 분리될 수 있는 것이 아니며 함께 동반되어야 하는 것이므로 우리가 이 양자를 분리시키려고 노력하는 것, 그러함에 의해서 안전을 추구하는 것, 혹은 이들 중 어느 하나로부터 회피하는 것은 우리 존재 자체를 변형시킨다. 따라서 "판단하지 않고 감정 속에 안주하려는 노력이나 혹은 감정 없이 이성적 능력 속에 안주하려는 노력, 이 어느 것이든지 실패할 것이다."[39]

여기에서 우리는 '모든 인간에게 보편적으로 존재하는 내적 감각이나 느낌(feeling)이 도덕의 토대를 이룬다'[40]는 흄의 입장을 음미해 볼 필요가 있을 것이다. 우리는 반드시 도덕의 토대로서의 감성을 주장할 필요는 없을 것이다. 다만 도덕의 영역에서 감성의 유용성을 인정하고 이를 활용할 수 있을 것이다. 우리에게 요구되는 가장 완전한 도덕은 많은 동정심이라는 힘을 드러내는 것[41]이라는 흄의 주장에 전적으로 동의하지 않을지라도 우리는 동정심과 같은 정서를 도덕의 영역에 수용함으로써 도덕적 능력을 개발하고 도덕적 자아를 보다 풍요롭게 형성할 수 있을 것이다. 또한 "거의 모든 도덕적 결정과 결론에 있어서 이성과 감정(sentiment)이 함께 일어난다"[42]는 생각에 반드시 동의하지 않을지라도 우리의 많은 도덕적 행동은 감정을 전제하며 이 감정으로 인하여 우리의 도덕적 행동은 더 많은 의미를 가질 수 있다는 것을 인정할 수 있을 것이다.

---

38) Hoagland, Sarah, *Lesbian Ethics: Toward New Value*(Palo Alto: Institute of Lesbian Studies, 1988), 184쪽.

39) Hoagland, 앞의 책, 185쪽.

40) Hume, David, *An Inquiry Concerning the Principles of Morals* (La Salle: Open Court Publishing Corporation, 1978), 7쪽.

41) Hume, 앞의 책, 115쪽.

42) Hume, 앞의 책, 5쪽.

6. 요약

　인간의 역사에서 프라이버시의 의미는 꾸준히 인지되고 확장되어 왔다. 필자는 프라이버시를 내용적으로는 '개인적인 정보의 통제와 관리'의 의미로서, 형식적으로는 '개인 고유의 절대적 시공간의 확보'의 의미로서 이해했다. 공적인 영역과 사적인 영역과 관련시켜 역사적 맥락에서 검토해 본 프라이버시는 고유의 절대적 시공간의 확보로서의 프라이버시의 의미를 부각시키고 있다. 사적인 영역은 프라이버시의 소재 영역으로서 은신처를 의미하다가 낭만주의, 고전적 자유주의, 그리고 현대의 자유주의를 거치면서 자본주의의 시장경제의 발전과 함께 안식처, 신성불가침의 영역으로 인지되었다.

　오늘날 사적인 삶이 갖는 의미는 지대해졌으며 공적인 영역에서의 인간의 성취는 사적인 영역에서의 성취를 전제로 하여 논의된다.[43] 근대로 넘어 오면서 사적인 영역의 의미가 더욱 커진 것이다. 윤리에 있어서도 사적인 영역의 보호, 특히 사적인 영역에서의 프라이버시의 보호가 윤리의 지상명제가 되었다. 사적인 영역과 생활에 대한 가치는 낭만주의자들에 의해서 강조되기 시작하였지만 이에 대한 권리는 자유주의자들에 의해서 구체화되었다. 현대의 자유주의 윤리는 대표적인 사적 영역인 가정을 국가권력의 영향권인 공적인 영역에 대립시키고 국가의 간섭으로부터 자유로운 신성한 영역으로 간주한다. 프라이버시는 보호되어야 할 권리인 것이다.

---

43) 예컨대 오늘날 우리는 완성적인 삶은 홀로 자신의 문제에 대면하는 자아 독존적 상황, 우리의 선택에 의한 제도권 밖에서의 고유활동, 그리고 우리의 정서를 고양시키고 발전시키는 것을 필수적으로 한다고 생각한다. 인간은 쉬고, 자신의 문제에 직면하고, 타인과 조화롭게 사는 삶을 위해서도 시공간적으로 혼자가 될 필요가 있는 것이다.

그런데 자유주의 윤리의 프라이버시권 보호이념은 비도덕적 양태로 드러난다. 자유주의 윤리의 프라이버시권 보호이념의 비도덕성을 비판하는 사람들은 프라이버시권이 가족의 구성원 모두에게 동등하게 부여되지 않고 가족 단위로 적용됨으로써 한 사람의 프라이버시권이 다른 사람의 프라이버시권을 침해한다고 주장한다. 이 이념은 오히려 약자의 프라이버시권의 침해에 기여한다는 것이 비판자들의 주장이다. 그 결과 프라이버시권 보호이념은 자유주의 윤리의 더 큰 이념인 자율의 실현과 평등이라는 도덕적 이상에 기여하기는커녕 오히려 배치되게 된다.

프라이버시권 보호이념의 비도덕성은 공적인 영역과 사적인 영역의 구분, 감성적 존재로서의 여성의 규정, 사적인 영역의 주체로서의 여성, 그리고 윤리영역으로부터의 사적인 영역의 제외라는 자유주의 윤리의 특징들에 근거하여 배태된다. 그런데 자유주의 윤리의 이러한 특징들은 모두 '탈감성적 도덕주체'라는 보다 근본적인 자유주의 윤리의 특징을 필수적 요인으로 삼고 있거나 전제로 삼고 있다. 따라서 탈감성적 도덕주체가 프라이버시권 보호이념의 비도덕성의 근본원인이라고 할 수 있다. 루소, 칸트, 롤즈의 윤리이론에서 관찰할 수 있었던 것처럼 자유주의 윤리는 도덕주체를 탈감성적 이성적 자아라고 규정한다. 이러한 도덕주체는 이성에 감성을 조화시키거나 감성적 특징을 수용하는 것이 아니라 이성에 의해 감성을 지배/통제/제어하는 자아이다.

탈감성적인 도덕주체를 설정하는 자유주의 윤리는 도덕적 자아의 실현이나 인간완성의 관점에서 볼 때 온전하지 못하다고 생각된다. 감성적 차원을 배제하는 도덕의 완성이나 인간의 완성은 불완전할 수밖에 없는 것을 것이다. 왜냐하면 인간은 이성적 존재일 뿐만 아니라 감성적 존재이기도 하기 때문이다.

인간의 감성은 도덕적 행위를 개발하고 표현하는 데 있어서 유용할 것이다. 타자에 대한 자발적이고 섬세한 존중과 배려는 타자의 요구에 대한 이성적이면서도 감성적 인지와 표출을 요구한다. 감성적인 것은 사적인 것이며 배제되어야 하며 특히 도덕적 행위에 있어서 인간은 탈감성적이어야 한다는 명제는 재고되어야 할 것이다.

2장

●

초기불교윤리의 프라이버시 지양성

1. 시작하는 말

타인의 사적인 것, 즉 프라이버시(privacy)를 존중하는 것은 현대를 사는 우리들의 에티켓으로 간주된다. 타인을 존중한다는 것은 그 사람의 프라이버시 존중을 전제한 것으로 생각되기 때문이다. 앞장에서 살펴보았다시피 이러한 프라이버시 존중의 관념은 서구의 경우 그리스시대부터 현대에 이르기까지 오랜 역사를 가지고 발전되어 온 도덕관념이다. 그리하여 현대의 자유주의 윤리에 이르러 프라이버시는 신성불가침의 권리로서 이념화되었다. 중요한 것은 프라이버시권은 늘 프라이버시 영역으로서의 사적인 영역과 공적인 영역의 이분 구도 위에서 가능하며 이러한 이분 구도는 남성과 여성뿐만 아니라 이성과 감성의 이분을 전제하고 있다는 것이다. 그리고 이러한 이분은 살펴본 바와 같이 많은 문제점을 안고 있다.

그런데 서구의 전 역사를 통하여 미덕으로서 절대시되어 온 프라이버시권은 항상 존중되어야 할 미덕이기만 할까? 불교적 관점에서 프라이버시는 어떻게 이해될 수 있을까? 불교윤리 안에서도 프라이버시가 존중된다면 그것은 어떠한 의미에서일까? 또한 자유주의 윤리에서처럼 프라이버시 개념을 기초로 한 사적인 영역과 공적인 영역이라는 구분구도가 불교윤리에도 내재할까? 또 이와 관련하여 자유주의 윤리에서처럼 도덕주체를 이성과 감성으로 이원화시키고 있는가?

이 장은 이상과 같은 물음들에 답해보고자 하는 시도이다. 필자는 '시공간적 독거와 자신에 대한 정보의 통제와 관리'의 관점[1]에서 불교윤리에 나타나는 프라이버시 의미의 검토로부터 논의를 시작하고자 한다. 필자가 보기에 불교윤리는 프라이버시를 거부하며 이러한 프라이버시 거부의 입장은 감성과 이성의 통합적 도덕주체 개념과 함께 공적인 영역과 사적인 영역이라는 구분을 거부하는 불교윤리의 기초가 된다. 따라서 필자는 불교윤리의 프라이버시 거부의 특성(2) 및 감성과 이성의 통합적 도덕주체의 특성(3)을 밝히는 데 논의의 초점을 둘 것이다. 더 나아가서 필자는 불교윤리의 핵심 덕목인 자비가 공적인 영역과 사적인 영역의 구분구도를 초월하여 적용되는 윤리라고 주장하고자 한다(4).

2. 프라이버시의 거부성 : 공적인 영역과 사적인 영역 구분 거부의 기초 I

프라이버시라는 말은 다의적일 뿐만 아니라 사용되는 맥락에 따라 상이한 의미를 드러낸다. 철학적 맥락에서의 프라이버시를 검토한 앞장에서 필자는 프라이버시의 의미를 두 가지 차원에서 이해하였다. 즉 한편

---

1) 필자는 불교윤리에 있어서 프라이버시의 문제를 논의하는 데 있어서 그 의미를 '시공간적 독거'와 '자신에 대한 정보의 통제와 관리'에 국한시키고자 한다.

으로는 '시공간적 독거'의 의미로서 이해하고 다른 한편으로는 '자신에 대한 정보의 통제와 관리'의 의미로 이해한 바 있다.

불교윤리에서 시공간적인 절대 공간의 확보의 의미로서의 프라이버시는 외적 형식으로는 인지되지만 내용적으로 거부되며 개인적인 정보의 통제와 관리의 의미로서의 프라이버시는 단순화시켜서 말하기는 어렵지만 원칙적으로 거부되어야 하는 것이라고 이해된다. 프라이버시라는 말은 원자적이고 독립적인 자아의 개념을 전제하고 있으며 비공개적 자아의 영역을 함축하고 있기 때문에 관계적이고 의존적인 자아를 전제하며 도덕적 삶(brahmacariya, 梵行)에 따른 투명한 생활을 이상으로 하는 불교윤리와는 상충될 것이라고 생각되는 것이다.

'공적인' 혹은 '공적으로'를 의미하는 팔리어 'āvi'에 대한 반대말로서 '사적인' 혹은 '사적으로'를 의미하는 'raho'[2]는 복합어 'rahogata'('홀로', '홀로 있는', '사적으로', '사적으로 있는')가 되어 'paṭisallāna'('혼자 있는', '명상에 들어 있는')[3]와 함께 경전에서 빈번히 나타난다. 특히 《니카야》에서 시공간적 독거의 의미로서의 프라이버시와 관련하여 "사적으로 혼자 (명상에 잠겨) 있을 때"(rahogatassa paṭisallāna)라는 표현은 주목된다. 수행자들은 "혼자서 명상에 (잠겨) 있을 때" '이러이러한 생각이 일어났다'라고 말하고 있는데 이때의 'paṭisallāna'는 명상을 목적으로 한 은거(retirement), 독거, 혹은 고립을 의미하여 시공간적 독거로서의 프라이버시를 함축하고 있다.[4]

---

2) 'rahas' (혹은 raho)는 명사로는 '비밀', '사적임', '독거', '외로움' 등을 의미하며 부사로는 '홀로', '비밀스럽게' (이 경우는 raho형태로만 쓰인다)를 의미한다. 'āvi'는 형용사 혹은 부사로 쓰여 '현시된', '분명한', '공개적으로'를 의미한다.

3) 'paṭisallīna'는 동사 'paṭisalliyati'의 현재분사이다. 'paṭisalliyati'는 '명상을 목적으로 혼자가 되다', 혹은 '명상을 목적으로 고립되다'를 의미한다.

4) 불교윤리에서 독거나 고립은 수행과정에서 중요하게 요청되는 것으로써 매우 긍정적인 함의를 지닌다. 독거나 고립의 관점에서 'raho'(혹은 'rahogata')나 'paṭisallāna'

불교의 여러 가지 명상법들 중에서 사마타(samatha, 止)와 비파사나(vipassanā, 觀) 그리고 삼매(samādhi, 三昧)를 포함하는 선정(禪定, jhāna)은 시공간적 독거로서의 프라이버시를 강조하고 있다. 표면상 가시적인 상호작용이나 현상으로부터 떠나 자아로 하여금 다양한 의식상태를 체험케 하고 지혜를 체득케 하는 선정은 철저한 시공간적 독거를 전제한다. 붓다가 깨달음을 이루었을 때 며칠 동안이나 선정에 있었다는 기록, 붓다를 방문한 비구들이 붓다가 선정에서 나올 때까지 수 시간 동안 기다리는 경우, 수행자가 아무에게도 방해받지 않고 선정 상태에 머무르는 경우, 또는 선정 속에 있다가 자자(pavāraṇā, 自恣)의 때를 놓치는 경우 등은 수행자가 누구에게도 방해받지 않고 시공간적 독거상태에 머무르는 것을 보여주는 예들이다.

선정은 불교적 삶, 혹은 깨달음의 삶을 체득해 가고 실천해 가는 과정에서 필수적으로 요구된다. 붓다의 깨달음 속에도 삼매의 선정이 전제되어 있으며 깨달음을 공유하는 활동 속에도 선정의 일상화가 전제되어 있다. 그는 자신뿐만 아니라 수행자 모두에게 홀로 조용한 곳에 나가 선정하는 것을 강조하였다.

자신을 점검하고 끊임없이 개발하기 위해서 우리는 혼자 자신에게 대면하여 그 무엇에도 방해받지 않는 사적인 시간을 필요로 한다. 그래서

외에도 '분리', '고립', '독거'를 의미하는 'viveka'와 '분리된', '격리된', '홀로된'을 의미하는 'pavivitta'는 주목된다. 특히 'viveka'는 '물리적, 공간적인 독거'의 의미뿐만 아니라 '마음의 나쁜 상태로부터 떠난 윤리적 독거'를 의미하여 불교윤리의 특성을 드러내는 핵심적인 개념이다. 즉 'viveka'는 수행자가 수행에 부적합한 장소로부터 분리하여(vivicca) 적합한 장소에 머무는 것뿐만 아니라 마음속 에서 제거되어야 하는 건전하지 못한 것들(akusala dhamma)과 감각적 쾌락(kāmasukha)으로부터 분리된 것을 의미한다. 이와 같이 이 말은 시공간적 독거에 그치지 않고 포괄적인 의미의 독거를 의미하며 최종적으로는 청정한 마음의 상태에 머무는 데로 귀결된다. 그리하여 'viveka'는 궁극적으로 무집착(anupaya), 열반(nibbāna), 해탈(vimutti) 등의 의미와 상통하며 사실상 이러한 말들과 거의 동일한 의미로 쓰인다.

근대의 낭만주의자들은 자아의 고유성의 존중과 개발 그리고 자아실현에 필수적인 시공간의 확보로서의 프라이버시에 지대한 의미를 부여하였다. 자신에 대한 점검과 성찰 그리고 이에 근거한 부단한 닦음을 생명으로 하는 불교윤리에서도 시공간적으로 독거하는 선정을 중요시한 것은 당연하다. 수행자에게 선정은 타인의 방해로부터 보호받는 일종의 권리이기도 하며 수행의 방편으로서 일상화해야 하는 의무이기도 하다.

불교적 진리에 대한 탐구과정이며 주관적이고 개체적인 의식전환의 체험으로 이해될 수 있는 선정은 다양한 차원을 갖지만 필자는 시공간적 독거로서의 프라이버시에 대한 논의와 관련하여 선정 속에서의 무아를 자각하는 측면과 자비를 체화하는 측면에 주목하고자 한다. 무아나 자비의 개념은 타인과의 관계를 전제로 하는 개념이기 때문에 시공간적 독거의 의미의 프라이버시와는 판이한 개념으로 파악되기 때문이다.

선정에서 개체아적 존재의식을 거부하는 무아에 대한 자각은 아홉 단계의 선정에 기초가 되는 것으로 생각된다. 붓다가 무아를 설명하는 방식은 다양하지만 그 대표적인 방식 중의 하나는 제2부 3장에서 언급한 바와 같이 '나 만들기', '나의 것 만들기', '자만심의 성향을 끊는 것'이라고 할 수 있는데 각 선정의 단계들은 이 세 가지 성향을 근절시키는 태도를 전제한다. 이 세 가지 성향을 근절하여 수행자는 '나'라는 의식 자체를 철저히 떠나야 한다. 첫번째 선정의 단계에서는 심지어 "나는 첫번째 선정에 도달한다", "나는 첫번째 선정에 도달했다" 혹은 "나는 첫번째 선정으로부터 나온다"라는 생각마저도 일으키지 않는다.[5]

선정의 각 단계 속에서 '나'라는 생각을 버리는 무아의 체득은 '나'라는 존재의 연기(paṭiccasamuppāda, 緣起)성과 공성(suññatā, 空性)에 대한

---

5) Ahaṃ dutiyajjhānaṃ samāpajjāmīti vā Ahaṃ dutiyajjhānaṃ samāpannoti vā Ahaṃ dutiyajjhānā vuṭṭhito ti vā ti(Saṃyutta-nikāya III, 236쪽). 그 이후의 선정의 단계에서도 동일한 생각이 전제된다(Saṃyutta-nikāya III, 235~238쪽).

체득이라고 할 수 있다. 이러한 체득은 개체적이고 독립적인 자아인식에서 관계적이고 상호의존적인 자아인식에로의 이행이라고 생각된다. 자아인식의 태도에 있어서 의식의 이러한 변환은 관계 속에서 자아의 존재 의미의 실현과 자신의 삶에서 타인의 존재가 갖는 의미에 대한 인지라고 할 수 있을 것이다.

한편 프라이버시의 개념과 관련하여 선정이 갖는 두번째 의미는 선정 속에서 자비의 마음을 닦아 사방에 자비의 마음을 확산한다는 데 있다. 붓다는 한 경에서[6] 마음이 불선하고 악한 것(pāpa akusala dhamma)들로부터 떠나 쾌(sukha)를 감득하여 환희에 머무를 때의 삼매상태를 설명하고 있는데 이때에 수행자는 자비의 마음으로 충만하다고 한다. 그는 자애(mettā)를 동반한(sahagata) 마음에 주하여 자비를 사방으로, 위로, 아래로, 옆으로 가득 채운다. 그는 적의나 악의도 품지 않고 보다 멀리, 보다 넓게, 헤아릴 수 없는 자비의 마음을 모든 측면에서 어떠한 환경에서도 전세계에 충만케 한다. 이때의 마음은 사무량심을 동반한 네번째 선정의 상태로서 심해탈(cetovimutti)의 경지로 이해된다.

선정에서 자비의 마음을 길러 모든 공간에 확산한다는 것은 자신의 존재와 관계의 영역을 무한히 개방하여 확대시키는 것으로 이해된다. 우리는 여기에서 폐쇄적이고 협소한 자아가 온전히 열려 광대무변하게 확장되어 온 세계와 하나된 모습으로 드러남을 볼 수 있다. 선정에서의 자아의 이러한 모습은 무아의 모습이기도 하다.

선정에서의 무아의 자각에 의한 관계적 존재로의 이행이나 자비의 무한적 확산에 의한 온 세계로의 자아 확장은 일상화되어야 할 불교적 수행일 것이다. 일상의 삶 속에서 이러한 선정의 상태가 지속되어 수행자에

---

6) *Majjhima-nikāya* I, *Cūlassapura Suttaṁ*, 281~284쪽. 자비심의 이러한 확산에 대해서는 4부 1장에서 보다 상세히 고찰하게 될 것이다.

게 체화되어야 할 것이다. 그러할 때만 고립적/개체적 자아가 극복되어 일상의 현실 속에서 관계적/일체적 자아가 실현될 수 있을 것이다.

선정에서 무아를 자각한다는 것과 자비의 마음을 길러 온 세계에 충만케 한다는 것은 독거라는 선정의 외적 형식과는 대조된다. 선정의 외적 형식은 독거적인 프라이버시를 장려하여 자아의 개체적 행동양식을 부각시키지만 선정의 내적 내용은 관계적이고 공존적 존재현상을 부각시키고 있는 것이다. 선정의 형식과 내용에 나타난 양면성—독거적 행동양식과 관계적 존재양식은—개인적인 수행차원을 가지면서도 사회관계적 차원을 떠나지 않으며, 인간의 수많은 욕구의 해독성을 강조하여 욕구의 지멸을 강조하면서도 닛바나라는 목적성취와 관련되는 욕구는 인정하며, 무아를 주장하면서도 무아적인 삶을 사는 자아를 부각시키는 불교윤리의 특성과 상통한다.

'시공간적 독거'라는 선정의 외적형식에도 불구하고 선정의 내용이 독거적 혹은 자기중심적 자아의 상태를 탈피하는 무아적 혹은 타아배려적 자아상태를 지향한다는 것은 결국 선정이 시공간적 독거로서의 존재방식을 그 귀착점으로 삼지 않는다는 것을 의미한다. 즉 선정은 그 외적 형식에도 불구하고 독거적이고 폐쇄적인 존재방식을 거부하는 것으로 이해된다.

독거적이고 폐쇄적인 존재방식의 거부는 프라이버시의 두번째 차원인 '자신에 대한 정보의 통제와 관리'에 대한 불교윤리의 입장에서 보다 구체적으로 확인된다. 필자는 정보의 통제와 관리로서의 프라이버시의 관점에서 불교윤리가 독거적이고 폐쇄적인 존재방식을 거부한다는 것을 다음의 두 가지에 대한 검토를 통해서 확인할 수 있을 것이라고 생각한다. 즉 '나에 대한 정보의 통제와 관리'라는 말이 함축하고 있는 전제들의 수용성 여부에 대한 검토와 '정보의 통제와 관리 차원에서의 친밀성'에 대한 검토를 통해 확인할 수 있을 것이다.

'자신에 대한 정보의 통제나 관리'라는 말은 개체적 존재성을 강조하고 타인에 대한 경계성을 전제한다. 개체적 존재성은 개아의 관계 의존적 존재성을 강조하기보다는 타자와의 관계로부터 자유로운 본유의 자아영역을 강조함으로써 자아 본유의 영역은 타자로부터 보호되어야 한다는 입장으로 귀결된다. 앞장에서 검토한 자유주의 윤리의 프라이버시권 보호이념도 이러한 맥락에서 이해될 수 있을 것이다. '자신에 대한 정보의 통제와 관리'로서의 프라이버시에 전제된 타인에 대한 경계성은 자신에 대한 어떠한 정보가 노출될 경우 불이익을 당할 수 있다는 심리에서 비롯되는 경계성이다. 즉 사람들은 자신에 대한 어떤 정보는 타인에 의해서 이용될 수 있으며 그 결과 자신에게 직접적 혹은 간접적 피해를 가져올 수도 있다고 생각함으로써 타인에 대하여 신뢰의 마음이나 개방적 태도보다는 경계의 마음이나 폐쇄적 태도를 갖는 것이다. 이렇게 볼 때 '자신에 대한 정보의 통제나 관리'라는 말은 타인배려적이고 협동적인 관계보다는 경쟁적이고 배타적인 관계를 전제로 하고 있다. 이 말은 타인에 대한 신뢰보다는 불신을 전제하고 있다. 자신 이외의 타자에 대한 신뢰를 상실할 때 사람들은 자신에 대한 정보의 통제와 관리에 더 예민해질 것이다. 불교윤리는 '자신에 대한 정보의 통제와 관리'라는 말이 갖는 이러한 전제들을 거부하고 있다고 생각된다.

불교윤리의 근본입장인 무아에 의하면 우리들이 일상적으로 영속하는 자아라고 간주하는 몸, 감각/느낌, 생각, 의지, 의식, 이 어느 것도 영속하는 자아라고 할 수 없으며 무상하다(anicca). 인간을 구성하는 다섯 가지 구성요소인 오온 중에서 어느 것도 자아라고 할 만하지 못하고 무상하다는 것은 오온 각각이 의존적/조건적으로 존재하여 독자적/실체적 존재양상을 갖지 못하여 매순간 변화하는 성질을 갖기 때문에 무상하다는 것을 의미한다. 일상적으로 동일하게 유지된다고 생각되는 나의 몸, 내가 느끼는 것들, 내가 생각하는 것들, 내가 지향하고 추구하는 것들, 혹은 나의 판단들, 이들 중 어느 것도 독립적으로 발생하는 것이 아니며 조건적으로 일어나며 그 조건의 변화에 따라 매순간 변화하는 것이어서 무아이며 무상하다고 할 수 있을 것이다.

우리가 일상적으로 자아라고 여기는 것들인 오온이 자아가 아니며 무상하다는 것이 의미하는 것은 무엇일까? 2부 3장에서 검토하였다시피 이는 경험적 존재로서의 '나' 혹은 도덕적 존재로서의 '나'를 무화시키는 말이 아니다. 오히려 오온의 이러한 속성과 이에 대한 자각은 도덕적 존재로서의 나의 의미를 강조하고 있다. 오온의 '나' 아님과 무상이 갖는 의미는 오온이 발생할 때의 조건으로서의 타자와의 관계성을 부각시킨다. 오온은 타자와의 관계라는 조건 속에 열려 있으며 이에 따라 변화하며 규정되는 것들이라고 할 수 있다. 오온은 항상 열려 있으며 변화의 과정 속에 있다. 오온이 폐쇄적 존재 구성요소로서 변화하지 않고 고정적으로 존재하는 것이라면 붓다는 오온을 나라고 규정했을 것이며 무상하지 않다고 했을 것이다. 무아의 의미는 독자적인 실체로서의 고정적 나는 없으나 타아와의 열린 관계 속에서 유동적이고 변화하며 형성되고 있는 나를 부각시키는 데서 찾아져야 할 것이다.

이상과 같이 이해되는 자아는 타인과의 관계를 떠난 상태에서 단절적으로 존재를 추구하고 활동하는 개체적인 자아의 모습과는 거리가 멀다. 자아라고 할 수 없고 무상한 자아는 이와 같이 독립적인 존재양상으로 나타날 수는 없으나 관계 속에서 규정되며 변화하는 모습으로 자신을 드러낸다. 이러한 자아는 고정적이고 사적으로 닫힌 자아를 거부하며 유동적이고 사적인 차원을 거부하는 열린 자아의 모습이다.

따라서 이상과 같은 자아의 모습은 '자신에 대한 정보의 통제와 관리'라는 말이 전제하고 있는 개체적 자아나 타자 경계적 자아의 모습과 상치될 수밖에 없다. 자아는 타아를 떠나서는 자신의 존재를 실현할 수 없으므로 타아를 절대적으로 필요로 한다. 관계의존적이고 상호적 신뢰성을 내포한 자아이다. 자아는 타자를 떠나 의미체로 부상하지 못하며 애초부터 자신의 운명을 타자와 함께 하고 있다. 타자는 경계의 대상이 아니라 자아의 실현을 위해 절대적으로 요청되어지는 대상이다.

이와 같이 불교의 무아의 입장은 '자신에 대한 정보의 통제와 관리'라는 말 속의 전제를 거부한다. 따라서 무아의 입장은 독거적이고 폐쇄적인 존재방식을 거부할 뿐만 아니라 '자신에 대한 정보의 통제와 관리'로서의 프라이버시를 거부할 수밖에 없을 것이다. 그러면 이제 친밀성의 개념에 나타난 우리의 존재방식에 대한 불교적 태도와 자신에 대한 정보의 통제관리로서의 프라이버시에 대한 불교윤리의 입장을 살펴보기로 하자.

붓다는 재가자들간의 친밀성, 출가자들간의 친밀성, 그리고 재가자와 출가자 간의 친밀성 등 인간관계에서 있을 수 있는 친밀성에 대하여 말하고 있으나 가장 먼저 주목해야 할 것은 '올바른 것'과의 친밀성이라고 생각된다. 붓다는 법의 모든 것(혹은 도덕적 삶의 전체)이 올바른 것과 친밀해지는 것이라고 말하고 있으므로 인간관계의 친밀함을 논의하기 이전에 올바른 것과의 친밀함에 대한 이해가 필요하다. 사바티(Sāvatthi)의 붓다를 방문한 코살라(Kosala) 국왕 파세나디(Pasenadi)와 붓다와의 다음과 같은 대화는 '법의 모든 것이 선한 것(kalyāṇa)[7]과의 우정이며 선한 것과의 친밀함이다'는 것을 밝혀주고 있다.

세존이시여, 내가 홀로 명상하고 있을 때 마음에서 이러한 생각이 일어났

---

7) 아래 인용문에서 '선한 것'으로 옮긴 'kalyāṇa'라는 말은 형용사로서는 아름다운, 매력적인, 상서로운, 도움이 되는, 도덕적으로 선한(morally good)의 의미를 가지며 명사로서는 유용한(선한) 것, 선, 덕, 장점, 친절함, 선행 등의 의미를 갖는다. 'kalyāṇa'와 함께 빈번히 나타나는 전형적인 구절은 법을 묘사하는 "ādi kalyāṇa majjhe kalyāṇa pariyosāna kalyāṇa" (처음도 선하고 중간도 선하며 끝도 선한)일 것이다.

습니다. 여기 세존에 의해 (설해진) 법이 있다. 그것은 선한 것과 친구 되기 (kalyāna-mitta) 위한 것이며 선한 것과 동료 되기(kalyāna-sahayā) 위한 것이며 선한 것과 친밀해지기(kalyāna-sampavanka) 위한 것이다. 왕이시여, 그러합니다. 왕이시여, 그러합니다. 왕이시여, (그것이) 나에 의해 (설해진) 법입니다. 그것은 선한 것과 친구 되기 위한 것이며 선한 것과 동료 되기 위한 것이며 선한 것과 친밀해지기 위한 것입니다. 왕이시여, 한 때 내가 석가 족의 마을에 그들과 함께 머무르고 있었습니다. 그 때 아난다 비구가 나에게 가까이 왔습니다. 그는 가까이 와서 인사를 하고 한쪽에 앉았습니다. 아난다 비구는 앉은 후 나에게 이렇게 말했습니다. 세존이시여, 도덕적 삶 (brahmacariya)의 절반(upaddha)은 선한 것과의 우정이며 선한 것과의 동료의식이며 선한 것과의 친밀함입니다. 왕이시여, 그래서 나는 아난다 비구에게 말하여 (이렇게) 응답했습니다. 아난다야, 도덕적 삶의 전체(sakala)가 선한 것과의 우정이며 선한 것과의 동료의식이며 선한 것과의 친밀함이다.[8]

---

8) Idha mayham bhante rahogatassa patisallīnassa evam evam cetaso parivirtakko uda-pādi. Svākhyāto Bhagavatā dhammo. So ca kho kalyāna-mittassa kalyāna-sahayāssa kalyāna-sampavankassa. No pāpa-mittassa no papa-sahāyassa no pāpa sampavan-kassā ti. Evam etam mahārāja evam etam mahārāja. Svākhyāto mahārāja mayā dhammo. So ca kho kalyāna-mittassa kalyāna-sahayāssa kalyāna-sampavankassa. No pāpa-sahāyassa no pāpa-sampavankassā ti. Ekam idāham mahārāja samayam Sakkusu viharāmi Sakyānam nigame. Atho kho mahārāja Ānando bhikkhu yenāham tenupasamkami. upasankamitvā mam abhivādetvā ekam atam nisīdi. Ekam antam nisinno kho mahārāja Ānando bhikkhu mam etad avoca. Upaddham idam bhante brahmacariyassa yad idam kalyāna-mittatā kalyāna-sahāyatā kalyāna-sampavankatā ti. Evam vuttāham mahārāja Ānandam, bhikkhum etad avocam. Mā h-evam Ānanda mā h-evam Ānanda. sakalam eva h-idam Ānanda brahmacariyam yad idam kalyāna-mittatā kalyāna-sahāyatā kalyāna-sampavankatā(*Samyutta-nikāya* I, 87~88쪽). 여기에서 중요한 구절은 필자가 '선한 것(올바른 것)과의 친구'라고 옮긴 'kalyāna-mitta'(이 구절이 동명사 형태로 나타날 때는 'kalyāna-mittatā'(올바른 것과의 우정), 'kalyāna-sahāyatā'(올바른 것과의 동료의식), 'kalyāna-sampavankatā'(올바른 것과의 친밀함))이다. 이 말은 지금까지 주로 '선우'(善友) 혹은 '선지식'(善知識)으로 옮겨져 사람의

붓다가 법의 모든 것(도덕적 삶의 전체)을 선한 것과의 친밀함으로 규정했다는 것은 그가 임멸시 수행자들에게 남긴 당부의 말에서도 확인된다. 유명한 마지막 장면에서의 그의 마지막 당부의 말은 붓다 자신을 절대화시켜 사후 자신의 그림자에 의지하라는 당부도 아니며 특정의 선지식이나 특정의 수행자 동료에게 의지하라는 당부도 아니며, 단박의 깨우침을 구하라는 당부도 아니다. 자신을 중심으로 삼고 법에 의지하여 쉼 없이 점진적으로 수행하라는 당부이다. 깨달음은 밖에서 구해지는 것도 아니며 타인에 의지해서 구해지는 것도 아니며 법을 등으로 삼아(dhamma-dīpa) 법에 의지하여(dhamma-saraṇa) 얻어지는 것이다. 그래서 그는 "그러므로 아난다야, 자신을 등으로 삼고(atta-dīpa) 자신을 의지처(atta-saraṇa)로 삼으며 타인을 의지처로 삼지말라" 고[9] 한다. 여기에서 그

____

의미로 이해되어 온 것 같다(《범화대사전》 참조). 이러한 이해는 이 말이 쓰이고 있는 다른 문장(이 말은 경전에 빈번히 나타난다)에서는 타당할지 모르지만 이 경우에는 그렇지 않다. 문법적으로는 '선우'나 '선지식'이라는 해석도 가능하지만 인용한 전체 글의 의미를 고려해 볼 때 이 해석은 타당하지 않다고 생각된다. 왜냐하면 '법의 모든 것(혹은 도덕적 삶의 전체)이 선우'라는 말은 합당하지 않기 때문이다. 특히 출가자에게 어떤 형식의 인간관계에도 몰입하지 말 것을 권장한 붓다의 입장을 고려할 때 이러한 해석은 재고되어야 할 것이다. 'kalyāṇa-mitta'는 '선우'나 '선지식'을 의미하지만 경우에 따라서는 '올바른 삶의 방법으로서 법' 혹은 '올바른 것'을 의미한다고 생각된다. 'kalyāṇa-mittassa'와 'kalyāṇa-mittatā'를 문법적으로만 고려한다면 다음과 같은 다양한 해석이 가능할 것이다.

첫째, 'kalyāṇa-mitta'를 동격규정복합어(karmadhāraya)로 보아 'kalyāṇa'를 형용사 취급하여 '선한'('덕스러운' '선한 행동을 하는') 친구로 해석할 수 있을 것이다. 둘째, 'kalyāṇa-mitta'를 한정복합어(tatpuruṣa)로 보아 'kalyāṇa'를 명사로 취급하는 경우이다. 이 경우는 다시 'kalyāṇa'를 구격으로 보느냐 대격으로 보느냐에 따라 두 가지 해석이 있을 수 있다. 구격으로 해석할 경우 '선한 것과의 친구'라고 할 수 있고 대격으로 해석할 경우 '선한 것을 위한 친구'(즉 '선한 것을 위해 노력하는 친구')라고 할 수 있을 것이다. 필자는 'kalyāṇa-mitta'를 위의 인용문의 경우 의미상 대격 한정복합어로 보는 것이 타당하다고 보아 'kalyāṇa-mittassa'를 '선한 것과의 친구를 위한'(선한 것의 실천을 위해 노력하는 친구를 위한)으로 이해하고자 한다.

9) Tasmātih' Ānanda atta-dīpā viharatha atta-saraṇā anañña-saraṇā……(Dīgha-nikāya Ⅱ,

는 수행자가 최종적으로 귀의해야 할 곳은 붓다 자신도 아니며 선지식도 아니며 그것은 '법'이라는 것을 분명히 했다고 생각된다.[10]

선한 것과의 친밀함이 법의 모든 것이라는 붓다의 입장은 궁극적으로 수행자가 표본으로 삼아야 할 것은 붓다 자신도 아니며 승가도 아니라는 것을 의미한다. 수행자에게 붓다나 승가는 법을 파지하고 법에 따라 사는 삶 혹은 법과 일치하는(dhammiya) 삶을 형상화해내는 데 있어서 보조적인 것이라고 생각할 수 있을 것이다. 붓다는 법의 설명자며 체현자로서, 그리고 승가는 과거와 현재를 통한 법의 계승자이자 실천자로서 법에 따르는 삶을 예시해줄 뿐이다. 수행자의 최종 귀의처는 동료수행자도, 승가도, 붓다도 아니며 오직 '법'이라고 생각된다. 현명한 친구나 덕 있는 동반자로서 상가와 붓다는 법을 올바르게 체득하여 법에 따른 삶(brahamacariya)을 실현해 가는 데 있어서 도움을 줄 수 있으나 수행자로 하여금 법과 일체가 되게 할 수는 없을 것이다. '선한 것과의 친구'로서의 법만이 수행자로 하여금 법과 일체가 될 수 있게 한다.

그러면 법에 따르는 삶, 즉 '선한 것과의 친밀함'은 무엇을 의미하며 또 이것이 '자신에 대한 정보의 통제와 관리'로서의 프라이버시에 대하여 함축하고 있는 바는 무엇인가?

'법에 따르는 삶', 즉 '선한 것과 친밀한 삶'은 우리들의 행동, 말, 생각에 있어서 법에 어긋남이 없이 법에 일치하는 삶을 사는 것을 의미한다고 할 수 있을 것이다. 그것은 연기, 공, 무아적인 삶이며 37조도품에 따르는 삶이라고 할 수 있고 보다 구체적으로 극소화하여 말하자면 팔정도에 따르는 삶이며 사념처를 실천하는 삶이라고 할 수 있을 것이다.

100쪽).

10) 이러한 입장은 다른 예에서도 나타난다. 어느 때 Vakkali라는 비구가 발병하여 붓다를 친견하지 못함에 대하여 서글퍼하자 붓다는 아픈 비구를 병문안하여 그에게 법을 보는 자는 자신을 보는 것과 같다고 한다(*Saṃyutta-nikāya* III, 120쪽).

붓다는 구체적으로 어느 때는 팔정도의 수행을 강조하고 어느 때는 사념처의 수행을 강조한다. 어느 때 붓다는 '선한 것과 친밀함'(kalyāṇamitta)은 팔정도를 지키는 것이라고 분명히 한다.[11] 그는 선한 것과 친밀한 아난다 비구에 대하여 "……선한 것과 친밀한 아난다 비구는 선한 것과 친구 되고 선한 것과 동료 되고 선한 것과 친밀해지기 위한 팔정도를 닦을 것이라고 기대된다. (그는) 팔정도를 열심히 닦을 것이라고 기대된다"[12] 라고 말한다. 어느 때 팔정도는 더욱더 강조된다. "비구들이여, 팔정도에 충실할 수 있는 가장 효과적인 하나의 법(ekha dhamma)이 있다. (그) 하나의 법은 무엇인가? 그것은 선한 것과 친구 되는 것이다. 비구들이여 선한 것과 친구하는 비구는 팔정도를 실천할 것이며 팔정도를 열심히 닦을 것이라고 기대된다."[13] 여기에서 'ekha dhamma'를 '하나의 법'이라고 해석하지 않고 '유일한 법'이라고 해석할 경우 팔정도의 의미는 더욱 더 지대해진다.

다른 때 붓다는 법에 의지할 것을 말하면서 사념처(catu satipaṭṭhāna)의 수행을 강조한다. 그는 자신에 의지하고 법에 의지하라는 말의 의미를 분명히 한다.

아난다야, 비구가 자신을 의지처로 삼고 타인을 의지처로 삼지 않으며 법을 등으로 삼고 법을 의지처로 삼으며 타인을 의지처로 삼지 않는다는 것은

---

11) *Saṃyutta-nikāya* V, 32쪽.

12) ……kalyāṇa-mittassa etam Ānanda bhikkhunno pāṭikaṅkhaṃ kalyāṇa-mittassa kalyāṇa-sahayāssa kalyāṇa-sampavaṅkassa ariyam aṭṭhaṅgikam maggaṃ bhābessati ariyam atthaṃgikam maggaṃ bahulī-karissati(*Saṃyutta-nikāya* I, 88쪽).

13) Ekadhammo bhikkhave bahupakāro ariyassa aṭṭhaṅgikassa maggassa uppādāya. Katamo ekadhammo. Yad idaṃ kalyāṇ amittatā. Kalyāṇamittassetam bhikkhave bhikkhuno paṭikaṅkhaṃ ariyam aṭṭhaṅgikam maggaṃ bhāvessati ariyam atthaṅgikam maggaṃ bahulīkarissati (*Saṃyutta-nikāya* V, 32~33쪽).

어떠한 것인가? 아난다야, (그것은) 비구가 몸에서 몸을 관찰하여 머무르고 온 힘으로 주의하고 정신집중하며 세간에서(의) 욕심(abhijjhā)과 걱정 (domanassa)을 버리는 것이다. 느낌, 마음, 현상에 대해서도 마찬가지로 그것을 관찰하여 머무르고 온 힘으로 주의하고 정신집중하여 세간에서의 욕심과 걱정을 버리는 것, 아난다야, 이것이 비구가 자신을 등으로 삼고 자신을 의지처로 삼아 타인을 의지처로 삼지 않으며, 법을 등으로 삼고 법을 의지처로 삼아 타인을 의지처로 삼지 않는 것이다.[14]

법에 따르는 삶, 즉 선한 것과의 친밀한 삶이 구체적 방법으로서 팔정도나 사념처에 의거한 삶을 의미하든지, 또는 보다 포괄적 방법으로서 무아나 37가지 깨달음에 이르는 법에 따르는 삶을 의미하든지 막론하고 법에 따르는 삶의 일관된 특징은 이러한 방법에 의해서 삶의 구체적 과정들을 투명하게 하는 것일 것이다. 각 방법들은 계율과 함께 수행자들에게 생활의 원칙과 각론들을 공시하고 있으므로 수행자의 행동, 말, 생각은 이것들에 따라 투명할 것이 요청된다. 모든 행동에 있어서 이와 같이 요청되는 투명성은 자타의 경계선이 배제된 무아적 토대 위에서의 선한/올바른 생각과 행동, 그리고 말이 개인적인 영역의 정보 자체를 거부한다는 의미로 이해될 수도 있을 것이다. 여기에서는 '개인적인 정보'가 존립할 여지가 없을 것이라고 생각된다. 혼자 있을 때이든지 여럿이 있을 때이

---

14) Tasmāt ih' Ānanda atta-dīpā viharatha atta-saraṇā anañña-saraṇā, dhamma-dīpā dhamma-saraṇā anañña-saraṇā. Kathañ c' Ānanda bhikkhu atta-dīpo viharati atta-saraṇo anañña-saraṇo, dhamma-dīpo dhamma-saraṇo anañña-saraṇo? 'Idh' Ānanda bhikkhu kāye kāyānupassī viharati ātāpīsampajāno satimṃ vineyya loke abhijjhā-domanassaṃ vedanāsu …… pe …… pe ……, dhammesu dhammānupassī viharati ātāpī sampajāno satimā vineya loke abhijjhā-domanassaṃ, evaṃ kho Ānanda bhikkhu atta-dīpo viharati atta-saraṇo anañña-saraṇo, dhamma-dīpo dhamma-saraṇo anañña-saraṇo(Dīgha-nikāya II, 100쪽).

든지 모든 행동은 공시된 법에 의해 표출된 것이어야 하므로 이미 공지 내지는 공유된 것이라고 생각된다.

그런데 법에 따라 사는 삶의 이와 같은 투명성은 무차별적으로 모든 이에게 동등하게 요청되는 것일까? 즉 '자신에 대한 정보의 통제와 관리'로서의 프라이버시는 모든 이에게 정도의 차이 없이 요청되는 것일까? 그렇지 않다고 생각된다.

친밀성에 대한 붓다의 입장은 출가자와 재가자에게 상이하게 나타난다. 붓다는 재가자에 대해서는 비밀을 공유함으로써 특정인과 친밀성을 발전시킬 수 있다고 생각하지만 출가자에 대해서는 상이한 입장을 견지한다.

붓다에 의하면 재가자는 진실한 친구관계에서 타인과는 공유하지 않는 어떤 비밀을 말할 수 있으며 비밀을 공유한 친구는 이를 지켜야 한다. 그는 비밀을 매개로 친밀한 관계를 인정하고 이러한 관계에서 친구는 물질적 · 정신적으로 의지처가 될 수 있다고 한다.[15]

그런데 출가자에 대한 붓다의 입장은 상이하다. 그는 원칙적으로 출가자가 특정 개인과 친밀한 관계를 발전시키는 것을 장려하지 않는다. 그는 출가자의 독거하는 생활을 칭송하면서 교유에 대하여 다음과 같이 말한다.

모갈라나야, 나는 모두와 교유하는 것(saṁsagga)을 칭찬하지 않는다. 나는 그러한 교유를 칭찬하지 않는다. 나는 모두와 교유하는 것을 칭찬하지 않는다. 모갈라나야, 진실로 나는 재가자들 그리고 사문들과 교유하는 것을 칭찬하지 않는다. 소리 없고, 소음 없으며, 고적하고, 사람들에게 방해받지 않

---

15) *Sigālovāda-suttanta*에 의하면 친구는 또한 기쁜 일이 있을 때나 역경에 처할 때나 늘 같으며, 좋은 조언을 해주며, 공감을 해주는 사람으로서 물질적 · 정신적으로 도와주는 자이다(*Dīgha-nikāya* III, *Sigālovāda-suttanta*).

고 독거에 적합한 주처에서 그와 같이 머무는 것을 나는 칭찬한다.[16]

인용문에 나타난 바와 같이 그는 일반적으로 어떠한 형태의 교유는 물론 사문들과 재가자들과의 교유에 대하여 권유하지 않는다. 무리짓는 것을 즐기지 말며 사회와 친하지 말라고 하여 결속이나 교류 등에 대하여 조심할 것을 권유한다.[17] 붓다는 출가자들에게 어떤 사람들과의 교유 뿐만 아니라 특정인과의 우정이나 친구에 몰입하는 것을 권유하지 않는다. 그는 수행을 실패로 이끌 수 있는 여섯 가지 예를 들고 있는데 그 중에는 친구에 몰입하는 것도 들어 있다. 그는 세속적인 일에 함몰하여 쾌를 구하지 말라고 함은 물론 '사회와 너무 친하지 않는 것'(na saṅgaṇikārāta)과 '동료에게서 쾌를 얻지 않는 것'(na saṅgaṇikārāmata)을 권유한다. 말과 수면과 함께 사교는 몰입하지 말고 경계해야 할 대상이다.[18]

사교나 친밀한 관계에 대한 경계는 붓다 자신에게도 해당되는 사항이었다. 갈애를 상징하는 마라(Taṇhā Māra)가 수행하고 있는 붓다에게 나타나 '왜 사람들 가운데 친구가 없느냐'고 하고 친구를 사귀라고 말하는데 대하여 붓다는 자신의 입장을 분명히 한다. '자신은 홀로 명상하는 것을 즐기며 외적인 것들에서 쾌락을 추구하기보다는 내적인 명상 속에서 마음의 평화를 얻는다'고 한다. 더 나아가서 그는 '자신은 사람들 누구와도 친구 삼지 않으며 누구와 친구하는 것은 그가 추구하는 바가 아니다'라고 한다.[19]

---

16) Nāhaṃ Moggallāna sabbe h' eva saṃsaggaṃ vaṇṇayāmi, na panāhaṃ Moggallāna sabbe h' eva saṃsaggaṃ na vaṇṇayāmi, sagahaṭṭhapabbajitehi kho ahaṃ Moggallāna saṃsaggaṃ na vaṇṇayāmi, yāni ca kho tāni senāsanāni appasaddāni appanigghosāni vijanavātāni manussarāha seyyakāni paṭisallānasāruppāni, tathārūpehi senāsanehi saṃsaggaṃ vaṇṇayāmī' ti(*Aṅguttara-nikāya* IV, 87~88쪽).
17) *Aṅguttara-nikāya* III, 293쪽.
18) *Aṅguttara-nikāya* III, 293쪽.

그런데 '재가인과의 사교나 사문과의 교유를 권장하지 않고 이들과 친밀한 관계를 발전시키는 것은 바람직하지 않다' 는 것이 출가자들 간의 교유와 친밀에 대해서도 부정적이라는 것을 의미할까? 그런 것 같지는 않다. 출가자들 간에 좋은 친구나 선지식을 만나면 함께 갈 수 있다. 그러나 이들을 만나지 못하면 마치 외뿔소의 뿔처럼 혼자 가야 한다.[20] 사실상 '법에 따른다' 는 것은 궁극적으로는 혼자 가야 하는 길이지만 현명한 친구나 덕 있는 동반자는 좋은 교유의 대상임을 붓다는 인정한다. 어느 때 붓다는 선인과의 교유는 더할 나위 없는 즐거움을 이루는 것이라고 말한다.[21]

그러나 출가자가 발전시킬 수 있는 친밀성은 재가자의 경우에서처럼 양자간 비밀이나 자신에 관한 정보의 통제와 관리를 매개로 한 친밀성은 아니라고 생각된다. 왜냐하면 출가자의 행동, 말, 생각은 37가지 깨달음에 이르는 법이나 팔정도에 의해서 뿐만 아니라 출가자에게만 부여된 계율에 의해서 규정됨으로써 더욱더 철저한 투명성이 요청되기 때문이다.[22]

---

19) *Saṁyutta-nikāya* I, 126쪽.

20) 《숫타니파아타》에서는 현명한 친구나 덕 있는 동반자를 만나지 못하는 경우나 수행에 있어서 자신보다 더 낫거나 자신과 동등한 친구를 만나지 못한다면 외뿔소의 뿔처럼 혼자 가라고 한다(*Sutta-nipāta*, 45~47).

21) 붓다에 의하면 천계의 존재이든지 인간계의 존재이든지 더할 나위 없는 즐거움(bogha)을 얻은 자는 적합한 장소에 거주하는 것(paṭirūpadesavāsa), 선인과의 교유(sappurisūpassaya), 완전한 자기 제어(attasammāpaṇidhi), 그리고 이전에 행한 공덕(pubbe katapuññatā)(*Aṅguttara-nikāya* II, 32쪽)을 갖춘 자이다. 여기에서 분명히 해야 할 것은 어떤 경우에도 법, 법에 따른 삶, 혹은 법에 일치하는 삶이 어떤 형태의 우정에 우선한다는 점이다. 이는 벗과 진리가 다같이 소중한 것이지만 벗보다도 진리를 더욱 귀한 것으로 본 아리스토텔레스의 입장을 연상시킨다(《니코마코스 윤리학》, 1095b).

22) 출가자들의 삶의 투명성을 확인할 수 있는 대표적인 예는 포살(布薩, uposatha)과 자자(自恣, pavāraṇā)일 것이다. 포살의식의 경우에는 매월 2회씩 波羅提木叉

인간관계에서의 친밀성에 대한 이상과 같은 붓다의 입장은 재가자에 대해서는 자신에 대한 정보의 통제와 관리로서의 프라이버시를 허용한다는 것을 보여준다. 그러나 붓다는 출가자에게 대해서는 법에 따라 사는 삶 자체, 즉 행동, 말, 생각에 있어서 투명성을 보다 더 엄격하게 요청하여 '자신에 대한 정보의 통제와 관리'로서의 프라이버시의 거부를 요청하는 것으로 이해된다.

친밀성에 대한 이와 같은 붓다의 입장은 무아설에 의해서 '자신에 대한 정보의 통제와 관리'라는 말 속의 전제를 거부함으로써 독거적이고 폐쇄적인 존재방식을 거부하고 자신에 대한 정보의 통제와 관리로서의 프라이버시를 거부한 것과 크게 다르지 않다. 다만 그는 재가자에 대해서는 보다 완화된 입장을 보인다. 즉 그는 재가자에게는 절대 공개적이고 투명한 존재방식을 요청하지 않으며 '자신에 대한 정보의 통제와 관리'로서의 프라이버시를 금지하고 있지 않다고 생각된다.

'개인적인 정보의 통제와 관리'로서의 프라이버시에 대한 지금까지의 논의는 단언적인 결론을 내리기에는 어려운 측면이 있지만 필자는 다음과 같이 그 핵심을 간추리고 싶다. 일반적으로 무아와 같은 불교윤리의 핵심이론들은 자아에 대한 정보의 통제와 관리라는 말이 전제하고 있는 존재의 개체나 타자에 대한 경계의 태도에 상충될 것이라고 생각된다. 또한 선한 것과의 친밀함을 법의 모든 것으로 보는 입장에서는 우리의 모

(pātimokha, 戒經)에 비추어 자신의 행동을 반성하여 계율을 범하였다면 고백/참회하고 처벌을 받는다. 자자의식의 경우에는 안거 후에 동료 수행자들 앞에서 자신의 잘못된 행위가 없었는지를 점검하여 지적해 주기를 청하고 지적된 것에 대해 참회한다. 두 의식 모두 법을 체화하는 방편으로써 법에 비추어 자신의 생활을 점검하는 의식이라고 할 수 있다. 이러한 의식들을 통하여 법으로부터 이탈된 행동에 대하여서는 공개적으로 참회하고 교정한다. 법에 합치하지 않는 행동은 공개됨으로써 투명하게 되고 법에 합치된 행동은 모두에게 전제된 것이므로 공개되지 않을지라도 투명한 것이다.

든 행동영역에 대하여 개인적인 정보를 축적하여 관리하는 태도는 거부되어야 할 것이다. 즉 선한 것과 친밀하여 법에 따르는 삶의 관점에서 우리의 행동, 말, 생각은 투명해야 할 것이다. 그러나 주지하다시피 법에 따르는 삶에 있어서 투명성은 재가자에 대해서는 보다 이완된 형태로 나타난다. 출가자에 대해서는 '자신에 대한 정보의 통제와 관리'로서의 프라이버시라는 개념 자체가 성립할 수 있을지 의문이지만 재가자에 대해서는 금지되지 않는다.

요컨대 붓다는 '시공간적 독거'의 의미로서 혹은 '자신에 대한 정보의 통제와 관리'로서 프라이버시를 허용하기도 하지만 원칙적으로 이를 인정하지 않을 것이라고 생각된다. 프라이버시가 금지되지 않는 측면이 있지만 이것이 원칙적으로 인정될 수 없다는 것은 개체적, 배타적, 고유적, 본유적, 독존적 개체성을 거부하고 투명하면서도 타인과의 일체적인 삶을 지향해 가는 불교윤리의 근본입장을 고려해 볼 때 매우 자연스러운 것이라고 여겨진다.

원칙적으로 프라이버시를 인정하지 않는 붓다의 이상과 같은 입장은 다음에서 고찰하는 감성과 이성의 통합적인 자아로서의 도덕주체상과 함께 공적인 영역과 사적인 영역의 구분을 거부하는 윤리체계로 귀결된다.

3. 감성과 이성의 통합적 도덕주체: 공적인 영역과 사적인 영역 구분거부의 기초 II

윤리에 있어서 공적인 영역과 사적인 영역의 구분은 프라이버시를 전제했을 때만 가능하기 때문에 필자가 이해한 대로 불교윤리가 원칙적으로 프라이버시를 미덕으로 인정하지 않는다면 불교윤리는 또한 공적인 영역과 사적인 영역의 구분도 인정하지 않을 것이라고 보아야 한다.

그런데 공적인 영역과 사적인 영역의 구분을 인정하지 않는 불교윤리의 입장은 다른 한편으로 도덕주체에 대한 이해에 근거한 것이기도 하다. 불교윤리에서 도덕주체는 감성과 이성의 통합적 자아이기 때문에 도덕주체의 관점에서 볼 때 감성과 이성의 양분이라는 이념에 기초한 사적인 영역과 공적인 영역이라는 구분 구도를 거부한다.

초기불교윤리에서의 감성과 이성의 통합적 도덕주체상은 오온에 의한 인간 이해, 도덕의 핵심으로서의 성품형성, 그리고 자비의 실천에서 요청되는 감성적 능력과 이성적 능력에 관한 초기불교의 입장을 살펴봄으로써 이해될 수 있을 것이다. 그런데 초기불교에서 설정한 도덕주체의 특징을 살펴보기에 앞서서 앞장에서의 한 가지 논의, 즉 '감성과 이성의 분리가 공적인 영역과 사적인 영역의 구분에 어떠한 방식으로 기여해 왔는지'에 대한 논의를 상기할 필요가 있다. 이에 대한 필자의 논의를 간추리면 다음과 같다.

아리스토텔레스 이후의 서양의 지배적 윤리담론 속에서 이성과 감성은 항상 대립적으로 이해되어 왔고 도덕적 자아는 정서, 동정심, 측은한 마음과 같은 감성의 영향으로부터 자유로워야 된다고 이해되어 왔다. 도덕주체를 이성적 자아 혹은 탈감성적 자아로 규정한 것이다. 이러한 탈감성적 도덕주체는 남성적 자아로서 감성적 자아인 여성적 자아와 대비되어 공적인 영역의 도덕주체와 동일시된다. 이에 반하여 도덕적으로 결여된 자아인 감성적 자아는 여성적 자아로서 사적인 영역의 주체로서 공적인 영역에서 제외된다. 도덕주체를 이해하는 데 있어서 탈감성적 자아 이념은 자신으로부터 감성적 자아를 분리시킬 뿐만 아니라 이 분리에 근거하여 자신의 활동영역인 공적인 영역에서 배제된 사적인 영역을 분리해 낸다.

붓다는 인간의 실상을 다섯 가지 구성요소로 분석하는데 이러한 인간에 대한 이해는 몸과 정신이라는 구도에 의한 것도 아니다. 구태여 다섯 가지 구성요소를 감성과 이성이라는 개념으로 이해해 보자면 몸(rūpa, 色)은 감성과 이성 기능의 소재지라고 할 수 있고, 감각(vedanā, 受)은 감성의 작용을 대변하고, 생각(saññā, 想)과 의식(viññāṇa, 識)은 이성의 작용을 대변하며, 성향(saṅkhāra, 行)은 감성과 이성 작용을 대변한다고 할 수 있을 것이다. 여기에서 특히 감성과 이성을 모두 포괄하는 성향은 성품변혁의 주체이면서 대상이다. 2부 2장에서 고찰한 바와 같이 불교윤리를 덕의 윤리로 이해할 때 윤리의 주요내용과 목표는 좋은 성품의 형성을 의미한다고 할 수 있다. 그리고 좋은 성품의 형성은 몸, 말, 마음의 행동에 있어서 건전한/선한 성향을 형성하는 것을 의미한다고 할 수 있다.

좋은 성품을 형성한다는 것은 이성이나 감성 중에서 어느 하나를 배제하거나 어느 하나에 의해 다른 하나를 종속적으로 보아 지배하는 성품을 형성한다는 것을 의미하지 않는다. 따라서 좋은 성향 형성은 이성에 의한 감성의 지배나 우위를 의미하지 않는다. 이성에 의한 감성의 억압은 더더욱 아니다.

감성과 이성이 조화된 선한 성향을 형성한다는 관점에서 불교의 핵심 수행법인 사념처 중에서 감각/느낌(vedanā, 受)에 대한 관법을 이해할 때도 우리는—2부 1장에서 살펴보았듯이—감각/느낌에 대한 관법의 핵심이 감각/느낌이 일어나지 않도록 억압하는 데 있지 않고 모든 종류의 일어나는 감각/느낌을 일어나는 그대로 관찰하는 데 있다는 것을 주목할 필요가 있을 것이다. 사념처 수행에서 의도하는 것은 감각/느낌이 즐거운 것이든지, 불쾌한 것이든지, 혹은 중성적인 것이든지 이것을 지속적으로 대상화함으로써 그것의 무상성을 인지하여 이 어느 것도 집착하여 추구할 만한 것이 아니라는 것을 체득하는 것이다.

또한 살펴보았듯이 감각/느낌들에 대하여 관하는 것은 현상을 차단하고 이에 대하여 무감각하라는 것이 아니다. 오히려 이것은 현상과 현상이 야기하는 감각/느낌에 대하여 예민하게 느끼고 그 느낌의 미세한 부분까지 놓치지 않고 인식하는 데 그 초점이 있다. 대상이 사람인 경우도 마찬가지이다. 도덕주체는 상호작용하고 있거나 자기주변에 있는 타자들에 대하여 예민하게 느낄 것을 요청받는다. 타자에 대하여 느끼는 섬세한 정서는 자비로운 마음과 행동을 유발시키는 데 필수적인 것이어서 도덕의 근저에 놓인 필수적 요소이다. 이는 탈감성적 도덕주체가 정서나 감정으로부터 철저히 자유로운 것과 대조되는 것이다.

자비의 실천은 이성적 사려를 요구하지만 동시에 감성적 능력을 필수적으로 한다. 자비의 근원부터 가려 보자면 자비는 이성에 근거해 있다고 하기보다는 오히려 감성이나 자연발생적 느낌에 근거해 있다. 자비스런 태도나 행동을 촉발시키는 데 있어서 감성, 느낌, 정서 등에 입각한 자연적인 동정심이나 공감은 이성에 앞서서 선구적 역할을 한다. 자비의 실천에 있어서 상황에 대한 이성적 판단이나 논리적 사유에 앞서서 존재 자체에 대한 반사적이고 정서적인 마음이 선행하는 것이다.[23]

자비에 있어서 "어머니가 자신의 생명을 무릅쓰고 외동아들을 보호하듯이 그와 똑같은 마음으로"[24] 자비의 마음을 기르라는 비유는 자비의 최근저에 무엇이 놓여 있는가를 시사한다. 주지하다시피 어머니의 자식에 대한 사랑의 마음은 계산되고 계획된 이성에서 연원하지 않고 본성적이고 즉각적이며 자발적인 정서 내지는 심정에서 연원한다. 자비를 유발시키는 것은 이성적 판단이나 도덕규칙이 아니라 본성적이고 자발적인 보호의 정서 내지는 심정인 것이다.

---

23) 정서적 마음은 타인의 상황에 대한 감정이입을 전제한다. 여기에서 자아는 타인의 상황을 자신의 것으로 수용하고 자신을 그 상황 속의 타인과 동일시한다. 자비에 있어서 감정이입과 동일시에 대한 자세한 논의는 졸저 *Compassion and Benevolence* (New York: Peter Lang Publication Co., 1998), 45쪽과 66쪽을 참조.

24) *Sutta-nipāta*, 149~150.

자비의 기원을 인간의 자연스런 정서나 감성에서 찾는 것은 자비를 밖으로부터 요청되는 외적 규율로 보지 않고 자신 안으로부터 비롯되는 내적 요청으로 보는 것과 그 맥을 같이 한다. 붓다에 의하면 타인배려나 타인사랑은 자신을 배려하는 마음의 연장으로 요청되는 것으로서 자신을 배려하는 마음에 근거한다.

자비의 윤리는 인간이 본능적으로 고통을 회피하여 자기를 돌보는 태도를 가지고 있으며(타인에 의해 해침 받기를 원치 않으며) 이러한 태도를 타아에게도 적용할 수밖에 없다고 본다.[25) 자신이 해침을 받지 않으려면 자신이 먼저 타인에 대해서 헤치지 않으려는 마음을 지니고 타인을 해치지 말아야 한다. 자비의 마음은 나를 위해서 나 자신에게 요청될 뿐만 아니라 나를 위해서 타인에게도 요청된다. 자신이 타인에게 해를 당하지 않고 안전하게 보호받기를 원하므로 나도 타인에 대하여 그러해야 한다. 자신에 대한 관심과 자신에 대한 복지차원에서 타인에 대한 자비가 요청되고 있는 것이다. 오계나 팔계를 지키는 이유도 이와 동일하다. 붓다는 사람들 자신에게 이로움을 가져오는(attūpanāyika) 설법(dhammapariyāya)으로서 팔계를 권유하면서 '내가 싫어하고 회피하고자 하는 행위에 대해서는 타인도 마찬가지 태도를 가질 것이다'는 권유의 이유를 제시하고 있다.[26)

요컨대 타인에 대한 자비는 자신에 대한 자비에서 비롯되며 타인에 대한 진정한 자비는 자신에 대한 자비를 전제해야 한다. 따라서 자비의 시발점으로서 자신에 대한 배려가 중요하다. 붓다는 세상에서 가장 소중한 것이 자신이며 이 사실을 아는 사람은 타인을 해치지 않아야 한다고 한다. 환언하면 타인을 해치지 않는 사람은 자신이 소중하다는 것을 아는

---

25) *Sutta-nipāta*, 368에서는 자기 자신에게 무엇이 편안한가를 아는 사람은 그 누구도 해치지 않을 것이라고 한다.

26) *Saṁyutta-nikāya* V, 353~354쪽.

사람이다.

이상과 같은 붓다의 입장은 어느 왕 부부의 대화를 추인하는 말에서 잘 나타난다. 그는 "(우리들은) 마음으로 어디든지 가지만 어디에서도 (우리는) 자신보다 사랑스러운 것을 발견하지 못한다. 다른 이들의 자아도 마찬가지이므로(똑같이 사랑스러우므로) 자신을 사랑하는 사람은 다른 이를 해쳐서는 안된다"[27]라고 한다. 여기에서 우리는 자비가 외적 강제나 의무론적으로 요청되는 것도 아니며 타인에 대한 배려에서 출발하는 것도 아니며 자신에 대한 자발적/자연적 배려의 마음으로부터 비롯되는 것으로서 이 마음을 타인에게 적용하는 것임을 확인할 수 있다. 이는 자비가 이성적 명령에 의해 부여되지 않고 정서나 감성으로부터 자발적으로 발생하는 것이라는 입장과 그 궤를 같이 한다.[28]

자비는 감성이나 정서에 기초하여 전개되는 것이지만 자비의 완전한 실현을 위해서는 이성적 판단이 요구된다. 자비가 실천되고 있는 상황에 대한 이해, 자비를 효과적으로 실천하는 방법, 혹은 자비를 요청하는 우

---

27) sabbā disā anuparigamma cetasā nev' ajjhagā piyataram attanā kvaci, evam pi so puthu attā paresaṃ, tasmā na hiṃse paraṃ attakāmo(*Udāna*, 47쪽). '세상에서 누구보다도 가장 사랑스러운/소중한 것은 자기자신이며 따라서 이에 근거하여 타인도 똑같이 소중하게 여기라'는 붓다의 입장에 대해서는 4부 3장에서 상세하게 논의하고자 한다.

28) 필자는 자비의 윤리의 이러한 특징은 도덕이 감성과 정서에 기원한다는 흄의 입장과 유사하다고 본다. "흄은 도덕의 기원을 초감성적이고 이성적인 어떤 원리에서 찾지 않고 정서적인 것―예컨대 정서적 쾌와 불쾌, 정서적 시인과 불인―에서 찾고 있다. 그리고 흄에 의하면 정서적 쾌와 불쾌, 그리고 이에 기반을 둔 정서적 시인과 불인은 행위의 주체자가 느끼는 동정심/공감(sympathy)의 여부에 의해서 결정된다. 따라서 도덕 행위에 있어서 동정심/공감이 핵심적 역할을 한다. 그에 의하면 동정심/공감은 어떤 행위에 대한 시인과 불인의 원동력으로서 도덕심과 도덕적 행동의 원천인 것이다." 자비의 윤리를 이성 중심 윤리로서의 칸트의 윤리이론과, 정서와 감성 중심의 흄의 윤리이론과 비교하여 설명해 보자면 자비의 윤리는 흄의 입장을 취한다. 이에 대해서는 4부 1장에서 보다 자세하게 논의될 것이다.

리의 존재 상황에 대한 이해 등을 위해서 이성적 사유와 판단은 요구된다. 개인의 근기와 상황에 따라 최선의 자비 표출 방법을 모색하는 '방편' (upāya)의 개념 또한 자비에 있어서 이성적인 능력의 중요성을 보여준다.

자비는 감성이나 정서를 기초로 하면서 이성적 판단에 의해 더욱 온전하게 실천되는 것이므로 자비의 윤리 속에서 감성과 이성은 대립되지 않으며 서로 협동적인 관계에 있다고 볼 수 있다. 감성은 이성에 의해서 배척 당하거나 평가절하되지 않는다. 강조하건대 감성은 오히려 자비를 유발시키는 데 있어서 원초적이며 필수적인 것이다.

자비의 윤리의 이러한 특징은 자유주의 윤리전통의 탈감성적 도덕주체가 갖는 특징과는 판이하다. 앞에서 약술한 바와 같이 자유주의 윤리에서의 이성과 감성의 이분과 이러한 이분에 근거한 감성의 역할배제는 사적인 영역과 공적인 영역이라는 이분구도의 수용, 사적인 영역과 감성의 영역의 동일시, 사적인 영역의 주변화/차별화와 도덕의 영역에서 사적인 영역의 제외, 그리고 그 귀결로서 사적인 영역의 공적인 영역에의 예속 등의 기초논리이다. 특히 자유주의 윤리에서의 사적인 영역의 배제와 예속화는 사적인 영역에 대한 침묵과 불가침의 원칙과 무관하지 않다. 자비의 윤리는 이러한 문제점을 갖지 않는다. 자비의 윤리는 '도덕의 영역에서의 감성의 배제' 라는 전제뿐만 아니라 이 전제에 근거한 공적인 영역과 사적인 영역의 구분구도와 이 구분구도에 입각한 차별적 도덕원칙을 거부한다. 따라서 자비의 윤리는 인간의 활동영역을 차별적으로 이분하지 않고 모든 영역에 자비라는 동일한 도덕을 적용한다. 자비의 윤리는 공적인 영역과 사적인 영역이라는 개념 자체를 초월하여 모든 행동영역에 적용되는 윤리인 것이다.

4. 공적인 영역과 사적인 영역 구분 거부

자비의 윤리가 사적인 영역과 공적인 영역이라는 구분을 초월하여 인간의 모든 활동영역에 적용된다는 것은 우리가 행동을 유발하고 행동을 표현해 내며 행동의 목적을 달성하는 데 있어서 자비에 기초한다는 것을 의미할 것이다. 즉 우리의 행동의 동기가 자비의 마음에 근원하고 있으며 우리의 행동의 표출방식이 자비로운 방법을 지향하며, 우리의 행동의 목적이 자비라는 덕목의 실현에 있다는 것이다. 또한 자비가 모든 활동의 영역에 적용된다는 것은 공적인 관계라고 생각되는 관료와 민원 혹은 고용주와 고용인 관계뿐만 아니라 사적인 관계라고 생각되는 부모, 형제, 배우자, 친구 등의 모든 가능한 관계에 적용된다는 것을 의미할 것이다. 즉 모든 관계에 있어서 우리는 상호작용의 기준을 자비로 삼는 것이다.

여기에서 우리는 최근 한 학자의 주장에 대하여 주목할 필요가 있다. 가필드(Garfield)는 서양윤리의 공적인 영역과 사적인 영역이라는 이분적 패러다임을 거부하는 새로운 모델의 대안으로서 자비의 윤리를 제안한다. 그는 윤리에 있어서 공적인 영역과 사적인 영역의 구분의 해소를 주장하며 우리가 관여하는 모든 영역—그것이 사적인 영역이든지 공적인 영역이든지 막론하고—에 자비라는 도덕원리를 적용하자고 한다.

우리는 자비를 도덕의 토대로 택함으로써 자유주의 이론이 전제하고 있는 공적인 영역과 사적인 영역의 구분을 해소시킬 수 있다. 왜냐하면 일단 자신의 성품(character), 태도, 다른 사람에 대한 관계를 도덕의 담론이라고 생각하게 되면 우리는 개인적인 생활의 친밀한 영역에서 도덕을 행하고 도덕비평을 하게 되기 때문이다. 또한 일단 선에 대한 자신의 입장을 도덕 평가에 귀속시키게 되면 거기에는 프라이버시 영역이라고 구분하여 면밀한 검토를 면제하는 생각과 행동의 영역은 존재하지 않게 된다. 마지막으로 일단 가정과 가족에서의 자신의 행동에 대하여 제기된 동일한 도덕적 문제들을 시장이나 국제정치영역의 자신의 행동에 대한 질문으로 채택하게 되면 공사구분의 선이 소멸된다.[29]

이상과 같이 가필드는 공적인 영역과 사적인 영역의 구분을 해소한다는 관점에서 자비의 윤리를 고려하고 있다. 그가 말하는 자비의 윤리에 의한 공적인 영역과 사적인 영역의 구분의 해소는 한편으로는 우리가 사적인 생활의 경계선들을 개방시킴으로써—사적인 생활의 영역을 도덕적 요구의 영역으로 개방시켜 나감으로써— 우리들의 사적인 생활이 도덕적 요구에 부응하는 것을 의미하며, 다른 한편으로는 도덕의 영역과 도덕이 갖는 잠재적 힘을 시장과 정치영역으로부터 가족과 우리가 가장 친밀하게 배려하는 사람들에게로 확대하는 것을 의미한다.[30]

가필드에 의하면 우리가 도덕적 관심의 주요 대상으로서 자비를 택할 때 우리는 사적인 영역과 공적인 영역의 구분을 핵심으로 삼아야 할 어떠한 근거도 갖지 않으며 이 입장에서의 우리의 도덕적 관심은 폭넓고 통일적이 된다. 이 경우 동일한 평가기준이 나의 사업과 정치적인 관계에 적용되며 "집에서의 나의 행동에 관한 질문이 거리에서 나의 행동에 관한 질문이 될 수 있다."[31]

필자 또한 가필드가 주장한 것처럼 자비의 덕목은 우리의 모든 일상생활 속에 적용될 수 있는 것이라고 본다. 게다가 붓다가 말하는 자비는 우리의 내적 요청이면서도 바로 우리들 자신의 복지를 위한 것이기 때문에 우리의 성향과 일치하는 삶의 방식일 수 있다. 이는 우리의 진정한 행복

---

29) Garfield, Jay, "Human Rights and Compassion: Towards a Unified Moral Framework" (*Journal of Buddhist Ethics* 2, 1995), 18쪽.
30) Garfield, 앞의 논문, 18쪽.
31) Garfield, 앞의 논문, 13쪽.

은 경쟁이나 배타적 이익의 추구보다는 타인을 배려하는 자비스러운 삶의 방식 속에서 얻어질 수 있다는 말이기도 하다.

공적인 영역과 사적인 영역의 구분을 초월하여 자비가 모든 인간관계에 적용되어야 한다는 붓다의 입장을 우리는 《시갈라 숫타》(Sigālovāda Suttanta)에서 관찰할 수 있다. 붓다는 재가인 시갈라(Sigāla)에게 그가 관계하고 있는 모든 사람들에게 어떠한 자비의 태도로 행동해야 하는지를 말하고 있다. 시갈라는 여섯 가지 관계―부모, 아내와 자녀, 스승, 친구와 동료, 하인이나 고용인, 그리고 수행자와의 관계―속에서 이들 각각에게 시중과 심부름, 존중, 공손한 배움의 태도, 친절과 보살핌, 생활할 수 있도록 보살펴 줌, 친절과 보시 등의 태도를 갖추도록 권유받는다.[32) 여기서 우리는 그 당시 사회 상황에서 가능한 모든 관계들에 대하여 자비의 태도라고 할 수 있는 구체적인 보살핌과 마음으로부터의 존경과 아낌의 태도가 권유되고 있음을 본다. 시갈라가 맺는 관계의 속성에 따라 상이한 윤리원칙을 제시하거나 자비의 태도를 보류할 가능성은 관찰되지 않는다. 그리고 시갈라와 관계 속에 있는 여섯 부류의 사람들 또한 각자의 위치에서 적당한 일과 존경, 보살핌으로 시갈라에게 응답한다. 자비는 시갈라가 관계하는 모든 영역에서 권유되는 윤리인 것이다.

그 무엇보다도 붓다가 강조한 한량없는 자비의 마음과 그가 구현하고자 한 자신과 타인 그리고 모든 생명체에 대한 자비를 체화한 도덕적 인간상은 자비를 적용하는 데 있어서 어떠한 관습적 · 개념적 분별에 의한 제한도 거부할 것이다. 이러한 까닭에 붓다는 몸, 말, 생각의 영역에서 나타나는 모든 행동 있어서 자애롭게 행동할 것을 강조한다.[33)

---

32) *Dīgha-nikāya* III, 180~193쪽.

33) 붓다는 서로 화합하는 승가를 이루기 위하여 자애로운 몸 행동(metta kāyakamma), 자애로운 말함(metta vācākamma), 자애로운 마음 씀(metta manokamma)을 강조한다(*Majjhima-nikāya* I, 321~322쪽).

이와 같은 자비의 무한한 적용성은 자비의 윤리가 행동 자체에 일차적 관심을 두는 규범적 윤리라기보다는 자비스러운 성품의 형성을 목표로 하는 덕의 윤리라는 사실에서 연유한다고 볼 수 있다. 자비라는 덕목은 행위자의 성품과 무관하게 규율이나 법칙의 준수로 요청되는 덕목이 아니다. 자비스런 성품을 갖는 사람은 가는 곳마다 자신의 행동 속에서 자비의 성품을 외화시킬 수밖에 없는 것이다. 이러한 사람에게 자비는 외부의 규율의 형태로 존재하면서 자신을 내적으로 구속하는 것이 아니라 내적인 성향으로서 자신의 내부에 존재하여 어떠한 것에도 걸림이 없이 외화되는 것이라고 할 수 있다.

5. 요약

필자는 불교윤리에 나타난 프라이버시를 '시공간적 독거'의 의미와 '자신에 대한 정보의 통제와 관리'의 의미라는 관점에서 고찰해 보았다. 선정은 그 형식상 시공간적 독거로서의 프라이버시를 필요로 하지만 그 내용은 개아의 독거적 존재방식을 부정함으로써 프라이버시를 거부한다. '자신에 대한 정보의 통제와 관리'로서의 프라이버시는 이 개념 자체가 자아의 개체적 존재성을 추구할 뿐만 아니라 타인에 대한 신뢰보다는 경계를 전제하고 있어서 무아와 같은 불교의 근본교리와 조화되기 어려운 것으로 이해되었다. 또한 '법' 전체가 선한 것과의 친밀함에 있다는 붓다의 입장은 수행자의 몸, 말, 생각을 통해 나타나는 모든 행동에 있어서 투명성을 요청하여 개아적 차원의 어떤 정보의 축적은 물론 축적된 정보의 비밀화를 거부한 것으로 이해되었다. 비록 붓다가 재가자에 대하여 비밀이나 친밀성을 매개로 한 자신에 대한 정보의 통제와 관리로서의 프라이버시를 허용하는 경우도 있지만 이는 프라이버시 거부라는 보다 큰 원칙에 대한 예외로 이해될 수 있을 것이다.

이와 같이 필자의 이해에 의하면 프라이버시는 부분적으로 허용되는 차원이 없지는 않지만 이 개념 자체는 불교의 근본입장과 조화를 이룬다기보다는 상충된다. 프라이버시는 거부된다. 그런데 프라이버시 거부의 입장은 프라이버시를 전제로 성립하는 공적인 영역과 사적인 영역의 구분구도를 거부하는 입장으로 연계된다. 공적인 영역과 사적인 영역의 구분거부의 입장은 일관되게 관찰되었는데 필자는 감성과 이성의 통합적 도덕주체의 개념 또한 이에 기여하는 것으로 보았다. 불교윤리의 이성과 감성의 통합적 도덕주체에 대한 개념은 붓다의 인간에 대한 이해, 성향의 변형을 통한 도덕적 품성의 형성 그리고 자비의 실천에 있어서 감성과 이성의 역할에 대한 검토를 통해서 살펴볼 수 있었다.

프라이버시의 거부와 공적인 영역과 사적인 영역 구분의 거부라는 불교윤리의 입장을 고려할 때 불교윤리의 핵심 덕목인 자비가 어떠한 관습이나 개념적 분별에 의해서 제한 받지않고 인간의 모든 존재상황에 적용된다는 것은 지극히 당연하다.

제 4 부

초기불교윤리와 보살핌의 윤리

1장

자비의 윤리와 보살핌의 윤리의 유사성

1. 시작하는 말

　최근 서양의 윤리학계에서 논쟁의 초점이 되고 있는 여성주의 보살핌의 윤리(care ethics)는 기존의 전통적 윤리 이론이 갖는 문제점을 지적하고 그것이 여성의 도덕적 사고와 판단, 그리고 행위를 설명해 주지 못한다고 한다. 보살핌의 윤리에 따르면, 기존의 도덕언어, 즉 권리(right)와 정의(justice) 중심의 언어는 남성의 도덕세계를 대변해 주는 것으로서 여성의 도덕언어와 판이하다. 그래서 보살핌의 윤리의 관점에서 보면 기존의 도덕 설명의 중심 이론인 칸트(Kant)와 롤즈(Rawls)의 의무론적 윤리와 사회 정의의 이론은 비판의 대상이 된다. 또 칸트와 롤즈의 도덕 이론과 맥을 같이하고 있는 콜베르크(Kohlberg)의 도덕발달 이론도 주요 비판 대상이다.

　주지하다시피 칸트는 도덕이 인간의 감성과는 무관한 이성에서 비롯되며 도덕의 원리가 상황과 조건을 초월하여 절대적으로 주어져 있다고 본다. 그에 의하면 인간이 도덕적이기 위해서는 개인적 경험과 특수 상황은 도덕 판단에서 배제되어야 한다. 그래서 칸트에 있어서 도덕은 초개인적이고 추상적 원리이다. 현대의 칸트주의자인 롤즈는 칸트의 도덕 원리와 전제들을 받아들여 초개인적·보편적 윤리의 이론화에 초점을 맞추고 있다. 그가 말하는 정의는 어떤 상황, 어느 누구에게나 보편적으로 적용될 수 있는 초상황적이고 초개인적인 원리라고 말할 수 있을 것이다. 다른 한편, 또 다른 칸트주의자라고 할 수 있는 콜베르크는 심리학의 영역에서 칸트의 도덕이론을 실험을 통해 입증하고 권리와 정의의 개념을 중심으로 한 도덕 발달 이론을 발전시켰다.

보살핌의 이론은 직접적으로는 콜베르크의 도덕발달 이론이 여성의 도덕발달을 제대로 설명해 주지 못한다고 반박하는 심리학자 길리간(Gilligan)의 경험적 연구로부터 비롯된다. 그녀는 여성 피험자들을 대상으로 한 연구에서 콜베르크의 도덕 발달 이론이 보편적 타당성을 갖지 않는다는 것을 발견하였다. 예컨대 그녀는 콜베르크가 주장하고 있는 것처럼 자신의 피험자들이 보편적이고 추상적인 어떤 원리들에 따라 판단하고 행위를 선택하기보다는 주어진 상황과 구체적 인간 관계에 의존한다는 것을 관찰하였다. 연구의 결과 길리간은 여성의 도덕 판단에 있어서는 콜베르크가 주장하는 것처럼 정의의 실현 같은 추상적 원리가 중요한 역할을 하는 것이 아니라, 현재 자신이 관계를 맺고 있는 사람들에 대한 책임감을 조절하는 보살핌이 중요한 역할을 한다고 주장하게 된다.

길리간의 연구를 기점으로 하여 기존의 칸트주의적 윤리의 보편타당성이 도전받게 되었으며, 그것이 남성의 도덕판단과 행위를 설명해 줄 수는 있어도 여성의 도덕판단과 행위양식은 설명해 주지 못한다는 주장이 폭넓은 호응을 얻게 되었다. 따라서 길리간의 연구 이후 여성의 도덕세계를 여성의 입장에서 설명하려는 여성주의 윤리학자들이 등장하게 되었는데 노딩스(Noddings)는 그 대표적 인물들 중 한 사람이다. 특히 그녀는 길리간의 보살핌의 윤리를 실험적 방법에 의거하지 않고 보살핌의 윤리를 윤리학의 맥락으로 끌어와 철학적으로 정교화시켰다. 그리하여 노딩스에 이르러 여성주의 윤리이론으로서의 보살핌의 윤리가 개념화되었으며 보살핌의 의미, 기제, 양태 등에 대한 철학적 분석이 시도되었다.

보살핌의 윤리는 길리간 이후 20여 년 동안 지속적으로 발전해 왔으며 아직도 발전과정 속에 있다고 볼 수 있다. 보살핌의 윤리는 하나의 완성된 이론체계라기보다는 아직도 체계화되는 과정에 있다고 생각되며 그 보편성과 타당성을 정립해 가는 과정에 있다고 생각된다.

비록 보살핌의 윤리는 그 역사도 짧고 아직도 발전의 과정에 있기는 하지만 전통 주류 윤리학, 특히 칸트의 규범주의 윤리학에 대하여 의문을 제기하고 윤리학의 새로운 방향과 목적을 모색하는 비판이론이라는 점에서 그것이 갖는 의미는 과소평가할 수 없다고 생각된다. 게다가 보살핌의 윤리가 여성의 도덕판단과 행위양식을 더 잘 설명하고 있다면, 그리고 기존의 윤리가 오직 남성의 도덕판단과 행동만을 설명해 왔다면—이것이 윤리이론을 성별을 기준으로 하여 양분화시킬 수 있는 위험을 내포하고 있을지라도—기존의 윤리의 보편성은 의심받지 않을 수 없을 것이다.

우리가 보다 온전한 윤리이론을 모색하고자 한다면 그 무엇보다도 기존의 윤리이론들에 대한 비판적 성찰을 전제해야 할 것이기에 보살핌의 윤리는 주목받을 가치가 있다. 더 나아가서 보살핌의 윤리가 하나의 비판이론에 머무르지 않고 보살핌의 윤리학자들이 주장하는 것처럼 하나의 새로운 대안적 윤리패러다임이 될 수 있는 이론이라면 우리는 이 이론을 보다 진지하게 검토해 보아야 할 것이다.

보살핌의 윤리를 검토하는 데 있어서는 다양한 방법이 활용될 수 있을 것이다. 필자가 택하는 방법은 보살핌의 윤리와 유사한 불교의 자비의 윤리와의 비교를 통한 고찰방법이다. 비교의 방법이 갖는 장점은 단일이론으로 검토될 때 간과될 수 있는 이론의 속성을 더 명백히 드러낼 수 있다는 것이다. 더 나아가서 우리는 비교의 방법에 의해서 이론의 고유성, 한계성, 장점 등을 명백히 할 수 있을 것이다.

따라서 필자는 이 장에서 초기불교의 자비의 윤리와 보살핌의 윤리를 비교·고찰함으로써[1] 두 윤리 간 유사성를 밝히고 보살핌의 윤리는 물론 자비의 윤리에 대한 이해를 심화시키고자 한다. 더 나아가서 필자는 두 윤리가 지향하는 바람직한 윤리가 무엇인지에 대하여 탐구해 보고자 한다. 구체적인 논의의 전개에 있어서는 초기불교의 자비의 윤리에 대한 고찰(2), 보살핌의 윤리에 대한 고찰(3), 자비의 윤리와 보살핌의 윤리의 유사성 고찰(4), 보살핌의 윤리의 한계와 이에 대한 자비의 윤리적 대안(5), 그리고 이상적인 윤리의 모색(6)의 순서를 밟고자 한다.

2. 자비의 윤리

1) 자비의 정의

자비를 의미하는 'karuṇā'라는 말은 초기불교에서 많은 경우에 다른 세 가지 덕목과 함께 나타날 뿐만 아니라 의미상으로는 사실상 이들 모두를 총칭한다고 이해되므로 이들 각각에 대한 의미부터 살펴보기로 한다.

주지하다시피 자비와 다른 세 가지 덕목은 한역에서 '사무량심'(四無量心) 혹은 '범주'(梵住)라고 번역되는 자애(mettā, 慈, loving-kindness), 자비(karuṇā, 悲, compassion), 공감적 기쁨(muditā, 喜, empathetic/sympathetic

---

1) 보살핌의 윤리는 길리간에 의해 최초로 주장되고 노딩스에 의해 체계적으로 발달되기 시작하였다. 이들 이후 보살핌의 윤리는 현재까지 매우 다양하게 발전되고 있다. 본 연구에서 비교의 대상으로 검토할 보살핌의 윤리는 주로 길리간과 노딩스의 주저에 나타난 보살핌의 윤리이다.

joy), 평정(upekkhā, 捨, equanimity)[2]을 지칭한다.[3] 선정상태에서 이 네 가지는 무한하며 사랑이 넘치는 브라흐마 신(brahmā deva)의 마음으로 알려져 있기 때문에 '한량 없는 마음' 혹은 '브라흐마/성스러운 머뭄'(brahma-vihāra, 梵住)이라고 알려져 있다.[4] 여기에서 '자애'는 모든 존재들을 이롭게 하고 행복하게 하려는 열망을, '자비'는 이롭지 않는 것과 고통으로부터 존재들을 구제하고자 하는 열망을, '기쁨'은 타인의 기쁨에 대해 같이 기뻐하며 타인의 행복에 대해 같이 행복해 하는 것을, '평정'은 자신과 타인 성쇠, 인생의 대소사, 혹은 그 어떠한 것에 대해서도 동요되지 않는 고요한 마음을 의미한다.[5]

---

2) '평정'(equanimity)은 어느 쪽에도 치우치지 않은 '공평'(impartiality)의 의미로도 이해된다. 'upekkhā'는 현상을 두루 관찰하여 실상을 보는 것을 전제하는 말(이 말에는 '바라봄'의 의미도 있으며, 산스크리트어 어원 'īkṣ'는 '바라보다', '조망하다', '관찰하다' 등의 의미를 갖는다.)로서 어떠한 상황에서도 동요되지 않는 평정심 상태의 유지를 의미한다. 이때의 '평정심'은 대상에 대한 무관심과는 무관하며 오히려 이러한 평정심으로 인하여 모든 이들 혹은 모든 존재들을 공평하게 보고 공평하게 대하는 것, 즉 차별 없이 대하는 태도를 의미한다고 이해된다. 따라서 'upekkhā'는 '평정'뿐만 아니라 '공평' 내지는 '치우치지 않음'의 의미로도 이해되는 것이다.

3) 곧 살펴보겠지만 'karuṇā'라는 말은 자의상으로는 'mettā'라는 말과 같지는 않으나 의미상으로 볼 때는 동전의 양면과 같은 말이다. 또한 자비와 유사한 다른 말로 'anukampā'가 있다. 이 말은 '따르다'라는 의미의 접두어 'anu'가 붙어 자비의 대상을 따르는 것, 즉 자비의 대상이 처한 상황을 이해하고 그 대상에 감정을 이입하여 그가 느끼는 고통을 자신의 것으로 여기는 것을 강조하는 말이라고 이해된다. 'karuṇā', 'mettā', 'anukampā'는 모두 거의 동일한 의미로 쓰이고 있다고 이해되므로 이 장에서는 이들 모두를 '자비'로 통칭하고자 한다.

4) Harvey, Peter, *An Introduction to Buddhist Ethics*(Cambridge: Cambridge University Press, 2000), 104쪽.

5) 하비는 《청정도론》을 참조하여 자애는 미워함과 공포의 해독제로서 감상(sentimentality)과 다르며, 자비는 잔인함(cruelty)에 대한 해독제로서 슬픔(sadness)과 구별되며, 공감적 기쁨은 시기나 불만에 대한 해독제로서 경솔한 환락(giddy merriment)과는 다르며, 평정은 반감과 승인 모두에 대한 해독제로서 무관심(indifference)과 다르다고 한다(하비, 앞의 책, 104쪽).

필자는 초기불교윤리의 '자비'의 의미규정에 있어서 'mettā(慈)와 'karuṇā(悲)를 핵심 의미로 취하여 자비를 '이롭지 않은 것과 괴로움을 제거하고 이로운 것과 행복을 가져오려는 의도와 행동'이라고 정의하고 자 한다. 이 정의에서 알 수 있는 바와 같이 자비라는 말은 '행동'을 통해 드러나는 자비행뿐만 아니라 행동을 통해 드러나지는 않지만 마음에 간 직되는 '의도'로서의 자비까지를 의미하여, 행동에 의한 자비와 감정의 공유에 의한 자비의 두 측면을 포함한다고 할 수 있다.

그런데 여기에서 '의도'로서의 자비는 초기불교에 나타난 자비의 윤리 의 특징을 드러내고 있어서 주목된다. '의도'로서의 자비는 일차적으로 는 타인의 고통(dukkha)과 기쁨(sukha)에 공감하여 자신의 마음이 타인이 겪는 마음 상태 속으로 들어가 감정을 나누는 것을 의미한다. 이 경우 '의도'는 자비의 대상의 마음 상태를 끌어안고 있어서 활동하는 상태의 '의도'라고 할 수 있다. 이는 자비나 사랑의 보편적 특징일 수도 있다. 초 기불교에서 독특하게 나타나는 '의도'로서의 자비는 여기에 한정되지 않 고 또 다른 차원에까지 걸쳐 있다. 자비의 '의도'는 자비를 베푸는 대상 과 직접 관련을 맺지 않고도 자비의 마음 상태로서 남아 있을 수 있다. 그 래서 초기불교 경전에서는 특히 한 순간도 방일하지 않고 자비의 마음 상 태를 항상 지닐 것을 강조하고 있다.

한 순간도 방일하지 않고 지속적으로 자비스런 마음을 갖는 것을 강조 하여 한량없는 자비의 마음을 기르는 것을 경전은 다음과 같이 강조하고 있다. 여기에서 자비스런 마음은 어떠한 행동을 하든지 간에 마음의 상 태로서 간직되어야 할 것이다.

어머니가 자신의 생명을 무릅쓰고 외동아들을 보호하듯이 그와 똑같은 방법으로 모든 생명체들에 대하여 자비(mettā)와 한량없는 마음을(mānasam aparimāṇaṁ) 길러야 한다. 전 세계—위로, 아래로, 옆으로(모든 방향으로)—

에 대하여 장애도 없이, 싫어함도 없이, 적의도 없이 자비(mettā)와 한량없는 마음을 길러야 한다. 서 있을 때나 걸을 때나 앉아 있을 때나 혹은 누워 있을 때나 깨어 있는 한 이 주의집중적 명상의 마음을(cetaṁ satiṁ) 가져야 한다. 이를 여기에서 성스러운 머묾이라고 이른다.[6]

여기에서 우리는 초기불교 경전이 어떠한 이유 때문에 외적 행동으로 표출되는 자비행보다도 자비의 마음을 내적으로 간직하는 것—이것이 특정의 대상과 직접 관련된 자비의 의도이든지 혹은 특정의 대상과 직접 관련 없는 자비의 의도이든지—으로서의 자비를 더 강조하는가에 대해 의문을 제기해 볼 수 있을 것이다. 왜냐하면 현실에서 요구되는 것은 구체적인 행동으로 표현되는 자비행이고 또 이러한 구체적인 자비행에 의거하여 고통받는 사람의 고통을 직접적으로 덜어 줄 수 있겠기 때문이다. 이에 대한 대답은 인간의 심리적 상태와 외적 행동의 관계에 대한 성찰을 요구한다. 일반적으로 사람들의 마음이 자비로운 마음으로 매순간 충만해 있다면 타인과의 상호 작용에 있어서 자비로운 행동을 할 수밖에 없을 것이다. 즉 사람들이 매순간 자비로운 마음을 간직하여 자비로운 상태에 마음을 머무르게 한다면 어떠한 상황에 처하든지 혹은 어떠한 대상을 만나든지 간에 이들은 자비스러운 행동을 할 수밖에 없을 것이다. 그래서 붓다는 극히 짧은 순간 동안이라도 자비의 마음(mettācitta)을 놓치지 않고 지속시켜야 한다고 강조한다.

---

6) Mātā yathā niyaṁ puttaṁ āyusā ekaputtam anurakkhe evam pi sabbabhūtesu mānasam bhāvaye aparimāṇaṁ. Mettañ ca sabbalokasmiṁ mānasam bhāvaye aparimāṇaṁ. uddhaṁ adho ca tiriyañ ca asambādhaṁ averaṁ asapattaṁ. Titthaṁ caraṁ nisinno vā sayāno vā yāvat' assa vigatamiddho. etaṁ satiṁ adhiṭṭheyya, brahmam etaṁ vihāraṁ idha-m-āhu(*Sutta-nipāta*, 149~151).

비구들이여, 극히 짧은 순간일지라도 자비의 마음을 닦아 기른다. 비구들이여, 이러한 자를 비구라고 부른다.[7]

자비의 마음을 갖는다는 것은 자비스런 행동을 한다는 것, 즉 '자비'라는 덕의 실천을 의미한다. 그런데 일순간도 놓치지 않고 자비라는 덕을 항상 실천한다는 것은 동시에 자비 이외의 다른 덕들까지도 실천하는 성품을 가졌다는 것을 전제한다. 붓다가 말한 자비의 지극한 상태, 즉 '극히 짧은 순간 동안이라도 자비의 마음을 놓치지 않는 상태'는 마음의 해탈(cetovimutti) 상태를 의미하며 이는 완성된 성품을 가진 자에게서만 가능한 것으로 이해된다. 2부 2장에서 살펴 본 바와 같이 초기불교윤리는 성품형성의 윤리로서 완성된 성품의 형성을 지향하는데 이 때 완성된 성품은 '자비의 성품'이라고 규정될 수 있을 것이다. 그리고 성품형성의 덕윤리의 특징상 '자비의 성품'은 다른 모든 덕을 자기 속에 실현하고 있음을 의미한다. 그래서 자비의 마음 상태를 지속적으로 유지하여 마음의 해탈을 이루어 성품을 완성한 사람은 어떤 행동을 하더라도 모든 행동들이 도덕적인 삶의 틀에 저절로 들어맞도록 행동할 수 있는 것이다.

자비의 정의에 있어서 중요한 사실은 자비의 대상에는 자기 자신뿐만 아니라 타인 모두, 더 나아가서는 모든 생명체가 포함된다는 점이다. 자비를 실천하는 데 있어서 타인의 행복을 위해 자신의 행복을 희생시키는 것을 반드시 요구하는 것은 아니다. 불교윤리는 어느 한쪽이 아닌 자신과 타자, 모두의 행복실현을 목표로 하며 이 목표는 모든 생명 있는 존재의 행복도 전제한다. 그래서 초기경전에서 자비의 마음은 나와 너뿐만 아니라 모든 생명 있는 존재들을 향하고 있다.

---

7) Accharā-saṅghāta-mattam pi ce bhikkhave bhikkhu mettacittaṁ. ācevati ayaṁ vuccati bhikkhave bhikkhu(*Aṅguttara-nikāya* I, 10쪽).

어떠한 생명체이든지—약한 것 혹은 강한 것, 큰 것, 땅딸막한 것 혹은 중간 것, 짧은 것, 작은 것 혹은 큰 것이든지—예외 없이 (모두) 눈에 보이는 것 혹은 보이지 않는 것, 멀리서 사는 것 혹은 가까이 사는 것, (이미) 태어난 것 혹은 앞으로 태어날 것, 모든 존재들은 부디 행복할지어다.[8]

여기에서 주목되는 것은 자비의 대상에는 눈에 보이는 것뿐만 아니라 눈에 보이지 않는 것, 그리고 현존하는 것뿐만 아니라 미래에 현존할 생명체까지 포함된다는 점이다. 눈에 보이지 않는 존재와 앞으로 태어날 존재까지를 포함한 것은 윤회하는 영역에 있는 모든 존재 양태들을 고려한 것이다. 신체에 의해 현시되는 인간, 신체가 지각되지 않는 여러 종류의 영적인 존재들, 그리고 인간 이외의 다양한 생명체들이 모두 자비의 대상이 된다. 자비의 대상에 대한 이러한 사유는 불교윤리에 전제된 업과 윤회설에 근거한다.

2) 자비의 요청근거

그러면 모든 생명체에 대하여 이상과 같은 자비의 실천이 요청되는 근거는 어디에서 찾아질 수 있을까? 즉 우리는 왜 자비스러운 마음을 길러 자비스런 성품을 유지하고 항상 뭇 생명체에 대하여 자비스러운 행동을 해야 하는가? 이에 대하여 초기불교윤리는 최소한 세 가지 이유를 제시하고 있는 것으로 이해되는데 그것들은 괴로움(dukkha)의 존재와 이에 대한 인식, 연기설, 그리고 윤회설이다.

첫째, 자비의 윤리는 자신을 포함한 인간 모두의 존재방식에 내재해 있

---

8) ye keci pāṇabhūt' atthi tasā vā thāvarā vā anavasesā. dīghā vā ye mahantā vā majjhimā rassakā aṇukathūlā. diṭṭhā vā ye vā addhiṭṭhā, ye ca dūre vasanti avidūre. bhūtā vā samvhavesī vā……sabbe sattā bhavantu sukhitattā. (*Sutta-nipāta*, 146~147).

는 괴로움, 그리고 이에 대한 지각에서 요청된다고 생각된다. 앞에서 살펴보았다시피 자비는 '자신과 타인에게 이롭지 않은 것과 괴로움을 제거하려는 의도와 행동 그리고 자신과 타인에게 이로운 것과 행복을 가져오려는 의도와 행동'을 의미하며 이 정의는 괴로움의 존재를 자비 성립의 대전제로 하고 있다. 따라서 우리의 존재방식이 괴로움을 내포하지 않는다면 아마도 자비는 요청될 필요가 없을 것이다. 또한 우리의 삶 속에 괴로움이 내포되어 있다고 하더라도 이에 대한 지각이나 인식이 선행되지 않는다면 괴로움을 행복으로 전환시키려는 동기도 유발되지 않을 것이다. 이렇게 볼 때 자신과 타인의 삶이 괴로움을 내포하고 있다는 인식은 타인은 물론 자신에 대한 자비가 요청되는 이유가 되는 것이다. 그리고 이러한 괴로움은 인간의 삶의 영역이나 인간에게만 국한되어 있지 않고 모든 존재와 연결되어 있기 때문에 모든 생명체도 자비의 대상이 되는 것이다.

둘째, 자비의 윤리는 그 무엇보다도 존재하는 것들의 상호 의존성과 동체성을 설명하는 '연기'(paṭiccasamuppāda)에 대한 인식에 근거한다. 사람이 연기의 원리를 자각하게 되면 자신의 괴로움이 독립적으로 존재하는 것이 아니라 타인의 괴로움과 연결되어 있으며, 타인의 괴로움이 소멸되지 않으면 자신의 괴로움도 완전히 소멸될 수 없다는 사실, 나아가서는 타인과의 관계를 떠나서 혼자서만 완전한 자유를 얻을 수 없다는 원리를 자각하지 않을 수 없다. 즉 연기의 원리에 의하면 '나'라는 존재는 타인의 존재와 연결되어 있고 '나'의 삶도 타인의 삶과 연관되어 있어 타인의 복지(attha)를 이루는 것, 또한 나 자신의 복지를 이루는 것과 직결된다. 이론적으로 보면 자신의 행복을 위한 자비의 실천은 타인의 행복을 위한 자비의 실천과 필연적으로 관련되어 있으므로 후자 없이는 자신의 완전한 행복을 기대할 수 없을 것이다. 반대로 자신의 행복을 위한 자비의 실천 없이는 타인의 완전한 행복의 성립도 기대할 수 없을 것이다.

나 자신과 타인, 나의 삶과 타인의 삶의 연관성을 연기설의 도식 속에서 이해할 수 있듯이, 나 자신의 괴로움과 타인의 괴로움의 연관성을 연기설의 도식 속에서 이해할 수 있을 것이다.[9]

괴로움을 주는 현실이 존재한다는 사실 자체가 자기 자신을 괴로움으로부터 해방시키고자 하는―혹은 자신에 대한 자비를 발동시키는―동기로 작용한다면, 연기의 원리는 타인의 괴로움으로 눈을 돌리게 하는 동기로 작용한다고 할 수 있을 것이다. 연기의 원리 속에서 드러나는 자신의 괴로움과 타인의 괴로움의 연관성에 대한 인식은 자신의 괴로움과 타인의 괴로움을 별개의 것으로 보는 생각에서 탈피하는 데 그치지 않고, 자신을 괴로움으로부터 해방시키려는 노력이 곧 타인을 괴로움으로부터 해방시키려는 노력이기도 하며, 타인을 위한 자비행이 곧 자신을 위한 자비행이기도 하다는 논리로 발전하는 것이다. 더 나아가서 이러한 논리는 모든 생명체에 대해서도 적용된다.

셋째, 윤회설은 가장 통속적으로 이해되었을 때 자신과 타인, 자신과 다른 종족들이 과거세에 어떤 식으로든지 관련되어 있었고 앞으로의 미래세에서도 관련될 수 있다는 것을 암시하고 있으므로, 자신 이외의 타인과 자신의 종족 이외의 다른 종족에 대한 자비의 실천을 요청한다.[10] 바꾸어 말하면 자신이 인간 세계 이외의 다른 곳에서 윤회했었을 수 있고 앞으로도 윤회할 수 있음을 암시하는 윤회설은 인간이 왜 타인과 다른 종

---

9) 즉 나의 괴로움(타인의 괴로움)이 있으므로 타인의 괴로움(나의 괴로움)이 있고, 나의 괴로움(타인의 괴로움)이 생기므로 타인의 괴로움(나의 괴로움)이 생긴다. 또 나의 괴로움(타인의 괴로움)이 없으므로 타인의 괴로움(나의 괴로움)도 없고, 나의 괴로움(타인의 괴로움)이 사라지므로 타인의 괴로움(나의 괴로움)도 사라진다.

10) 윤회설이 순전히 은유적으로 이해된다면―이러한 이해방식은 윤회의 범위를 확장시키지만―이것은 모든 생명체들의 일체적 삶의 구조를 나타낸다고 볼 수 있을 것이다. 예컨대 나는 구운 생선을 먹고 살다가 후에 미생물이 되어 나를 물고기에게 되돌려주거나 사과를 먹고 살다가 후에 사과나무의 거름으로 나를 되돌려 줄 수 있을 것이다.

족까지를 자비의 대상으로 삼아야 하는가에 대한 하나의 이유가 될 수 있다.

윤회의 원리를 인간의 세계에 적용해 볼 때 윤회설이 함축하는 바는 '나'라는 현재의 인간계 속에서의 존재가 과거세의 인간계 내의 어떤 존재였을 수 있으며, 나의 현존재는 미래세에서 지금과는 상이한 존재로 태어날 수 있다는 것이다. '나'라는 현존재는 과거세에 지금은 직접적으로 관련이 없는 많은 사람들과 관계 속에 있었을 것이며 그 관계는 매우 친밀했었을 수도 있다. 또한 미래세의 '나'의 존재는 현재는 아무런 관계도 맺고 있지 않는 존재들과 긴밀한 관계를 맺을 수 있다. 나의 현존재는 타인들과의 관계에 있어서 우리가 감각적이고 구체적으로 지각하는 현재의 관계를 훨씬 넘어서 있으므로 자신이 가시적으로 지각하고 있는 것보다 훨씬 더 친밀한 관계망 속에 있을 수 있다. 이러한 잠재적 관련성은 최소한 나와 동시대에 있는 모든 사람들에 대하여 그리고 내가 직접적으로 관계하고 있는 생명체들에 대하여 자비로워야 함을 의미한다. 이는 인간계 이외의 다른 존재의 영역에서 존재하는 것들과의 관계에 있어서도 마찬가지이다. 동물계나 영계의 존재자들에 대해서도 '나'는 이와 같이 잠재적으로 관련되어 있다. 이러한 사실은 자비의 대상을 인간뿐만 아니라 인간이 아닌 다른 동물이나 눈에 보이지 않는 존재에게까지 확장시키게끔 하는 이유가 된다.

윤회설은 다양하게 이해되어 자신이 지은 업의 결과로서의 존재상태를 설명해주는 사실로서 이해되기도 하고, 업설과 함께 도덕적 삶을 고무시키기 위해서 설해진 일종의 '방편'이라고 이해하기도 하고, 단지 마음이라는 세계의 현상일 뿐이라고 이해되기도 하지만 이러한 다양한 이해 모두가 불교가 말하고자 하는 윤회설의 이상과 같은 함의—존재들간의 긴밀한 관계성과 연계성—를 부정하지 못한다는 것이다. 윤회설이 어떠한 방식으로 어떠한 의미로 이해되든지 간에 한 가지 분명한 것은 이것이 연기설과 마찬가지로 생명체들을 이해하는데 있어서 존재들 간 긴밀한 관계성/연계성과 일체성을 은유한다는 것이다.

3) 자비의 전개

자신과 타인에 대한 자비는 최소한의 자기제어(saṁyama)를 전제로 한다. 자기제어는 몸, 말, 마음 있어서 의식적으로 항상 깨어 있을 것을 요구한다. 불교윤리에서 자기제어 자체는 궁극적 목적이 아니며 자비의 윤리의 완성에 있어서도 자기제어 자체가 목적인 것은 아니지만, 자기제어는 도덕적 성품의 완성과정에서 반드시 요구되는 것이다. 자기제어의 영역은 몸, 말, 마음의 영역으로 나뉘는데 이 세 영역에서의 제어는 곧 모든 행위 영역에서의 제어라고 할 수 있고, 세 영역에서의 완벽한 제어는 세 영역에서의 행위의 완성—어떤 행위를 하되 건전하고 윤리적으로 결함이 없는—이라고도 할 수 있을 것이다. 몸의 완성(ūnimoneyya), 언어의 완성(vacīmoneyya), 그리고 마음의 완성(manomoneyya)의 세 영역 중에서 자비와 관련하여 특히 중요한 것은 마음의 완성이다. 마음의 완성은 깨달음을 얻는 데 장애가 되는 모든 바람직하지 못한 생각들(āsava, 번뇌)을 멸함으로써 성취되며 마음의 해탈(cettovimutti)과 지혜의 해탈(paññāvimutti)을 수반하기 때문이다.[11]

마음의 해탈이란 궁극적으로는 탐욕, 성냄/미워함, 어리석음이라는 세 마음으로부터 자유로워진 것을 의미하지만, 자비와 관련하여 우리가 첫 번째로 알 수 있는 것은 성내는/미워하는 마음의 소멸이 자비의 마음을 일으키는 것으로 직결된다는 것이다. 붓다는 자비의 마음(mettācitta)과 성냄(미워함)이 없는 마음으로 친절하고 자비롭게 생활해야 한다고 한다.[12]

---

11) *Aṅguttara-nikāya* I, 273쪽.

성냄(미워함)의 마음과 자비의 마음은 상반되는 것이므로, 자비를 실현하기 위해서는 자비의 대상에 대해서 거스르는 마음 그리고 자비의 대상에 대하여 부정적인 마음을 일으키는 에너지 자체로부터 완전히 자유로울 것이 요구된다.

둘째로 자비의 마음은 세상에 대한 탐욕스런 마음을 갖지 않는 것과도 관련되어 있다.

세상에 대한 탐욕스런 마음(abhijjhā)을 없애고 탐함이 없는 마음으로 생활하며 탐하는 마음을 정화시킨다. 나쁜 의도와 같은 때를 제거함으로써 자비로운 마음으로 생활하고, 모든 존재들의 안녕을 위해서 자비로우며, 나쁜 의도와 같은 때묻은 마음을 정화한다.[13]

자비와 관련하여 탐욕스런 마음을 갖지 않는다는 것은 자신의 복지와 타인의 복지를 위하여 건전한 욕구를 적절하게 갖는 것을 의미한다. 이는 불건전하거나 과도한 욕구를 갖지 말라는 것이지 자신과 타인의 행복

---

12) 한편으로는 자신이 미움이 없는 자비의 마음으로 생활할 것이 요청되고, 다른 한편으로는 타인들도 자신에 대하여 자비로운 마음을 갖고 있다는 믿음 속에서 생활할 것이 요청된다. 즉 자신이 대상에 대하여 미움이 없는 자비의 마음을 지닐 뿐만 아니라 다른 존재들도 자신을 포함한 타 대상들에 대하여 자비로 찬 마음으로 생활하고 있다고 생각해야 한다는 것이다. 이에 대해 붓다는 이렇게 말하고 있다. "비구들이여, 그러므로 그대들은 (이렇게) 수행해야 한다. '우리는 마음을 삐뚤어지게 하지 않을 것이며 나쁜 말을 하지 않을 것이다. 우리는 자비의 마음으로 그리고 미움이 없는 마음으로 친절하고 자비롭게 생활할 것이다. 우리는 자비의 마음을 가진 사람들에 둘러싸여 생활한다. 자비의 마음을 가진 사람을 시작으로 하여 우리는 적의 없고 악의도 없이 멀리까지 이르고 폭넓으며 측정할 수 없는 자비의 마음을 가진 세계에 둘러싸여 살고 있다.' 비구들이여, 그대들은 이렇게 닦아야 한다"(*Majjhima-nikāya* I, 127쪽).

13) So abhijjhaṁ loke pahāya vigatābhijjhena cetasā viharati. abhijjhāya cittaṁ parisodheti; byāpādapadosaṁ pahāya abyāpannacitto viharati. sabbapāṇabhū-tahitānukampī byāpādapadosā cittaṁ parisodheti(*Majjhima-nikāya* I, 347쪽).

을 위해 노력하는 동력으로서의 건전한 욕구까지 버리라는 말은 아니다. 욕구가 지나쳐 탐욕으로 발전되지 않는 한 자신의 복지에 대한 적절한 관심과 타인을 위한 적절한 배려는 항상 건전하게 유지되어야 한다.

셋째로 자비의 마음은 어리석은 마음을 버리는 것과도 관련되어 있다. 이미 앞에서 검토한 바와 같이 자신과 타인 혹은 다른 종족, 자신의 괴로움과 타인의 괴로움의 연관성을 보는 연기의 원리는 자비의 윤리의 인식적인 토대이므로 자비와 관련하여 연기의 원리를 이해하고 체득하는 것도 어리석음을 버리는 데 필수적일 것이다. 우리가 우리들의 존재구조의 상호 연관성을 보지 못하고 타인과의 관계를 대립적이고 무관련적으로 설정할 때 우리는 그에 대하여 배려적일 수 없으며 자비로운 마음을 가질 수도 없을 것이다. '너는 너' 혹은 '나는 나'라고 보는 관계성 결여의 인식 속에서, 더 나아가서는 '너와 나의 동체성'이 결여된 인식 속에서 진정한 자비는 발현될 수 없을 것이다. 관계성과 동체성에 대한 인식이 결여된 삶의 구조 속에서는 '이해타산'만이 행위선택과 상호작용의 기준이 될 것이다. 따라서 자비심의 배양과 자비의 실천에 있어서 연기적 원리에 대한 이해와 체화의 중요성은 아무리 강조해도 지나치지 않을 것이다.

요컨대 탐욕, 성냄/미워함, 그리고 어리석음을 없애는 것과 자비의 실천은 직접적 비례 관계에 있다고 볼 수 있다. 탐진치를 버리는 것은 항상 자비의 상태에 머무르며 자비의 성품을 갖는다는 것을 의미한다. 그래서 자비의 윤리에서 탐진치는 지멸의 대상이다. 그리고 탐진치 지멸에 있어서는 탐욕을 없앰으로써 성냄(미워함)을 없애고 성냄(미워함)을 없앰으로써 어리석음도 없애는 순서를 밟는다. 이는 우리가 일상 생활에서 욕심에 가리워 있을 때 성내거나 미워하게(싫어하게) 되며, 성냄이나 미워함의 상태에 있을 때 현실을 있는 그대로 보지 못하여 어리석음 속에 머무르는 것과 같다. 환언하면 우리가 누군가에 대하여 성내거나 그를 미워

(싫어)하는 것은 우리의 욕심 때문인 경우가 많고, 현상을 있는 그대로 보지 못하는 것은 성내거나 미워(싫어)하는 상태 속에 있을 경우가 많다. 이는 사람에 대해서 뿐만 아니라 여타의 생명체나 다른 모든 대상들에 대해서도 똑같이 적용되는 말이다.

그런데 탐진치를 버리는 것 중에서도 탐욕스러움(탐)과 어리석음(치)을 버리는 것은 마음의 해탈을 얻는 것과 지혜의 해탈을 얻는 것과 직접적으로 관련이 있고, 이 양자를 얻는 데는 불교 특유의 명상법인 사마타(samatha, 止)와 비파사나(vipassanā, 觀)의 수행이 요구된다. 탐욕스러움과 어리석음을 제거하는 것은 각각 사마타와 비파사나를 닦는 것을 기반으로 하여 얻어지며, 그 결과로서 마음의 해탈과 지혜의 해탈을 얻는다.

비구들이여, 지혜를 낳는 두 가지 요소가 있다. 무엇이 이 두 가지인가? 사마타와 비파사나가 그것이다. 사마타를 닦음으로써 무슨 이로움을 얻는가? 마음이 평정된다. 평정한 마음으로부터 무슨 이로움을 얻는가? 탐욕스러움이 사라진다. 비구들이여, 비파사나를 닦음으로써 무슨 이로움을 얻는가? 지혜를 얻는다. 지혜를 얻음으로써 무슨 이로움을 얻는가? 무명이 사라진다. 비구들이여 탐욕스러움에 의해 불순해진 마음은 해탈을 이룰 수 없으며, 무명에 의해 불순해진 지혜는 발양되지 못한다. 그래서 비구들이여, 탐욕스러움을 멸하는 것은 마음의 해탈이며 무명을 멸하는 것은 지혜의 해탈이다.[14]

---

14) Dve' me bhikkhave dhammā vijjābhāgiyā. Katame dve? Samatho ca vipassanā ca. Samatho ca bhikkhave bhāvito kam attham anubhoti? Cittaṃ bhāvīyati. Cittaṃ bhāvitaṃ kam attham anubhoti? Yo rāgo so pahīyati. Vipassanā bhikkhave bhāvitā kam attham anubhoti? Paññā bhāvīyati. Paññā bhāvitā kam attham anubhoti? Yā avijjā sā pahīyati: rāgupakkiliṭṭaṃ vā bhikkhave cittaṃ na vimuccati avijjupakkilihā vā paññā na bhāvīyati. Imā kho bhikkhave rāgavirāgā cetovimutti avijjāvirāgā paññāvimuttī ti(Anguttara-nikāya I, 61쪽).

탐진치를 버린다는 것, 이 모두가 자비의 마음의 배양과 관련되어 있고 사마타와 비파사나는 마음의 깨달음과 지혜의 깨달음을 얻는 것과 관련되어 있다. 그런데 여기에서 특히 자비와 관련하여 마음의 깨달음은 자비와 긴밀한 상관 관계에 놓여 있으므로 더욱 중요하다. 마음의 해탈과 자비(mettā)와의 관계는 단순한 긍정적 상관 관계를 넘어 동일시되는 관계에 있다. 붓다는 이 양자를 동일시한다.[15]

마음의 해탈과 자비의 동일시는 초기경전에서 행동으로 나타나는 자비보다도 마음 상태로서의 자비를 강조하는 것과 맥을 같이 한다. 자비를 이상적으로 적용하는 것은 시간적으로는 현재에만 국한되지 않고 존재와 관련해서는 보이는 것에만 국한되는 것도 아니며 인간 세계에만 국한되는 것도 아니므로, 구체적인 자비행동에 대한 강조보다도 자비의 마음 상태에 대한 강조를 우선할 수밖에 없을 것이다. 또한 자비의 마음 상태에 대한 강조는 2부 2장에서 살펴본 바와 같이 초기불교윤리가 성품형성의 덕윤리라는 사실과도 상통한다. 자비의 마음 상태에 대한 강조는 곧 자비의 성품형성에 대한 강조라고 이해되어야 할 것이다. 그리고 이러한 성품이 형성되었을 때 그의 행동은 어떠한 상황에서든지 자비를 드러내는 형식으로 표출될 것이기 때문에 자비의 마음상태에 대한 강조나 자비의 성품형성에 대한 강조는 자비행의 실천을 전제한다.

그러면 이와 같은 자비의 마음상태는 구체적 맥락 속에서 어떻게 자비의 대상을 만나서 현실화되는가? 자비의 마음 상태는 자신에 대한 배려에서 시작하여 가까운 사람에게 적용되고 점진적으로 더 먼 관계에 있는 사람에게까지 확대됨으로써 구체적 행동으로 드러난다고 이해된다.

첫 단계는 자신의 괴로움에 대한 여실한 지각과 관련되어 있으며 사람이 자기 자신의 복지를 생각하는 단계로서 사실상 의도적인 자비심의 배

---

15) *Aṅguttara-nikāya* I, 4쪽.

양 없이도 자신에 대한 배려가 가능한 단계이다. 이 단계에서 사람은 특별한 노력을 하지 않고도 본능적으로 자신을 보존하고 괴로움을 떠난 행복한 상태를 추구한다. 이 단계에서 사람은 본능에 따르면서도 의식적으로 사고하고 행동한다. 자기 자신의 복지에 대한 인식과 관심은 타인의 복지를 유추해 내는 데 있어 필수적이다. 첫 단계가 지나면 사람은 자신과 타인의 관계를 고려하게 되고 자신과 타인의 복지를 생각하게 된다. 그런데 여기에서는 타인의 복지에 대한 관심은 증가하지만 타인의 복지를 실현하는 데 있어서는 소극적이다. 그래서 타인의 복지에 대한 관심은 타인을 해치지 말라는 식의 부정문 형식으로 표현된다.[16] 이 단계를 지나면 사람은 둘째 단계로 이행해 간다.

둘째 단계부터는 자비의 마음이 자기 아닌 대상을 지향하면서 다른 사람들 속에서 구체적으로 드러나기 시작한다. 둘째 단계에서 사람은 자비의 토대로서 연기에 대한 이해를 심화시키면서 자신의 복지와 타인의 복지의 연계성을 의식하여 타인의 복지를 적극적으로 생각하게 된다. 그런데 그는 자비의 대상인 타인들 모두를 동등하게 자비의 대상에 포함시키는 것이 아니고 우선 일차적으로 자신과 구체적으로 관련되어 있는 소수를 자비의 대상으로 선택할 것이라고 생각된다. 가족, 친구, 직장 동료 등이 자비의 일차적 대상이 된다.

셋째 단계에서 사람은 자기 자신과 직접적으로 관계되어 있지 않은 낯선 사람을 포함한 전 인류를 자비의 대상에 포함시킨다. 더 나아가서 그 사람은 생명을 가진 모든 존재들과 영적인 존재들까지를 자비의 대상 속에 포함시킨다.

자비심을 대상에게 구체적으로 적용하여 자비의 행동을 확산시켜 가는 과정 속에는 확산순서에 따른 차별성과 자비의 정도에 따른 차별성이

---

16) 이에 대해서는 5부에서 보다 상세히 논의하고자 한다.

내재되어 있다. 다른 생명체에 비하여 인간이 우선적 배려의 대상일 수 있으며 어떤 사람은 다른 사람에 비하여 더 우선적으로 자비를 받는 대상이 될 수 있다. 따라서 모두가 동등한 자비의 대상인 것은 아니다. 사람에 대한 자비와 관련하여 관계의 깊이와 시공간상의 거리에 따라 배려의 정도는 달라질 수 있다. 이는 마치 사람을 존경하고 죄를 따지는 데 있어서 대상이 성취한 도덕의 완성도에 따라 차이를 두는 것과 같다. 즉 도덕적으로 덕 있는 삶을 사는 사람은 그렇지 않은 사람에 비하여 더 존경받을 가치가 있고, 덕 있는 사람을 해치는 것이 덕 없는 사람을 해치는 것보다 죄값이 더 높은 것에 비유될 수 있다.

그런데 자비의 순서와 정도에 따른 자비의 확산과정 속에 전제된 차별성은 자비가 아직 완성되지 않은 자비의 전개 과정에서 유용한 것일 뿐, 자비가 완전하게 실천된 상태에서는 사라질 것이라고 이해된다. 순서와 정도에 따른 차별성은 자비가 방편으로써 기능할 때에만 타당할 것이다. 자비의 완전한 실현 상태에 이른 사람, 즉 일순간도 자비의 마음상태에서 떠나지 않으며 자비의 성품을 완성한 사람은 관계의 깊이나 시공간상의 거리에 영향받지 않을 것이기 때문이다.

다른 한편 자비의 확산과 관련하여 타인 간 자비의 분배문제인 차별성 문제와는 별개로 우리는 나 자신의 타인에 대한 배려의 정도문제를 생각해 볼 수 있다. 우리는 타인에 대하여 자비를 확산시킴에 있어서 우리의 능력 및 형편과 관련하여 어느 정도까지 자비를 베풀 것인가? 즉 자신이 감당할 수 있는 부담과 관련하여 어떤 지침이 필요한 것이다. 초기불교 윤리는 그 지침으로서 '자리이타'(自利利他)의 원칙을 제시하는 것으로 이해된다. 후에 4부 3장에서 면밀히 검토하겠지만 이 원리는 초기불교의 자비의 실천원리로서 자비가 늘 자기를 이롭게 하고 타인도 이롭게 하는 방식으로 실천되어야 함을 의미한다. 이 원칙에 의하면 자기희생도 배타적 이기주의[17]도 정당화될 수 없을 것이라고 생각되는데 그것은 자기희생이 '자리'에서 어긋나기 때문이며 배타적 이기주의가 '이타'에 어긋나기 때문이다.

여기에서 한 가지 지적되어야 할 점은 자비의 확산은 내적으로는 자비의 마음상태를 떠나지 않으며 자비의 성품을 완성해 가는 과정을 전제하며 이러한 과정은 점진적이라는 것이다. 이는 자비를 완전하게 실천하는 상태가 일순간에 획득되는 것이 아님을 의미한다. 자신에 대한 자비 혹은 자신을 보살피는 태도는 본성에 가까운 것으로서 점진적인 노력을 요구하는 것이 아닐지라도 자비의 성품에 근거하여 타인과 다른 존재들을 자비의 대상으로 포함시켜 가는 과정은 의도적이면서도 반복적인 노력을 전제한다. 의도적이면서도 반복적인 노력을 통하여 몸, 말, 생각의 영역의 활동에 있어서 자비의 습관적 체화가 가능할 것이다.

자비를 습관적으로 닦아 체화함으로써 우리는 자신과 다른 존재들의 보존과 복지를 함께 추구하는 행동을 표출한다. 즉 자비의 습관적 체화에 의해 자기 중심적 사고와 행동 패턴을 자신과 타인 양방 중심적 사고와 행동 패턴으로 바꾸어 나가는 것이다.

그런데 자비를 닦아 체화하는 것은 어떻게 가능한 것일까? 그것은 다양한 명상법에 의해 이루어진다. 자비의 마음의 깨달음의 측면에 대한 고찰에서 논의했던 사마타와 비파사나 수행은 마음의 해탈과 지혜의 해탈에 있어서도 중요하지만 자비의 습관적 체화에 있어서도 필수적이다. 자비의 습관적 체화는 외부의 규율에 의해 자신을 반복적으로 제어함으로써 획득되는 것이라기보다는, 통찰적 정신 집중으로서의 비파사나와

---

17) 여기에서 필자는 자기배려적 이기주의(egoism)와 배타적 이기주의(selfishism, egocentrism)를 구별하고자 한다. 타인과의 관계 속에서 자신의 유익/이익을 도모하는 자기배려적 이기주의는 타인을 배려하지 않고 자기의 이익만을 생각하는 배타적 이기주의와 구별되어야 할 것이다. 후자는 윤회적 삶의 양식이며 비도덕적일 수밖에 없다.

명상적 정신 집중인 사마타 수행으로써 자신의 성품을 점진적으로 바람직한 방향으로 변화시키는 과정에 의해 가능한 것이라고 생각된다. 정신적 평정 상태를 목적으로 하는 사마타와 현상에 대한 올바른 통찰을 목적으로 하는 비파사나 수행의 결과로서 성품의 평정 상태(saṅkhāraupekkhā)를 얻게 되는데, 이때의 핵심 내용이 바로 자비의 습관적 체화라고 생각된다. 그리고 여기에서의 자비의 습관적 체화란 어떠한 상황에 처하더라도 자비의 행동을 드러낼 수 있는 자비로운 성품을 기르는 것 그 이외의 것이 아니다.

자비를 습관적으로 체화하기 위해서는 네 가지 주의집중적 명상인 사념처 역시 중요한 역할을 할 것으로 생각된다. 자비의 습관적 체화를 위해서는 사념처 중에서도 특히 감각/느낌(vedanā)과 마음(citta)에 대한 주의집중이 중요하다고 생각된다. 감각과 마음에 대하여 일순간도 놓치지 않고 응시하여 관찰하고 의식함으로써 우리는 이것들의 작용에 지배되지 않고 바람직한 방향으로 이끌어 갈 수 있기 때문이다. 즉 느낌 속에 탐진치가 섞여 있고 마음속에 탐진치가 작용하고 있다면 그리고 이것들의 작용을 의식하고 있다면 우리는 이것들에 의해서 지배되지 않고 오히려 이것들을 바람직한 방향으로 전환시킬 수 있다. 따라서 '감각과 마음의 작용에 대한 대상화' 자체는 곧 탐진치를 지멸시켜 가는 과정이라고도 이해되며 자비의 마음을 항상 유지하여 자비의 성품을 길러 가는 과정이라고도 이해된다.

붓다는 출가 수행자에게 주의집중의 한 주제로서 모든 존재들에 대한 자비의 마음을 일으키는 수행을 권장하고 있다. 또한 사방으로 자비확산을 주제로 한 《메타 숫타》(Mettā Sutta)[18]에서도 주의집중을 통한 추상적 차원에서의 자비의 실천을 말하고 있다. 추상적 차원에서의 자비의 실천

---

18) *Sutta-nipāta*, 143~152.

은 의식 속에서 타인과 여타의 존재들과 관념적으로 자비의 관계를 맺고 심화시키는 것이다. 그리하여 관념 속에서 맺어진 관계가 현실 속에서 구체화되고 사실화될 때 모든 행동은 자비의 방식으로 표출될 수밖에 없을 것이다. 따라서 추상적 차원에서의 자비의 실천은 이 자체만으로 의미가 있을 뿐만 아니라 구체적 관계 속에서 자비를 실천하기 이전의 예비 단계로서도 중요하다고 생각된다.

주의집중은 추상적 단계에서 자비의 범위를 확대시키고 그 강도를 높여주는 데 지대한 역할을 한다. 자비를 체화해 가는 과정에 있는 사람은 주의집중이라는 명상적 수행을 통해 자비로운 태도를 내재화하고 행동을 통해서 내재화된 자비로운 태도를 외화한다. 따라서 자비는 행동을 통해서 구체적으로 드러나 외화되기도 하지만 행동을 통해서 드러나지 않는 내재적인 것이기도 하다.

사마타와 비파사나 그리고 주의집중적 명상이 자비의 습관적 체화, 그리고 자비의 습관적 체화 상태를 갖춘 성품의 평정 상태에 기여한다는 것은, 불교의 명상 수행의 목표가 신비적 깨달음을 얻기 위한 것이며 일신의 해탈을 위한 것이라는 해석이 옳지 않음을 보여준다. 초기불교 경전에서 자주 보이는, '조용한 곳에 앉아 명상하라'는 붓다의 권유도 이 맥락에서 이해해 볼 필요가 있다. 즉 홀로 조용한 곳에 앉아 명상하는 것도 자신에 대한 복지나 깨달음과 함께 다른 존재들에 대한 복지나 깨달음을 동시에 고려하는 자비의 습관적 체화를 위한 수행이라고 볼 수 있다. 따라서 명상을 생활의 핵으로 하는 '숲속에서 홀로 머무르는 삶'도 두 가지 결과를 가져온다고 생각된다. 수행자는 이러한 상황으로부터 자기 자신을 위한 행복한 생활과 사람들을 위한 자비/연민/공감의 마음(anukampāmano)을 갖는 생활을 이끌어 내야 한다.[19]

---

19) *Anguttara-nikāya* I, 60~61쪽.

3. 보살핌의 윤리

1) 보살핌의 정의

길리간과 노딩스는 보살핌의 의미를 여러 측면에서 설명한다. 길리간에게 보살핌은 자신과 타인의 복지를 고려하는 것이다. 사람은 일차적으로는 자신만을 고려하다가 타인과의 관계성을 의식한 다음부터는 차츰 타인도 고려의 대상에 포함시킨다. 타인을 고려하는 데 있어서는 타인에 대한 책임감이 중요한 역할을 한다. 타인에 대한 책임감의 인식은 타인에 대한 보살핌의 윤리의 시발점이라고 할 수 있다.

타인을 고려하지 않는 이기적인 태도는 타인에 대한 책임감에 대한 자각과 함께 사라진다. 자신의 복지와 타인의 복지가 갈등을 일으키는 상황에서는 자신의 권리와 타인에 대한 책임감을 조화시켜 갈등을 해소한다. 자신에 대한 권리와 타인에 대한 책임감으로서의 보살핌은 결국 권리와 책임감의 화합으로서의 보살핌이라는 형태를 만들어 낸다. 따라서 길리간에게 있어서 보살핌이란 나 자신에 대한 권리, 타인에 대한 책임감, 그리고 이 두 가지의 조화를 의미한다고 할 수 있다.

길리간의 보살핌의 개념을 이해하는 데 있어서 주목되는 것은 그녀가 자신과 타인에게 보살핌을 적용할 때 '형평성(equity)의 원리'를 적용한다는 것이다. 보살핌은 모든 사람에 대한 절대적인 평등을 요구하지 않는다. 칸트와 롤즈의 이론은 모든 사람의 권리에 있어서 평등성(equality)을 전제로 하고 있는 데 비해, 보살핌의 윤리는 개인의 상황과 처지에 따라 보살핌의 양과 질에 차이를 두는 형평성을 전제로 한다. 개인과 상황의 차이를 무시한 절대적 평등의 개념은 채택되지 않는다.

길리간이 보살핌을 권리, 책임감, 형평성 등의 개념으로 설명하여 보살핌의 전개 양상을 규명하는 데 초점을 맞추고 있는 데 비하여 노딩스는 보살핌의 내적 성격을 분석하는 데 초점을 맞추고 있다. 노딩스가 보살핌에 있어서 우선적으로 꼽고 있는 것은 보살핌을 받는 사람과 함께 느끼는 감정인 '함께 느낌'(feeling with)이다.

보살피는 자는 보살핌의 상황에 있는 것을 받아들이면서 타인과 함께 보고, 타인과 함께 느끼며, 타인과 함께 존재하는 것이다. 보살피는 자는 '함께 느낌'을 통하여 타인을 수용함으로써 타인의 상황을 자기 상황이 되게 하고 타인으로 하여금 자기 자신이 되게 해보는 것이다. 예컨대 갓난아이가 울 때 갓난아이의 상황에 자신을 투사하는 것이 아니라 갓난아이의 우는 것 자체를 수용하여 일차적으로 아이의 느낌을 수용하는 것이다.[20] 이때에 우리는 자신을 갓난아이에게 투사함으로써 갓난아이가 되어 보는 것이 아니라, 갓난아이의 정서를 자신 속으로 가져와 자신이 갓난아이가 되어 보는 것이다.

'함께 느낌'은 칸트의 도덕 이론에 전제된 '투사'(projection)의 개념을 비판하기 위해서 그리고 이에 대한 대안을 제시하기 위해서 고안된 개념이라고 할 수 있다. '함께 느낌'은 자신이 다른 사람의 신발을 신어 보는 것, 즉 타인의 입장 속에 자신을 대입하여 타인의 객관적인 정보를 분석하여 그같은 상황에서 나는 어떻게 느낄 것인가를 추론해 내는 투사법과 대조된다.[21] 투사법이 상대방의 상황을 분석하고 객관화하여 상대방의 입장이 되어 보기 위한 것이라면 '함께 느낌'은 상대방을 자신 속에 받아들이는 수용이다. '투사'가 이성적인 이해나 상황판단을 강조한다면 '함께 느낌'은 타자의 정서를 수용함으로써 '타자 끌어안기'를 강조한다.

투사에 의한 문제 구성 그리고 해결의 방법은 보다 수직적이고 일방적이고 해석적임에 비해 수용에 의한 '함께 느낌'의 방법은 보다 수평적이

---

20) Noddings, *Caring: A Feminine Approach to Ethics & Moral Education*(Berkeley: University of California Press, 1984), 30쪽.

21) Noddings, 앞의 책, 30쪽.

고, 양방적이며, 몰입적이고, 소통적이다. 그리고 전자가 문제 파악과 해결 그리고 적용규칙의 도출을 중시하는 반면, 후자는 상황에 공감하고 대상 자체가 갖는 상황을 안고 받아들여 대상이 갖는 심리적 느낌에 공감할 것을 강조한다.

또한 '함께 느낌'은 '몰입'(engrossment)과 동일한 것이다. '함께 느낀다'는 것은 타인을 '나 자신'의 실재로서 여기는 것 혹은 타인을 '나 자신'으로 받아들이는 타인의 수용이나 타인에의 몰입이다.[22]

노딩스는 보살핌의 윤리에 있어 몰입의 시발점으로서 충동 혹은 감정의 촉발을 전제한다. 노딩스는 충동이나 감정의 촉발을 자연적 충동이라고 한다. 그녀는 충동이나 감정의 촉발이 전제된 몰입은 높은 강도를 요구하는 것은 아니지만 보살핌에 반드시 필요한 것이라고 한다. 노딩스는 보살핌이 실천될 때 어떻게 몰입이 기능하는지 혹은 자신이 어떠한 의미로 '몰입'이라는 용어를 쓰고 있는지 구체적으로 설명하지 않지만 우리는 그것에 대하여 추측해 볼 수는 있다. '몰입'은 이성적 몰입이라기보다는 감성적 측면에의 몰입을 의미하는 것으로서, 보살핌의 뿌리를 정서적 측면에 심어 두게 하는 역할을 하는 것으로 이해된다. 몰입에 대한 보다 깊은 이해는 노딩스의 보살핌의 이론의 핵심 개념인 '관심의 전이'(displacement of interest) 그리고 '타자의 현실을 감지하는 것'(apprehending the other's reality)과 관련시켜 이해할 때 가능할 것이다.

'관심의 전이'란 나 자신의 현실로부터 타인의 현실로 관심을 전이시키는 것으로서 타인의 현실을 감지하는 것이다.[23] 타인의 현실을 감지한다는 것은 타인이 느끼는 것을 가능한 한 그대로 느끼는 것이며, 타인의 현실을 나 자신에게도 일어날 수 있는 하나의 가능성으로 받아들이는 것

---

22) Noddings, 앞의 책, 30쪽.
23) Noddings, 앞의 책, 14쪽.

이다. 즉 자신이 다른 사람의 현실을 받아들여 그 현실을 느끼기 시작하고 이에 따라 행동하는 것이다. 이렇게 할 때 타인의 현실이 나의 현실이 되어 나 자신을 위해서 행동하는 것이 타인을 위해서 행동하는 것이 된다. 그런데 여기에서 흥미로운 것은 타인의 현실을 나의 현실로 받아들인다는 것이 자신 혹은 자신의 시각을 버리는 것을 의미하는 것이 아니며, 자신과 타인 혹은 자신의 시각이나 타인의 시각을 합하여 하나가 되게 하는 것을 의미하는 것도 아니라는 것이다. 보살피는 자는 자신과 타자의 두 개의 관점을 유지하며, 따라서 항상 보살피는 자와 보살핌을 받는 자의 이원성이 전제된다.[24] 타인이 나 자신 속에 수용되어 타인과 자신의 존재가 일원화되는 것 같지만 이는 정서적 차원에서 일어나는 현상일 뿐이다. 나 자신은 타인을 내 속에 받아들임으로써 자신과 타인을 합일시켜 일원적 존재 의식을 갖는 것이 아니다. 자신과 타인은 항상 구별되어 이원적으로 존재한다.[25] 요컨대 노딩스는 보살핌의 윤리를 실천하는 데 있어서 타인의 현실의 전적인 수용을 강조함으로써 자신과 타인의 정서적 일원성을 전제하고 있지만 존재적 일원성을 주장하지는 않는다.

노딩스의 '함께 느낌', '몰입', '관심의 전이' 혹은 '타인의 현실을 감지하는 것' 등의 개념 속에 공통적으로 전제되어 강조되고 있는 것은 구체적으로 관계하는 인격성이라고 할 수 있다. 보살핌의 성립에 있어서 무엇보다도 중요한 것은 구체적 타인의 존재인데, 이 구체적 타인은 보살핌을 매개로 하여 하나의 구체적 인격성을 가지고 자신의 삶 속으로 들어온다. 노딩스는 보살핌의 윤리의 초점을 밝히면서 보살핌의 실천에 있어서 구체적 타인의 존재성 혹은 구체적 인격의 존재성을 명시하고 있다.

노딩스는 보살핌의 윤리의 초점은 "다른 사람을 도덕적으로 어떻게 만

---

24) Noddings, 앞의 책, 63쪽.
25) Noddings, 앞의 책, 30쪽.

나느냐"에 있다고 한다.[26] 인간 관계에 적용되는 보살핌의 윤리는 현재의 구체적 인간 관계를 떠나 추상적으로 혹은 관념적으로 존재하는 것이 아니다. 현재의 구체적 관계 속에서 보살핌의 윤리가 행사된다는 사실은 이 윤리로 하여금 보편적 보살핌이라는 이상을 부정하게 하는 하나의 이유가 된다. 노딩스는 보편적 사랑이 가능하려면 우리가 모든 혹은 많은 사람들과 구체적으로 관련되어 있어야 하고 이 관련성 속에서 반응해야 하는데 이는 사실상 불가능하다고 한다. 왜냐하면 인간이 관계를 맺을 수 있는 범위는 인간의 정신적, 육체적 한계로 말미암아 제한될 수밖에 없기 때문이다. 이러한 이유를 들어 사실상 노딩스는 보편적 사랑의 개념을 환상이라고 하여[27] 명백히 거부한다.

따라서 노딩스에 의하면 한 개인이 모든 사람을 보살피는 것이란 불가능하다. 왜냐하면 우리는 타인을 보살피는 과정에서 타인이 무엇을 기대하고 있으며, 그의 기대와 상황에 대하여 우리는 무엇을 느끼며, 상황은 우리에게 무엇을 요청하는가를 인식한 연후에 비로소 보살핌을 표현할 수 있기 때문이다. 보살핌의 윤리에 포함된 상황의 인식과 타자수용의 과정 자체—물론 보살핌이 구체적 행동으로 표현되기 이전의 타자의 상황에 대한 인식과 타자수용의 과정도 보살핌의 과정이라고 할 수 있지만—는 상당한 에너지를 요구하는데, 우리의 에너지는 한계가 있으므로 모든 사람을 보살핌의 대상으로 삼을 수는 없다. 이와 같이 구체적 상황에 대한 구체적이고 정서적 반응을 요구하는 보살핌의 윤리의 성격 때문에 보살핌의 윤리는 보편적 사랑의 개념을 거부하지 않을 수밖에 없다.

보살핌의 윤리는 인간의 이성적 측면에서 발현되기보다는 인간의 정서적 측면에서 발현되며 그 윤리의 행사에 있어서도 인간의 감정이나 정

---

26) Noddings, 앞의 책, 95쪽.
27) Noddings, 앞의 책, 90쪽.

서가 결정적 역할을 하기 때문에, 도덕에 있어서 정서적 측면을 중요시하지 않는 칸트의 입장과 대립된다. 도덕에 있어서 이성과 감성의 역할에 대한 칸트의 윤리와 보살핌의 윤리의 차이는, 이미 살펴본 바와 같이 전자가 제 삼의 관찰자 시각을 이상으로 하고 후자가 이를 비판하는 데서 잘 드러나 있다. 칸트의 제 삼의 관찰자 시각에서는 정서적 공감에 의한 상황의 수용보다도 객관적으로 상황을 해석하고 판단을 내리는 것이 더 중요하며 이성적 사유에 입각한 객관적 판단이 필수적이다.

　보살핌의 윤리에서는 정서, 감정 등에 의한 주관적 감응과 대응이 중요한 반면에 이상적 관찰자의 시각에서는 이성에 의한 객관적인 규칙이나 도덕 원리의 추출이 중요하므로 구체적 상황을 추상화하여 탈상황화하는 것이 필요하다. 보살핌의 윤리는 상황에 적용되는 보편적 규칙이나 원리 추출에 목적을 두지 않으므로 타인을 보살피는 데 있어서 추상화나 탈상황화가 필요하지 않다. 반대로 보살핌의 윤리에서 우리에게 요구되는 것은 상황의 특수성을 고려하여 보다 구체적으로 상황 속에서 구체화하는 것이다. 예컨대 '한 사람의 범죄자를 어떻게 적절하게 처벌할 것인가'라는 문제의 경우 우리는 추상화의 방법에 의해서 '어떠한 원리가 적용되어야 하는가'를 살피는 것이 아니라, 범죄자와 희생자들에 대해 더 많은 것을 알려고 하고 '우리의 아이가 그 범죄를 저질렀다면 우리는 어떻게 할 것인가'에 대해 생각해 보아야 한다.[28] 이 방법은 상황을 탈개인화시켜 추상화하는 것이 아니라 개인화 혹은 개별화시켜 구체화해 보는 과정이라고 할 수 있다. 구체화해 보는 과정은 자신이 가진 상황에 대한 정보를 활용하여 가상적 상황을 상상해 보고 이 가상적 상황을 자신의 의문, 재구성적 이야기, 해석 등으로 채워 보는 과정이라고도 할 수 있다.

　보살핌의 윤리학자들에 의하면 도덕원리를 추출하기 위한 추상화의

---

28) Noddings, 앞의 책, 36쪽.

과정은 칸트식의 전통적 도덕이론으로서 여성의 도덕 원리가 아닌 남성의 도덕원리이다. 이에 반하여 문제의 구체화 혹은 개인화의 방법은 여성의 도덕 원리에 따르는 여성적 접근법이다. 노딩스는 이 두 접근법을 지칭하여 각각 전통적 남성적 접근법과 여성적 접근법이라고 한다.[29] 전자의 방법이 문제 중심의 객관적이고 탈개인적 방법임에 비하여 후자의 방법은 사람 중심의 구체화 혹은 개인화의 방법이다.[30] 노딩스는 추상화하는 방법에 대립되는 구체화의 방법은 보살핌을 위한 하나의 전환점이며 도덕적 딜레마에 빠진 여성들이 선호하는 방법이라고 주장하고 있다.

보살핌의 윤리를 이성과 감성이라는 이분법적 도식으로 이해해 본다면 칸트의 전통적 도덕이론, 남성적 접근법 혹은 탈개인적 추상화의 방법은 이성 우위의/중심적 도덕이론이라고 할 수 있고, 전통적 도덕이론에 대한 비판이론으로서의 보살핌의 윤리, 여성적 접근법 혹은 개인화적 구체적 방법은 감성 중심적 도덕이론이라고 할 수 있다. 따라서 보살핌의 윤리학자들은 도덕의 기원에 대하여 이성을 더 중시하는 칸트의 입장에 비판적이고 감성을 더 중시하는 흄(Hume)의 입장에 동의한다.

흄은 도덕의 기원을 초감성적이고 이성적인 어떤 원리에서 찾지 않고 정서적인 것―예컨대 정서적 쾌와 불쾌, 정서적 시인과 불인―에서 찾고 있다. 그리고 흄에 의하면 정서적 쾌와 불쾌, 그리고 이에 기반을 둔 정서적 시인과 불인은 행위의 주체자가 느끼는 동정심(sympathy)의 여부에 의해 결정된다. 따라서 도덕행위에 있어서 동정심이 핵심적 역할을 한다. 그에 의하면 동정심은 어떤 행위에 대한 시인과 불인의 원동력으로서 도덕심과 도덕적 행동의 원천인 것이다.

흄이 도덕의 원천을 인간의 자연적 본성인 감성에서 찾고 있는 것과 마

---

29) Noddings, 앞의 책, 36쪽.
30) Noddings, 앞의 책, 35쪽.

찬가지로 노딩스도 도덕의 원천을 인간의 자연적 혹은 감성적 본성에서 찾고 있다. 그녀는 인간이 인간에게 느끼는 긍정적 정서를 전제하지 않고는 그 어떤 윤리적 이상도 논의할 수 없다고 본다. 그녀에 의하면 '윤리적 이상'(ethical ideal)은 두 가지 정서(sentiment)로부터 비롯되는데, 하나는 인간 상호간에 느끼는 '자연적인 공감'(natural sympathy)이고, 다른 하나는 최고의 보살핌과 다정 다감한 순간들을 유지하거나 다시 불러일으키거나 증진시키려는 '갈망'(longing)이다.[31] 그녀는 자연적인 보살핌의 정서와 다정다감함(tenderness)을 유지하려는 의도(willingness)가 '윤리적 정서'(ethical sentiment)에 선행한다고 주장한다.[32]

노딩스에 의하면 보살핌은 하나의 윤리적 이상이므로 보살핌의 윤리도 이 맥락 속에서 이해된다. 노딩스는 현재의 타인을 위해 행동하고자 하는 자연적 충동이 우리에게 있으며 이는 선천적인 것이라고 한다. 이 충동은 우리들 각자 속에 잠재해 있으면서 보살핌을 지속적으로 유지시킴으로써 점차적으로 발전된다.[33] 따라서 도덕성 혹은 보살핌의 윤리의 근간이 되는 본성은 선천적으로 타고난 것으로 이해된다.

그런데 여기에서 주의해야 할 것은 노딩스가 정서를 강조한 것은 사실이지만 보살핌의 윤리에 있어서 이성의 역할을 무시한 것은 아니라는 점이다. 보살핌의 윤리에서 이성의 힘(rational power)은 감소하는 것이 아니라 나 자신을 타인 속에 몰입시키는 과정 속에서 기능 한다.[34] 이것은 마치 흄이 인간의 정서(sentiment)가 도덕의 원천으로서 인간의 도덕적 행동에 있어서 주요 역할을 한다고 생각하면서도 이성의 역할을 무시하지 않은 것과 마찬가지이다. 흄과 마찬가지로 노딩스도 느낌이나 정서가 보살

---

31) Noddings, 앞의 책, 104쪽.
32) Noddings, 앞의 책, 98쪽.
33) Noddings, 앞의 책, 83쪽.
34) Noddings, 앞의 책, 36쪽.

핌의 윤리를 마음에서 발전시키고 또 행동으로 표출해 내는 데 있어 중요한 역할을 한다고 생각하지만 이 과정 속에서 이성이 불필요하다고 보지 않는다. 보살핌의 상황을 이해하고, 보살핌의 실천 가능성에 대해 판단하며, 어떠한 방식에 의해 보살핌을 가장 효율적으로 실천할 것인가를 생각하는 과정에서 이성적 사려와 판단이 요구된다. 그런데 보살핌의 윤리의 실천에 있어서 이성의 역할은 어디까지나 보조적일 뿐이다. 이성에 대한 이러한 입장은 전통적으로 인간의 도덕 판단과 행위에 있어서 감성에 대한 이성의 우위를 주장해 온 기존의 윤리이론들로부터 보살핌의 윤리를 구별짓는 핵심이다.

노딩스는 윤리에 있어 감성의 역할을 강조한다는 점에서 흄과 입장을 같이 할 뿐만 아니라 보살핌의 윤리를 실천하는 데 있어서 경험의 역할을 강조한다는 점에서도 흄과 입장을 같이 한다. 과거에 자신이 경험한 보살핌에 대한 기억이 현재의 자신이 보살핌의 윤리를 실천하는 데 중요한 역할을 한다. 과거에 자신이 경험했던 보살핌에 대한 기억이 중요한 역할을 하는 것이지 어떤 규칙이나 원리가 주요한 역할을 하는 것은 아니다. 이 점에 있어서도 칸트의 규칙이나 원리 중심의 도덕과 상반된다.

2) 보살핌의 요청 이유

노딩스나 길리간은 보살핌이 요청되는 이유나 보살핌의 정당화 근거에 대하여 해명하지 않는다. 특히 노딩스는 '보살핌의 윤리가 어떠한 이유로 정당화될 수 있느냐' 하는 문제를 중요하게 다루지 않으며 이에 대한 직접적인 논의를 회피한다. 따라서 우리는 이들의 보살핌의 윤리를 반추해 봄으로써 그들이 전제하고 있거나 간접적으로 서술하고 있는 보살핌의 이유에 대하여 탐색해 보아야 한다. 필자는 다음과 같은 두 가지 이유를 찾아낼 수 있을 것이라고 생각한다. 그 첫째는 인간 모두는 선천적으로 보살피려는 충동을 가지고 있고 이를 발현시켜야 한다는 점이다. 그 둘째는 인간 존재와 삶의 상호 관계성 내지는 의존성이 보살핌의 윤리를 요구한다는 점이다.

  (1) 노딩스에 의하면 우리들 모두에게는 현존하는 타인을 위해 행동하려는 충동이 잠재되어 있는데, 이것은 선천적인 것으로서 도덕의 원천이다.[35] 이것은 지극히 자연적인 것이며 생득적인 것이지 이성에 의해 후천적으로 도덕률로서 부여된 것이 아니다. 보살핌은 모든 도덕의 원천으로 자연적인 것이어서 인위적인 도덕적 노력을 요구하지 않는다. 그래서 보살핌은 '전도덕적 선'(premoral good)이다.[36]

  보살피려는 충동이 보살핌의 윤리를 형성하는 가장 원초적인 것이라면, 보살핌의 윤리를 요구하는 사람이 갖는 다음의 두 차원의 정서는 보살핌의 윤리와 윤리 일반의 합리적 토대이다. 즉 첫번째 차원의 정서는 자연적 보살핌의 정서와 윤리적 보살핌의 정서로서 '활동적인 덕'(active virtue)에 요구되는 느낌들이고, 두번째 차원의 정서는 윤리적 행동의 근원으로서 타자에 대하여 그리고 이상적 자아에 대하여 느끼는 정서이다.

  자연적 보살핌의 정서와 윤리적 정서는 동일한 차원의 것이지만 전자는 '시초의 힘을 부여하는 정서'(initial and enabling sentiment)로서 후자에 선행한다. 자연적 보살핌의 정서는 우리가 스스로 원해서 타인을 위한 행동을 하는 경우에 작용하는 정서로서 우리로 하여금 타인을 자연적으로 보살피게 한다. 이와 달리 윤리적 보살핌은 자연적 보살핌에서 요구되지 않는 (의도적) 노력을 요구한다. 노딩스는 윤리적 보살핌이 노력을 요구한다고 하여 이것이 자연적 보살핌보다 낫다고 말하지는 않는다.[37] 노딩스는 칸트가 윤리적인 것을 사랑에 의해서가 아니라 의무감에 의해

---

35) Noddings, 앞의 책, 83쪽.
36) Noddings, 앞의 책, 103쪽.
37) Noddings, 앞의 책, 80쪽.

행해진 것과 동일시하며, 의무감에 의한 행동을 사랑에 의한 행동과 구별한 것은 본질적으로 옳다고 생각하지만, 칸트처럼 윤리적 보살핌이 자연적 보살핌보다 더 우월하다고 생각지는 않는다.

첫번째 차원의 정서, 즉 자연적 보살핌과 윤리적 (보살핌의) 정서와는 별도로 두번째 차원의 정서가 존재한다. 두번째 차원의 정서는 윤리적 행동의 근원으로서 다시 두 가지로 식별된다. 하나는 타인에 대하여 직접적으로 느끼는 정서이고 다른 하나는 최초의 느낌을 거부하기보다는 받아들여 이를 유지하는 '최선의 자아'(the best self)에 대하여 그리고 이 최선의 자아를 위하여 느끼는 정서이다.[38] 후자는 최선의 자아에 대한 비전으로서 '나는 해야 한다'(I must)라는 의무를 스스로에게 서약할 때 윤리의 주체를 인도하는 윤리적 이상을 말한다. 이 이상은 보살피고 있는 우리 자신과 보살핌을 받는 자에 대한 최선의 청사진으로서 우리보다 나은 사람을 모델로 삼아 더욱 채색되기도 한다. 그러나 이 이상은 우리가 이미 경험했던 것과 우리가 할 수 있는 것에 의해서 국한되며, 불가능의 영역을 넘어서지 않는다.[39]

(2) '보살핌의 윤리가 왜 필연적으로 요구되는가'에 대한 대답은 인간 존재와 인간의 삶의 본질에 대한 통찰에서 비롯된다고도 볼 수 있다. 자신과 타인은 불가피하게 상호 연관되어 의존적이며, 삶 또한 이와 같아서 우리는 우리의 존재를 위해서도 보살핌을 요청받게 된다. 존재와 삶의 실상에 합치하는 삶을 위해서도, 조화로운 삶을 위해서도, 가치 있는 삶을 위해서도 보살핌은 요청되는 것이다. 그래서 길리간은 자신과 타자의 상호의존성에 대한 인식을 강조하고 가치 있는 삶은 관계 속에서의 보살핌에 의해 유지된다고 본다. 그녀는 나와 타자의 상호 의존성과 관계 속

---

38) Noddings, 앞의 책, 80쪽.
39) Noddings, 앞의 책, 80쪽.

에서의 보살핌 대하여 다음과 같이 기술하고 있다.

> 관계의 진실은 연관성의 재발견 속에서 회복된다. 즉 관계의 진실은 자신
> 과 타자가 상호의존적이라는 것을 깨닫는 데서 회복되며, 본래 가치 있는 삶
> 은 관계 속에서의 보살핌에 의해서 오직 유지될 수 있다는 것을 깨닫는 데에
> 서 회복된다.[40]

노딩스는 또한 나 자신과 타인의 '근본적인 관계성'(fundamental relatedness)을 강조하고 있다. 특히 친밀한 타자와의 '피할 수 없는 연계' (irrevocable linkage)가 나라는 존재의 핵심이라고 본다. 따라서 인간은 본래부터 혼자일 수 없으므로 자연적으로 관계 속에 있으며 관계 속에서 자양분을 얻고 방향성을 지각한다. 나는 나 자신이 혼자일 때도 나의 관계를 세우려고 하고 나 자신의 개체성을 관계들의 조합 속에서 정의하여 이것을 곧 나의 '근본 현실'(basic reality)이라고 본다.[41] 노딩스는 윤리적 자아도 이 근본적 관계에 대한 인식에서 탄생한다고 본다.[42] 윤리적 자아는 나의 '실제적 자아'(actual self)와 보살피는 자와 보살핌을 받는 자로서의 나의 '이상적 자아'(ideal self) 사이에 존재하는 동적 관계아이다. 이 윤리적 자아와 타자의 관계로 말미암아 나는 자연적으로 타인에게로 연결되고 나는 이 타인에 의해 나 자신에게로 다시 연결된다. 내가 타인을 보살피고 타인에 의해 보살핌을 받음에 따라 나는 나 자신을 보살필 수 있게 된다. 윤리적 자아의 완성은 타인에게만 의존해 있는 것도 자신에게만 의존해 있는 것도 아니며 타인과 자아 모두에게 의존해 있다.[43] 그래서

---

40) Gilligan, Carol, *In a Different Voice* (Cambridge: Cambridge UP, 1989), 127쪽.
41) Noddings, 앞의 책, 51쪽.
42) Noddings, 앞의 책, 49쪽.
43) Noddings, 앞의 책, 48~49쪽.

보살피는 자와 보살핌을 받는 자의 상호성은 존재의 연관성과 의존성의
필연적 결과로서 보살핌의 윤리에 있어서 본질적인 요소이다.

3) 보살핌의 윤리의 전개

길리간은 임신하고 있거나 임신 중절의 경험이 있는 여성을 대상으로
한 연구에서 자신과 타인 사이에 보살핌이라는 개념이 어떻게 형성되는
가를 관찰하였다. 그녀에 의하면 보살핌의 윤리는 세 단계의 과정을 밟
으면서 발전된다. 보살핌의 윤리가 발전됨에 따라 자아의 도덕 의식의
발달 단계가 드러나며, 이에 따라 보살피는 자의 자아 개념도 변화하고
타인과의 인간 관계에 대한 인식도 변화한다.

제1단계에서 자아는 자신과 타인 혹은 자신의 삶과 타인의 삶 간의 관
계성을 고려하지 않고 자신의 생존과 자신의 복지만을 생각한다. 이 단
계에서는 자아는 타인이 입는 손해나 불이익에 대해 관심을 두지 않는
다.

제2단계에서 자아는 자신과 타인, 자신의 삶과 타인의 삶 사이의 연결
성을 보면서 타인에 대해 책임감을 느낀다. 자신의 책임을 강조하면서
자신에게 의존하고 있는 사람이나 자신보다 약한 위치에 있어서 자신이
도움을 줄 수 있는 사람들을 보살피려는 생래적이고 모성적인 도덕을 채
택한다. 자아는 자신의 복지에 대한 고려는 뒷전으로 미루고 타인의 복
지에만 초점을 맞추어 자기 희생적 도덕심을 중심으로 행동한다. 이 단
계에서는 자아가 자신의 복지와 타인의 복지를 동시에 고려하는 어떠한
징후도 찾아볼 수 없다.

제3단계는 자아가 제2단계의 자기희생적인 불평등 관계에 대해 모순
을 느껴 이를 극복하는 단계이다. 이 단계에서 자아는 타인에 대해 느꼈
던 책임감만큼 동일한 책임감을 자신에 대해서도 느끼게 되며 양자의 복

지를 모두 고려하는 평형 원리를 채택한다. 상호성에 대한 올바른 인식이 이 단계의 관건이며 자아는 어느 한쪽만을 고려하는 것이 궁극적으로 양쪽 모두에게 해로운 것이라는 도덕적 태도를 내면화한다. 책임감이 자신과 타인에 대해 동등하게 나누어진다.

길리간은 보살핌의 윤리의 발달 과정에 중요한 것은 자신과 타인의 상호성에 대한 의식과 이에 따른 책임감의 균등한 분담이라고 한다. 자아는 상호성에 대한 인식과 그에 따른 책임감의 분담 문제에 봉착할 때마다 다음 단계로 발전 이동한다.

자아는 제1단계와 제2단계, 그리고 제2단계와 제3단계 사이에서 앞 단계의 모순을 발견할 때 그 단계에 머무르지도 못하고 그 이후의 단계로 옮아가지도 못하는 과도기를 체험한다. 따라서 자아는 두 차례의 과도기를 체험하게 되는데, 첫번째 과도기는 자아가 자기 자신의 이기심을 인식하게 될 때 일어나고 두번째 과도기는 자아가 무조건적인 자기희생적 보살핌에 대하여 모순을 느낄 때 일어난다. 길리간에 의하면 이 두 과도기는 자아가 다음 단계의 발달된 보살핌의 윤리로 이행해 갈 때 도덕적 자아가 겪어야만 하는 필수적인 과정이다.

두 번의 과도기는 보살핌의 윤리를 발전시켜 가는 자아에게 특별한 의미를 갖는다. 왜냐하면 자아는 과도기에서 기존의 도덕관의 붕괴를 겪음으로써 다음 단계의 도덕발달을 위해 필수적인 위기상황을 체험하기 때문이다. 길리간은 인간의 도덕발달에서 위기가 갖는 의미를 강조한다.

이상에서 살펴본 바와 같이 길리간은 책임감과 자기의식의 발달에 따른 도덕의식의 성장이라는 개념을 중심으로 보살핌의 윤리가 전개되는 과정을 설명한다. 그런데 노딩스는 길리간과 다른 각도에서 선천적인 보살핌의 충동의 전이, 상호성의 원리에 의한 보살핌, 자발적인 무의무적 의무, 그리고 초규율적 보살핌 등의 개념으로 보살핌이 발전되는 과정을 설명한다.

노딩스에 의하면 보살피고자 하는 선천적 충동은 타인을 보살피고자 하는 결심을 동반하면서 윤리적으로 의무화된다. 윤리적 의무화의 시발점은 보살피는 자가 자신의 최초의 보살피고자 하는 충동에 대한 반응으로서 보살핌을 받는 자를 위하여 무엇을 할 것인지를 스스로 서약하는 것이다.[44] 이때 최초의 충동은 감정의 단계를 넘어 '나는 해야 한다'(I must)는 단계로 이행하여 스스로에게 서약한 것을 '나는 따라야 한다'(I ought)는 순수한 도덕감정으로 발전한다.

예컨대 보살핌을 윤리적으로 의무화한다는 것은 어떤 사람이 내게 도움을 요청한 경우 이 사람의 요구에 부응하여 나는 최소한 '해야 한다'는 의식을 갖는 것이다.[45] 이때의 마음은 도덕적 혹은 윤리적 정언명령인 당위적 의무(ought로서의 의무)와 연결되어 있으나 이와 동일하지는 않다. 왜냐하면 노딩스에 의하면 의무(must로서의 의무)는 욕구(desire)로부터 나온 것이고 이 욕구는 보살핌을 받는 자를 위하여 행동하려는, 즉 보살피려는 선천적 충동이기 때문이다.[46]

의무감은 보살핌을 받는 자를 위하여 행동하는 자연적 충동을 핵심 내용으로 한다. 그런데 이 자연적 충동을 '수용한다'(accept)는 것이 '꼭 해

---

44) Noddings, 앞의 책, 81쪽.

45) 노딩스는 '나는 해야 한다'(I must)라는 의식의 발생을 설명하기 위해서 '윤리적 자아'(ethical self)라는 개념을 도입한다. 노딩스에 의하면 인간은 자신의 '윤리적 자아'에 대해 관심을 갖기 때문에 자신의 이익을 추구하지 않는 상황에 대해서 불편해 하면서도 자신의 이익추구를 억제할 수 있다. 또 인간은 이 윤리적 자아로부터 '나는 해야 한다'라는 의식을 이끌어 낼 수 있다. 따라서 '나는 해야 한다'라는 의식의 주체로서 윤리적 자아는 '왜 나는 도덕적인 인간이 되어야 하는가'라는 물음에 대하여 대답하는 자아로서 인간의 '윤리적 이상'(ethical ideal)을 실현하는 자아이다. 노딩스에 의하면 윤리적 자아는 자신과 타인의 자연적이고 본질적인 관계성에 대한 인식의 결과로써 생겨난 자아로서 '현실적 자아'(actual self)와 '이상적인 자아'(ideal self) 사이에 존재한다(Noddings, 앞의 책, 49~50쪽).

46) Noddings, 앞의 책, 82~83쪽.

야 한다'는 의무감과 동일한 것은 아니다. 이 충동은 선택적이어서 쉽게 거부될 수도 있다. 만일 도덕적이고자 하는 욕구가 강하다면 이를 거부하지 않을 것이다. 따라서 더 본초적이고 자연적인 욕구로부터 도덕적이고자 하는 욕구가 유도되는 것이다.[47]

요컨대 노딩스는 보살핌의 윤리의 기원을 칸트와 같이 순수한 이성적 동기에 의거한 의무감에서 찾지 않고 인간의 소멸되지 않는 본래적 충동 혹은 욕구에서 찾고 있다. 보살피고자 하는 충동은 사라지거나 소멸되지 않으며 인간의 내면에 지속적으로 잠재해 있으면서 점차적으로 발전한다. 따라서 보살핌은 보살핌이 실행되기 훨씬 이전부터 의무의 개념으로 잠재해 있을 수 있으며, 현재 지속되고 있는 관계와 앞으로의 관계 가능성 속에서 의무로 개념화되어 현실화될 수도 있다.

그러면 자기 속에서 개념화된 보살핌은 어떠한 조건 속에서 현실화되는 것일까? 무엇보다도 중요한 조건은 보살핌이 현실화되는 조건으로서 보살피는 자와 보살핌을 받는 자 사이에 존재하는 수용성과 상호성(mutuality)이다. 보살핌을 받는 자와의 상호작용 속에서 나타나는 보살피는 자의 모든 태도와 행동 자체가 수용성의 표현이라고 할 수 있다. '수용한다는 것'은 관계 속에서 고립되고 객관적인 자아로부터 벗어나 타자에로 몰입하는 것이다.[48] 수용성은 보살핌의 처음 단계뿐만 아니라 마지막 단계에서 나타나는 특징이다. 즉 처음에 우리는 '거기에 있는 것'을 수용하고 마지막에는 '여기에 있는 것'과의 관계 속에서 거기에 있는 것을 지각한다. '수용한다는 것'은 보살핌을 주는 자와 받는 자의 상호작용

---

47) 노딩스는 자연적인 욕구와 도덕적이고자 하는 욕구 사이에 분명한 경계선을 긋고 있지 않다. 사실상 이 둘 사이의 경계는 모호하기만 하다. 노딩스에 의하면 도덕적 행위에 대한 관심은 보살피고자 하는 자연적 충동으로부터 나오기 때문에(Noddings, 앞의 책, 51쪽) 이 양자는 별개의 것인 듯하면서도 하나의 동일한 근원을 갖고 있다.
48) Noddings, 앞의 책, 60쪽.

속에서의 학습, 혹은 '이성적 작용을 거치지 않고 자신을 총체적으로 타자 속으로 전이시키는 것'이라고도 할 수 있다. 수용의 궁극적 형태는 양방에 의한 상호수용이며 이때에는 양방이 서로를 보살피는 것이다. 양방이 서로를 수용하고 서로 보살피는 것은 개별적 자아의 입장에서 보자면 자아의 새로운 자아로의 끊임없는 변형이라고 할 수 있다.[49]

보살핌은 보살핌을 받는 자에 의해 보살핌이 전적으로 받아들여질 때 완성될 수 있다. 보살핌을 받는 자가 '받아들임'(apprehension)의 태도를 갖지 않는다면 그는 오히려 취급받는다고 느낄 것이며 보살피는 자의 대상물이라고 느낄 것이다.[50] 노딩스에 의하면 '나'의 보살핌이 상대방에 의해 인지되지 않았을 때 나는 그 사람과 보살핌의 관계에 있다고 할 수 없으며, '나'의 보살핌이 그 사람에게 도달되지 않을 때 보살핌은 오직 부분적으로만 실행되는 것이다. 바로 이것이 보살핌의 윤리에 있어서 상호성이 갖는 의미이다.

그런데 보살핌의 윤리에 의하면 비록 우리는 운명적으로 관계 속에서만 존재하며 잠정적으로 보살핌의 윤리를 요구하는 상황에 처해 있지만, 우리가 관계하는 모든 사람들을 보살펴야 하는 의무를 갖는 것은 아니다. 보살핌의 윤리는 상호성에 근거하고 있기 때문에 보살핌이 대상에 의해 수용되고 인정받지 않으면 완성될 수 없으므로, 보살피는 자는 보살핌에 의한 관계를 설정하기 전에 보살핌의 완성 가능성을 검증해 보는 것이 필요하다. 만일 타인 속에서 보살핌의 완성 가능성이 없으면 우리는 '내가 보살펴야 한다'는 의무를 갖지 않는다. 따라서 모든 사람에 대하여 보살핌의 윤리가 요청되는 것은 아니다. 노딩스는 우리가 아프리카의 굶주리고 있는 아이들까지를 보살펴야 하는 의무를 갖지는 않는다고 하는

---

49) Noddings, 앞의 책, 61쪽.
50) Noddings, 앞의 책, 65쪽.

데, 그 이유는 이 경우 우리와 아프리카 아이들 사이에는 구체적 관계가 결여되어 있으므로 보살핌이 타자 속에서 완성될 가능성이 없기 때문이다.[51] 즉 아프리카의 아이들과 상호성의 가능성이 없기 때문에 보살핌의 완성 가능성이 없다.

위에서 살펴본 바와 같이 보살핌은 부분적으로는 타인에 대한 책임의 측면이 있지만 그 윤리가 갖는 '상호성'이라는 특징 때문에 '당위'(ought)의 의미에서의 의무가 될 수는 없다. 보살핌의 개념 자체가 상호성을 전제로 하고 있기 때문에 보살핌을 받는 자가 보살핌을 수용하지 않는 경우 보살핌은 계속될 수 없다. 보살핌은 보살핌을 받는 자에 의해 거부될 수 있다. 보살핌이 설령 당위로서 인식되어 우리가 당위감에서 보살핌을 실행하기로 결심했다고 할지라도 우리가 일단 순수한 마음으로 타인에 대해 반응하기로 결정하면 당위감은 사라지게 된다.[52] 예컨대 누군가가 긴박한 상황에서 보살핌을 요청했을 때 일시적으로 당위감을 가질 수 있으나 보살핌의 윤리가 일단 실행되기 시작하면 의무론적 당위감은 사라진다. 요컨대 보살핌은 보살핌을 받고자 하는 상대방의 요청에 의해 의무적으로 촉발될 수도 있으나 보살핌의 윤리가 일단 실행되면 의무감이 존립할 틈이 사라진다.

보살핌이 의무의 형태로 내재화된 경우에도 그것이 아직 행동으로 드러나지 않고 상호성이 결여되어 있으므로 진정한 의미의 보살핌이라고 할 수 없다. 보살핌은 타자가 요구한다고 하여 혹은 일방적으로 베푼다고 하여 성립하는 것이 아니다. 보살피는 자가 보살핌을 실행하고, 실행된 보살핌이 보살핌을 받는 자에게 수용될 때 비로소 보살핌이 성립한다. 앞에서 말한 바와 같이 보살핌을 받는 자가 보살핌을 받아들이고 인

---

51) Noddings, 앞의 책, 86쪽.
52) Noddings, 앞의 책, 40쪽.

정할 때 보살피는 자의 보살핌이 완성된다.[53]

따라서 보살피는 자는 한편으로는 타자의 요구를 자연스럽게 자발적으로 감지하여 이를 전적으로 타자의 입장에서 응답하여 수용하고, 다른 한편으로는 자신의 보살핌이 타자에 의해서도 수용될 것이라는 믿음 속에서 보살피기 시작할 때 보살핌의 윤리가 성립할 것이다. 보살피는 자는 보살핌을 받는 자의 요구를 수용할 때에 보살피는 일에 몰입하는 것이 필요하다. 몰입은 첫째로 보살피는 자가 보살핌을 받는 자 속으로 들어가고 보살핌을 받는 자가 보살피는 자 속으로 들어온다는 의미에서의 몰입으로 이해된다. 둘째로 몰입은 보살피는 자가 실제적으로 보살피는 행위에 몰두한다는 의미에서의 몰입으로 이해된다. 여기에서 몰입의 중요한 특징은 몰입이 전적으로 자발적 동기나 자발적 수용에 의해 자연스럽게 나오는 것이지 의도적 노력이나 어떤 의무감에 기인한 것이 아니라는 것이다.

지금까지 필자는 보살핌의 윤리가 상호성의 원리를 바탕으로 전개되며, 보살핌이 의무론적 당위보다는 자발적 충동에서 비롯된다는 것을 살펴보았다. 여기에서 필자는 보살핌의 윤리가 전개되는 데 있어서 중요한 특징 한 가지를 더 덧붙이려 한다. 보살핌은 보살핌을 받는 자에 대한 감수성을 강조하여 초규율적이다. 이미 논의한 바와 같이 보살핌의 윤리에서는 규칙보다는 사람이 처한 개별적 혹은 구체적 상황이 중요시된다. 따라서 옳고 그름을 판단하는 데 있어서도 행위자가 특정 규칙에 충실했는가보다는 그가 보살핌에 얼마나 충실했느냐, 즉 보살핌을 받는 자의 요구에 얼마나 순수하게 반응했느냐가 중요하다.[54] 현실의 법과 보살핌의 윤리가 모순이 될 때에는 보살핌을 유발시키는 본초적인 관계성에의 충

---

53) Noddings, 앞의 책, 38쪽.
54) Noddings, 앞의 책, 53쪽.

실이 현실의 법에 대한 준수보다도 더 우위에 놓인다.

그래서 어떤 원칙이나 법이 보살핌과 양립할 수 없는 경우에는 항상 보살핌이 우선한다. 예컨대 학교에 가는 것보다도 더 가치 있다고 생각하는 일을 하고자 결석하는 아들을 보호하기 위해 학교 당국에 거짓말을 하는 것은 정당화될 수 있다. 왜냐하면 진실을 말하는 것은 아들을 처벌받게 하여 상처를 입힐 수 있기 때문이다. 이 경우는 거짓말을 하지 말아야 한다는 도덕 법칙보다 사람이 더 귀중하다는 보살핌의 윤리를 따르는 것이다.[55] 따라서 보살핌의 윤리에 충실하기 위하여 법칙을 위반하는 것도 가능한 것이다

4. 자비의 윤리와 보살핌의 윤리의 유사성

1) 간과할 수 없는 상이성

지금까지는 자비의 윤리와 보살핌의 윤리의 의미, 요청 근거/이유, 전개 과정을 각각의 체계 내에서 분리적으로 살펴보았다. 이제는 앞에서 논의된 내용을 기반으로 하여 두 윤리 사이의 유사성을 살펴보고자 한다. 이에 앞서서 필자는 간과할 수 없는 상이성을 지적하고자 한다.[56]

초기불교윤리는 자비와 보살핌을 실천하는 태도에 있어서 자비의 대상, 과정, 그리고 결과에 대하여 집착하지 말 것을 강조하는 데 비해, 보살핌의 윤리는 보살핌의 대상과 과정에 대한 몰입을 강조한다.

어디에도 집착하지 않아야 한다는 무집착의 개념은 불교윤리의 핵심

---

55) Noddings, 앞의 책, 57쪽.

56) 본 연구는 두 윤리 사이의 유사성에 초점을 맞추고 있기 때문에 상이성에 대한 고찰은 논외이지만 다음에서 지적할 상이성은 유사성을 이해하기 위해서 필수적이다.

이기 때문에 자비의 윤리를 이해하는 데 있어서도 고려되어야 한다. 자비와 관련하여 무집착은 우선 자비의 행동 자체에 정서적인 애착심을 갖지 않고 자비의 대상에 대해서도 정서적 애착심을 갖지 않는 것이라고 이해되어야 할 것이다. 자비는 타인에 대한 배려와 관심의 표현으로서 타인의 괴로움을 함께 느껴 이를 제거하려 하고 타인의 즐거움에 공감하는 것이지만 괴로움과 즐거움 자체에 매몰되거나 탐닉하는 것은 아니다. 항상 관조적 자세를 잃지 않을 것이 요구된다. 자비를 행하는 자는 자비를 받는 대상과 함께 느끼고 공감하여 대상과 하나가 되지만, 주의 집중적 명상(sati)에 의해 일순간도 놓치지 않고 자신이 갖는 느낌을 대상화시켜 관찰한다. 자신의 느낌을 대상화한다는 것은 느낌 그 자체, 자비의 대상, 자비의 과정에 대하여 집착하지 않는 것을 의미한다. 이러한 것들의 대상화는 또한 자비를 베푸는 자로 하여금 자비를 베푸는 과정에서 자비의 결과에 대해 기대하거나 우려하지 않고 자비를 적극적으로 실천하되 자신의 자비행 자체에 대한 어떠한 형태의 집착으로부터도 자유로운 것을 의미한다.

자비의 실천에 있어서 무집착은 자비가 쌍방성을 요구하지 않는 것과 필연적으로 관련되어 있다. 자비행의 결과에 대한 기대나 우려는 자비를 받는 자의 태도에 의존하게 된다는 것을 말한다. 자비행에 대한 우려나 기대 없이 단순한 마음에서 베푸는 자비는 상대방에게 전달되어 반응을 유발시킬 수도 있고 눈에 보이는 현실적 결과를 가져올 수도 있지만 언제나 그러한 것은 아니다. 자비의 행위가 전달되더라도 어떠한 반응도 없을 수 있고 자비의 행위에 대한 효과가 전혀 없을 수도 있다. 이때 만일 집착하는 태도를 갖는다면 자비를 베푸는 자는 실망할 수도 좌절할 수도 있을 것이다.

보살핌의 윤리는 주의 집중적 명상을 토대로 무집착의 태도 속에서 실천되는 자비의 윤리와 매우 대조적이다. 보살핌의 윤리에 있어서는 타자와 보살핌 자체에의 몰입이 요구되며, 타자나 보살핌의 내용에 대한 대상화의 과정이 반드시 요구되는 것은 아니다. 자비의 윤리가 자신이 느끼는 정서를 대상화해서 어떠한 상황에서도 의식의 흐름에 대한 관찰을 요구하여 집착이 생겨나는 것을 경계하는 데 비하여 보살핌의 윤리는 자신의 의식의 흐름에 대한 재의식을 요구하지 않는다.[57]

2) 자비의 윤리와 보살핌의 윤리의 유사성

자비의 윤리와 보살핌의 윤리는 윤리의 요청 근거 내지는 이유로서 인간 존재의 관계성에 대한 인식, 윤리의 원천으로서 정서적 측면의 강조, 절대적 도덕 규칙이나 원리의 지양, 윤리의 필요성의 인식과 실천에 있어서 자율성의 전제, 자기희생의 지양 등의 측면에서 유사한 입장을 취한다.

(1)자비의 윤리와 보살핌의 윤리의 발전은 자신과 타인과의 관계성/상호성의 인식에 의존해 있다. 앞에서 논의한 바와 같이 초기불교에서는 상호 의존적인 존재실상에 대한 인식에서, 보살핌의 윤리에서는 인간 존재의 필연적 관계성에 대한 인식으로부터 윤리가 성립한다. 두 윤리체계는 자신의 존재와 삶이 필연적으로 타인과 타인의 삶과 연결되어 있다고 보기 때문에 두 윤리가 지향하는 목표는 타인과의 관계성/상호성을 떠나서는 성취될 수 없다.

초기불교에서 윤리의 목적은 인간의 실존적 괴로움으로부터 자유를

---

57) 이러한 특성은 보살핌의 윤리의 핵심개념인 '몰입'에 잘 나타난다. 몰입은 정서적으로 대상의 현실을 자기의 현실로 받아들이는 것이며, 그 현실 속에서 자신과 자신의 의식을 '재의식'하지 않는 것이다. 몰입은 자비의 윤리에서와 같이 주의 집중적 명상의 과정을 포함하고 있지 않으며, 자신의 의식을 성찰하는 과정을 포함하지 않는다. 따라서 몰입에는 자신의 느낌에 대한 재의식이 결여되어 있으며, 대상에의 정서적 집착이 수반된 것으로 이해된다.

실현하는 자비를 실천하는 데 있고, 보살핌의 윤리에서는 보살핌의 충동을 타고난 인간이 관계 속에서 자신을 실현하기 위해 보살핌을 실천한다. 따라서 두 윤리체계의 목적이라고도 할 수 있는 행복성취와 자아실현을 위해서 상호 의존적 존재인 인간은 자비와 보살핌을 실천하는 것이다.

또 두 윤리는 인간의 상호 의존성이나 관계성을 고려하기보다는 절대적 원리나 규칙의 수용을 도덕발달로 보는 칸트나 콜베르크의 도덕이론과 다르다. 칸트의 입장에서 도덕 법칙은 어떤 상황에서도 예외 없이 준수되어야 하는 것이고 이 도덕법칙은 인간의 상호 의존성이나 관계성에 의해 영향받지 않는다. 칸트는 어떤 상황에서도 도덕법칙을 인간의 관계성보다 우위에 두지만 자비의 윤리와 보살핌의 윤리는 법칙보다 인간의 관계성을 우위에 둔다.

(2)자비의 윤리와 보살핌의 윤리는 관계와 상호성의 인식에 따라 발전하므로, 두 윤리의 실천자는 자신을 둘러싸고 있는 관계 속에서 구체적으로 진행되고 있는 상황이나 맥락에 민감할 것이 요구된다. 따라서 두 윤리는 구체적이고 상황 의존적이다. 두 윤리는 사건의 맥락을 떠나 있지도 않으며 경험 세계를 떠난 곳에서 행동의 원리를 찾는 것도 아니다. 자비의 윤리와 보살핌의 윤리 모두 자기가 속한 생활환경 속에서의 살아 있는 경험을 요구한다. 두 윤리는 순전히 추상적인 도덕법칙으로서의 윤리에 대해 비판적이다. 따라서 두 윤리는 절대주의적 윤리관이나 법칙 중심의 윤리관과 다를 수밖에 없다. 보살핌의 윤리는 구체적으로 경험되는 타자에의 (그래서 또한 자아에의) 몰입이 없으면 성립할 수 없고, 자비의 윤리는 개인과 상황에 대한 감수성 없이는 성립할 수 없는 것이다.

두 윤리는 상황과 개인의 차이를 반영할 뿐만 아니라 이에 대해 민감하기 때문에 윤리의 실천방법이 획일적이지 않고 다양할 수밖에 없을 것이다. 따라서 윤리 실천자의 상황에 대한 이해와 사람에 대한 감수성이 매우 중요하며, 이에 따른 자비와 보살핌의 적용에 있어서 적합성이나 독창성이 중요하다고 생각된다. 자비의 실천에 있어서 핵심 개념인 '방편'(upāya, 方便, skill-in-means)은 자비대상의 성격과 상황의 특이성/특수성을 고려하여 가장 적합하고 효율적이라고 생각되는 방식을 채택할 것을 요구한다.

(3)자비의 윤리와 보살핌의 윤리의 원천은 감정이입, 동정심, 공감 등의 정서적 느낌이다. 그래서 두 윤리는 이성적 원리가 명령하는 윤리가 아니라 마음으로부터 저절로 우러나오는 윤리를 지향한다. 자비의 윤리는 한 순간도 놓침이 없이 자비의 마음을 길러 매순간 자연적으로 표출되는 자비를 중요시하고, 보살핌의 윤리는 선천적으로 내재된 충동에서 비롯된 보살핌의 마음을 자연스럽게 타인에게 이르게 하는 것을 중요시한다. 그런데 두 윤리의 원천이 인위적인 노력 이전의 정서라고 할지라도 발전된 형태의 자비와 보살핌은 의식적인 노력에 의해 가능하다. 그래서 두 윤리는 원초적인 정서와 노력을 바탕으로 하여 바람직하게 형성된 정서를 중요시한다고 생각된다. 즉 바람직하게 형성된 자비는 자비의 마음을 닦는 수행과 타인과의 관계 속에서 학습을 통해 축적되고 그것에 의해 형성된 좀더 완벽한 정서에서 비롯될 것이다. 이 점에 있어서는 보살핌의 윤리도 마찬가지이다. 바로 이 점은 초기불교에서 자비의 마음을 기르는 것, 그리고 보살핌의 윤리에서 과거의 보살핌의 경험과 교육을 강조하는 것과 관련이 있다. 자비와 보살핌의 정서 (그리고 이와 함께 외화된 행동)는 그것의 완성이나 성숙의 정도에 따라 그 표출방식의 자연스러움에 있어서도 차이가 있을 것이다. 좀더 성숙한 정서에서 비롯되는 자비와 보살핌은 더욱 완성된 형태의 자연스러움을 동반할 것이다.

더 성숙한 정서를 바탕으로 하여 더 완성된 형태의 자비와 보살핌을 표출한다는 것은 습관에 의해 꾸준히 형성된 바람직한 인격체를 전제하고 있다. 자비와 보살핌은 다른 덕목들로부터 독립된 덕목이라기보다는 다른 덕목들의 성장과 함께 완성되는 것이어서 다른 덕목이 체화된 인격체를 전제하는 것이다. 여기에서 우리는 두 윤리체계가 도덕주체로 하여금 자비와 보살핌을 실천함으로써 각자의 인격을 완성하는 것을 도덕의 궁극이상으로 설정하고 있음을 알 수 있다.

두 윤리체계는 덕의 일회적인 실천보다도 그 궁극적 발전단계에 있어서는 자비와 보살핌을 체화하여 인품 속에 습관화할 것을 요구한다. 한두 번의 자비와 한두 번의 보살핌의 행위에 의해 두 윤리는 완성될 수 없으며 지속적인 실천 속에서 완성되는 것이다. 이것은 아리스토텔레스의 덕에 대한 이해와도 상통한다. 아리스토텔레스가 덕 있는 행동의 일회적 표출보다도 덕 있는 행동의 잠재적 원천으로서의 인격을 중시하였듯이 두 윤리도 이러한 입장을 견지할 것으로 이해된다.

(4)자비의 윤리와 보살핌의 윤리는 윤리가 요구되는 상황에 대한 인식을 전제할 뿐만 아니라 윤리의 실천에 있어서 자아의 자율성을 전제하고 있다. 두 윤리는 내적 자발성에 근거하는 덕목실천의 초기단계에서부터 덕목의 내면화가 요구되는 최종단계에 이르기까지 도덕주체로 하여금 외부의 물리적인 힘이나 강제적인 규율에 속박되지 않고 자신의 인식과 판단에 근거할 것을 요구한다.

초기불교에서는 인식과 행위에 있어서 비판적이고 자주적인 도덕주체의 사고와 이러한 사고에 입각한 실천을 강조하고 있다. 자비의 윤리에서 자율성은 일차적으로 행동, 말, 생각의 영역에서 스스로를 규제하는 힘으로서 나타나며, 이차적으로는 괴로움, 연기, 윤회의 현실에 대한 인식에 도달한 이후에 이 인식을 현실의 관계에 적용하여 자비를 자주적으로 실천하는 데서 나타난다고 이해된다.

보살핌의 윤리에서도 보살핌을 발전시키는 데 있어서 자아의 자율성이 전제되어 있다. 길리간에 의하면 보살핌의 주체는 행동을 결정짓는 원칙이 없는 시기라고 할 수 있는 두 번의 과도기를 겪으면서 자주적이고 적극적으로 타협점을 모색해 감으로써 다음 단계로 순조롭게 이행해 간다. 과도기에 자아가 겪는 인식과 실천상의 혼돈은 자주적인 인식, 자주적인 선택, 그리고 자주적 실천으로 귀결된다. 바꾸어 말하면 자아는 상황의 인식, 행동의 선택, 선택된 행동의 실천에 있어서 스스로의 주체적 이해와 판단에 따른다. 이는 노딩스의 보살핌의 윤리에서도 마찬가지이다. 자아는 보살핌의 상황에 대한 주체적인 인식과 판단에 따라 보살핌의 활용여부를 의지적으로 결정한다. 즉 보살핌은 본질적으로는 자연적 충동에 의거한 것이지만, 윤리 주체는 보살핌의 충동을 모든 관계에서 그리고 모든 수준에서 자아의 판단에 따라 거부할 수도 있고 수용할 수도 있다.[58] 보살핌을 실천한다는 결정을 내리면 자아는 보살핌의 표출 방식을 선택하여 주체적으로 실천한다. 특히 주체적 실천에 있어서는 자주적 판단에 의거하여 절대적 규칙을 무시할 수도 있다. 이와 같이 보살핌의 윤리에 있어서 윤리주체가 갖는 자율성은 상황의 인식과 판단, 행동의 선택, 그리고 선택된 행동의 표출방식을 결정하는 데서 드러난다.[59]

요컨대 자비의 윤리와 보살핌의 윤리는 윤리주체의 자율성을 극대화하여 윤리적 상황에 대한 주체적 이해, 주체적 판단, 그리고 주체적 실천 등을 전제한다. 두 윤리의 모든 과정은 윤리주체의 자율성을 전제하지 않고는 불가능하다. 특히 윤리의 실천에 있어서 주체적 자율성은 두 윤

---

58) Noddings, 앞의 책, 51쪽.

59) 허란주는 보살핌의 윤리가 갖는 자율성을 윤리주체의 '자기 결정성'에서 찾고 있다. 그녀는 노딩스의 보살핌의 개념에 나타난 자율성을 윤리주체가 갖는 '윤리적 이상'에 대한 실천적 의지에서 찾고 있는 것으로 이해된다. 즉 그녀는 윤리주체가 보살핌의 윤리를 스스로 선택하고, 윤리적 이상을 실현하기 위해서 보살핌의 윤리에 대한 확대적용의 결정(혹은 의지)을 내리는 것을 자율성의 표출이라고 보고 있다(허란주, 〈페미니즘과 자율성〉,《철학과 현실》 15, 1993, 239쪽). 필자는 보살핌의 선택과 확대 적용 과정에서 윤리주체의 의지가 작용할 뿐만 아니라 상황 판단, 보살핌의 적용의 거부, 표현 방식에 있어서의 창조성, 그리고 절대적 규칙의 거부 등에서도 자율성이 드러날 수 있다고 본다.

리가 마음 속에 내면화되고 체화되었을 때 정점에 달할 것이라고 생각된다. 내면화되고 체화된 윤리는 '이웃을 사랑하라' 혹은 '이웃을 사랑해야 한다'는 식의 당위적 혹은 명령적 규칙에 따르는 단계를 초월한다.

(5)자비의 윤리와 보살핌의 윤리는 자기희생을 정당화하지 않는다. 두 윤리는 자비의 대상과 보살핌의 대상으로서 자신과 타인을 모두 동등하게 고려할 것을 강조하기 때문에, 타인의 희생이 자신의 복지를 위하여 정당화될 수 없듯이 타인의 복지를 위해 자신을 희생하는 것도 정당화될 수 없다. 그런데 왜 자기희생이 정당화될 수 없는 것인가? 자비와 보살핌의 윤리가 심리적으로 어디에 기반을 두고 있는가를 살펴보면 왜 자기희생이 정당화될 수 없는가를 이해할 수 있다.

두 윤리는 자신의 괴로움을 제거하는 것과 자신의 복지를 추구 (혹은 자신의 존재를 참답게 실현) 하는 데서 출발한다. 자기 자신의 실존적 인식에서 비롯된 자신의 괴로운 현실의 지각 그리고 이 괴로운 현실과 타자의 연관성은 무엇보다도 먼저 자신의 괴로움을 직시하고 그것을 제거할 것을 요구한다. 윤리 주체에게 요청되는 것은 일차적으로 자신의 괴로움의 제거이고—더 나아가서는 자신의 괴로움을 완전히 제거하는 것은 타인의 괴로움을 제거하지 않고는 원칙적으로 불가능하므로—이차적으로는 타인에 대한 관심이다. 두 윤리의 목표는 타인과의 관계 속에서 실현되며, 이때 타인과 관계하는 방법이 바로 자비와 보살핌이다. 이러한 입장에서는 타인의 자유를 위해 '나' 자신의 자유를 희생하는 것은 바람직하지 않다고 이해되는 것이다.

요컨대 초기불교에서는 자기 희생적 자비를 바람직하다고 여기지 않으며 자신과 타인의 복지/행복 모두를 함께 고려하는 자비의 실천을 이상으로 하고 있다. 이는 보살핌의 윤리의 경우에도 마찬가지이다.

노딩스는 보살핌의 윤리에서는 왜 자기희생이 허용되지 않는가에 대한 이유를 직접적으로 제시하고 있지는 않지만, 그녀의 이론 속에는 그것이 함축적으로 전제되어 있다. 앞에서 고찰한 바와 같이 보살핌의 윤리는 상호성에 기반을 두고 있으므로, 보살피는 자는 보살핌을 받는 자의 반응에 의거하여 보살핌의 완성 가능성을 판단하여 보살핌이라는 관계 맺음을 회피할 수 있다. 만일 보살핌의 윤리가 자기희생을 요구한다면 보살핌의 윤리에 필수적인 상호성의 준칙이 무시되는 경우를 설정해야 한다. 보살핌을 받는 자가 보살핌을 수용하지 않아서 상호성의 준칙이 지켜지지 않음에도 불구하고, 보살피는 자가 계속하여 그를 보살핀다면 이것은 자기희생적 보살핌이라고 할 수 있다. 왜냐하면 보살핌의 윤리에서는 보살피는 자가 일반적으로 보살핌을 받는 자의 수용성 혹은 반응성을 통하여 자신의 성장과 실현이라는 파생효과를 얻기 때문이다. 또한 보살핌의 윤리의 상호성의 준칙은 보살피는 자는 자신의 능력의 한도에 따라 보살피는 대상을 제한해야 하고 자기 희생이 요구되는 보살핌을 애당초부터 허용하지 않는다.

위에서 살펴본 바와 같이 보살핌의 윤리는 이론적으로 자기희생을 허용하지 않는다. 그런데 일단 보살핌의 윤리가 시작되어 전개되는 과정 속에서 자기희생을 감수해야만 하는 상황이 나올 수는 없는 것일까? 일단 보살핌의 윤리가 실행되기 시작하면 보살핌을 받는 자와 보살핌을 베푸는 자의 목표와 이익이 서로 상치되지 않고 보살핌을 받는 자가 누리는 행복이 보살피는 자의 행복과 동일시되므로 보살핌의 윤리의 전개과정 속에서도 자기희생이라는 개념이 성립할 수 없다. 이 맥락에서 노딩스의 '보살핀다는 것은 자신에게 봉사하는 것이며 동시에 타인에게 봉사하는 것'이라는 말을 음미해 볼 필요가 있다. 사실상 보살핌의 과정 속에서는 타인의 행복이나 성취가 나의 행복이며 나의 성취가 되므로 자기희생이란 있을 수 없다.

노딩스는 보살핌의 윤리에서 관점의 이원성을 주장하여 보살피는 자와 보살핌을 받는 자를 이원적으로 파악하고 있으나, 보살핌의 과정 중에서 보살피는 자의 봉사와 보살핌을 받는 자가 누리는 혜택 등에 대해서는 일원적 이해를 전제하고 있다. 그녀에 의하면 "나 자신은 관계 속에서 정의되는 존재이므로 내가 보살피는 자로서 타인을 향해 나아갈 때 나는 나 자신을 희생하는 것이 아니다."[60] 나 자신의 존재가 필연적으로 타인과 연결되어 있으므로 타인과의 관계선상에서 나 자신이 규정되고 타인과의 관계선상에서만 나라는 존재의 의미가 드러난다. 따라서 타인에 대한 보살핌은 자신의 존재성을 실현해 가는 계기이기도 하므로 보살핌을 받는 자의 자기실현에 있어서 필수적인 것이다.

5. 보살핌의 윤리의 한계와 한계극복의 대안으로서의 자비의 윤리

1) 보살핌의 윤리의 한계

보살핌의 윤리는 기존의 도덕이론이 가지고 있는 문제점들을 지적하여 윤리학 이론에 기여한 바가 크지만 몇 가지 한계를 가지고 있다고 생각된다. 첫째로 보살핌의 윤리는 여성의 윤리행위를 설명하는 데 있어서 설득력이 있지만 남성의 윤리행위를 설명하는 데 있어서는 설득력이 적다. 혹자는 보살핌의 윤리가 남성과 여성의 성차를 근거로 이론을 제안하는 측면이 있지만 보살핌과 정의, 혹은 책임감과 권리 등의 개념을 근거로 하여 이론을 정립하는 측면도 있으므로 성차를 초월한 보편적 윤리 이론이 될 수 있다고 주장할 수도 있을 것이다. 그러나 보살핌이나 책임감 등의 핵심 개념들이 주로 여성 피험자나 여성의 특수 경험에 의존하여 발견되고 완성되었으므로 남성에게까지 똑같은 설득력을 가질 수 있는

---

60) Noddings, 앞의 책, 99쪽.

가에 대해서는 의문의 여지가 있다. 둘째로 자신과 직접적으로 상호적 관계가 있는 사람 혹은 동물에게만 보살핌을 적용해야 한다는 주장은 윤리의 적용범위가 편협하다는 비판을 면하기 어렵다.

첫번째 한계는 보살핌의 윤리가 여성(만)의 윤리라는 비판을 면하기 어렵다는 사실과 관계되어 있다. 길리간은 자신의 이론이 성차를 주제로 하여 여성에게는 보살핌의 윤리를, 남성에게는 정의의 윤리를 정당화하려는 것이 아니라고 한다. 그녀가 의도한 것은 다만 여성에게는 권리와 정의의 도덕언어가 아닌 다른 도덕언어가 있다는 것을 보여주는 것이라고 한다. 그리고 그녀는 보살핌의 윤리가 여성의 독특한 목소리이기도 하지만 남성에게도 적용될 수 있다고 한다. 이러한 주장에도 불구하고 길리간의 보살핌의 윤리가 그 이론의 추출 방법과 이론화의 과정을 고려해 볼 때 남성에게까지 이 이론을 적용하는데 얼마나 설득력이 있는가 하는 것은 여전히 문제로 남는다. 즉 길리간의 이론의 핵심을 이루는 부분이 임신 중절을 경험하고 있거나 경험한 여성들을 대상으로 한 연구에 근거하여 형성되었기 때문에 남성을 포함한 인간 일반에게 일반화시키는 데에는 반론이 제기될 수 있을 것이다. 길리간의 경험적 연구는 보살핌의 윤리가 인간 일반에게 타당한 도덕이며 또 타당한 도덕이 되어야 한다는 주장을 뒷받침하기에는 다소 취약한 것이다.

보살핌의 윤리의 보편적 적용의 문제에 있어서는 노딩스에게도 동일한 비판이 가해질 수 있을 것이다. 그녀는 보살핌의 윤리가 모든 사람들이 가지고 있는 보편적인 느낌, 태도, 기억 등에 호소하고 있기 때문에 모든 사람들에게 해당하는 윤리라고 주장하지만, 자신의 이론을 전개하는 데 있어서는 여성과 모성애와 같은 여성의 특수한 경험에 주로 의존하고 있다.[61] 따라서 길리간의 경우에서와 마찬가지로 특수한 경험을 갖지 못

___

60) 여기에서 혹자는 '보살핌의 윤리가 여성의 특수한 경험에 의존하고 있다' 는 말이

한 남성에게까지 보살핌의 보편적 적용성을 어떻게 설명해 낼 수 있을 것 인지 의문이다.

요컨대 보살핌의 윤리를 여성 특유의 윤리라고 주장하면서도 남성에 게도 적용될 수 있다는 길리간과 노딩스의 주장은 모순이 있으며, 이들의 실제적 연구는 보살핌이 여성에게 특유한 윤리라는 것 이상을 보여주지 못한 것으로 생각된다.

두번째 한계는 보살핌의 윤리를 확산·적용하는 데 있어서 그 적용범 위가 편협하다는 것이다. 보살핌의 윤리는 구체적 관계가 없는 대상에게 확산·적용하는 것에 대하여 어떠한 설명도 제공하지 못하며, 오히려 '무관계 무보살핌'이라는 논리를 함축하고 있어 편협하다는 비판을 면 할 수 없게 된다. 길리간은 낯선 타인들이 어떻게 보살핌의 대상이 될 수 있는가에 대해 입장을 밝히고 있지 않으며, 노딩스는 자신과 직접적 관 련이 없는 사람들에 대해서는 보살핌의 윤리를 적용할 어떤 의무도 없다 고 한다. 그녀에 의하면 보편적 사랑(universal love)은 실현 불가능한 환 상이며[62] 보편적 정의와 같은 남성의 윤리일 뿐이다. 따라서 그녀의 보살 핌의 윤리는 분명하게 '보편적 사랑'이라는 개념을 거부하고 있다. 보살

'보살핌의 윤리가 남성에 대하여 설득력을 갖지 못한다' 는 것을 의미하는 것은 아니 라고 생각할 것이다. 예컨대 Lauritzen은 '보살핌의 윤리가 출산과 자녀양육 등을 통 한 모성애 경험에 의존하고 있다' 는 사실이 반드시 '보살핌의 윤리가 여성만의 윤리 라는 것' 을 의미하지는 않는다고 한다. Lauritzen에 의하면 보살핌의 윤리는 여성만 의 윤리도 어머니만의 윤리도 아니며 모든 사람들의 윤리여야 한다(Paul Lauritzen, "A Feminist Ethic and the New Romanticism-Mothering as a Model of Moral Relations" (*Hypatia* vol.4, no.2, 1989), 39~42쪽). 그러나 보살핌의 윤리 전개에서 가장 중요한 것은 경험이며, 보살핌의 윤리는 추상적 이론전개나 당위적 윤리법칙에 의존하고 있 지 않다. 더 나아가서 보살핌의 윤리는 칸트식의 추상적 이론전개나 당위적 윤리법 칙을 거부하고 있다. 그래서 길리간이나 노딩스가 추상적 논의의 전개나 당위적 법 칙에 의거해서 남성을 포함한 인간 모두에 대한 보살핌의 윤리의 보편성을 주장한다 면 자신들이 비판하고 있는 윤리 방법을 수용하는 모순을 갖게 된다.

61) Noddings, 앞의 책, 90쪽.

핌의 윤리는 인간관계에 있어서 나의 가족이나 친구, 동료 등과 같이 자신과 직접적으로 관계를 맺고 있는 사람들에게만 한정되어 있다. 그녀는 어떤 누구도 모든 사람을 보살펴야 할 의무를 지니지 않는다고 한다. 앞에서 살펴본 바와 같이, 노딩스에 의하면 아프리카의 굶주리는 아동들에 대하여 우리는 보살펴야 할 의무를 지니지 않는데 그 이유는 상호적인 관계를 세울 수 없기 때문이었다. 그런데 이 경우 보살펴야 할 의무를 지니지 않는 또 하나의 이유는, 직접적 관련이 없는 먼 관계의 사람들에 대한 보살핌의 윤리의 적용은 자신이 직접적으로 관계하고 있는 사람들에 대한 보살핌을 소홀히 하게 할 수 있다는 것이다.

생활 속에서 상호적인 관계수립의 가능성이 없다고 하여, 또 자신과 직접적 관련이 없거나 관계가 먼 사람들에 대한 보살핌의 실천이 가까운 사람들에 대한 보살핌을 소홀하게 할 수 있다는 이유로 보살핌의 영역을 미리 제한하는 것은 편협하다고 보지 않을 수 없다. '관계'라는 것은 고정되어 있거나 폐쇄되어 있는 것이 아니고 항상 변화 속에 있으며 새로운 관계의 가능성 속에 열려 있는 것이다. 노딩스의 보살핌의 윤리에 전제되어 있는 관계의 개념은 현존하는 관계의 변화성과 새로운 관계를 위한 개방성이 결여되어 있다.

또한 '관계'라는 것은 절대적인 개념이 아니어서 우리는 관계의 있고 없음과 관계의 깊고 얕음을 쉽게 판별할 수 없다. 예컨대 그녀가 우리와 직접적으로 관련이 없고 무관하다고 주장하는 아프리카의 어린이에 대하여, 우리는 동시대에 살고 있다는 이유만으로도 혹은 동일한 종족이라는 이유만으로도 서로 관계되어 있다고 할 수 있다.

이와 같이 보살핌의 윤리는 그 적용범위가 편협하다. 보살핌의 윤리의 편협성은 동물들에 대한 태도에서도 나타난다. 우리는 동물 일반에 대하여 보살핌의 의무를 가지지 않으므로 우리와 직접 관련되는 소수의 애완동물을 제외하고는 동물을 보살펴야 할 어떤 책임도 갖지 않는다. 왜냐하면 동물들은 본질적으로 인간의 보살핌에 대하여 반응할 능력을 갖지 못하여 우리는 그들과 순수하게 상호적 관계를 맺을 수 없기 때문이다.

노딩스가 말하듯이 인간은 타인과의 상호 관계성 때문에 타 존재와 보살핌의 관계를 설정할 필요가 있다. 그런데 상호 관계성은 인간이라는 종족에만 한정되지 않고 다른 종족에까지 적용된다. 개아로서의 자신을 위해서도 다른 사람들과 보살핌의 관계를 설정할 필요가 있듯이, 인간이라는 종족 전체를 위해서도 인간 이외의 타 종족과 보살핌의 관계를 설정할 필요가 있는 것이다.

요컨대 보살핌의 윤리는 두 가지 의미에서 적용범위가 편협하다고 할 수 있다. 첫째로 인간관계의 깊이에 따라 보살핌을 제한한다는 의미에서 편협하며, 둘째로 상호성을 이유로 인간이 아닌 다른 종족인 동물들에 대해서는 보살핌의 필요성을 구체화하지 않는다는 의미에서 편협하다. 그런데 보편적 설득력의 결여와 적용상의 편협성 외에도 여성에게 자기희생을 강요할 수 있다는 보살핌의 윤리에 대한 우려도 간과될 수 없을 것이다. 수없을 것이다.

노딩스는 자연적 보살핌은 도덕생활의 토대이고 모성애(mothering)는 자연적 보살핌의 최고의 모델이어서 모든 도덕관계의 패러다임이라고[63] 주장하는데, 이는 여러 여성주의자들이 우려하듯이 여성에게 희생을 강요하는 논리로 오용될 수 있다. 예컨대 노딩스의 이러한 주장은 성차별 사회 속에서 여성으로 하여금 자신의 발전과 과업을 제쳐 두게 하고 타인의 발전과 과업에 초점을 맞추게 함으로써 여성의 위치와 다른 보살피는 자들의 위치를 악화시킬 수 있다.[64] 게다가 노딩스는 보살핌의 윤리가 모

---

63) Noddings, 앞의 책, 83쪽.
64) 이러한 우려는 광범위한 공감대를 얻고 있다. 예컨대 이러한 우려를 표명하고 있는 Claudia Card의 "Caring and Evil" (*Hypatia* vol.5, no.1, 1990, 102쪽)을 참조. 보살핌의 윤리가 여성에게만 요구되어 오히려 여성의 희생을 강요할 수 있다는 일부 여성주의

든 여성들을 대변하는 윤리가 아니며 남성들을 배제하는 것도 아니라고 주장하면서도, 보살핌의 윤리의 실천에 있어서는 여성의 특수한 경험 때문에 여성은 남성보다도 다소 나은 조건을 구비하고 있다고 한다.[65] 그런데 여성의 특수한 경험에 대한 강조는 여성에게만 보살핌을 독려·강요하면서 남성에게는 그 보살핌의 능력을 과소평가하고 개발을 저해하는 논리로 활용될 수도 있을 것이다.

또한 '모성애를 자연적 보살핌의 최고모델이라고 하고 여성만의 특수경험 때문에 여성이 보살핌에 있어서 보다 나은 조건을 갖는다'고 하는 노딩스의 주장과 '보살핌의 윤리가 원칙적으로 자기희생을 요구하지 않으며 오히려 자기실현의 방편일 수도 있다'는 그녀의 또 다른 주장은 모순적으로 보인다. 왜냐하면 전통적으로 자기희생을 특징으로 하는 모성애와 여성 특유의 경험에 대한 높은 평가가 자기희생을 거부하는 보살핌의 개념과 어떻게 조화될 수 있는지 의문이기 때문이다.

2) 한계극복 대안으로서의 자비의 윤리

필자는 앞에서 보살핌의 윤리가 갖는 이론상의 한계점들을 검토해 보았는데, 이제 이러한 한계점들이 초기불교의 자비의 윤리에 의해서 이론적으로 극복될 수 있는지에 대한 문제를 검토해 보고 초기불교윤리의 입장에서 한계극복의 방안을 탐색해 보고자 한다.

자들의 우려는 숙고의 가치가 있을 것이다. 모성애는 전통적으로 자기희생적인 덕목으로 이해되어 왔고 부성애는 사회적으로 장려되지 않았기 때문에, 그리고 더 나아가서 보살핌의 윤리는 전통적·자기희생적 모성애를 최고의 덕으로 미화함으로써 여성의 남성에의 종속을 정당화할 수도 있기 때문에 이러한 우려론은 면밀히 검토될 가치가 있다고 생각된다. 필자는 보살핌의 윤리가 내포하고 있는 여성의 자기희생에 대한 우려의 문제를 4부 3장에서 면밀히 검토할 것이다.

65) Noddings, 앞의 책, 97쪽.

(1)보살핌의 윤리의 첫번째 한계로서 필자는 보살핌의 윤리가 그 이론화의 과정에 있어서 여성 피험자 혹은 여성만이 겪는 경험이나 모성애와 같은 여성으로부터 추출된 특징에 의거하고 있어서 남성에 대해서는 설득력이 약하다는 것을 지적하였다. 즉 보살핌의 윤리는 주로 여성의 특수경험에 의존하여 이론화된 윤리이기 때문에 인간 일반의 보편윤리라고 주장하기에는 그 이론적 근거가 취약하다. 마치 길리간과 노딩스가 콜베르크가 제시한 도덕발달 개념과 칸트의 윤리이론이 여성의 윤리행위와 사고를 설명해 주지 못한다고 하여 이들의 이론을 신랄하게 비판하듯이, 마찬가지로 칸트와 콜베르크의 입장에서 윤리를 이해하는 사람도 이와 똑같은 이유를 들어 보살핌의 윤리를 비판할 수 있는 것이다.

보살핌의 윤리와 달리 자비의 윤리의 원리는 여성 특유의 경험에 의거해 있거나 여성적인 특징에 호소하고 있지 않다. 자비의 윤리의 이론화에는 남녀의 성차가 전제되지 않으며 모든 인간이 자비의 윤리를 실천할 수 있다는 점이 전제로 깔려 있다. 자비의 윤리를 설명하는 데 있어서 초기불교는 남녀의 성차—이것이 선천적이든지 후천적이든지 간에—를 의식한 어떠한 전제도 내포하고 있지 않다.

(2)필자는 보살핌의 윤리의 한계점들 가운데 한 가지가 모든 인간을 대상으로 한 것도 아니고 인간 이외의 다른 종족들을 적용 대상으로 포함한 것도 아니어서 적용상 편협하다는 점을 지적하였다. 살펴본 바와 같이 자비의 윤리는 인간뿐만 아니라 다른 생명체까지를 자비의 대상으로 한다. 자비의 윤리가 갖는 이러한 강점은 그 윤리를 정당화하는 토대가 확고하다는 데서 찾아져야 할 것이다. 연기설과 윤회설은 각각 자비의 대상을 공간적·시간적으로 무한히 확대하고 있다.

공간적 측면에서 자비의 대상과 관련하여 연기설을 해석해 보면, 직접적으로 관계하고 있는 사람들 및 생명체뿐 아니라 직접적으로 관계되지 않는 사람들 및 생명체에 이르기까지 전 우주 존재들의 상호 관계성과 상호 관계성 속에서의 변화를 함축하고 있기 때문에, 우주의 어느 한 사람도 혹은 어느 한 생명체도 빠뜨리지 않고 자비의 대상에 포함된다. 더 나아가서 연기설은 인간과 생명체뿐 아니라 무생물적 존재 혹은 모든 자연환경에까지 자비의 영역을 확대할 것을 함축하고 있다.

시간적 측면에서 자비의 대상과 관련하여 윤회설이 함축하고 있는 바는 이것이 현재는 물론 과거와 미래의 존재들에게까지 자비의 대상을 확대시키고 있다는 것이다. 윤회설이 사실로서 이해되든지 은유적으로 이해되든지 그것은 현재 내가 직접적으로·가시적으로 만나고 있는 사람들과 생명체들, 그리고 직접적으로 가시적인 관계성을 확인할 수 없는 사람들과 생명체들에게까지 전일적이고 무한적인 관계성을 함축하고 있다. 윤회설은 무한한 상호작용의 역사와 무한한 관계성을 함축하고 있어서 윤회설의 관점에서 볼 때 이 세계에는 나와 무관한 존재는 아무것도 없다고 볼 수 있다. 모든 사람과 모든 생명체, 그리고 모든 존재가 나와의 교섭과 관계를 전제하고 있는 것이다.

이상과 같이 연기설과 윤회설은 관계의 무한성에 입각해서 공간적·시간적으로 자비의 대상을 무한히 확대시키고 있어서 보살핌의 윤리가 갖는 이론적 편협성을 극복해 줄 수 있을 것으로 기대된다. 그러나 혹자에게는 자비의 대상을 확대하는 데 있어서 공간적·시간적으로 무한하다는 말이 오히려 현실성이 없는 말로 들릴는지 모른다. 그래서 자비의 윤리의 이론적 토대가 보살핌의 윤리의 이론적 토대가 안고 있는 것보다도 더 심각한 문제를 안고 있다고 생각할 수 있을 것이다.

그런데 여기에서 지적되어야 할 것은 우리가 자비의 윤리를 적용할 때 무차별적으로 적용하지 않는다는 사실이다. 즉 우리는 인간과 동물을 구별하지 않고 자비를 적용하라고 요청받는 것도 아니며 모든 사람들에게 무차별적으로 동일한 정도의 자비를 적용하라고 요청받는 것도 아니다. 따라서 초기불교는 자비의 확대범위를 이상적으로 무한히 설정하고 있

으면서도 현실적으로는 자비의 적용에 있어서의 구체적 지침들을 제시
함으로써 자비실천의 현실성을 높이고 있다. 그러면 자비의 적용에 있어
서 활용되어야 하는 구체적 지침들은 무엇인가? 필자는 인간의 관점에서
의 판단, 자비요청의 절박성의 정도, 관계의 깊이와 공간적 근접성, 그리
고 중도 등을 고려한 다음의 네 가지가 최소한의 지침들일 수 있다고 본
다.

　첫째, 불교는 (그 무엇도 아닌) 인간의 실존적 괴로움에 대한 여실한 지
각으로부터 출발하므로 우리는 일차적으로 인간을 중심으로 한 판단기
준을 필요로 한다. 여기에서 '인간을 중심으로 판단한다'는 것은 인간의
삶을 위해 인간 이외의 종족들을 도구화한다는 것을 의미하지는 않는다.
이것은 인간 이외의 존재들과 지배나 종속 관계가 아닌 공존의 관계 속에
서의 인간을 중심으로 한 판단을 내리는 것을 의미한다. 공존의 관계 속
에서 우리는 동물에 대하여 인간을 우선적으로 고려하고, 무생물에 대하
여 생명체를 우선적으로 고려할 수 있다. 둘째, 자비를 받아야 하는 대상
의 절박성이 크면 클수록 우리의 일차적 배려 대상이 될 것이다. 절박한
상황에 처하여 긴급한 도움을 요청하는 먼 이웃은 그렇지 않은 가까운 이
웃에 앞서서 배려의 대상이 되어야 할 것이다. 셋째, 우리 자신과 보다 가
깝게 관련되어 있는 사람이 그렇지 않은 사람보다 우선적으로 자비의 대
상이 될 것이다. 우리가 현실 속에서 구체적으로 요청받는 자비는 관계
의 속성이나 공간적 거리에 따라서 다를 수 있다. 친구나 가족, 혹은 가까
운 이웃이 생면부지의 사람이나 먼 이웃에 우선하여 배려의 대상이 될 수
있는 것이다. 넷째, 자비를 행동에 옮기는 데 있어서는 중도의 원리가 적
용되어야 할 것이다. 예컨대 모든 생물이 자비의 대상이라고 하여 공기
중의 세균까지 보호하려 한다면 이것은 극단적 자비이다. 자기희생이나
극단적 이기주의가 바람직한 자비일 수 없는 것도 이 둘 모두가 중도의
원리를 벗어나 자비를 극단적으로 적용하고 있기 때문이다. 자비의 구체

적 실천에 있어서 활용되는 이와 같은 네 가지 지침들은 모두 초기불교윤리의 반절대주의적, 자연주의적, 경험주의적, 그리고 실용주의적 특징의 맥락에서 이해될 수 있을 것이다.

자비의 윤리가 보살핌의 윤리의 한계점을 보완해 줄 수 있는 또 다른 한 가지는 보살핌의 윤리가 갖지 못한 자비의 윤리의 특징에서 찾아질 수 있을 것이다. 앞에서 살펴본 바와 같이 보살핌의 윤리는 구체적인 상황과 경험적 맥락을 떠나서는 성립할 수 없다. 즉 비인격적·추상적 차원에서는 보살핌의 윤리가 기능하지 못한다. 그런데 자비의 윤리는 보살핌의 윤리와 마찬가지로 상황성, 경험성, 맥락성, 구체성을 그 특징으로 하면서도 이와 반대되는 특징도 가지고 있다. 자비의 윤리에는 모든 생명체뿐 아니라 감각적으로 지각되지 않는 무형의 존재들에게까지 확산·적용해야 하는 차원이 존재하는데, 이 차원은 구체적 경험의 차원을 넘어선 추상적 차원이라고 할 수 있다. 이와 같이 자비의 윤리는 구체적 경험, 구체적 관계, 가시적 현실을 중요시하면서도 이를 넘어선 영역에까지 윤리의 적용영역을 무한히 넓혀두고 있다.

이상의 두 가지 이론적 장점 이외에도 자비의 윤리는 자비를 체화하고 확산시키는 독특한 방법을 가지고 있다. 구체적 관계 혹은 추상적 차원에서 자비를 실천하는 효과적 방법은 명상법들이다. 마음의 평정과 지혜를 이끌어 내는 명상 그리고 주의 집중적 명상(sati)은 구체적 관계와 추상적 차원에서 자비를 습관화하는 데 결정적으로 기여한다. 다른 존재들과의 관계에 있어서 구체적 행동을 해야 할 때는 행동 속에서, 그리고 구체적 행동의 수반이 요청되지 않을 때는 의식 속에서 자비를 실천한다. 따라서 자비의 행동이 외적으로 드러나지 않을 때도 자비는 무한 가능태로서 존재한다. 따라서 한 순간도 놓침이 없이 자비로 일관한 삶이 요구되는 것이다.

자비의 윤리에서는 자비가 구체적 행동으로 나타나기 이전에도 자비라는 태도의 형성이 전제되어 있다. 즉 자비의 윤리는 자비의 외적 표현을 무시하지 않으면서 명상적 주의집중이라는 수행을 통해 자비의 내면화를 우선시하고 강조한다. 자비의 내면화, 그리고 내면화된 자비를 관계 속에서 표현하는 자비의 외면화는 내외적으로 자비를 체화한 것이라고 말할 수 있다. 자비의 체화가 함축하는 바는 자비의 윤리가 자비를 실천하는 데 그치지 않고 자비를 의식화하고 지향하는 인간성의 형성을 목표로 한다는 것이다. 자비를 체화하여 자비로운 인간성을 형성한 사람은 행동, 말, 생각의 세 영역에 있어서 항상 자비로울 수밖에 없다.

앞에서 논의하였듯이 보살핌의 윤리에서는 구체적으로 외화된 행동으로서의 보살핌이 강조되기 때문에 의식 속에서의 내적 보살핌만으로는 그 의미를 갖기 어렵다. 보살핌의 성품을 갖는 것이 중요하기는 하지만 이것이 관계 속에서 구체적으로 드러나 상대방에게 전달되고 상대방의 반응을 유도해 내지 않으면 완전한 보살핌이라고 할 수 없기 때문이다.

자비의 윤리에서는 태도로서의 자비가, 보살핌의 윤리에서는 구체적으로 드러난 행동을 통한 보살핌이 강조된다. 따라서 자비의 윤리에서는 아프리카의 굶주리는 아이에게도 자비의 실천이 도달할 수 있지만, 보살핌의 윤리에서는 구체적 상호 작용을 통한 행동이 요구되므로 아프리카의 굶주리는 아이에게 보살핌이 실행되지 않는다. 즉 자비의 윤리에서와는 달리 보살핌의 윤리에서는 행동으로 표출되지 않는 보살핌은 별 의미가 없는 것이다.

6. 요약 및 윤리적 이상

필자는 본론에서 초기불교의 자비의 윤리와 여성주의 보살핌의 윤리의 개념, 요청의 근거/이유, 전개과정 등을 중심으로 하여 두 윤리의 유사성을 고찰하고, 보살핌의 윤리가 갖는 이론적 한계들을 자비의 윤리가 보완해 줄 수 있는지 여부를 검토하였다. 이제 필자는 이 연구의 결과를 간추려 보고 자비와 보살핌의 윤리가 공통적으로 제시하고 있는 이상적인 윤리를 유추해 보고자 한다.

비록 두 윤리 체계 사이에 본질적 상이성은 존재하지만 윤리 내용의 중요 부분에 있어서는 긴밀한 유사성이 존재한다. 두 윤리는 인간 윤리의 핵심을 자비와 보살핌으로 보고 이것들의 원천이 정서나 공감과 같은 인간의 감성적 측면과 인간 존재의 상호 의존성에 있다고 생각하는 점에서 유사한 입장을 취한다. 또한 두 윤리 체계는 자비와 보살핌이 발달하고 전개되는 데 있어서도 유사한 과정을 거친다고 본다.

보살핌의 윤리가 갖는 한계는 크게 두 가지로 요약할 수 있는데, 하나는 이 윤리가 남성과 여성이라는 양분적 구도를 전제로 하고 있어 남성의 윤리를 설명하는 데 설득력이 약하다는 것이고, 다른 하나는 이 윤리의 적용범위가 편협하다는 것이다. 첫번째 한계는 보살핌의 윤리의 두 가지 핵심주장이 양립할 수 없다는 데에서 잘 드러난다. 즉 도덕에 있어서 보살핌이라는 여성 특유의 사고와 목소리가 있다는 주장과 보살핌의 윤리가 남성에게 적용될 수 있다는 보살핌의 윤리 이론가들의 주장이 양립할 수 없다는 것이다. 두번째 한계는 보살핌의 윤리의 주창자들이 칸트의 추상적·보편적 윤리관을 지나치게 비판적으로 의식하여 보살핌의 윤리를 구체적 관계 속에만 국한시키는 데에서 드러난다.

이 연구에서 필자는 이상의 두 가지 한계가 다음과 같은 이유로 자비의 윤리에 의해 극복될 수 있을 것이라고 보았다. 첫째로 자비의 윤리는 이론구성에 있어서 특정의 성별과 밀접한 관계를 설정하거나 성별에 근거하고 있는 것이 아니기 때문에 여성뿐만 아니라 남성에게도 동일한 설득력이 있다고 생각된다. 둘째로 자비의 윤리는 자비의 구체성을 강조하면서도 추상적 차원을 설정함으로써 윤리의 보편적 적용성을 말하고 있다.

그 결과 자비의 윤리의 적용범위는 구체적이고 가시적인 영역에만 국한되지 않고 시공간적으로 비가시적 세계에까지 무한히 열려 있다.

그러면 이 두 윤리체계가 자비와 보살핌이라는 윤리를 통하여 공통적으로 추구하고 있는 윤리적 이상은 무엇일까? 자비와 보살핌을 중심으로 볼 때 두 윤리체계는 윤리, 윤리의 범위, 이상적 윤리에 대하여 어떤 대답을 제시해 주고 있는 것일까? 두 윤리체계가 내릴 수 있는 윤리에 대한 정의는 다양할 수 있으므로 편의상 윤리의 범위부터 설정해 보자면, 윤리는 자신과 타인(초기불교의 경우는 인간 이외의 생명체와 여타의 모든 존재까지 포함)을 주요 범위로 한다고 할 수 있다. 이 윤리의 주요범위를 준거로 하여 윤리를 정의한다면, 윤리는 '나 자신과 타인 (그리고 다른 존재)에 대한 바람직한 행동과 바람직한 관계 맺음에 관한 것' 이라고 할 수 있을 것이다.

이러한 개념정의로부터 우리는 두 윤리의 핵심이 일차적으로 '자신과 타인에 대하여 자비와 보살핌으로 관계 맺는 것'에 있다고 할 수 있다. '자비'와 '보살핌'은 기존의 주류윤리의 핵심개념들인 '정의', '권리', '의무', '원리', '규칙' 등과 대립적으로 이해될 수 있으며 기존의 윤리에서 간과하고 있는 '자아와 타자 사이의 상호성'을 윤리의 토대로 강조하고 있다. 두 윤리에서의 상호성의 개념은 자비와 보살핌이 타인이나 다른 존재에 대해서뿐만 아니라 자신에 대해서도 동등하게 적용되어야 한다는 것을 강조한다. 자비나 보살핌은 타인과 다른 존재들만을 위한 것도 아니며 나 자신만을 위한 것도 아니다. 양자 모두를 위한 것이다.

두 윤리는 무지의 베일 속에서가 아니라 구체적으로 지각된 상황 속에서 자신과 타인 양자가 공유하는 복지를 위하여 행위하는 것을 이상으로 한다. 여기에서 '자신과 타인 양자가 공유하는'이라는 말은 기존의 주류 윤리이론과 비교해 볼 때 상이한 전제를 깔고 있다. 기존의 정의나 권리 중심의 윤리에서는 자신과 타자를 양분적 혹은 대립적 존재로 설정한다.

자신과 타자가 대립적 존재로 설정된 상황에서는 자신과 타자가 공유하는 공동의 이익이나 복지를 설정하기보다는 각각에게 개별적으로 얻어지는 최대치의 이익이나 복지를 설정한다. 이 상황에서의 윤리의 초점은 '어떻게 하면 양자 각각에게 상이한 이익을 최대한 보장해 줄 것이냐'가 관건이 될 것이다. 자비와 보살핌의 윤리는 자신과 타자의 이익과 복지 혹은 행동의 목표가 항상 상이하게 분리되어 대립적으로 존재하는 것이 아니라 궁극적으로는 공유될 수 있다고 보며 공유되는 복지를 이상으로 한다. 즉 기존의 주류 윤리체계에서는 이 양자가 하나가 될 수 없는 것으로 전제되지만 두 윤리체계에서는 양자가 하나가 될 수 있다고 전제되며 이것이 윤리적 이상으로 자리매김 되어 있다. 이와 같은 차이는 전자가 '나의 몫을 어떻게 챙겨 보장할 것이냐'에 관심을 두는 반면 후자는 '자신의 몫을 타인에게 어떻게 베풀 것이냐'에 윤리적 관심을 두는 데서 비롯된다고 생각된다.

그런데 자비와 보살핌의 윤리에서 '자신과 타자의 이익을 공유하는 윤리적 이상'이 의미하는 바는 무엇인가? 우리는 자비와 보살핌의 윤리가 이기주의는 물론 자기희생을 거부함을 살펴보았다. 두 윤리체계는 오히려 자신의 복지나 자아실현에서 요구되는 자기 이익실현을 건전한 것으로 수용한다. 즉 자신의 이로움을 추구하는 것—이것이 자신의 것만을 추구하는 배타적인 것이 아닌 한—수용되고 있고, 이것이 도덕의 목적과 상치되지 않는 것으로 이해되고 있다. 자신의 이익추구가 도덕의 목적에 상치되지 않고 오히려 수용된다는 말은 주류 윤리학에서 그리고 일반인의 통념 속에서 인식되어 온 도덕의 이상—이상적 도덕은 자신의 이익이나 관점을 떠나 타인을 보다 고려하고 자신을 객관화시켜 탈개인화된 상태에서 행위하는 것이라는—에 대하여 의문을 제기한다.

자비와 보살핌의 윤리는 자기희생을 바람직하게 여기지도 않지만 이기적인 자비나 보살핌도 거부한다. 그래서 두 윤리는 오직 자신의 괴로움의 소멸과 완전한 행복을 위한 수단으로서 타인에게 자비를 베푸는 것도 아니며, 자신의 보살핌의 충동의 외화 수단으로서 혹은 자신의 존재의 미 실현의 수단으로서 보살핌을 실천하는 것도 아니다. 두 윤리가 이같이 자기희생은 물론 이기적인 자비나 보살핌을 거부하는 것은 이들이 자신과 타인의 이익을 대립적인 것으로 파악하지 않고 이 양자가 공유될 수 있으며 일원적이라고 보기 때문이다.

필자는 자신과 타인의 이익이 관련되는 양식에는 세 가지의 유형이 있을 수 있다고 생각한다. 첫째 유형은 자신과 타인의 이익이 대립되거나 배치되어 양자 사이에 어떠한 공유 부분도 없는 경우이다. 이 경우를 원으로 그려본다면 두 개의 독립된 원을 그릴 수 있고, 이 두 원에는 겹치는 부분이 전혀 없을 것이다. 둘째 유형은 자신과 타인의 이익 사이에 공유되는 부분이 존재하는 경우이다. 이를 원으로 나타내면 두 원은 겹치는 부분을 공유할 것이다. 셋째의 유형은 자신과 타인의 이익이 일치하여 자신이 추구하는 바가 타인이 추구하는 바와 대립되지 않고 공유되는 경우이다. 이 유형에서 두 원은 완전히 겹쳐 하나의 원을 이룰 것이다.

자신과 타인의 이익(행동목표) 사이의 관계에 대하여 자비와 보살핌의 윤리가 이상으로 하는 유형은 양자의 이익이 완전하게 공유되는 셋째 유형이라고 생각된다. 이 유형에서는 양자의 이익이 갈등 관계에 있지 않아서, 자신의 이익이 곧 타인의 것이 되고 타인의 이익이 곧 자신의 것이 되어 일원적으로 동일시된다. 이 유형에서는 타인의 괴로움과 기쁨이 나의 괴로움과 기쁨과 동일시되고, 감정의 전이나 몰입 속에서 자신의 정서와 타인의 정서가 합치되어 하나가 된다.

여기에서 혹자는 셋째의 유형이 이익실현이나 행동목표에 접근하는 방법에 있어서 개인의 취향이나 다양성을 인정하지 않고 목표실현에 있어서의 획일성을 전제해야 한다고 생각할 수 있을 것이다. 그러나 두 윤리는 행동목표를 달성하는 데 있어서 다양성과 창의성을 인정한다. 두 윤리가 지향하는 셋째의 유형에서 요구되는 것은, 행동방식이 타인의 그것과 동일하게 되어 획일적이어야 한다는 것이 아니라 타인의 상이한 취향과 행동 방식을 자신의 것으로 수용하여 공유하는 것이다. 이 유형은 자신의 취향과 행동방식을 포기할 것을 요구하는 것이 아니다.

자비와 보살핌의 윤리의 입장에서 볼 때, 자신과 타인의 이익이나 행동 목표의 공유라는 윤리적 이상은 규칙의 제정이나 준수에 의하여 그 본질적 내용이 달성되는 것이 아니다. 이 이상은 인간에게 소여된 것을 바탕으로 하여 길러지고 완성되는 것이라고 본다. 자비의 윤리에서는 명상적 수행을 통해 자비를 내적으로 닦고 습관화하여 동시에 이를 외적으로 드러낸다. 보살핌의 윤리에서는 인간관계에서 따뜻한 정서를 반복적으로 체험하여 보살핌의 정서와 태도를 축적함으로써 타인을 자신 속으로 받아들이고 자신이 타인 속으로 몰입해 가는 과정 속에서 이 이상이 달성될 수 있다.

2장

•

자비의 윤리와 보살핌의 윤리에 있어서 자아의 특징

1. 시작하는 말

모든 윤리이론들은 자아에 대한 견해를 전제하고 있다. 어떤 윤리이론은 실체적이고 탈관계적인 자아를 전제하는가 하면 다른 윤리이론은 비실체적이고 관계 속의 자아를 전제한다. 자아를 어떻게 보느냐에 따라 그 윤리의 연원, 성격, 내용도 달라진다. 이는 마치 우리가 인간을 어떻게 이해하느냐에 따라 인간에 대한 태도와 행동방식이 달라지는 것과 같다. 따라서 어떤 윤리체계에 대한 온전한 이해를 위해서는 그 윤리체계가 전제하고 있는 자아에 대한 이해가 필수적인 것이라고 생각된다.

앞장에서는 초기불교의 자비의 윤리와 보살핌의 윤리의 유사성을 찾아보기 위하여 충분하지는 않았지만 두 윤리체계를 전체적으로 비교해 보았다. 그런데 다루어야 할 내용의 범위상 두 윤리가 전제하고 있는 자아에 대해서는 면밀하게 논의하지 못하였다. 따라서 이 장에서는 두 윤리가 전제하고 있는 자아에 대한 입장을 검토해 보고자 한다. 두 윤리의 실천에 있어서 유사성이 관찰되었듯이 이들이 전제하고 있는 자아 또한 유사하다. 이 장에서는 이에 대하여 검토해 보고자 한다.

앞장에서 살펴본 바와 같이 초기불교의 자비의 윤리와 여성주의의 보살핌의 윤리는 각각 실체주의와 (이성)절대주의에 대한 비판적 시각에서 등장했다는 점에서 출발을 같이 한다. 두 윤리체계는 인간을 이해하는 데 있어서도 반실체주의 입장에서 자아를 불변의 실체로 보지 않고 역사성과 사회성을 갖는 것이라고 보며 자아의 실체성, 불변성, 탈상황성 혹은 탈사회성, 독립성을 거부하고 자아의 무실체성, 경험성, 가변성, 상황성(사회성), 관계성 등을 주장하고 있다는 점에서 유사하다.

자비의 윤리와 보살핌의 윤리는 인간존재 자체가 사회와 타인과의 관계를 떠나서 이해될 수 없다고 본다. 자아는 사회적 맥락 속에서 규정되며 타인들과의 관계 속에서 형성된 것이다. 따라서 자아는 자기충족적 실체아일 수도 없고 타인과의 관계를 떠나 존재하는 독립아일 수도 없다. 자아는 사회적 · 관계적 자아이다.

두 윤리는 인간이 갖는 긍정적 · 건전한 욕구의 실현을 인정하며 이러한 욕구를 윤리적 행동의 근원으로 삼고 있다. 자비의 윤리는 윤리적 행동 속에서 자아가 갖는 선(kusala) 실현의 욕구를 전제하며, 보살핌의 윤리는 타인과의 관계 속에서 보살핌(care)이라는 형태로 자신을 실현하고자 하는 자아의 자연적 욕구를 전제하고 있다.

이 장에서 필자는 초기불교의 자비의 윤리와 여성주의의 보살핌의 윤리에 전제된 자아의 개념을 고찰하고 공통특징을 살펴보고자 한다. 이를 위해서 필자는 자비의 윤리의 '무아'의 개념과 보살핌의 윤리의 '관계아'의 개념을 분석 · 해석하는 데 초점을 맞추고자 한다. 논의는 자비의 윤리에서의 자아개념에 대한 고찰(2), 보살핌의 윤리에서의 자아개념에 대한 고찰(3), 그리고 두 윤리에서 자아의 공통된 특징에 대한 검토(4)의 순서로 진행될 것이다.

2. 자비의 윤리에서의 자아

1) 실체아의 부정: 무아설

주지하다시피 무아설(anattavāda)은 연기와 공의 다른 표현으로서 불교의 핵심적 세계관이자 윤리의 토대이다. 무아설의 관점에서 볼 때 자비의 윤리는 '무아'의 인식에서 시작되고 '무아'의 실천에서 완성된다고도 볼 수 있다. 무아에 대한 인식은 자비의 윤리에 있어서 그만큼 중요하다.

붓다는 무아(anattan, 無我)를 다양한 방법으로 설하고 있는데 대표적 표현 방법은 다음과 같이 두 가지로 집약될 수 있을 것이라고 생각된다. 첫째, 붓다는 자아가 가질 수 있는 감각종류의 차원에서 여섯 가지로 분석하여 이것들 각각이 무아이며, 무아인 것은 내가 아니라고 한다.[1] 즉 눈(cakkhu, 眼), 귀(sota, 耳), 코(ghāna, 鼻), 혀(jivha, 舌), 몸(kāya, 身), 마음(manas, 意) 여섯으로 분석되는 자아에는 어떠한 것도 '나'라고 할 만한 것이 없다. 둘째, 다섯 가지 요소(pañcakhandha, 五蘊)로 분석되는 자아도 자아라고 할 만한 것이 아니다. 즉 몸(rūpa, 色), 감각/느낌(vedanā, 受), 생각(saññā, 想), 성향/의지(saṅkhāra, 行), 의식(viññāṇa, 識), 이 어느 것도 내 것이 아니다.[2] 붓다는 이를 보다 구체적으로 1)몸은 자아가 아니며, 2)자아는 몸을 갖는 것도 아니며, 3)몸은 자아 속에 있는 것도 아니며, 그리고 4)자아는 몸 속에 있는 것도 아니라고 말한다. 나머지 네 가지, 즉 느낌/감각, 생각, 성향/의지, 그리고 의식에 대해서도 이와 같이 말한다.[3]

붓다가 이상과 같이 자아를 여섯 가지, 혹은 다섯 가지 요소로 분석하

---

1) *Saṃyutta-nikāya* IV, 1~2쪽.

2) *Saṃyutta-nikāya* III, 19쪽.

3) 몸, 감각, 생각, 성향/의지, 의식, 이 어느 것도 자아가 아니라는 말은 경전의 여러 곳에서 반복되고 있다. 예컨대 *Saṃyutta-nikāya* III, 16~18쪽을 참조.

여 이 어느 것도 자아가 아니라고 말한 것은 경험적으로 존재하는 자아나 이러한 자아의 가치를 부정하려는 것이 아니다. 다음에서 살펴보겠지만 그는 오히려 경험적 자아의 의미를 강조한다. 그는 다만 보통 사람들이 자아라고 여기는 것이 허구라는 것을 보여주고 또 이들이 자아라고 할 때 전제하는 불변의 실체적인 자아개념을 비판하기 위해 무아를 말한 것이라고 생각된다.

붓다의 무아설은 특히 그 당시 지배적이었던 실체주의 철학에 대한 대응의 관점에서 이해되어야 한다고 본다. 무아설은 궁극의 실체적 자아의 존재와 이에 대한 체험을 핵심으로 하고 있는 우파니샤드(Upaniṣad) 철학에 대한 붓다의 비판적 대응이라고 할 수 있다. 주지하다시피 붓다는 유물론 내지는 단멸론적 자아관도 비판하였지만 무엇보다도 우파니샤드 관념론 철학자들의 의식의 실체화, 즉 불멸의 실체적 자아관에 대해서도 비판하였다.

우파니샤드 철학에서 독립적인 정신적 실체라고 간주되는 의식도 붓다의 분석에서는 조건적으로 존재하며 생멸하는 것일 뿐이다. 붓다는 다섯 감각을 통한 인식이 의식의 도움 없이는 불가능함에 주목을 하였지만 그렇다고 하여 의식을 다른 다섯 감각보다 우위에 두지 않았다. 붓다가 의식 또한 다른 다섯 감각들과 마찬가지로 조건적으로 생멸하는 것으로 규정한 것은 의식을 불멸의 실체적인 참 자아로 설정하고 윤리의 목표를 이러한 참 자아를 찾는 것에 두었던 우파니샤드 철학자들의 입장과는 대조적이다.

보통 많은 이들이 우파니샤드 철학의 실체론자들처럼 우리에게 불멸의 자아가 있다고 생각한다. 그들은 우파니샤드의 두 마리 새에 관한 이야기에서처럼 감각하며 일상을 사는 현상적 경험아(나무열매를 먹기에 정신없는 새)와는 다른 불멸의 실체적인 절대아(먹지 않고 앞의 새를 응시하고 있는 새)가[4] 있다고 본다. 또한 많은 이들은 자신을 육체 혹은 육체의 일부분과 동일시하거나, 우리의 욕구, 성격, 생각, 가치, 주장, 판단, 목표, 희망 등을 우리와 동일시한다. 그리고 이것들이 우리를 이루는 것이라고 여긴다. 그러나 이상의 자아에 대한 여섯 가지 혹은 다섯 가지 요소에 의한 분석은 이러한 동일시나 자기인식이 잘못된 것이라고 본다. 인간의 의식이나 몸, 어느 것에도 우리가 자아라고 동일시할 만한 것은 없다. 흔히 우리가 자아라고 간주하는 것들은—육체적인 것이든지 정신적인 것이든지—조건적으로 일어나 변화하다가 사라지는 것이다. 우리가 말하는 '자아'라는 것은 조건적으로 혹은 연기적으로 존재하면서 자성(svabhāva, self-nature)이 없는 공한 것일 뿐이다. 그래서 무아이다.

그러면 우리가 일상적으로 부르고 인지하는 자아는 무엇인가? 그것은 다섯 가지 구성요소에 대하여 우리가 붙인 지칭이나 '이름'이다. 그것은 "존재를 이루고 있는 여러 가지 요소들이 일시적으로 모여서 이룬 '집합체'에 주어진 이름에 불과하다."[5] 《밀린다 왕문경》에서의 저 유명한 수레의 비유는 이러한 무아의 의미를 잘 드러내고 있다. 수레를 구성하고 있는 바퀴, 차체, 차틀, 멍에, 밧줄, 바큇살, 채찍 등, 이 어느 것도 수레라고 할 수 없다. 이들 각각도 수레가 아니며 이것들 모두를 합한 것도 수레가 아니다. 그러나 수레는 존재하지 않는 것도 아니다. 이것들을 떠나지 않는 곳에서 이름 붙여진 수레는 존재한다. 자아도 마찬가지이다. "마치 여러 부분이 모이므로 '수레'라는 말이 생기듯 다섯 가지 구성요소(오온)가 존재할 때 생명 있는 존재(有情)라는 이름이 생긴다."[6] 이와 같이 자아는 '일시적인 집합체'로서의 다섯 구성요소에 대하여 이름 붙여진 것일 뿐

---

4) *Muṇḍaka Upaniśad* 3.1.

5) 윤호진, 《무아 · 윤회문제의 연구》(서울: 민족사, 1992), 254쪽.

6) 정안 엮음, 《밀린다 왕문경》(서울: 우리출판사, 1999), 53쪽. 윤호진은 《밀린다 왕문경》의 수레에 대한 비유가 《아함경》의 《잡아함》에 연원하고 있음을 밝히고 있다(윤호진, 앞의 책, 255쪽).

이지만 수레의 경우에서처럼 없다고도 할 수 없는 것이다.

위에서 살펴보았지만 무아론에서 부정되는 자아는 자성을 가진 자아, 즉 독립적으로 존재하는 불변의 실체적인 자아이다. 이와 같은 불변의 실체적인 자아는 없기 때문에 '자아는 있다'고도 할 수 없는 것이다. 그러나 일시적인 집합체로서 모여 기능하는 '이름'으로서의 자아는 있기 때문에 '자아는 없다'고도 할 수 없다.

이처럼 실체적으로는 없지만 일시적 집합체로 모여 기능하는 이름으로서 있는 자아는 우리의 일상적 자아로서 활동하는 자아이다. 이러한 자아는 경험적 자아로서 인정되어야 할 자아이다. 붓다는 현상적 자아로서 생명을 보존하고 연기적 구조 안에서 활동하는 경험아, 특히 도덕책임의 주체로서 경험아까지 부정하지 않는다. 몸을 가지고, 감각하고, 생각하고, 지향/의지하며, 분별하는 오온의 활동에 근거한 경험아는[7] 그 속성에 대한 통찰을 전제로 하여 오히려 정당하게 보존되어야 한다. 버려져야 할 것은 도착된 오온의 활동, 즉 집착속에서 활동하는 오온인 오취온(pañcupādnākhandha, 五取蘊)이다.[8]

이렇게 본다면 인정되는 경험아는 윤회하는 자아일 수도 있고 해탈하는 자아일 수도 있다. 다만 윤회하는 자아로서의 경험아는 오취온의 활동을 하지만 해탈한 자아로서 경험아는 집착이 떨어져 나간 오온의 활동을 하는 차이가 있을 뿐이다.

---

7) 정승석 또한 초기경전이 경험적 자아를 인정하고 있으며 이러한 경험적 자아의 존재성은 오온에 근거한 것이라고 본다(정승석, 《윤회의 자아와 무아》(서울: 장경각, 1999), 98쪽).

8) Boisvert는 오온과 12연기에 대한 관계를 밝히는 한 연구서에서 오온의 활동을 집착적인 오온의 활동, 즉 오취온의 활동과 구별하여 오온 앞에 'bare' 라는 수식어를 붙이는데 이는 오취온과 대비하여 경험아가 지향하는 집착적이 아닌 오온의 의미를 강조한 것이라 여겨진다(Mathieu, Boisvert, *The Five Aggregates: Understanding Theraveda Psychology and Soteriology*(Ontario: Wilfrid Laurier University Press, 1995), 29쪽).

붓다가 경험아를 긍정하고 있을 뿐만 아니라 경험아의 보존을 중요시
한다는 점은 붓다의 고통과 쾌락을 지양하는 '중도'(majjhima magga)의
개념에서 나타난다. 붓다는 도덕적 삶의 초석으로서 혹은 절제하는 생활
의 기초로서 중도적 방법을 권유한다. 알려진 바와 같이 붓다는 수행에
있어서 육체를 호사시키는 탐닉의 생활뿐만 아니라 육체를 불필요하게
혹사시키는 극단적 고행도 바람직하지 않다고 본다. 수행자는 항상 자신
뿐만 아니라 타인을 위해 수행하는 데 적합한 상태로 육체를 유지해야 한
다. 경험아는 윤리적으로 느끼고, 윤리적으로 욕구하고, 윤리적으로 생각
하며, 윤리적으로 행위하는 자아로서 항상 건강한 상태를 유지해야 하며
올바른 방식으로 존중되어야 한다.

요컨대 붓다의 무아설은 독립적으로 존재하는 실체아를 부정하면서도
조건 속에서 존재하며 열반을 지향해 가는 윤리의 주체를 긍정한다. 더
나아가서 무아설은 도덕책임의 주체로서 윤리적 자아를 확립한다. 무아
설[9]은 실체아의 존재를 부정하면서도 윤리적 자아, 즉 윤리실천의 주체
로서 경험아가 갖는 의미는 오히려 강조한다. 무아설이 강조하는 이러한
경험아는 시공간 속에 고정되어 있거나 시공간을 초월하여 정태적으로
파악되는 존재로서의 자아가 아니며, 자신을 둘러싼 조건 속에서 행위를
통하여 자신을 형성해 가는 자아로서 동태적으로 파악되는 자아이다. 이
러한 자아는 "행위를 통해 드러나는"[10] 자아이다.

이상과 같이 무아설이 인정하고 그 의미를 강조하고 있는 자아, 즉 '자

---

9) 그런데 무아를 보는 입장 중에는 무아가 자아의 실체성을 부정하기 위한 것이라고
하면서도 참된 실체적인 자아를 긍정하고 있다고 보는 입장이 있다. 이 입장에서는
붓다가 부정한 것은 허상적인 거짓된 자아였지 참자아가 아니며 따라서 무아설은 자
아의 없음을 강조한 것이 아니라 거짓아의 부정을 통해서 내면의 참된 자아의 회복을
강조하기 위한 것이라고 한다. 이러한 해석은 어떠한 형식의 실체주의도 거부하였던
붓다의 입장과 어긋난다고 생각된다.
10) 이중표, 〈佛敎思想의 倫理學的 意義〉(《범한철학》 8, 1993), 119쪽.

신이 처한 조건 속에서 행위를 통해 자신을 드러내는 경험아'는 어떠한 방식의 행위를 통해 자신을 드러내야 하는 것일까? 즉 이러한 경험아가 윤리적으로 올바르게 행동하기 위해서는 구체적으로 어떻게 해야 하는 것일까? 그것은 당연히 무아적 행동방식이다. 경전은 윤리행동의 실천주체로서 경험아가 무아를 실천하는 하나의 예를 보여주고 있다. 다음의 예는 앞에서 살펴본 붓다의 무아에 대한 가르침―자아를 여섯 가지, 혹은 다섯 가지로 분석하여 이 어느 것도 자아가 아니라고 한 가르침―을 행동으로 드러내 보이고 있다.

어느 날 수행하고 있는 사리풋타(Sāriputta)의 동생 우파세나(Upasena)에게 뱀이 떨어졌는데 우파세나는 무아적으로 자신을 관함으로써 자신의 신체를 온전하게 보전한다. 우파세나가 신체의 부분들을 자신의 것이라고 여기지 않고 자신을 신체와 동일시하지 않았기 때문에 뱀은 우파세나에게 해를 끼치지 못했으며 우파세나의 신체는 훼손되지 않았다. 그는 뱀이 자신의 몸에 붙어 있었을 때 "나는 눈이다. 눈은 나의 것이다. 나는 혀이다. 혀는 나의 것이다. 나는 마음이다. 혹은 마음은 나의 것이다"[11] 라는 생각을 갖지 않았다. 그는 위기에 처하여 자신의 신체에 대한 소유의식 내지는 신체와의 동일시의 태도를 버림으로써 무아를 실천한 것이다.

위 예에서 '신체에 대한 소유의식 내지는 신체와의 동일시의 태도를 버림으로써 무아를 실천한다'는 것은 달리 말하면 신체에 대하여 '나 만들기'(ahaṁkāra) 혹은 '나의 것 만들기'(mamaṁkāra)[12]와 같은 나쁜 성향

---

11) ……(tasmā yasmato Upasenassa na evam hoti) Aham cakkhunti vā Mama cakkhunti vā. Aham jivhāti vā Mama jivhāti vā. Aham mano ti vā Mama mano ti vā(*Saṁyutta-nikāya* IV, 41쪽).

12) *Saṁyutta-nikāya* IV, 41~42쪽. 대비드(David)의 팔리어사전은 'mamaṁkāra' 를 '이기적인 집착'(selfish-attachment), '자기이익'(self-interest), '이기적임'(selfishness)으로 풀이하고 있다.

내지는 자만심(mānānusaya)을 갖지 않는 것이다.

그런데 '나 만들기'나 '나의 것 만들기'와 같은 나쁜 성향 내지는 자만심을 갖지 않는 것은 집착하지 않음을 의미한다. 경전은 자만하지 않는 사람은 무엇에도 집착하지 않으며 집착하지 않으므로 고통받지 않으며 고통받지 않음으로써 완전한 열반에 이른다고 한다.

> 그러므로 자만하지 않는 사람은 세상의 무엇에도 집착하지 않는다. 집착하지 않는 사람은 고통을 받지 않는다. 고통을 받지 않는 사람은 스스로 완전한 깨달음에 이른다.[13]

여기에서 경전은 '자만하지 않음'(na maññamāno)[14]을 무집착(anupādāna)의 덕목으로, 무집착을 고통의 소멸로, 고통의 소멸을 닛바나(nibbāna)의 성취로 연결시키고 있다. 중요한 것은 무아의 실천, 즉 '나 만들기'나 '나의 것 만들기'와 같은 나쁜 성향 내지는 자만심을 갖지 않는 것이 나뿐만 아니라 모든 것에 대한 무집착으로 귀결되고 최종적으로는 열반으로 귀결된다는 것이다. 여기에서 무아와 열반을 매개하는 무집착이 갖는 의미는 아무리 강조해도 지나치지 않을 것이다. '무아'의 실천도 무아 자체에 있지 않고 모든 것에 대한 무집착에서 그 의미를 찾을 수 있기 때문이다.

무아에 의한 모든 것에 대한 무집착은 다음의 것들을 버리는(pahāna) 것이다. 붓다는 모든 것(sabba)을 버리라고 하고 모든 것들의 내용으로서 다음을 열거한다.[15] 첫째 내용은 눈, 귀, 코, 혀, 몸, 마음을 중심으로

---

13) so evaṁ na maññamāno na kiñci loke upādiyati anupādiyaṁ na paritassati aparitassaṁ paccattaññeva parinibbāyati(*Saṁyutta-nikāya* IV, 24쪽).

14) 여기에서 '자만함'(maññamāno)은 표현만 다를 뿐 앞에서의 '나 만들기'나 '나의 것 만들기'와 같은 나쁜 성향 혹은 자만심(mānānusaya)을 의미.

15) *Saṁyutta-nikāya* IV, 15~16쪽.

한 여섯 인식주관[16]이다. 둘째 내용은 형체(色, rūpa), 소리(聲, sadda), 냄새(香, gandha), 맛(味, rasa), 접촉물(觸, phoṭṭhabba), 마음의 대상(法, dhamma)의 여섯 종류의 인식된 객관대상이다. 셋째 내용은 이들 각각에 대한 여섯 가지의 의식(識, viññāṇa)이다. 넷째 내용은 앞의 세 가지―인식주관, 인식된 대상, 그리고 의식―의 접촉(samphassa)이며, 다섯째의 내용은 이 세 가지의 접촉에 의존하여 일어나는 세 종류의 감각/느낌―쾌(sukha) 감각, 고통스러운(dukkha) 감각, 그리고 고통스러운 감각도 쾌 감각도 아닌(adukkhāsukha) 감각―이다. 붓다는 이들 모두를 버릴 것(pahātabbā)[17]을 말한다. 여기에서 '버리라'는 말은 당연히 이것들을 부정하고 거부하라는 의미로서가 아니라 이것들에 대하여 '이욕하여 집착을 버리라'는 말이다. '버리라'는 말을 '부정하거나 거부하라'는 의미로 이해한다면 실존적 삶을 부정해야 하기 때문에 이는 붓다의 입장과 모순된다. 붓다가 말하고자 한 것은 이상의 열거된 것들의 속성―무상, 고, 무아―을 여실히 보아 이것들 가운데 머무르면서도 이것들의 생멸에 집착하지 않는 삶의 태도일 뿐이다.

이상의 버려야 할 내용들 중에서도 다섯번째의 세 종류의 감각/느낌에 대한 집착을 버리는 것은 선행하는 네 가지 내용들에 대한 집착을 버리는 것을 전제하고 있기 때문에 포괄적이다. 다섯 번째의 세 종류의 감각이 성립하기 위해서는 선행하는 네 가지 것들이 전제되어야 하고 이와 마찬가지로 감각에 대한 집착은 선행하는 네 가지 것들에 대한 집착을 전제한

---

16) cakkhu, sota, ghāna, jivha, kāya, manas는 맥락에 따라 다르게 이해되어야 할 것이다. 앞에서 무아의 표현방법을 고찰할 때 필자는 이들을 여섯 감각기관(六根)으로 이해하였다. 여기에서 필자는 이들을 여섯 인식주관(六內入處)으로 이해한다.

17) 'pahātabbā'는 'pajahati'로부터 파생한 말이다. 'pajahati'는 'pa'(완전히)와 'jahati'(버리다)가 합해져서 된 말로 '버리다'(abandon), '포기하다'(give up), 혹은 '이욕하다'(renounce) 등의 뜻을 갖는다.

다. 예컨대, 사과의 단맛이 일으키는 쾌 감각에 대한 집착은 인식하는 주관으로서의 혀에 대한 집착, 인식되는 객관으로서의 달콤한 사과의 맛에 대한 집착, 사과의 맛을 느끼는 의식에 대한 집착, 그리고 이 세 가지 것들의 결합에 대한 집착을 전제할 것이다.

따라서 붓다는 다섯 가지에 대한 무집착 중에서도 다섯번째 것에 대한 무집착을 강조한 것으로 이해된다. 그는 세 가지 종류의 감각의 속성을 바르게 이해하여 이것들에 대하여 집착하지 말아야 한다고 반복하여 말한다.[18] 붓다는 자아가 세 가지 종류의 감각의 무상함(anicca)[19]을 알고 세상의 어떤 것에도 집착하지 않음(naupādiyati)으로써 완전한 깨달음에 이른다(parinibbāyati)[20]고 한다.

세 가지 감각의 종류에 대한 무집착을 포함한 모든 유형의 무집착은 경험아가 무아의 실천과정에서 내면의 인식과 태도를 전환시키는 것이라고 이해된다. 자비의 윤리의 실천주체로서 경험아는 자아를 실체적이고 소유적으로 인식하지 않고 자아를 조건에 따라 변화하는 탈소유적인 것으로 인식하는 것이며, 이 인식에 따라 소유적 삶의 태도는 탈소유적 삶

---

18) 세 가지 종류의 감각에 대한 무집착은 탐진치의 지멸로 귀결될 것이다. 2부 1장에서는 세 가지 감각이 수반하고 있는 탐진치 지멸이라는 관점에서 이들을 검토하였다. 살펴보았듯이 탐진치 지멸의 관점에서 세 감각은 회피나 거부의 대상이 아니라 이들의 속성을 올바르게 보아 이들의 배후에 있는 탐진치를 지멸하는 것이었다. 이렇게 볼 때 무집착 또한 탐진치 지멸로 귀결되지 않을 수 없을 것이다.

19) 붓다는 세 종류의 감각/느낌 발생의 조건과 과정에 주목한다. 붓다에 의하면 감각은 무상한데 왜냐하면 감각이 일어나는 조건이 사라질 때 감각도 사라지기 때문이다. 즉 감각은 감각이 발생할 수 있는 네 가지 전제 조건에 의존하여 있다가 이 조건이 사라질 때 사라지므로 무상하다는 것이다. 감각의 이러한 성질에 주목한 붓다는 자아가 감각의 이러한 무상성을 인식했을 때 집착으로부터 자유로울 수 있다고 한다. 따라서 붓다에 의하면 감각의 무상성을 인식하기 위해서 세 감각이 일어나는 과정을 직시하여 이것들의 연기성을 보는 것은 대단히 중요하다(*Aṅguttara-nikāya* IV, 88쪽).

20) *Aṅguttara-nikāya* IV, 88쪽.

의 태도로 전환하게 된다.[21] 이러한 삶의 태도는 자아와 타자 그리고 세계를 부정하거나 거부하는 것이 아니라, 이것들의 현재의 모습을 적극적으로 수용하되 그 어느 것에도 집착하지 않는 삶의 태도이다. 이것이 곧 무집착적 삶의 태도로서 무아설이 의도하고 있는 바이다.

요컨대 자아에 대해 올바르게 인식하고 이에 따른 윤리적 삶을 드러내는 것은 무아설에 내포된 반실체적 경험아의 중요한 특성이다. 그런데 경험아의 윤리적 삶은 고립적으로 실현되는 것이 아니라 타인과의 관계 속에서 실현되는 것이다. 왜냐하면 경험아는 타인과의 관계를 떠나 규정될 수 있는 존재가 아니어서 자신의 존재를 위하여 타인의 존재를 전제해야 하기 때문이다. 초기불교의 연기의 원리에 의하면 세계의 어떠한 존재도 관계성을 떠나서 존재할 수 없고 따라서 경험아도 사회적 관계 속에서 이해되고 완성되는 자아이다

2) 관계아

경험아의 윤리적 삶의 완성은 타인과의 관계를 떠나 있을 수 없는 관계아라는 특징을 갖는다. 자아는 타아와의 관계를 떠나서 규정될 수 없는 관계아이다. 자아가 관계아인 이유는 자아가 연기설(paṭiccasamuppāda) 속에서 이해되는 존재이기 때문이다.

붓다의 연기설이 의미하는 바는 인간이라는 존재가 우주에 존재하는 모든 것들과 어떤 방식으로든지—이것이 가시적인 것이든지 혹은 비가시적인 것이든지 막론하고—관계하고 있고 이것들로 인하여 인간이 존재할 수 있다는 것이다. 관계의 범위를 인간의 세계에 한정시킬 때 자아

---

21) '소유적 삶'에서 '탈소유적 삶'에로의 전환은 프롬(Fromm)이 제안한 '소유지향의 삶'에서 '존재지향의 삶'에로의 전환과 다를 바 없다고 생각된다.

의 존재는 타인의 존재를 전제로 한 상호관계 속에서, 자아의 활동은 타인의 활동을 전제로 한 상호작용 속에서 이해된다.

연기설이 함축하고 있는 나와 타인과의 관계는 2부 3장에서 말한 바와 같이 "내가 있으므로 타인이 있고, 내가 없으므로 타인이 없고, 내가 살아 있으므로 타인이 살아있으며, 내가 멸하므로 타인도 멸한다"는 데서 드러난다. '나'라는 존재와 '나'의 활동은 타인의 존재와 타인의 활동과의 관계를 떠나서는 생각할 수도 없는 것이다.

나의 존재와 활동은 타인의 존재와 활동과의 관계성을 떠나서 논의될 수 없으므로 자아의 활동영역과 활동의 윤리적 목표도 타인의 그것을 떠나서 논의될 수 없다. 자아의 윤리적 행동과 성취도 타인과의 관계 속에서 파악되고 실현된다. 따라서 목표를 향한 윤리적 실천 내용들은 타인들과의 관계를 전제로 하고 타인들에 대한 배려의 태도를 포함한다. 타인에 대한 배려는 자비의 윤리가 사무량심을 강조하여 이를 깨달음을 얻는 과정에서 반드시 갖추어지는 것으로 여기고 있다는 데에서 잘 드러나고 있다.

수행자는 깨달음에 이르는 일곱 가지(satta sambojjhaṇgā, 七覺支)[22]를 실천하는 데 있어서 이상의 사무량심이라는 네 가지 덕목을 닦는다. 그래서 깨달음에 이르는 일곱 가지 수행 각각은 사무량심을 동반하는 수행이다. 붓다는 다음과 같이 말한다.

> 비구들이여, 여기에 한 비구가 자애(metta)를 동반한 정신집중(satisambojjhaṇga, 念覺支)을 닦는다. 다른 각지들(마지막 일곱 번째 각지인 평정심을

---

22) 깨달음에 이르는 일곱 가지는 주의집중(念覺支, sati sambojjhaṇga), 현상에 대한 통찰(擇法覺支, dhammavicaya sambojjhaṇga), 정진(精進覺支, viriya sambojjhaṇga), 기쁨(喜覺支, pīti sambojjhaṇga), 편안(輕安覺支, passaddhi sambojjhaṇga), 삼매(定覺支, samādhi sambojjhaṇga), 평정(捨覺支, upekkhā sambojjhaṇga)이다.

제외한 다섯 가지 각지들)에 대해서도 이와 같은 방법으로 닦는다. 그는 자애를 동반하고, 무집착(viveka), 무탐욕(virāga), 그리고 (사념들의) 지멸(nirodha)에 의존하고, 욕망을 끝내는(vossagapariṇānin) 평정심(upekkhā-sambojjhaṇga, 捨覺支)을 닦는다.(다음에서는 자애 대신에 자비(karuṇā), 공감적 기쁨(muditā), 평정(upekkhā)으로 대체되어 동일 구절이 반복된다.)[23]

깨달음에 이르는 일곱 가지 각각이 사무량심의 실천에 의한 타인과의 고통과 기쁨의 공유를 전제하고 있다는 것은 자아완성의 측면에서 볼 때 자아는 독립적 존재로서가 아니라 관계적 존재로 완성되는 것임을 의미한다. 목표완성—깨달음—의 내용과 목표완성에 부합하는 삶을 사는 것도 타인의 삶과의 관계 속에서 그들의 고통과 기쁨을 공유하는 삶을 살아갈 때 가능하다고 할 수 있는 것이다. 이렇게 볼 때 깨달음의 삶은 관계단절적이거나 관계회피적이거나 관계초월적인 삶에서 실현되는 것이 아니다.

그런데 이상과 같은 자아의 관계아적 측면은 시간적으로는 현재에만 국한되지 않고 과거와 미래까지 걸쳐 있다. 연기의 법칙은 현재의 자아의 존재와 활동에만 적용되는 것이 아니라 (아마도) 과거에 존재했었고 미래에도 (닛바나를 성취하지 않는 한) 존재할 것이라고 생각되는 자아에까지 적용된다. 현재의 나 자신은 과거로부터 계속되어 온 연기적 존재이며 미래에도 관계망을 떠날 수 없는 연기적 존재이다. 현재의 나는 과거에 타인과의 상호작용에서 형성된 인과적 존재라고 할 수 있고 미래의 상호작용에 의한 결과적 존재일 수 있다는 것을 전제하고 있다. 현재의 나는 과거의 업(kamma)의 산물이면서 현재의 업에 따라 초래될 수 있는

---

23) Idha bhikkhave bhikku mettāsahagataṁ satisambojjhaṇgam bhāveti. la. mettāsaha-gataṁ upekhāsambojjhaṇgam bhāveti viveka—virāga—nirodhanissitaṁ vossaga-pariṇāniṁ(Saṁyutta-nikāya V, 119~120쪽).

미래의 가능적 존재이기 때문에 과거에 있었던 타인과의 상호작용에 의한 인과적 존재이며 미래에도 오늘의 상호작용의 결과로서 예상되는 관계아이다. 따라서 자아가 갖는 관계아의 개념은 현재에만 국한되지 않는 과거와 미래에까지 연장된 자아의 개념이다.

관계아로서의 자아가 현재의 윤리적 행동의 주체가 될 때는 관계아의 상황 의존적 특성상 자아는 상황 반영적인 판단을 내리고 상황에 민감한 행동을 하게 된다. 법칙절대주의는 상황의존적인 관계아에게서 기능하지 못할 것이다. 그런데 관계아가 반법칙주의적 행동원리를 택한다고 하여 관계아가 판단하고 행동하는 데 있어서 무원칙적으로 행동한다는 것은 아니다. 중도라는 원칙은 법칙절대주의와 무원칙주의의 사이에서 관계아에게 자신이 관계하고 있는 사람들의 특성을 고려하면서 상황에 적합한 행동을 제시할 것이다. 그래서 관계아가 구체적 상황에서 가장 바람직한 행동양식을 선택하려 할 때 중도의 원리는 필수적으로 요청될 것이라고 생각된다.

3) 욕구실현의 주체

지금까지 살펴본 바와 같이 자비의 윤리에서 자아는 무실체적 자아로서 경험아이며 관계아이다. 자아는 무실체적일 뿐만 아니라 자신의 존재를 독립적으로 규정할 수 없는 관계아이지만 스스로의 힘으로 달성해야 할 윤리적 목표와 의지를 갖는다. 즉 자아는 닛바나를 향한 행동의 목표를 가지며 이를 실천하려는 의지를 갖는다. 목표실천에의 의지를 갖는 것은 자아가 '바라고 구한다'는 의미에서의 욕구(chanda)를 갖는 것이다.

붓다는 모든 갈등과 고통은 인간이 가진 바람직하지 못한 욕구나 과도한 욕구를 가진 데서 비롯된다고 본다. 욕구는 그 속성상 쉽게 탐욕으로 변화하고 무엇에 대한 집착의 원인이 된다. 이러한 성질을 가진 욕구에 대하여 붓다는 제어(saṃyama)나 지멸(nirodha)을 강조한다.

그러나 긍정적 욕구에 대하여 붓다는 제어나 지멸을 말하지 않는다. 따라서 일부 학자들이 주장한 것처럼 붓다가 인간의 모든 욕구들을 부정한 것은 아니다.[24] 붓다에 의하면 어떠한 욕구들은 거부되어야 하지만 모든 욕구가 반드시 거부되어야 하는 것은 아니다. 즉 전적으로 거부되어야 할 욕구도 있지만 수용되어야 할 욕구가 있다. 예컨대 오계(pañca sīla, 五戒)를 깨뜨릴 수 있는 욕구—생명체를 죽이고 싶다는 욕구랄지 마리화나를 흡입하고 싶다는 욕구—는 거부되어야 하지만 배고플 때 먹고 싶은 욕구나 목마를 때 마시고 싶다는 욕구는 수용되어야 한다. 즉 신체의 유지와 이를 최대한 활용할 수 있도록 하는 데 기여하는 욕구는 수용되어야 한다. 그런데 이 욕구들도 적절한 수준인 중도를 넘어 탐욕이 될 때는 제어되어야 한다.

중도적 입장에서 볼 때 쾌욕구에 맹목적인 쾌락에의 극단적 탐닉뿐만 아니라 인간생존에 요구되는 기본적인 욕구들을 부정하여 자아의 실존적 삶을 위협하는 고행과 같은 극단적 행위도 부정되어야 한다. 그런데 일반적으로 인간은 본성상 고행과 같은 고통은 본능적으로 회피하기 때문에 보통 사람들에게 고행에의 욕구는 문제가 되지 않는다. 대개의 사람들에게 문제시되는 것은 지나치게 추구되는 쾌욕구이다.

욕구의 수용여부와 관련하여 붓다는 최소한 세 가지 욕구를 구별할 것이라고 생각된다. 첫째는 거부되어 철저히 지멸되어야 할 욕구로서 나쁜 욕구, 둘째는 중도적 입장에서 적절하고 올바른 방법으로 수용되어 절제

---

24) 경전은 생존과 관련된 본능적 욕구들의 중도적 실현과 깨달음의 욕구의 추구보다도 부정적 욕구들에 대한 제어를 강조하고 있기 때문에 붓다는 모든 욕구들을 부정한다고 오해되어 온 것으로 생각된다. 이러한 오해에 근거하여 불교는 생에 대하여 소극적이며, 부정적이며, 허무주의적이라고 오랫동안 오해되어 온 듯하다.

라는 조건하에서 추구되면 좋은 욕구―인간의 생명 유지와 활동에 필요
한 욕구 등―, 셋째는 적극적으로 추구되어야 할 욕구로서 고통의 극복이
나 닛바나의 성취라는 목표달성과 연관된 욕구, 즉 자리이타적 삶에 대한
'원'(願)과 같은 좋은 욕구이다

그러면 목표달성의 차원에서 적극적으로 추구되어야 할 욕구는 무엇
인가? 이것은 깨달음을 얻기 위한 도덕적 실천욕구로서 윤리적 경험아가
반드시 추구해야 할 선(kusala) 지향의 욕구이다.

붓다는 닛바나라는 목표를 이루는 수행에 요구되는 것들로서 네 가지
기초정신력(cattāro iddhipādā, 四神足)으로서 네 종류의 삼매를 말하고 있
는데 그것들은 올바른 목표실천을 위한 욕구를 일으키는 데 정신집중하
는 욕구삼매(chandasamādhi, 欲定), 올바른 목표를 향해 실천 노력하는 데
정신집중하는 정진삼매(viriyasamādhi, 精進定), 목표를 실천하는 과정에서
생각이나 마음을 통일하는데 정신집중하는 마음삼매(cittasamādhi, 心定),
그리고 목표달성에 요구되는 지혜를 성찰하는 탐구삼매(akuvīmaṁ-
sāsamādhi, 思惟定)이다.[25] 여기에서 주목되는 것은 욕구삼매뿐만 아니라
다른 세 가지 삼매 모두가 악을 지양하고 선을 추구하는 욕구를 전제하고
있고 이를 관철시켜가는 노력이라는 점이다.

붓다는 욕구삼매를 포함한 네 가지 삼매 모두에서 악을 피하고 선을 지
향하는 하나의 동일한 욕구를 전제하고 이를 네 가지 올바른 노력(cattāro
sammappadhānā, 四正斷)에 의해서 실현할 것을 고무한다. 즉 자아는 네
가지 삼매 속에서 아직 일어나지 않는 불선하고(pāpaka) 착한(akusala) 일
(dhamma)이 일어나지 않게 하려는 욕구(chanda)를 내야하고, 이미 일어
난 나쁘고 악한 일을 버리려는 욕구를 내야하며, 아직 일어나지 않는 선
한(kusala) 일을 일으키려는 욕구를 내야 하며, 마지막으로는 이미 일어난

---

25) *Saṁyutta-nikāya* V, 268~269쪽.

선한(kusala) 일(dhamma)을 지속시키려는 욕구를 내야 한다.[26]

이상과 같이 네 가지 삼매는 선(kusala)을 추구하고 악(akusala)을 끊으려는 욕구의 실현을 내용으로 하고 있다. 네 가지 삼매 중에서 욕구삼매를 제외한 정진삼매, 마음삼매, 그리고 탐구삼매가 각각 불교윤리의 모든 것을 함축하고 있는 계(戒, sīla), 정(定, samādhi), 혜(慧, paññā)에 상응하기 때문에, 자아가 갖는 선 지향의 욕구는 자비의 윤리의 실천과 완성과정에서 매순간 반드시 요구되는 것이라고 할 수 있다.

요컨대 욕구와 관련하여 붓다는 한편으로는 욕구의 제어나 지멸을 강조하면서도 다른 한편으로는 욕구의 긍정과 욕구의 적극적 실천을 강조한다. 경험아의 현실적 삶을 유지시키기 위한 생리적이거나 물질적 욕구들은 건전하게 중도적 입장에서 수용되어야 하고, 이것들이 중도를 넘어 탐욕이 될 때는 제어되어야 한다. 선악의 입장에서는 악을 동반하는 욕구는 지멸되어야 하며, 목표달성과 관계되는 선의 욕구는 적극적으로 추구되어야 한다.

그런데 이상의 모든 욕구들의 최종적 귀착점은 고통(dukkha) 극복의 욕구라고 할 수 있다. 즉 자비의 윤리에서 수용되고 있는 모든 욕구는 보다 근원적인 욕구인 고통극복의 욕구에서 비롯된다. 자비의 윤리가 나와 타자, 그리고 모든 존재의 고통의 지멸을 목표로 하고 있으며 윤리적인 삶의 완성 상태로서의 닛바나가 고통의 지멸을 목표로 한다는 것을 고려할 때 자비의 윤리에서 인정하고 있는 모든 욕구들이 고통극복에의 욕구로 귀결되는 것은 당연하다.

윤리적 자아의 관점에서 볼 때 선의 실현, 고통의 극복, 혹은 닛바나의 성취와 관련된 욕구들에 대한 긍정적 수용과 올바른 추구는 필수적인 것이다.

---

26) *Saṃyutta-nikāya* V, 268~269쪽.

3. 보살핌의 윤리에서의 자아

1) 실체주의적 자아관의 거부

보살핌의 윤리가 근거하고 있는 자아관은 여성주의 입장이 견지하는 자아관이다. 그리고 여성주의적 자아관의 주된 특징은 반실체주의적 자아관이다.

일반적으로 여성주의의 자아관은 인식론적으로는 데카르트에 의해 대표되는 이성적, 실체적, 고립적 인간관과 대조적이다. 데카르트에 의하면 자아는 자신의 존재성을 증명하기 위해서 자신 이외의 어떠한 것도 필요하지 않는다. '자아'라는 존재를 증명하는 근거로서 사고하는 의식만으로 충분하다. 사고하는 의식은 독립적으로 활동하며 자신의 존재의 토대를 형성시키기 위해 어떠한 도움도 필요하지 않는다. 데카르트에 의하면 자아는 "의심하고, 이해하고, 긍정하고, 부정하고, 욕구하며, 욕구하지 않으며, 상상하며, 감각하는 것"[27]으로서 무엇에도 의존하지 않는 하나의 생각하는 실체이다. 이러한 자아는 인식되지는 않지만 신의 존재에 의해서 그 명증성을 보증받는 사고되는 자아이다.

따라서 데카르트에 의하면 정신이라는 실체는 자아의 존재성을 입증하는 유일한 것으로서 육체로부터 독립적으로 존재한다. 정신을 자아를 이루는 독립적 실체로 생각하는 데카르트의 이러한 이원론적 자아관은 다음의 두 가지 이유 때문에 여성주의적 자아관과 배치될 것이다.

첫째, 인간의 본성에 대하여 데카르트는 변화하지 않는 정신적 실체를 상정하여 정신을 실체적이고 고정적인 것으로 보는데 이는 인간본성의 후천적 · 사회적 형성과정을 강조하는 여성주의의 입장과 배치된다.

---

27) 최명관 역저, 《방법서설, 성찰, 데까르뜨연구》(서울: 서광사, 1983), 86쪽.

둘째, 이원론적 데카르트 철학은 남녀성별과 관련하여 정신(이성)을 남성과 동일시하고 육체(감성)를 여성과 동일시하는 이념적 논리로 발전할 수 있다. 따라서 데카르트의 정신의 육체에 대한 우위 (혹은 이성의 감성에 대한 우위)의 논리는 자아의 핵심부에서 자율적인 역할을 하는 정신/이성과 주변부에서 기계적으로 기능하는 육체/감성이 그러한 것처럼 남성이 여성을 통제하고 지배해야 한다는 논리로 귀결될 수 있다. 이같이 정신의 우위를 내포한 데카르트의 이원론적 인간관은 정신과 육체, 이성과 감성, 남자와 여자의 이분법적 이해를 지양하는 여성주의의 인간관과 대립된다.

이상과 같은 데카르트의 자아관과 그 함의는 유사한 구도와 의미를 가지고 칸트에게로 계속된다. 칸트에 의하면 "특정 시간에 그 세계에 살고 있는 경험적 자아"[28]와는 다른 초월적인 통각, 즉 선험적 자기의식 혹은 선험적 자아가 존재한다. 이 선험적 자아는 내적 경험의 대상이 아니라[29]는 점에서 데카르트의 생각하는 주체로서의 정신적 실체와는 다르지만 경험적 자아 이외의 또 하나의 자아가 설정되어 자아가 이원적으로 이해되고 있다는 점에서 데카르트의 자아이해 방식과 유사하다. 즉 칸트도 데카르트가 물질적 실체와는 다른 정신적 실체를 상정한 것처럼 경험적 자아와는 다른 선험적 자아를 설정하고 있는 것이다.

데카르트나 칸트, 이들은 모두 절대적 자아 혹은 실체에 의한 자기의식을 설정하여 타자관계를 떠나 독자적으로 자아 정체성(identity)을 가지고 규정될 수 있는 자기의식을 인정하고 있다는 점에서 여성주의자들의 입장과 본질적으로 다르다. 특히 칸트에게 있어서 선험적 자아는 대상에 대한 물자체의 관계에서처럼 경험적 자아에 대하여 선험적 자아는 내 안

---

28) 회페, 오트프리트, 《임마누엘 칸트》(이상헌 옮김, 서울: 문예출판사, 1997), 118쪽.
29) 회페, 앞의 책, 163쪽.

에 있으나 인식될 수 없는 자아이다. 이러한 자아를 여성주의자들은 인정하지 않고 허구라고 본다.

요컨대 여성주의는 데카르트와 칸트철학에서의 자아의 이중구조 그리고 육체와 감성에 대한 정신과 이성의 우위, 특히 이성중심주의를 거부한다. 보살핌의 윤리는 특히 칸트의 윤리이론에 나타난 이성 중심적 절대주의 입장을 거부한다. 따라서 여성주의윤리는 기존의 절대주의적이고 이성중심적인 윤리를 남성중심적이고 정의중심적이며 추상적인 윤리 패러다임이라고 규정하고 보살핌의 윤리를 이에 대응하는 새로운 윤리 패러다임으로 제시한다.

2) 관계아

위에서 살펴본 바와 같이 여성주의는 정신적 자아가 독립적 실체라고 보는 실체주의적 자아관을 거부한다. 보살핌의 윤리는 이러한 실체주의적 자아관을 수용하는 이성중심적 윤리를 비판한다. 그러면 여성주의윤리는 기존의 실체주의적 자아 내지는 이성 중심적 윤리에 전제된 자아에 대한 비판적 대안으로서 어떠한 자아의 개념을 제시하고 있는가? 그것은 관계아이다.

전술한 바와 같이 데카르트에 의하면, 사유하는 것으로서의 자아는 무엇에 대해 의존적이 아니고 독립적이다. 그에 의하면 자아는 자신의 존재성 확립을 위해 다른 어떤 것을 필요로 하지 않는 자기충족적인 실체아이다. 사유하는 것으로서 자아는 타인과의 관계를 떠나서 자신의 입지를 확보하는 고립아이다. 따라서 데카르트가 규정한 자아는 자신의 자아성을 확보하기 위해 사회적인 상황이나 타인을 필요로 한 것도 아니다. 그에 있어서 자아는 사회적 맥락을 떠나서 정의된다. 이러한 자아는 보살핌의 윤리에서 명백히 거부된다.

사회성을 결여한 데카르트의 자아는 칸트의 도덕이론 속에서도 나타난다. 칸트에 있어서 도덕적 자아는 자유의지(선의지)를 가진 존재로서 그리고 이성적/합리적/자율적 존재로서 타인과 상황으로부터 독립되어야 하는 자아이다. 이러한 자아는 탈관계적 상황 속에서 자신의 주관적 법칙을 객관적인 보편 도덕법칙에 합치시킬 수 있는 존재이다.

칸트의 윤리이론에 설정된 이상과 같은 자아는 일차적으로 타인과의 관계와 자신이 처한 상황에 구속받지 않고 이성/자율성을 극대화한 초월적 자아이다. 이러한 자아는 인간이 관계 속에서 형성되며 상황과 역동적으로 작용하며 윤리적인 판단과 행동에 있어서도 이러한 존재의 특징을 반영한다는 관점에서 보면 지극히 형식적이고 폐쇄적인 자아이다.

보살핌의 윤리학자 노딩스는 칸트의 윤리 속에 전제된 이상과 같은 실체적이고 상황독립적 자아를 거부한다. 보살핌의 윤리에서 윤리적 자아는 타인과의 관계 속에서 느끼고, 생각하고, 행위하면서, 형성되어 가는 자아이다. 따라서 노딩스의 보살핌의 윤리에 전제된 자아는 칸트의 윤리학에 설정된 자아처럼 독립적, 선험적, 상황초월적 자아가 아니라 상황에 민감하고 상호의존적이어서 관계 속에서 규정되는 관계적 자아이다.

노딩스에 의하면 인간존재는 본질적으로 타인과의 관계를 떠나 생각될 수 없다. 인간의 본성 자체가 관계를 지향하며 관계 속에서 자신을 실현해 가는 존재이다. 타인과의 관계는 자아 이전에 전제된 것이고 따라서 자아를 규정하기 이전에 자아 형성의 토대로서 타인이 전제되어 있는 것이다. 이러한 맥락에서 자아는 관계를 떠날 수도 없으며 관계를 회피할 수도 없다. 노딩스는 자아의 관계성과 관계추구적 성향에 대해 다음과 같이 말하고 있다.

우리의 존재는 친밀한 이들과 관계를 해소할 수 없도록 연결되어 있다. 이러한 연결성 혹은 근본적 관계성(relatedness)은 우리들 존재의 핵심이다.

…… 우리가 자유를 주장하여 우리를 사랑하는 사람들과 연결된 관계의 사슬을 끊을 때 우리는 이방인이 된 자가 느끼는 황량함과 외로움에 빠진다. 나는 자연적으로 혼자가 아니며 자연적으로 내 자신이 양육되고 지도받은 관계 속에 있다. 내가 혼자일 때—나 스스로 내 자신을 분리시킴에 의해서였든지 혹은 환경이 나로 하여금 그렇게 하게 하였든지 간에—나는 자연적으로 그 무엇보다도 앞서서 가장 자연스럽게 나의 관계성을 다시 세우려고 한다. 나의 개체성(individuality)은 관계들의 조합 속에서 정의된다. 이것이 나의 근본현실이다.[30]

노딩스에 의하면 자아가 갖는 관계는 자아에 의해 구체적으로 지각되고 상호작용 속에서 파악된다. 자아는 항상 구체적인 관계 속에서 구체적 관계들을 의식하고 있다. 그래서 자아가 구체적으로 파악되는 관계를 상실할 때면 자아는 새로운 관계를 세우려고 하고 자아가 갖는 관계가 약해질 때는 이를 강하게 하려고 노력한다.

노딩스의 보살핌의 윤리에 전제된 자아의 관계성은 이상과 같은 직접적이고 구체적이며 상호작용 속에 있는 관계성이다. 그런데 그녀의 윤리 이론 속에는 다른 한편으로 묵시적으로 전제된 간접적이고 추상적이며 파악할 수 없고 상호작용적이 아닌 관계성이 암시되어 있다.

필자가 보기에 노딩스는 보살핌의 윤리에 두 가지 차원의 관계성을 설정하고 있다. 하나는 인간은 관계를 거부할 수도 선택할 수도 없어서 자신의 선택적 의지와 무관하게 관계 속에 던져져 있다는 의미에서 정언적인 특징을 갖는 관계성이고, 다른 하나는 인간이 자의적으로 관계를 선택하여 발전시킬 수 있다는 의미에서 가언적인 특징을 갖는 관계성이다.

---

30) Noddings, Nel, Caring: *A Feminine Approach to Ethics & Moral Education*(California: University of California Press, 1984), 51쪽.

정언적 관계망은 무한하고 잠재적이며 가언적 관계망은 제한적이고 선별적이다.

자아가 갖는 관계성의 이중적—정언적이면서도 가언적인—특징은 자아의 윤리적 활동 영역에서 그 기능을 발휘한다. 관계성의 이중적 특징이 보살핌의 윤리의 실천 영역에서 어떻게 적용되는지를 고찰하기 위하여 보살핌의 윤리가 요청되고 성립되는 근거부터 살펴보자.

노딩스에 의하면 인간은 관계적 자아이기 때문에 필연적으로 보살핌을 추구한다. 따라서 보살핌의 윤리의 성립 근거는 자아의 피할 수 없는 관계성에 있다. 자아가 존재하기 위해서는 어떻게든지 타인을 만나야 하므로 자아는 관계 속에서 타인을 어떻게 만날 것인가 하는 윤리적 문제에 직면하게 된다. 그리고 타인을 어떻게 만날 것인가 하는 보살핌의 윤리의 문제의식을 해결하는 데 자아가 갖는 관계성의 이중적 특징이 활용된다.

자아는 정언적인 관계성과 가언적인 관계성을 가지므로 타인을 만나는 데 있어서도 논리적으로는 정언적이면서도 가언적으로 만나야 한다. 정언적 관계에 보살핌의 윤리를 적용한다면 보살핌의 윤리는 무한히 요구되는 윤리적 당위일 것이고 가언적 관계에 적용한다면 보살핌의 윤리는 선택적으로 실천되는 윤리가 될 것이다.

그런데 노딩스에 의하면 인간은 보살핌을 베풀 수 있는 능력에 있어서 한계를 가지고 있다. 자아는 정언적으로 주어진 모든 관계를 활성화시키는 데 있어서 무한한 능력을 갖는 것은 아니다. 따라서 자아는 활성화시키려는 관계의 범위를 자신이 의지적으로 제한할 수밖에 없다. 보살핌의 윤리의 영역은 자아의 현실적 능력에 따라 제한받을 수밖에 없으므로 자아의 정언적 관계망도 선택적으로 활성화되는 경우와 그렇지 않은 경우로 나뉜다. 정언적 관계망이 선택적으로 활성화될 때 가언적이 되는 것이다.

정언적 관계망 속에서 정언적으로 요청되는 보살핌에 대하여 자아는 의무로서 응답해야 할 것이고, 가언적 관계망 속에서 가언적으로 요청되는 보살핌에 대하여 자아는 자발적 윤리의식으로 응답해야 할 것이다.

정언적 관계망 속에서 보살핌의 윤리는 무한히 정언적으로 요청되므로 정언적 관계망 속의 타인이 보살핌을 요청할 때 자아는 일차적으로 이를 수용코자 하여 '나는 해야 한다'라는 당위적 결심을 해야 한다. 이 관계망 속에서 자아는 보살핌의 윤리를 요청받지 않는 경우에도 보살핌의 윤리를 의무로서 수용해야 한다. 심지어 자아는 요청받지 않았을 때도 보살핌의 윤리를 내면화하여 관계망 속의 타인들을 보살펴야 한다. 그런데 노딩스는 보살핌의 실질적 행사에 있어서는 어떠한 형식의 정언적 명령도 있을 수 없다고 한다.

자아는 정언적으로 이해되고 정언적으로 요청되는 보살핌을 자신의 현실에 비추어 점검하고 실질적으로 보살핌을 행사할 것인가 말 것인가를 결정한다. 자신이 감당해 낼 수 있는지를 고려하고 자신이 결심한 수준에서 보살핌을 현실적으로 실행할 수 있는지를 고려하여 보살핌의 윤리의 적용범위를 제한한다.

따라서 보살핌의 실질적 행사 차원에서는 자아는 정언적 관계망에 의해 제한받지 않는다. 이때의 자아는 가언적 관계망을 활성화한다고 볼 수 있다. 따라서 보살핌의 윤리가 실천되는 영역이 제한됨과 동시에 자아가 관계하는 실질적 영역도 제한된다.

가언적 관계망 안에서 보살핌의 관계를 발전시킨다는 것은 정언적 관계망에서 관계들을 선별하여 조건적으로 보살핌의 관계망을 설정한다는 것을 의미한다. 보살핌의 실질적 영역에서 자아는 가언적인 관계망 속에 있다. 따라서 보살핌의 윤리 자체는 정언적 윤리가 아니라 가언적 윤리이다.

보살핌의 윤리가 이상적으로는 정언적이지만 현실적으로는 가언적이라는 것, 따라서 우리는 모든 타인들을 보살펴야 할 의무를 지니지 않는다는 것은 자아의 관계망이 잠재적으로는 정언적이지만 현실적으로는 가언적이어서 자아가 관계하는 사람은 제한될 수밖에 없다는 것을 의미한다. 따라서 자아는 이상적으로는 무한하고 잠재적인 거대한 관계망 속에 있지만 현실적으로는 유한하고 활동적이고 넓지 않는 관계망 속에 있다.

요컨대 보살핌의 윤리는 인간 실존의 관계적 특성에 근거를 둔 윤리이며 관계적 특성에 있어서도 무한관계보다는 유한관계 속에 국한된 윤리이다. 보살핌의 윤리가 유한관계 속에 국한된다는 것은 보살핌의 윤리가 항상 구체적 관계와 상황 속에서 그 모습을 드러낼 수 있다는 것을 의미한다. 따라서 보살핌의 윤리에서는 항상 관계의 개별성과 상황의 특수성이 고려된다. 이는 보살핌의 윤리가 개별적인 관계성과 윤리적 상황의 특수성에 영향받지 않고 오로지 도덕법칙에 충실해야 한다는 칸트의 도덕이론과 성격을 달리하고 있음을 보여 준다. 따라서 칸트의 윤리를 원리·법칙 의존적이라고 한다면 보살핌의 윤리는 관계·상황 의존적 윤리라고 할 수 있을 것이다. 그리고 이러한 차이는 두 윤리가 전제하고 있는 자아관의 차이에 근거한다.

3) 욕구실현의 주체

위에서 살펴본 바와 같이 노딩스에게 있어서 자아는 타인과의 관계성을 떠나서 그 존재성을 규정할 수 없다. 관계는 인간 존재의 기초적인 요소이기 때문에 관계가 전제되지 않는 자아는 생각할 수 없다. 따라서 노딩스는 인간의 윤리도 자아에 전제된 관계성으로부터 비롯된다고 보아 '타인을 어떻게 만날 것인가'를 윤리의 핵심 문제로 삼고 있다.

보살핌의 윤리에 의하면 우리는 존재론적으로 피할 수 없는 관계성으로 인하여 '타인을 어떻게 만나야 하는가' 라는 윤리적 문제를 안게 되고 그 해답으로서 보살핌이라는 덕목을 갖게 된다. 그런데 여기에서 지적되어야 할 것은 '우리는 관계아이므로 타인을 만나야 하고 만남에 있어서는 보살핌으로 대해야 한다'는 명제는 당위적인 것이 아니라는 점이다. 앞에서 논의한 바와 같이 관계아가 타인을 만나는 실제 영역에 있어서는 선택적일 수 있어서 자아는 당위적인 윤리의무를 가지지 않으며 따라서 보살핌의 윤리는 정언적인 도덕법칙이 아니다.

보살핌의 윤리가 정언적인 도덕법칙이 아니라면 보살핌의 윤리는 어떠한 근거에서 정당화될 수 있는 것일까? 우리는 이 문제에 답함으로써 보살핌의 윤리가 전제하고 있는 자아의 또 다른 특징을 발견하게 된다.

보살핌의 윤리에서 자아는 '보살핌의 관계에 남고자 하는 자연적 욕구'를 가지며 이를 보살핌의 윤리를 통하여 실현한다. 보살핌의 윤리는 도덕법칙으로 주어진 것이 아니라 이러한 선천적 욕구에 근거한다. 노딩스는 인간이 관계성을 지향하고 관계를 맺는 데 있어서 보살핌을 받고 보살피려는 자연적 욕구를 갖는다고 본다. 이러한 자연적 욕구를 고양시키기 위해서 자아는 필연적으로 도덕적이기를 원하여 보살핌의 윤리를 선택하는 것이다. 이와 같이 보살핌이라는 것은 자연적으로 우러나는 욕구이고 이러한 보살핌을 통해서 자아는 도덕적인 고양을 추구한다. 이에 대해 노딩스는 다음과 같이 기술한다.

다른 사람을 도덕적으로 만나는 관계인 윤리적 보살핌은 사랑이나 자연적 보살핌―사랑이나 자연적 성향 때문에 보살피는 자로서 반응하는 관계인―으로부터 일어나는 것이다. 자연적 보살핌의 관계는 우리가 의식적으로 혹은 무의식적으로 '선'이라고 지각하는 인간 조건이다. 자연적 보살핌의 관계는 특별한 관계 속에 있기 위하여 우리가 동경하고 얻으려고 분투하는 조건이며, 도덕적이기를 원하는 우리에게 도덕적이고자 하는 동기를 제공하는 보살핌에 대한 우리들의 동경이다. 보살핌의 관계 속에 남기 위하여 그리고 보살피는 자로서의 우리들의 이상을 고양시키기 위하여 우리는 도덕적이기를 원한다.[31]

자아의 '보살핌의 관계에 남고자 하는 자연적이고 원초적인 욕구'가 보살핌의 윤리의 근간이라는 것은 도덕은 이성으로부터만 발생한다는 이성 중심의 주류 윤리이론과 대조가 되는 것이다. 즉 자연적인 욕구가 도덕의 원천이 된다는 입장은 도덕은 욕구와는 판이한 차원에서 비롯되며 인간의 자연적 성향이나 성향과는 무관하며 오히려 배치된다는 칸트의 윤리이론과 대조를 이룬다.

노딩스에 의하면 자아는 타인과의 관계를 보살핌이라는 형태로 지속시키고자 하는 원초적 욕구를 가지며 이 욕구가 도덕적 보살핌의 근거가 된다. 그녀에 의하면 이러한 욕구는 의도적으로 형성되는 것도 의도적으로 추구되는 것도 아니며 감성/정서에 근원한다.

보살핌의 윤리는 감성/정서에 기반을 두고 있을 뿐만 아니라 이로부터 발전되므로 도덕문제에 대한 이해나 상황에서의 선악판단보다는 감성/정서에 바탕을 둔 상호수용이나 교류 등이 더 중요시된다. 따라서 자아가 중요하게 여기는 것은 이성적 판단이나 이성에 기인한 도덕문제의 해결보다는 관계 속에서 얻어지는 '보살핀다' 혹은 '보살핌을 받는다'는 정서적인 느낌이다. 그래서 노딩스는 보살핌의 목적을 도덕적 판단이 아니라 도덕적 지각과 도덕적 감수성을 고양시키는 것이라고 한다.[32]

이상과 같이 보살핌의 윤리는 보살핌의 관계에 남고자 하는 자아의 자연적 욕구의 전개 내지는 발전 그 이상이 아니다. 관계적 자아가 추구하

---

31) Noddings, 앞의 책, 4~5쪽.
32) Noddings, 앞의 책, 90쪽.

는 윤리내용이 보살핌의 관계유지에 있는 만큼 관계적 자아가 자기완성과 관련하여 추구하는 윤리목표도 보살핌의 윤리의 완성이라고 할 수 있을 것이다.

보살핌의 윤리의 완성은 관계 속에서만 가능하므로 관계의 완성 없이는 보살핌의 완성은 불가능하며 자아—관계아—의 완성도 불가능하다. 따라서 관계아의 완성은 타아와의 관계성—보살핌이라는 관계—속에서 이루어져야 한다. 이를 가리켜서 노딩스는 자아는 "관계 속에서만 세워지고, 관계 속에서만 성장하고, 관계 속에서만 완성된다"[33]고 말한다.

'관계아가 보살핌의 윤리를 통하여 관계 속에서만 완성된다'는 것은 인간이 자연적으로 보살핌의 욕구를 갖는다는 통찰의 당연한 귀결로서 자아가 타인지향적 특징을 가질 수밖에 없음을 시사한다. 이러한 타인지향성 속에서의 보살핌은 일차적으로는 자신의 욕구충족을 위한 것이지만 그것은 또한 타인을 위한 것이기도 하다. 보살핌은 보살핌의 충동이라는 자아의 욕구를 타인에게 베풀어주는 과정 없이는 충족될 수 없기 때문에 자신을 위하면서도 타인을 위한 것이 되는 것이다.

요컨대 노딩스에 의하면 인간은 타인과의 관계성 속에서 도덕을 실천하고 자아를 실천하려는 근본적이고 원초적 욕구[34]를 가지며 이 원초적 욕구가 현실의 구체적 관계 속에서 보살핌이라는 윤리의 형식으로 실천될 때 자아의 완성도 가능하다.

그런데 노딩스의 보살핌의 윤리에 전제된 관계아의 타아지향성 혹은 타아와의 관계를 통한 자아완성성은 인간의 존재성을 '나와 너'의 관계로 이해하고 존재의 진정한 완성은 너와의 관계 속에서만 가능하다는 부버(Buber)의 입장을 윤리적인 관점에서 보다 구체적으로 발전시킨 것이

---

33) Noddings, 앞의 책, 80쪽.
34) Noddings, 앞의 책, 83쪽.

라고도 할 수 있다.

부버에 의하면 인간은 혼자서 인간일 수 없고 인간이기 위해서 혹은 인간임을 완성하기 위해서 타인의 존재가 필요하다. 자신은 타인을 필요로 하고 자신의 참 인간 됨(혹은 참된 정신생활)을 위해서는 타인을 자신 속에 끌어들여야 한다. 타인을 자신 속에 끌어들일 때 우리는 제삼자인 그것(그녀, 그)으로서가 아니라 2인칭으로서의 '너'를 맞이한다. 따라서 부버에 의하면 인간은 본원적으로 '너'와 관계를 맺을 것을 지향하고 있고 '너'와의 참된 관계 맺음을 위해서는 무수한 제 삼자들 보다는 구체적이고 직접적인 2인칭인 '너'와 만나야 한다.[35]

부버가 강조한 것은 인간이 참 '나'가 되기 위해서 반드시 '너'를 필요로 하고 '나'라는 인간의 존재성은 '너'와의 관계 속에서만 실현된다는 점이다. '나' 자신만으로는 나일 수가 없고 '너'와의 관계 속에서만 비로소 내가 될 수 있다는 것이다. 이와 마찬가지로 노딩스도 관계아를 지향하는 인간의 본원적 욕구는 보살핌이라는 윤리를 통한 나와 너의 관계 속에서만 실현된다고 본다.

이와 같이 보살핌의 윤리는 관계아의 원초적인 욕구에 근거해 있고 이 욕구는 보살핌이라는 형식을 통해 타인과의 관계 속에서만 실현될 수 있는 것이다. 보살핌의 윤리의 이러한 특징은 인간의 자기완성의 측면에서 볼 때 목적론적인 것이다. 왜냐하면 보살핌의 윤리는 관계아의 자기완성을 위한 것이기 때문이다.

그러면 보살핌의 윤리를 실천하는 과정에서 혹은 자기완성의 과정에서 관계아가 윤리적 행동의 결과로서 얻는 것은 무엇일까? 즉 보살핌의

---

35) 부버에 의하면 '나'는 나의 힘만으로 혹은 나의 능력만으로 내가 될 수 없다. '나'가 되기 위해서는 '너'와의 매개가 필요하다. "진실로 '나'는 '너'와의 직접적인 관계를 매개로 하여서만 버젓한 '나'가 되는 것이다." (부버, 마르틴, 《나와 너》(김천배 역, 서울: 대한기독교서회, 1995), 22쪽).

윤리를 통해 자기를 완성해 가는 과정에서 자아가 획득하는 것은 무엇일까? 칸트의 윤리에서는 이러한 물음 자체가 성립할 수 없지만 반칸트주의 윤리인 보살핌의 윤리에서는 이러한 문제제기가 가능하다.

노딩스는 인간이 관계성을 실현할 때 즐거움을 느낀다고 한다. 그녀에 의하면 우리는 관계성을 실현할 때 즐거움(joy)을 느낀다. 즐거움은 보살피는 자가 느끼는 특별한 정서로서 보살피는 자가 가질 수 있는 주요 보상이다. 노딩스에 의하면 이 즐거움은 사람에 대한 관계성 속에서 획득되는 것으로서 보살핌이라는 이상을 촉진하는 역할을 한다.[36] 따라서 즐거움은 보살핌의 윤리의 과정에서 파생적으로 얻어지는 것이면서 동시에 보살핌의 윤리를 자아 속에서 동기화시키고 증진시키는 역할도 한다. 즉 즐거움은 결과적인 것이면서 동시에 동기적인 것이다. 보살핌의 윤리는 자아로 하여금 어떤 윤리적 행동이 좋은 결과를 가져오기 때문에 혹은 보상을 주기 때문에 그것을 추구한다는 입장을 허용한다.

4. 자아개념의 공통된 특징

지금까지의 논의를 기초로 하여 필자는 자비와 보살핌의 윤리에 전제된 자아개념의 공통된 특징을 다음의 세 가지로 정리할 수 있다고 생각한다. 첫째로, 두 윤리는 자아를 실체적이라고 보는 실체주의 입장을 거부한다. 따라서 자아는 반실체적 자아이다. 둘째로, 두 윤리에 의하면 자아는 독립적으로 규정되지 않고 타인과의 관계 속에서 규정되는 관계아이다. 셋째로, 두 윤리에 의하면 자아는 윤리적 존재가 되기 위한 욕구를 갖고 자신의 욕구를 윤리적 행동의 동인으로 이용한다.

---

36) Noddings, 앞의 책, 132쪽.

(1) 실체주의 입장을 거부한 반실체적 자아: 붓다의 무아설은 실체적 자아의 존재를 부정한다. 우파니샤드 철학에 전제되어 있는 불멸의 실체로서 자아의 존재는 붓다에 의해 부정된다. 붓다에 의하면 자아는 독립적, 실체적으로 존재하는 것이 아니며 연기적으로 존재하는 것이다.

무아설의 실체적 자아의 부정은 도덕적 행위의 주체로서 경험아의 존재까지를 부정하는 것이 아니다. 살펴본 바와 같이 무아설은 경험아의 삶을 부정하거나 거부하는 허무주의를 고양시키는 설이 아니다. 오히려 무아설은 실체적 자아를 부정함으로써 자신의 행위에 대해 도덕적 책임을 지는 경험아의 존재와 경험아의 책임을 강조하고 있다.

경험아는 불변하는 실체적 자아가 없어서 조건적으로 생멸하고 변화/무상하므로 이에 대한 집착은 고통을 낳을 뿐이다. 따라서 무아설은 경험아가 닦아야 할 덕목으로서 자아에 대해서 뿐만 아니라 자아가 접촉하는 모든 것들에 대한 무집착—최종적으로는 세 가지 감각에 대한 무집착—을 말한다.

보살핌의 윤리는 데카르트와 칸트로 대표되는 이원적이고 이성중심적 철학이 전제하고 있는 이원적 자아구도를 거부하고 실체적 혹은 초월적 자아 개념 또한 수용하지 않는다. 자아는 데카르트가 주장하는 것처럼 육체로부터 독립된 정신적 실체를 갖는 것도 아니며, 칸트가 말하고 있는 것처럼 경험적 자아와는 다른 자기의식으로서의 선험적 자아를 갖는 것도 아니다. 특히 윤리적 자아는 칸트가 전제하고 있는 것처럼 탈상황적인 존재가 아니다.

보살핌의 윤리에 의하면 상황적 존재로서 자아는 윤리적으로 행동할 때 상황에 민감하고 상황 반영적인 판단을 내린다. 자아는 도덕적 판단과 행위를 할 때 상황의 특성을 고려해야 하므로 초상황적 판단이나 절대주의적 입장을 거부한다.

자비의 윤리에서는 무아설에 의한 실체적 자아의 부정은 도덕적 행위와 책임에 대한 강조, 그리고 무집착이라는 덕목을 제시하는 것으로 귀결되지만 보살핌의 윤리에서 실체아의 부정은 구체적인 윤리적 덕목의 요청으로 귀결되지는 않는다. 후자의 경우 실체아의 거부는 탈상황적 자아에 대한 비판에 초점이 모아진다.

실체아나 탈상황적 자아를 전제하는 윤리가 절대주의적인 윤리로 귀결됨에 반하여 실체아를 거부하는 자비와 보살핌의 윤리는 탈절대주의 윤리를 지양한다는 점에서 절대주의 윤리와 근본적 차이가 있다.

(2) 관계아로서의 자아: 자비와 보살핌의 윤리는 자아란 독립적으로 존재하거나 독립적으로 규정될 수 있는 존재라고 보지 않는다. 자아란 본래부터 타인과의 관계 속에 놓여 있고 어느 상황에서도 타인과의 관계를 벗어나지 못한다. 이러한 의미에서 자아는 관계아 혹은 사회아이다.

두 윤리에 전제된 관계아/사회아는 중층의 구조 속에서 이해된다. 첫째로 자아의 타아와의 관계망은 잠재적이고 무한하여 자아가 감지하지 못할 만큼 크다. 그런데 잠재적이고 무한한 관계망의 범위는 좁혀질 수 있다. 좁혀진 관계망 속에서 관계아는 구체적이고 유한한 관계망 속에서 나타난다. 욕구를 실현하는 주체로서 관계아의 윤리적 행동영역은 구체적인 관계망에 국한된다.

구체적인 관계망 속의 관계아로서 윤리적 자아는 추상적인 원리를 필요로 하는 것이 아니라 구체적으로 처한 상황에 대한 명료한 이해와 감수성을 필요로 한다. 윤리적 자아에게 요구되는 것은 추상적인 도덕원리나 이성에만 입각한 냉철한 판단보다는 상황에 대한 감수성 그리고 이 감수성에 바탕을 둔 정서적 · 인격적 행동 즉, 네 가지 덕(사무량심)과 보살핌이다.

두 윤리에 의하면 구체적 상황 속에서 윤리적 행동을 추구하는 사회아는 탈상황적이고 법칙주의적인 칸트의 윤리이론에 전제된 자아와 상이

하다. 칸트의 윤리이론에 전제된 윤리적 자아는 탈상황적이고 초월적인 존재로서 상황에 따른 융통성을 허용할 줄 모르는 법칙맹목적 자아이다. 따라서 칸트가 설정한 자아는 일차적으로 관계와 상황에·구속되지 않고 이성과 자율을 극대화시키는 자아라고 할 수 있는데 이러한 자아는 자비와 보살핌의 윤리에서의 자아의 관계성과 상황성을 강조한 입장에서 보면 융통성이 결여된 자아이다.

칸트의 윤리에서 전제된 자아는 자유주의 윤리에서 규정한 자아에서 동일한 모습으로 드러난다. 자유주의 윤리에서 자아는 일차적으로 독립적, 자율적, 주체적, 창조적 자아이다. 자유주의자들은 사회적 상황, 관습, 문화, 개인이 맺은 관계들, 상호작용성, 상호의존성, 사회화, 맥락성 등의 변인들을 진지하게 고려하지 않으며 자아는 이러한 변인들보다도 먼저 존재하는 것으로 이해한다. 따라서 이들에게 윤리적 자아는 가능한 한 탈상황적이고 관계 독립적인 것으로 이해된다.

자비와 보살핌의 윤리에 전제된 자아개념이 자유주의자가 설정한 자아의 개념과 대비된다는 사실은 두 윤리에 전제된 자아개념이 공동체주의(communitarianism)에서 전제하고 있는 자아개념과 유사할 것이라는 예측을 가능케 한다. 공동체주의자에 의하면 자아는 사회에 의해 이미 규정되어 있어서 자아는 관계성과 상황성을 떠나서 이해될 수 없다. 이들은 자유주의자들의 자아이해에서 무시되었던 모든 변인들—사회적 상황, 관습, 문화, 개인을 둘러싼 관계들, 상호작용성, 상호의존성, 사회화, 맥락성—을 자아의 구성요소들이라고 보고 자아는 이런 것들을 떠나 이해될 수 없다고 한다. 이들은 자유주의자들이 강조한 자아의 자유, 독립성, 본래적 고유성 등에 반하여 자아의 의존성, 관계성, 후천적 형성성 등을 강조한다.

자유주의자와 공동체주의자의 자아개념의 중요한 차이점을 지적하자면 전자가 자아에 초점을 맞추어 자아의 개체성을 강조하는 데 반하여 후자는 자아가 처한 맥락/상황(context/situation)에 초점을 맞추어 자아의 관계아적 특징을 강조한다는 것이다. 후자에 의하면 자아는 타인과의 관계 속에서 구성된 사회적 자아이기 때문에 자비와 보살핌의 윤리에 전제된 자아개념과 유사하다.

대표적 공동체주의자인 매킨타이어(MacIntyre)와 산델(Sandel)은 자아의 관계성과 상황성을 강조한다. 매킨타이어는 인간의 삶에 있어서 전통, 관습, 공동체, 역사성, 서사성 등의 중요성을 강조하여 '나'라는 존재를 관계들 속에서 규정하기 때문에 '나'의 존재설명을 위해서 자아는 타인을 필요로 한다. 이는 타인의 경우에도 마찬가지여서 그들 또한 자신을 설명하기 위해 나를 필요로 한다.[37] 산델에 의하면 자아라는 말 자체는 상황성을 떠나서 성립할 수 없다. 자아는 상황 속에 놓인(situated)[38] 존재이며, 사회 안에서 (공동체 등의 가치 등에 의해) 이미 새겨진(embeded) 존재이며, 타인들과 공유하는 역사에 의해 부분적으로 의무지워진(encumbered)[39] 존재이다. 따라서 자아는 자신이 선택한 관계가 아니라 자신에게서 발견된 (이미 자신 속에 내재된) 관계들에 의해 설명되는 존재이다. 이러한 측면에서 볼 때 자아는 비수의적이고 이미 결정지워진 존재이다.

비록 자비와 보살핌의 윤리가 지향하는 관계아의 이상은 공동체주의자의 관계아가 지향하는 이상과 상이하다고 할지라도 자아는 필연적으로 관계적 존재이며 윤리적 자아는 상황반영적이고 상황고려적 존재여야 한다는 점에서 이들의 자아에 대한 입장은 같다.

---

37) MacIntyre, Alasdair, *After Virtue*(Notre Dame: University of Notre Dame Press, 1984), 218쪽.

38) Sandel, Michael, *Liberalism and the Limits of Justice*(New York: Cambridge University Press, 1982), 152쪽.

39) Sandel, 앞의 책, 181쪽.

요컨대 자아는 존재론적으로 관계 속에서 규정되는 관계아이기 때문에 두 윤리에 전제된 윤리적 자아는 관계고려적이고 상황고려적인 자아이다. 두 윤리가 전제하고 있는 관계아가 표방하는 윤리적 이상은 넓게는 자신이 속한 시대의 세계 공동체에, 좁게는 가족이라는 공동체 속에서 윤리적 행위를 이끌어내는 데 있으며 초시대적이고 초상황적인 데 있지 않다. 윤리적 행위는 관계성과 상황성을 초월해야 하는 것이 아니다. 따라서 이 두 윤리에 전제된 자아의 입장은 공동체주의자의 자아에 대한 입장과 유사하고 자유주의자들의 자아에 대한 입장과는 판이하다. 이러한 자아는 칸트의 윤리가 전제하고 있는 의무론적이고(deontological) 탈상황적인(de-contextual) 자아와 롤즈의 윤리에 전제된 원초적 입장(original position)에 있는 자아—독립적이고 추상적으로 이해되는 개별아—와 대조된다.

(3) **욕구실현의 주체로서의 자아**: 자비와 보살핌의 윤리는 윤리의 전제로서 자아의 욕구를 긍정한다. 따라서 두 윤리는 이성중심적 칸트의 법칙 윤리이론과는 달리 도덕행위가 자연적 욕구와 대립된다고 보지 않는다. 욕구들은 오히려 도덕의 단초로서 인정되기까지 한다.

자비의 윤리에서 윤리적 자아는 경험아의 존재유지와 보전에 요구되는 자연적인 욕구들을 중도적 입장에서 수용한다. 더 나아가서 경험아는 자비의 윤리의 목표달성과 관련하여 선 지향의 욕구들을 수용하여 이를 실천한다. 닛바나라는 목표와 관련하여 선을 지향하는 욕구가 네 가지 삼매 속에 전제되어 윤리적 노력에 있어서 근원적인 역할을 한다.

자비의 윤리에서 욕구는 부정적인 것만이 아니며 닛바나라는 목표성취를 위하여 항상 보존되고 실천되어야 하는 것이다. 그런데 닛바나와 관련된 선 지향의 모든 욕구들은 궁극적으로는 고통으로부터 자유스러워지고자 하는 보다 근원적 욕구와 연결되어 있다고 할 수 있다. 고통으로부터 자유스러워지고자 하는 욕구는 가장 원초적인 욕구로서 모든 윤리적 행위의 근원이라고 할 수 있다.

보살핌의 윤리에서 자아는 관계성을 유지하고 보다 나은 관계를 세우려는 욕구를 갖는다. 보살핌의 윤리에서 관계를 맺고 유지하려는 자아의 본원적 욕구는 타인을 보살피고 그 보살핌에의 응답으로써 자신도 보살핌을 받는 방식으로 모습을 드러낸다. 두 윤리는 윤리적 행동의 토대로서 혹은 윤리적 행동의 촉발제로서 인간의 본원적 욕구를 인정한다. 그런데 두 윤리의 이러한 특징은 이것들이 인간의 모든 욕구들을 인정하고 이를 윤리의 토대로 삼고 있다는 말로 오해되어서는 안 된다. 두 윤리는 최소한 이론적으로 인간의 윤리적 행동의 근원을 각각 고통의 회피의 욕구(혹은 선 실현의 욕구)와 타아와의 관계성 실현의 욕구(보살핌의 욕구)에 두고 있다고 할 수 있다.

자비와 보살핌의 윤리에 의하면 윤리적 자아는 특정 욕구의 실현 주체라고 할 수 있고 이러한 욕구의 실현은 타인과의 관계를 떠나서 이루어질 수 없다. 이는 두 윤리에서 설정하고 있는 자아가 원초적으로 타아와의 관계성을 떠나서 존재할 수 없는 관계아/사회아이기 때문이다. 두 윤리가 설정하고 있는 자아가 관계아라는 것은 자아의 고통극복과 관계성의 실현이 타인과의 관계를 떠나 이루어질 수 없다는 두 윤리의 입장을 대변한다.

5. 요약

필자는 이 장에서 초기불교윤리와 보살핌의 윤리에 전제된 자아개념을 비교분석하여 두 윤리체계 속에 전제된 자아개념의 공통적 특징을 고찰하였다. 두 윤리에 전제된 자아는 실체적, 절대적, 고립적 자아가 아니라 반실체적, 관계적, 사회적 자아이다. 초기불교윤리와 보살핌의 윤리는 각각 우파니샤드와 데카르트/칸트로 대변되는 실체적 자아의 개념을 거부한다. 즉 이 두 윤리는 타인과의 관계성을 떠나 독립적으로 규정되거나 경험 밖에서 경험의 관조자로서 혹은 의식 자체로서 존재하는 자아를 인정하지 않는다. 두 윤리가 전제하는 자아는 탈상황적·탈관계적 고립아가 아니라 관계 속에서만 규정되는 반실체적인 관계아이다. 자아에 대한 이상과 같은 개념은 현대의 대립적 두 윤리이론인 자유주의와 공동체주의의 윤리이론에 전제된 자아개념과 비교해 볼 때 후자의 입장과 유사하다.

초기불교윤리와 보살핌의 윤리는 반실체적 관계아라는 특징 이외에도 욕구 실천의 주체라는 특징을 갖는다. 초기불교윤리는 삶에 기본이 되는 자연적 욕구들의 중도적인 충족을 인정할 뿐만 아니라 보다 도덕과 관련된 욕구로서 깨달음이라는 목표성취와 관련된 자아의 선지향의 욕구를 도덕의 핵심에 두고 있다. 보살핌의 윤리는 항상 보살핌을 주고 받는 관계에 남고자 하는 자아의 자연적 욕구를 윤리의 근거로 삼고 있다.

3장

●

보살핌의 윤리에 대한 우려론과 자비의 윤리

1. 시작하는 말

'보살핌의 윤리가 여성의 해방에 기여할 것인가, 아니면 여성의 예속에 기여할 것인가' 하는 문제에 대하여 여성주의 이론가들은 의견의 일치를 보지 못하고 있다.

길리간(Gilligan)과 같은 보살핌의 윤리에 대한 낙관론자들은 보살핌의 윤리의 여성주의적 발전은 여성의 해방에 기여할 수 있다고 본다. 나아가서 이들은 보살핌의 윤리를 정의의 윤리와 조화시킴으로써[1] 혹은 두 윤리를 연계시키고 성별양분화를 극복함으로써[2] 보살핌의 윤리가 대안적 윤리 패러다임이 될 수 있다고 본다.

그러나 보살핌의 윤리에 대한 우려의 목소리도 만만치 않다. 보살핌의 윤리에 대하여 회의적인 이론가들은 현재의 남성중심적 가부장제 사회

---

1) 예컨대, Held, Virginia, "The Meshing of Care and Justice" (*Hypatia*, vol.10, no.2, 1995)를 참조.

2) 예컨대, Friedman, Marilyn, *What Are Friends For?*(Ithaca: Cornell U.P., 1993)를 참조.

에서 보살핌에 대한 강조는 여성해방보다는 여성예속에 기여할 것이라고 생각한다. 이들에 의하면 보살핌은 여성을 보호하는 안전한 덕목이 아니라 여성을 위험한 상황에 머무르게 할 뿐만 아니라 여성의 불평등상황을 지속시킬 수 있다. 따라서 이러한 입장에서는 "보살핌의 가치를 칭송하는 데 있어서 여성주의자들은 억압적으로 사용될 수 있는 보살핌의 개념을 승인하는 것을 피하기 위해 지극히 조심해야 한다."[3]

보살핌에 대한 우려의 핵심은 두 가지로 압축될 수 있을 것이다. 하나는 보살핌의 선택과 실천에 있어서 여성이 주체적이지 못하고 남성인 타자의 의식을 대변한다는 것이고, 다른 하나는 보살핌이 여성에게 자기희생을 요구한다는 것이다. 즉 보살핌은 여성의 도덕의식의 타자화와 자기희생이라는 대가 위에서 가능하다는 것이다.

그러나 4부 1장에서 살펴본 바와 같이 길리간과 노딩스(Noddings)가 주장하는 이상적인 보살핌의 윤리는 자주적이고 주체적인 자아가 전제되는 탈자기희생적 보살핌이다. 따라서 당위적 보살핌이라는 관점에서 볼 때 이상적인 보살핌의 윤리는 '도덕의식의 타자화'와 '자기희생성'이라는 우려를 비껴갈 수 있을 것이다. 그럼에도 불구하고 우리는 이러한 보살핌의 윤리에 대한 우려론을 간과할 수 없다. 왜냐하면 윤리이론은 그것이 아무리 좋은 것일지라도 늘 당위에 따라서 이상적으로만 실천되는 것은 아니어서 보살핌의 윤리는 현실 속에서 얼마든지 왜곡된 형태로 나타날 수 있기 때문이다. 게다가 길리간이나 노딩스가 전개시키고 있는 보살핌의 윤리는 모든 측면에서 완벽하게 이러한 우려를 피해갈 수 있을 것 같지도 않다. 무엇보다도 성별의 관점에서의 인류의 역사에 대한 통찰은 이러한 우려론이 근거 있음을 말해 준다.

---

3) Scaltsas, Patricia, "Do Feminist Ethics Counter Feminist Aims?" (*Explorations in Feminist Ethics*(Cole, Eve & McQuin, Susan편, Indianapolis: Indiana University Press, 1992)), 19쪽.

보살핌에 대한 이상과 같은 우려는 여성의 삶에 대한 역사적인 성찰에 근거한다. 지금까지 수많은 논자들이 밝혀 왔듯이 역사 속에서 여성은 사상적으로도 현실적으로도 주체가 되어 본 적이 없다. 여성은 남성의 시각에서 이해되고, 정의되고, 기대되었기 때문에 도덕적 가치의 영역에 있어서도 여성의 자율은 행사되지 않았다고 할 수 있다. 따라서 보살핌이라는 도덕도 여성이 주체적으로 선택한 것이라기보다는 남성중심적 가부장제 사회가 여성에게 부과한 것이라고 볼 수 있다. 게다가 여성의 삶은 최근까지 가정이라는 사적인 영역에 국한되었으며 여기에서 요구되는 역할은 사랑, 감정, 정서 등을 핵심으로 한 자기헌신적 보살핌이었다. 그리하여 여성의 자아실현은 독자적이 아니라 사적인 영역 내에서의 자기희생적인 삶을 통한 타자의 성취와 번영에 달려 있었다.[4] 요컨대 남성중심적 가부장제 사회에서 보살핌은 타자화된 의식의 산물이며 실천으로서 여성에게 타자의 삶 속에서의 자기희생을 요구한 것이다.

이렇게 본다면 여성에게 필요한 것은 보살핌이 요구하는 자기부정, 자기희생, 타자존경, 혹은 타자배려의 도덕이 아니라 자기주장, 자기긍정, 자기존경, 혹은 자기배려의 도덕이라고 주장하는 보살핌에 대한 우려론자들의 주장은 충분한 근거를 갖는다고 보여진다. 특히 우리가 관계에 있어서 차별적 구조를 청산하고 상호 동등배려에 의한 평등실현을 올바른 윤리의 지향방향으로 규정한다면 여성에게 요청되는 것은 우려론자

---

4) 우리의 전통윤리에서 타자화된 도덕의식으로서 여성에게 부여된 자기희생적 삶의 이념은 '현모양처'(賢母良妻)일 것이다. '착한 나'가 아니라 '착한 어머니'와 '착한 아내'라는 도덕이념은 남성의 도덕이념이 주체적 '나'가 전제된 '입신양명'(立身揚名)의 성취에 의해서 빛을 발한다는 의미라는 점에 반해 보았을 때 종속적 도덕이념이며, '착한 아버지'와 '착한 남편'(賢父良夫)이라는 말은 일상화되어 있지 않다는 의미에서 불평등한 도덕이념이다. 더 나아가서 타자성을 전제로 한 이러한 도덕이념은 애초부터 가정이라는 사적공간을 넘어서 대사회적 도덕이념이 되기에는 한계를 가지고 출발한다. 그래서 오늘날 이 이념은 가족이기주의나 '아줌마 신드롬'이라는 왜곡된 형태로 나타나는 것은 아닐까하고 생각된다.

들이 주장하는 것처럼 보살핌이라는 도덕보다는 오히려 자기주장과 자기배려와 같은 자기권리의 주장이라고 생각된다. 그리하여 여성에게 요청되는 것은 보살핌의 윤리보다도 권리를 중시하는 정의의 윤리라고 생각되는 것이다.

그러면 우리는 보살핌의 윤리를 버리고 권리 중심의 정의의 윤리 패러다임을 선택해야 할까? 그러기에는 정의의 윤리는 너무 많은 문제점들을 안고 있는 것으로 생각된다. 정의의 자유주의 윤리는 관계적 자아에 근거한 공존과 화해보다는 파편화된 자아에 근거한 경쟁과 대립이라는 삶의 방식을 정당화하고 있기 때문에 인류가 지향해야 할 도덕인지는 확신할 수 없다. 그러면 자유주의 윤리의 비판이론인 공동체주의 윤리는 어떨까? 이 윤리는 여성이라는 주체의 목소리보다는 남성 중심의 전통과 관습의 목소리를 강조하기 때문에 역사 속에서 그 피해자라고 생각되는 여성의 도덕으로서 적합한지는 여전히 의문이다. 그러나 보살핌의 윤리는 바람직한 방향으로만 실천된다면 자유주의 윤리의 고립적/독립적/이성적 자율이 낳을 수 있는 해악을 피해가면서도 공동체주의에 내재된 몰개인성과 전체성에 의한 폐해도 피해갈 수 있을 것이라고 생각된다. 무엇보다도 보살핌의 윤리는 인간존재의 실상인 관계성에 근거한 윤리일 뿐만 아니라 유사 이래 수천 년간 모든 전통에서 일관되게 추구되어 온 도덕이념이기 때문에 포기될 수 없다고 생각된다.

보살핌의 윤리를 바람직한 방향으로 발전시키는 데 있어서 기본적으로 요구되는 것은 이상에서 언급된 보살핌의 윤리에 대한 우려의 해소일 것이다. 우려해소의 방안은 이미 우려 속에 내포되어 있다고 생각된다. 즉 보살핌에 있어서 타자화된 의식 대신에 자율적 주체의식을 회복하며, 자기희생적 보살핌 대신에 탈자기희생적 보살핌을 실천하는 것이다. 이러한 보살핌은 앞에서 언급하였다시피 보살핌의 윤리의 초기주창자들인 길리간과 노딩스가 이상으로 제시한 보살핌이기도 하다.

그런데 길리간과 노딩스의 보살핌의 윤리는 타자화에 대해서는 주체적인 자율성을 전제하고 자기희생에 대해서는 동등배려적 보살핌을 이상으로 제시하고 있음에도 불구하고 우려론자들을 설득하지 못하고 있다. 그 이유는 두 가지라고 생각된다. 하나는 가부장제하에서 보살핌이 어떤 방식으로 실천되더라도 여성에게 희생을 요구할 수밖에 없을 것이라는 여성주의자들의 보살핌의 윤리에 대한 근본적인 회의 때문이고, 다른 하나는 길리간과 노딩스가 이러한 우려에 대하여 직접적이고 설득적인 답변을 제시하지 못하고 있기 때문이라고 생각된다.

4부 1장에서 살펴본 바와 같이 초기불교의 자비의 윤리는 보살핌의 윤리와 유사한 윤리이념을 제시하고 있다. 따라서 우리는 보살핌의 윤리에 대한 우려론이 자비의 윤리에도 똑같이 적용될 것이라고 생각할 수 있다. 그러나 초기불교의 자비의 윤리는 이러한 우려에 대해 보다 직접적이고 명백한 답변을 제시함으로써 이러한 우려를 피해가고자 한다. 이렇게 본다면 자비의 윤리로부터 우려해소 방안을 찾는 것이 더 용이할 것이다.

이 글에서 필자가 의도하는 것은 초기불교의 자비의 윤리에 의거하여 보살핌의 윤리에 대한 우려의 해소방안을 찾아보는 것이다(3). 이를 위한 전단계 작업으로 필자는 보살핌의 윤리에 대한 우려론을 먼저 검토해 볼 것이다(2). 그리고 마지막으로 자비의 윤리가 제시하는 우려해소의 보살핌의 모델— '자리이타적 보살핌'—이 갖는 함의에 대하여 검토해 볼 것이다(4).

2. 우려론: 여성의 도덕의식의 타자화와 자기희생

주지하다시피 여성의 타자화[5]에 대한 통찰은 보브와르(Beauvoir)의 저 유명한 말에 함축되어 있다. 즉 그녀는 "여성/인간은 태어나지 않고 여성은 만들어진다"[6]고 하고 "그는 주체이며 그는 절대자이며 그녀는 타자이다"[7]라고 한다. 이 말은 각각 전통적으로 '성별이 사회적으로 구성된다'와 '여성성은 주체로 간주된 남성성과 대립적인 것으로서 구성된다'는 의미로 해석되어 왔지만[8] 전자는 간접적 방법으로 후자는 직접적인 방법으로 언표되고 있다는 점만 다를 뿐 여성의 타자화를 말하고 있다는 점에서는 같다.[9] 여성은 남성과 달리 주체적으로 자신의 정체성을 확보하지 못하고 타자의 인식, 해석, 기대에 따라 자기를 구성해 간다. 그래서 "……여자의 상황을 특이한 것으로 한정하는 것은…… 남자들이 타자들로서 살도록 강제하는 세계에서 자기를 발견하고 자기를 선택한다는 것

---

5) '타자화'는 자율적 주체의 상실이라는 의미에서 '타율화된다'는 의미로도 이해될 수 있을 것이다. '타자화'라는 말을 이렇게 이해한다면 보살핌의 윤리가 자율성의 활용을 요청한다고 생각하는 학자들(예컨대 보살핌의 윤리에서 자율성이 요구된다고 보는 국내학자로는 허란주(〈여성주의와 자율성〉, 《여성과 철학》, 철학과 현실사, 1999)와 국외의 대표적 학자로는 클레멘트(Clement, Grace, *Care, Autonomy, and Justice*(Clement: Westview Press, 1996), 2장)를 참조.)의 입장에서는 '보살핌에 있어서 여성의 도덕의식의 타자화'라는 이해에 반대할 수도 있을 것이다. 그러나 여기에서 분명히 해야 할 것은 필자가 모든 보살핌이 항상 필연적으로 타율적이라고 생각하지 않는다는 점이다. 대신에 보살핌의 윤리에 대한 우려론자들이 생각하듯이 보살핌은 많은 경우에 타율적으로 실천되며 또 타율적으로 실천될 수 있다는 것이다. 필자가 문제로 삼는 부분은 바로 이 부분이다.

6) Beauvoir, Simone, *The Second Sex*(Parshley, H. M. 옮김, New York: Vintage Books, 1989), 267쪽.

7) Beauvoir, Simone, 앞의 책, 서문 22쪽.

8) Haslanger, Sally, "Feminism and Metaphysics: Unmasking Hidden Ontologies" (Http://www.mit.edu/~shaslang/fmnewsUHO.html, 2000), 2쪽.

9) 남성과 여성은 모두 사회문화에 의해서 구성된다고 볼 수 있지만 전통적으로 사회문화는 남성중심의 가부장적 사회문화를 의미하므로 여성이 사회문화에 의해 형성된다는 것은 곧 남성의 인식, 해석, 기대에 따라 형성된다는 것을 의미한다. 따라서 전자도 후자처럼 여성은 주체로서가 아니라 남성에 의해서 객체로서 구성된다는 의미를 함축하고 있다.

이다. 여자의 초월은 다른 본질적 주권적 의식에 의하여 영구히 초월될 것이기 때문에 여자는 객체로 응결되고 내재 속에 갇혀 있기를 요구당한다."[10]

보브와르가 '남성의 주권의식에 갇힌 여성의 객체화'라고 한 여성의 타자화는 여성의 주체적 세계해석과 관계인식을 배제한다. 이러한 태도는 도덕의식의 영역에서는 타자화된 도덕이념의 선택과 실천으로 나타난다. 자기헌신, 자기희생, 이타주의, 순종, 복종 등이 그 대표적 예일 것이다.[11] 그래서 여자는 자신의 고유한 과거도, 역사도, 종교도 갖고 있지 않은 것처럼[12] 고유한 도덕도 갖지 못한다. 여성은 역사에서 종교에서 그러했던 것처럼 최근까지 도덕의 영역에서도 주체가 되지 못하고 남성 중심적 가부장제 사회 속에서 타자가 의도한 도덕에 순응해 왔다고 할 수 있다. 따라서 마치 맑스(Marx)에게 있어서 도덕이 이데올로기의 한 형태로서 특정계급의 이해의 반영이라고 이해되었던 것처럼 여성이 순응해야 했던 도덕은 타자인 남성의 이해의 반영이라고 이해될 수 있다.

---

10) 시몬느 보브와르, 《제2의 성》(조홍식 옮김, 서울: 을유문화사, 1996), 30쪽. 그래서 보브와르는 "여자의 비극은, 부단히 본질적인 것으로서 자기를 확립하려는 모든 주체의 기본적인 요구와, 여자를 비본질적인 것으로서 형성하려는 상황의 요청 사이에서의 갈등이다"(보브와르, 앞의 책, 4쪽)라고 한다.

11) 보브와르는 가부장 사회에서 여성은 이타주의와 동일시될 뿐만 아니라 남성에게는 여성의 헌신에 대한 권력까지 보증한다고 한다(Beauvoir, 앞의 책, 255쪽). 밀(J. Mill) 또한 여성의 덕목들이 가부장제에 의해서 인위적으로 부여되고 강제되었음을 날카롭게 지적하고 있다. 그는 남성의 권력과 권위에 의해서 사회는 여성에게 특정성향을 형성하거나 억제하도록 하고(스튜어트 밀, 《여성의 예속》(김예숙 옮김, 서울: 이화여자대학교 출판부, 1986), 147쪽), 여성에게 복종과 순종을 가르치며(62쪽), 공감, 부드러움, 용서 등을 교육한다고 한다(91쪽). 또한 여성에게 자기희생을 강조한다(97쪽). 이에 반해 가부장 사회에서 가정은 남성에게 완고함, 횡포, 이기적 방종 등의 이기심을 가르친다(90쪽). 그래서 밀에 의하면 전통적으로 여성적 덕이라고 간주되어 온 덕목들은 가부장 사회에서 남성에 의해 강요되고 인위적으로 교육된 것이다.

12) 시몬느 보브와르, 앞의 책, 17쪽.

그러면 '보살핌'이라는 덕목은 어떠한가? 이 또한 그 연원에 있어서 타자화의 산물이라고 이해할 수 있을 것이다. 여성의 주체적 역사, 사상, 도덕이 없었던 사회에서 여성에게 수용된 도덕은 애초부터 자율적 선택일 수 없기 때문이다. 보살핌은 도덕적 가치에 있어서 남성의 사회적 기대를 반영한 것이라고 볼 수 있는 것이다. 쿠에이(Cooey)는 사회적 기대가 여성에게는 수용성, 양육, 자기희생과 같은 타율성과 관련된 특징을 강조하고, 남성에게는 자기주장, 독립, 자기통제와 같은 자율성의 특징을 강조한다고 한다고 하는데[13] 이는 도덕에 있어서 성별에 따른 사회화과정—즉 여성에게는 보살핌적 도덕을 남성에게는 정의적 도덕을 교육시키는 과정—을 잘 설명해 준다. 전통적으로 남성중심적 가부장제 사회에서 여성은 나면서부터 타율적인 보살핌의 도덕을 내면화해 왔으며 남성은 자율적이고 주체적인 정의의 도덕을 내면화해 온 것이다. '자율'이니 '타율'이니 하는 말을 사용하지는 않지만 자기희생, 공감, 부드러움 등이 남성의 입장에서 여성들에게 인위적으로 교육되고 강요된 후 이것들이 마치 여성의 본성인 것처럼 여겨지게 되었다고 주장한 밀(Mill)[14]의 입장에서도 우리는 보살핌이 오랜 시간에 걸쳐 여성에게 타율적으로 수용된 도덕이라고 말할 수 있을 것이다.

'보살핌'이 남성 중심의 가부장 사회에서 여성에게 주어진 타율적 성격을 지님에도 불구하고 여성주의 도덕이론가들은 보살핌을 타자화에 의한 선택이라고 규정하지는 않는다.[15] 다만 보살핌에 대한 우려론자들

---

13) Cooey, Paula, "Emptiness, Otherness, and Identity" (*Journal of Feminist Studies in Religion* vol.6 no.2, 1990), 10쪽.

14) 밀, 앞의 책, 62, 70, 90, 97쪽.

15) 그들이 보살핌의 윤리가 내포하고 있는 타자성이나 억압성 혹은 자기희생성에 대해서는 강조하면서도 보살핌의 윤리를 타자화된 도덕의식이라고 규정하지 않는 이유가 궁금하지 않을 수 없다. 보살핌의 윤리가 도덕의 영역에서 여성의 정체성을 확보할 수 있는 유일한 최후의 보루라고 생각하기 때문일까? 아니면 궁극적으로 모든

중에서 바르트키(Bartky)와 같은 이는 보살핌의 본래적인 타자성에 대해 다음과 같이 규명한다. 그녀는 여성 스스로의 인식 부재 현실, 즉 남성적 시각에 의해서 남성의 이데올로기에 따라 남성의 이익을 대변하는 인식 속에서의 여성의 보살핌에의 서약은 도덕적 위험이라고 한다.[16] 그녀에 의하면 가부장사회에서의 여성의 도덕적 위험은 밀이 지적하고 있는 것처럼 거짓말, 위선, 굴욕에 있는 것이 아니라 위선과는 거리가 먼 보살핌에 대한 충심의 서약과 같은 것으로부터 일어난다.[17]

요컨대 보살핌에 있어서 여성의 도덕의식의 타자화의 한 측면은 보살핌이 주체적으로 선택된 것이 아니라 가부장제하에서 타자에 의해 부여된 것이라는 데 있다. 즉 보살핌은 그 선택에 있어서 본질적으로 타자적인 속성을 갖는데 보살핌의 이러한 속성은 이론가들에 의해서 비판적으로 성찰되지 못한 것으로 보인다.

보살핌의 실천에 있어서 도덕의식의 타자화는 보살핌을 실천하는 여성이 자신의 인식을 포기하고 자신의 윤리를 양보함으로써 나타난다. 즉 여성은 보살핌의 실천과정에서 자신의 현실인식을 타자의 현실인식으로 대체시키고, 자신의 윤리적 신념을 타자에게 양보함으로써 오히려 타자의 윤리적 신념을 시인한다.

보살핌의 실천에 있어서 이러한 타자화는 보살피는 자에게 요구되는 역할의 특징으로부터 기인한다고 보여진다. 주지하다시피 보살핌의 윤리에서 주체의 특징은 정의(justice)의 윤리에서의 도덕주체의 특징과 상반된다. 정의의 윤리에서 도덕주체는 스스로의 선택과 결단을 중시하지만 보살핌의 윤리에서 주체는 늘 타자의 목소리를 듣고 타자의 요구에 부

도덕이 타인의 목소리에 충실하는 타자화된 속성을 갖는다고 생각하기 때문일까?

16) Bartky, Sandra, *Femininity and Domination: Studies in the Phenomenology of Oppression*(New York: Routledge, 1990), 112쪽.

17) Bartky, 앞의 책, 112쪽.

응하고 충실해야 한다. 정의의 도덕사고에서 자아는 늘 고독한 주체의식에 직면하여 주체적으로 세계와 상황을 이해하지만 보살핌의 도덕사고에서 자아는 늘 타인의 관점에서 세계를 이해하고 타인의 상황을 자신의 것으로 받아들여야 한다. 또한 윤리적 신념과 관련해서도 정의의 도덕에서 자아는 자신의 신념을 주장하고 원칙고수의 입장을 견지하지만 보살핌의 도덕에서 자아는 자신의 윤리적 신념을 주장하고 요구하기보다는 타자의 윤리적 신념을 관용하고 포용하는 성격을 갖는다.

바르트키는 보살핌의 실천과정에서 필수적으로 일어나는 '인식적 의존'(epistemic leaning)과 '윤리적 의존'(ethical leaning)을 지적하고 있는데 필자가 이해하기로 이 두 개념은 보살핌의 실천과정에 나타난 보살피는 자인 여성의 타자화를 잘 설명해 주고 있다.

바르트키는 보살핌이 인식적 위험 내지는 인식적 의존을 필수적으로 요청한다고 본다. 그녀는 인식적 의존에 의해서 여성은 보살핌의 과정에서 남성의 현실을 자기의 것으로 인식하고 자신의 인식과 인식준거들을 사상하게 된다고 한다. 그녀는 다음과 같이 기술하고 있다.

무엇보다도 인식적 위험(epistemic risk)이 있다. 즉 여성이 '그에 따른 세계'(the world according to him)를 무비판적으로 수용함으로써 자신에 따른 세계의 구축에 있어서는 상응하는 어려움을 겪는 위험이 있다. 이 일이 어떻게 일어나는가? 한 사람을 후원하고 돕는 것은 대개는 정서적으로 그 사람의 세계로 들어가는 것이다. 이것은 그의 관점에서 사물들을 보고, 그가 실재며 참이라고 취하는 것에로 상상적으로 들어가는 것이다. 노딩스는 이것을 잘 표현하고 있다. 즉 타인에 대한 보살핌의 태도를 취하는 것은 그 타자에게 '몰입되는' 것이다. 그것은 "내자신의 현실에서 타인의 현실에로의 관심의 전이이다." 그에 의해서 "나는 분석하고 계획하는 나의 유혹을 제켜둔다. 나는 계획하지 않는다. 나는 타인을 나 자신으로 받아들여 타인과 함께 보고 함께 느낀다." 그러므로 보살핌은 내 자신의 개인적인 준거틀로부터 나와 타인의 준거틀로 들어가는 것을 포함한다. 이것은 다른 이와의 합병이다. 그리하여 그녀는 인식의 실패에 의해 동기화되지 않고 정서적 보살핌을 주는 그 성품에 의해 동기화된다.[18]

바르트키에 의하면 문제는 여기에서 그치지 않는다. 그녀에 의하면 보살핌을 실천하는 모든 경우에서 인식적 합병이 필요한 것이 아님에도 여성이 지속적으로 그리한다는 것이 문제이다. 그녀는 보살피는 사람이 보살핌을 받는 사람의 현실인식의 방법을 거부해야 할 때도 있지만 그러하지 못한다고 한다. 왜냐하면 여성이 자신이 보살피는 사람의 가치와 신념에 대하여 지속적으로 의문을 던진다면 그녀의 보살핌은 포기되어 지속될 수 없기 때문이다.[19] 그리하여 보살피는 자는 다음과 같은 패러독스에 직면하게 된다. 즉 '그녀가 의심을 계속한다면 그녀는 소외된 보살핌의 주요 특징인 거리감과 부정함을 발전시키는 위험을 감수하게 되며, 그녀가 자신의 의심을 표현해내기 시작한다면 십중팔구 그녀는 보살피는 자를 거부하거나 그에게 불충하다고 간주된다.'[20] 요컨대 보살피는 자는 보살핌 자체가 갖는 성격으로 인하여 주체적 인식을 갖기 어려우며 갖더

---

18) Bartky, 앞의 책, 111쪽. 여기에서 노딩스의 '몰입'(engrossment)의 개념에 대한 바르트키의 이해는 '몰입'에 대한 노딩스의 다른 설명을 고려하지 않고 있다는 점이 지적되어야 할 것이다. 4.1.3의 1)에서 고찰한 바와 같이 노딩스는 '관심의 전이' 등과 같은 개념을 통해서 '몰입'을 설명하면서 보살핌이 자신의 시각을 버리는 것을 의미하지 않으며 두 개의 관점을 유지하는 이원성을 전제한다고 한다. 노딩스는 자신의 보살핌의 윤리에서 정서적 일원화는 인정하지만 관점의 일원화는 인정하지 않으며 더 나아가서 존재의 일원화도 인정하지 않는다. 그럼에도 불구하고 바르트키가 인용한 노딩스의 말에서 알 수 있듯이 노딩스는 '몰입'의 개념과 관련하여 이중적인 입장을 취하고 있기 때문에 바르트키의 비판을 피하기는 어려울 것으로 생각된다.
19) Bartky, 앞의 책, 111쪽.
20) Bartky, 앞의 책, 111쪽.

라도 이를 표현하지 못한다는 것이다. 따라서 이와 같이 실천되는 보살핌은 보살피는 자를 필연적으로 타자화한다.

다른 한편 바르트키에 의하면 보살핌의 실천에는 윤리적 의존이 필수적으로 요청된다. 그녀에 의하면 우리들 중 많은 이가 자신의 원칙에 대한 신념을 지키는 것보다도 정서적 후원을 제공하는 것이 더 중요하다고 생각하기 때문에 도덕적으로 침묵하거나 도덕적으로 양보한다.[21] 이러한 상황에서 우리는 우리 자신의 서약과 어긋나는 것에 직면했을 때 이에 대해서 말해야 하지만 말하지 못한다. 더 나쁜 것은 친밀한 보살핌의 속성 안에 내재해 있는 위험, 즉 인식적 의존과 같은 '윤리적 의존'이 보살피는 자의 설자리를 앗아간다는 것이다.[22] 그 결과 남편이 미성숙한 행동을 할 경우에도 사회는 그의 도덕성에 의해서보다도 아내의 정숙(loyalty)에 의해서 그녀를 심판하며, 아내의 윤리적 훈육은 남편에 의해서 수용되지 않고 오히려 그의 신념과 행동에 대한 그녀의 시인과 수용이 요구된다.[23] 바르트키가 말한 이러한 윤리적 의존은 보살핌, 특히 친밀한 관계의 보살핌에 내재된 속성으로서 여성으로 하여금 자신의 도덕적 신념을 지키지 못하게 할 뿐만 아니라 더 나아가서 양보하고 남성의 신념에 따르게 한다.

그런데 여성으로 하여금 자신의 현실을 자신의 시각에서 자신의 것으로 경험하지 못하게 하고 타자의 현실을 타자의 시각에서 자신의 것으로

---

21) Bartky, 앞의 책, 113쪽.

22) Bartky, 앞의 책, 113쪽.

23) Bartky, 앞의 책, 113쪽. 예컨대 전통적으로 남성의 외도의 경우 사회는 남성의 외도를 질책하기보다는 이를 관용하거나 아내의 부덕을 문제삼는 경우가 많다. 또 남편의 외도를 문제삼는 아내는 포용력이 없어 덕 없는 아내로 간주된다. 최근까지 현모양처라면 남편의 외도도 묵묵히 수용해야 했다. 그러나 아내의 외도가 발생하는 경우 이에 대한 어떠한 사회적 이해나 관용도 주어지지 않으며, 그녀는 비난의 유일한 당사자로서 그녀에게는 오직 도덕적 비난과 처벌만이 있을 뿐이다.

경험하게 하는 인식적 의존과, 자신의 도덕적 신념과 주장을 뒤로 하고 늘 타자의 신념과 주장에 순응하게 하는 윤리적 의존은 별개의 것이 아니라고 생각된다. 보살핌의 실천과정에서 발생할 수 있는 동시적인 것이다. 바르트키는 "남성의 현실을 긍정하는 것은 동시에 그의 가치를 긍정하는 것이다"[24]라고 하는데 이 말은 사실상 보살핌의 실천과정에서의 인식적 의존과 윤리적 의존의 동시성을 말해 주고 있다.

요컨대 보살핌에 있어서 도덕의식의 타자화는 남성중심 가부장사회에서 여성이 덕목의 선택과 실천에 있어서 자율적 주체가 되지 못하고 타자의식의 지배를 받는 것을 의미한다. 즉 보살피는 자인 여성에게 있어서 보살핌이라는 덕목은 타자의 관점에서 타자에 의해서 부과된 것으로 주체적으로 선택된 것이 아니다. 또한 보살핌의 실천에 있어서 여성은 자신의 현실인식을 타자의 현실인식으로서 대체하고 자신의 윤리적 신념과 주장을 양보하고 타자의 윤리적 신념과 주장에 따른다.

지금까지 이해한 대로 보살핌이 타자의식에 의한 선택이며 그 실천과정 또한 타자의 의식에 의해 주도되는 것이라면, 그러한 도덕은 필연적으로 타자의 이해를 대변하게 될 것이다. 그리하여 보살핌에 있어서 보살피는 자의 현실, 권위, 이익은 타자의 그것에 의해서 은폐되고 타자의 그것에 종속됨으로써 보살피는 자의 자기희생이 전제될 것이다. 요컨대 보살핌에 있어서 도덕의식의 타자화는 필연적으로 자기희생으로 귀결될 것이라고 생각할 수 있다.

길리간 또한 도덕의식의 타자화와 자기희생간의 연결고리에 대하여 직시하고 있는 것으로 이해된다. 길리간이 통찰한 여성적 보살핌의 윤리에 있어서 여성의 자기 목소리 상실은 보살핌의 실천에 있어서 나타나는 도덕의식의 타자화의 좋은 예라고 생각된다. 그녀는 자기목소리의 상실

---

24) Bartky, 앞의 책, 112쪽.

상황에서의 보살핌은 자기희생적으로 실천될 수밖에 없다고 본다.

길리간에 있어서 여성의 자기 목소리 상실은 여성이 가부장적 사회구조의 사적인 관계에 갇혀서 (공적인) 관계로부터 단절되고 보상받지 못한 것을 설명해 준다. 그녀에 의하면 여성의 자기목소리 상실은 여성이 스스로 사적인 영역의 관계를 유지하고 사적인 관계에 헌신하면서 다른 공적인 관계들을 포기하는 것을 의미한다. 자기 목소리를 포기하는 상황, 즉 (공적인) 관계들을 포기하는 상황을 길리간은 "관계를 유지하기 위해 관계를 잃어버리는" 상황이라고 표현한다. 그리고 이러한 상황에서 보살핌은 자기헌신과 자기희생의 윤리로서 조직된다고[25] 본다.

보살핌의 실천에 있어서 도덕의식의 타자화와 자기희생간의 연계성에 대한 인식여부와 무관하게 보살핌의 자기희생성은 우려론자들에 의해서 강조된 우려의 핵심이다. 이들은 가부장제하에서의 보살핌의 실천이 여성의 희생을 당연시하고 강조한다고 본다. 이러한 자기희생성을 강조하는 우려론자들은 특히 가족이나 친밀한 남녀관계에서의 보살핌이 여성의 해방이나 성평등 실현이 아니라 예속과 불평등을 심화시키며 더 나아가서는 여성학대와 같은 가족 내의 부정의까지 용인한다고 본다.

부벡(Bubeck)에 의하면 보살핌은 성별착취를 증가시킨다. 그녀는 보살핌의 속성 자체가 착취를 조건으로 한다고 보는데 이는 그녀가 보살핌의 실천이 타인의 욕구에 초점이 맞추어져 있고 타인의 욕구에 대하여 주의 깊고 헌신적일 것을 요청한다고 보기 때문이다. 게다가 그녀에 의하면 현실에서 공사구분의 도식은 남성으로 하여금 보살핌의 부담을 피하게 하며, 남성이라는 구성은 남성으로 하여금 보살핌의 기술발전을 어렵게 한다.[26]

---

25) Gilligan, 앞의 책, 123쪽.

26) Tronto, Joan, "Care Ethics: Moving Forward" (*Hypatia*, vol.14, no.1, 1999), 114~115 쪽).

부벡이 지적한 과거와 현재의 사회구조 속에서의 보살핌의 불평등적 성별착취는 길리간에 의하면 여성적 보살핌의 윤리에서 관찰되는 현상으로서 역사적으로 정당하게 보상받지 못한 노동으로 이해된다. 길리간에 의하면 여성은 가부장적 사회문화 속에서 나쁜 여성—여성적이지 못하며, 관후하지 못하며, 배려적이지 못한 여성—이 될 수 있다는 압박 위에서 늘 내외적으로 불평 없이 보살펴야 하는 의무들에 의해 속박되어 있었다. 게다가 여성의 보살핌의 영역인 사적인 영역은 공적인 영역으로부터 분리되어 여성은 관계들로부터 단절된 채로 보살핌이라는 특별한 의무를 수행하면서도 자신의 보살핌의 노동에 대하여 보상받지 못했다.[27]

부벡이 말하는 보살핌의 성별착취나 길리간이 말하는 보살핌의 헌신 혹은 자기희생은 정도의 차이는 있지만 일일이 거론할 수 없을 정도로 많은 이론가들에 의하여 공통적으로 지적된 보살핌이 내포하고 있는 우려이다.[28] 여성적 덕목과 관점을 찬양함으로써 이것이 일어난 억압적 조건을 찬양할 수 있다는 호우스톤(Houston),[29] 가족 혹은 남녀간의 친밀한 관계에는 한편의 다른 한편에 대한 관계적 착취가 사랑이나 보살핌으로 위장하여 나타나 최초의 부정의를 이룬다는 프리드만,[30] 그리고 보살핌의 윤리는 여성으로 하여금 학대, 착취, 강요에 저항하도록 하는 전략들을 도덕적으로 무화시킨다고 보는 호아그랜드(Hoagland)[31] 등도 모두 이러한 우려를 표명한 것이다.

---

27) Gilligan, Carol, "Hearing the Difference: Theorizing Connection" (*Hypatia*, vol.10, no.2, 1995), 122쪽.
28) 주지하다시피 보살핌이 안고 있는 자기희생성은 단순한 우려의 차원을 넘어서 보살핌의 윤리에 대한 여성주의 이론가들의 비판의 핵심이다.
29) Friedman, 앞의 책, 145쪽.
30) Friedman, 앞의 책, 130쪽.
31) Hoagland, Sarah, "Some Thoughts about 'Caring'," *Feminist Ethics* (Card, Claudia 외 편, Kansas: University Press of Kansas, 1991), 256쪽.

보살핌의 자기희생성에 대한 우려론자들은 보살핌의 과정을 분석함으로써 다음과 같은 것을 보여주고자 한다. 즉 이들은 사적인 영역인 가정에서의 여성의 육체적·정신적 보살핌의 노동에 대한 정당한 보상이 주어지지 않는다는 것과 보살핌의 과정에서 여성은 현실적으로 무력화(disempowerment)된다는 것을 보여주고자 한다. 보살핌을 받는 자인 남성은 공적인 세계에서의 상처를 사적인 영역의 여성에게서 치유 받고 에너지를 회복하는 대신에 여성에 대하여 경제적으로 후원하지만[32] 여성은 이 과정에서 경제적으로 예속되게 되고 현실적으로 무력화된다.

바르트키는 친밀한 관계의 보살핌에서 일어나는 자기희생의 과정을 현상학적으로 분석함으로써 여성이 도덕적 피해(moral damage)를 받게 되는 과정을 치밀하게 설명한다. 그녀에 의하면 보살핌은 남성으로 하여금 수혜자가 되게 하고 여성으로 하여금 위험부담자가 되게 하는 비상호적인 과정으로서 여성을 무력화한다. 그런데 여성의 현실적 능력을 박탈해 가는 무력화과정은 교묘하고 복합적인데 보살핌에서 다음과 같은 과정이 일어나기 때문이다.

여성은 타인을 보살필 때 자신 속에서 치유적이고 지속적인 '사랑의 힘'을 구체적이고 매우 가깝게 느낀다. 여성은 자기자신으로부터 유출되는 힘을 느끼며 자신이 그 힘의 장임을 느낀다. 그러나 자신 속의 강력한 힘으로써의 보살핌은 현실 속에서는 남성우위의 특권에 대하여 아무런 영향도 미치지 못한다. 따라서 당연히 보살핌을 받는 자로서의 남성의 취약성은 남성특권상실이나 여성지위고양의 전조가 되지 못하며, 여성은 세계 안에서 어떤 실제적 힘도 갖지 못한다. 여성은 보살핌의 에너지를 자신 속에서 느끼지만 이를 현실화시킬수록 실제 세계에서는 무력화되는 것이다.[33]

---

32) Clement, 앞의 책, 28쪽.
33) Bartky, 앞의 책, 115~117쪽.

여성은 무력화되는 과정에서 적극적이고 정서적으로 남성의 세계에 동화되며 이 동화 속에서 여성의 상황은 신비화되고 여성은 보살핌 속에서 만족하게 된다.[34] 보살핌의 과정에서 남성의 만족이 여성의 정서적 후원, 감동적 역할, 그리고 여성의 대가를 전제로 한 것임에 비하여 여성의 만족은 무력화와 자신의 상황에 대한 신비화와 함께 일어나는 자기도취적인 것이다.[35] 요컨대 바르트키에 의하면 여성은 보살핌의 과정에서 교묘하고도 모순적으로 무력화되는 과정을 겪으며 그 결과 도덕적 피해를 감수한다.

바르트키가 말하는 도덕적 피해는 보살핌이라는 도덕의 실천과정에서 여성이 감수하는 모순적이고도 자기기만적 자기희생이다. 자신의 내적 에너지를 확인하는 보살핌이지만 외적으로는 자신의 무력화를 동반하기 때문에 모순적 자기희생이며, 외적으로는 박탈당하면서도 내적으로는 자신의 타자에 대한 치유력을 확인함으로써 자기도취와 자기만족을 느끼기 때문에 자기기만적 자기희생인 것이다.

그런데 보살핌이 동반하고 있는 이상과 같은 도덕적 피해 혹은 자기희생에 대한 바르트키의 분석은 보살핌의 윤리 자체를 반대하려는데 그 목적이 있지 않다. 보살핌이 가지고 있는 함정과 유혹에 대한 경고에 그 의도가 있는 것으로 생각된다. 그녀는 다음과 같이 자신의 주장의 결론을 밝히고 있다.

최근 많은 여성주의 이론가들은 보수주의자들에 합류하여 여성 양육(female nurturance)을 찬양하고 있다. (그런데) 이들 사상가들의 동기는 (서로) 다르다. 보수주의자들은 성별 현상유지에 대한 광범위한 방어의 맥락에서 전통적인 여성의 덕을 칭송하며, 여성주의 이론가들, 특히 여성의 전통적

---

34) Bartky, 앞의 책, 117쪽.
35) Bartky, 앞의 책, 116쪽.

인 양육행동에 근거한 보살핌의 윤리이념에 빠져 있는 여성주의 이론가들은 우리의 정서적 노동을 정당하게 평가함으로써 여성의 지위를 격상시키고 이러한 보살핌의 특징을 교제와 정치라는 공식영역에 확장시키고자 한다. 나는 이러한 목적들에 갈채를 보낸다. 그러나 여성적 양육을 칭송하는 많은 여성주의 이론가들은 대부분의 보수주의자들처럼 여성이 정서적인 노동을 하면서 도덕적 피해를 받을 것이라는 가능성을 아주 무시해 왔다. 분명히 하건대 보살핌의 윤리의 발전에 대한 고무는 보살핌 자체의 함정과 유혹에 대한 주의 깊은 분석을 전제로 할 필요가 있다.[36]

보살핌의 자기희생성에 관한 우려에도 불구하고 많은 이론가들은 바르트키처럼 바람직한 보살핌의 윤리의 발전에 대하여 낙관하고 있는 것으로 보인다. 예컨대 보살핌의 윤리의 최초의 주창자인 길리간 같은 이는 보살핌의 윤리를 여성적 보살핌의 윤리가 아닌 여성주의적 보살핌의 윤리로 발전시킴으로써 바람직한 보살핌의 윤리를 실천해 갈 수 있다고 주장한다.[37] 보살핌의 윤리 이외의 다른 대안적 윤리이론에 설득되지 못해서이기도 하지만 보살핌의 윤리에 대한 우려해소와 이에 근거한 보살

---

36) Bartky, 앞의 책, 118쪽.

37) 기존의 정의의 윤리에서 보살핌의 윤리로의 패러다임의 전환을 주장하는 길리간이 '여성적 보살핌의 윤리'(a feminine ethic of care)로부터 '여성주의적 보살핌의 윤리'(a feminist ethic of care)를 구별한 것은 의미가 매우 크다. 그녀에게 있어서 '여성적 보살핌의 윤리'는 관계로부터 단절된—여성의 경우는 공적인 많은 관계들로부터 단절되고 남성의 경우는 여성과 감성으로부터 단절된— 윤리로서 가부장 사회 내에서의 의무와 대인관계의 윤리이다. 이때의 보살핌은 '관계'와 '자기개발'과 대립적으로 상정되고 '헌신'이나 '자기희생'으로 자리매김된다. 이에 반하여 '여성주의적 보살핌의 윤리'는 후에 살펴보겠지만 여성을 공적인 영역의 많은 관계의 영역으로 연결시키고 남성을 여성과 정서의 영역으로 연결시키는 (진정한) '관계'에 근거한 윤리이다(Gilligan, 앞의 논문, 122쪽). 길리간은 당연히 보살핌의 윤리가 '여성적 보살핌의 윤리'를 탈피하고 '여성주의적 보살핌의 윤리'로 발전되어야 한다고 주장하고 그럴 수 있다고 본다.

핌의 윤리의 여성주의적 보살핌의 윤리로의 발전가능성 때문에 필자 또
한 이러한 희망을 버리지 않는다.

3. 우려론에 대한 자비의 윤리의 제안

이상에서 살펴본 바와 같이 보살핌에 대한 우려론의 요지는 이것의 선
택에 있어서는 타자의식에 의한 것이며, 실천에 있어서는 인식적·윤리
적으로 여성의 입지를 무화시키며, 결과적으로는 여성의 자기희생을 요
구한다는 것이다. 즉 보살핌은 여성 스스로에 의한 주체적 선택이기보다
는 남성중심적 가부장제 하에서 타자에 의해 부과된 것이며, 보살핌의 실
천과정에서 여성은 타자의 현실을 자신의 현실로 인식하며 자신의 윤리
적 가치를 양보하고 타자의 윤리적 가치에 따르며, 그 결과 자신을 희생
하게 된다는 것이다.

이제 문제는 바람직한 보살핌의 윤리―길리간의 말대로 여성적 보살
핌의 윤리가 아니라 여성주의적 보살핌의 윤리―의 모색에 필수적이라
고 할 수 있는 이러한 우려의 해소방안을 불교윤리적 관점에서 검토해 보
는 것이다. 결론부터 말하자면 불교윤리는 도덕의식의 타자화라는 우려
에 대해서는 '자율적 주체의식의 회복'이라는 원론적 답변을 제안하고
자기희생이라는 우려에 대해서는 '자리이타적 원리'를 제안한다.

살펴본 바와 같이 보살핌에 있어서 도덕의식의 타자화는 보살핌의 선
택과 실천에 있어서 여성이 주체가 되지 못하기 때문에 나타나는 현상이
었다. 즉 타자의 강제와 영향하에서 여성의 자율은 설 자리를 잃은 것이
다. 따라서 보살피는 자로서 여성이 주체적으로 현실을 읽어내고 행동방
식을 결정하는 능력으로서 자율적[38] 주체의식을 회복한다면 보살핌이라
는 선을 선택하고 실천하는 데 있어서 도덕의식의 타자화를 피할 수 있을

것이다.

붓다가 인식과 윤리에 있어서 가장 우선적으로 제안하는 것은 개개인 각자의 주체적 사고와 판단이다. 그는 참과 거짓, 취할 것과 버릴 것, 그리고 행할 것과 행하지 않을 것을 가리는 데 있어서 전통이나 권위에 의탁하지도 말고 특정 이론이나 추론을 맹신하지도 말며, 오직 자기 자신이 스스로 검토하여 도달하는 방법에 의거하라고 한다.

붓다의 자유탐구정신을 드러낸 것으로 유명한 《칼라마 숫타》의 '칼라마 사람들(Kālāmā)에 대한 조언'은 불교의 이러한 자율적 주체의식의 핵심을 드러내고 있다. 붓다는 칼라마 사람들의 고민—자신들의 견해만이 옳다고 하고 다른 견해들을 비난하는 다양한 수행자들의 서로 상이한 주장들을 접할 때 어떤 것이 참(sacca)이고 어떤 것이 거짓(musā)인지 도무지 식별할 수 없으며 혼동된다는 고민—에 대하여 다음과 같이 조언한다.

칼라마 사람들이여, 보고, 전통, 소문, 경전의 권위, 추측, 추리, 그럴듯한 추론, 지속되어 온 견해에의 편애, 그럴듯해 보임, 혹은 사문에 대한 존경 등에 이끌리지 마십시오. 칼라마 사람들이여, 여러분이 여러분 스스로 확실히 알 때—즉 이러한 것들은 비난받을 만하며, 이러한 것들은 현인에 의해서 견책 받으며, 이러한 것들은 행해지고 착수되었을 때 해로움(ahita)과 고통을 가져온다고 알 때—칼라마 사람들이여, 여러분은 그것들을 거부하십시오. [39] (중략) 칼라마 사람들이여, 여러분이 여러분 스스로 확실히 알 때—즉

---

38) 주지하다시피 '자율'(autonomy)은 보통 외적 강제 없는 '자기규율'(self-rule), '자기입법'(self-legistration), 혹은 '자기결정'(self-determination)을 의미한다. 클레멘트는 '자기결정' 혹은 '개인이 무엇을 할 것인가를 결정하는 것'을 모두가 동의할 수 있는 '자율'의 보편적 의미로 규정한다(Clement, 앞의 책, 15쪽). 본 논의의 초점과 관련하여 필자 또한 이러한 의미의 '자율'을 강조하여 그 의미를 '보살핌을 선택하고 실천하는데 있어서 주체적 현실독해와 행동방식 결정'으로 규정하고자 한다.

이러한 것들은 선이며, 이러한 것들은 비난받지 않으며, 이러한 것들은 현인에 의해서 칭찬 받으며, 이러한 것들은 행해지고 착수되었을 때 이로움(hita)과 즐거움을 가져온다고 알 때—칼라마 사람들이여, 여러분은 그것들을 취하고 그것들에 머무십시오.[40]

여기에서 붓다가 특정 견해의 수용과 실천 여부의 기준으로서 제시하고 있는 것은 전통도, 경전도, 인적인 권위도, 그럴듯한 추론도, 혹은 특정 견해에 대한 이끌림도 아니다. 그는 오직 스스로의 검토에 의해서 참된 인식에 도달하여 실천을 결정하는 자율적 주체의식을 강조하고 있을 뿐이다. 그리고 여기에서 수용과 거부의 구체적 기준은 이것이 실천되었을 때 이로움(hita)과 즐거움(sukha)의 수반여부, 즉 해로움(ahita)과 고통(dukkha)의 회피 여부이다. 특정의 견해를 수용하여 실천해야 하는 경우는 이것이 이로움과 즐거움으로 귀결될 때이다.

붓다가 제시하는 자율적 주체의식은 전통이나 권위와 같은 어떠한 타율에 대해서도 비판적일 것을 요구한다. 따라서 보살핌이라는 덕목의 선택에 있어서도 주체적 검증과정이 전제되어야 한다. 가부장적 전통과 권위, 그리고 이에 의한 강제는 거부될 수 있다. 스스로 검토하여 자신과 이웃에게 행복, 즉 이로움과 즐거움을 가져오는 것이라고 판단되면 그것은

---

39) Etha tumhe Kālāmā mā anussavena mā paramparāya mā itikirāya mā pitākasampadānena mā takkahutu mā nayahetu mā ākāraparivitakkena mā diṭṭhinijjhānakkhantiyā mā bhavyarūpatāya mā samaṇo no garū ti, yadā tumhe Kālāmā attanā va jāneyyātha-ime dhammā akusalā ime dhammā sāvajjā ime dhammā viññūgarahitā ime dhammā samattā samādinnā ahitāya dukkāya saṃvattantī ti-atha tumhe Kālāmā pajaheyyātha (*Aṅguttara-nikāya* I, 189쪽).

40) ……yadā tumhe Kālāmā attanā va jāneyyātha-ime dhammā kusalā ime dhammā anavajjā ime dhammā viññuppasatthā ime dhammā samattā sam dinnā hitāya sukhāya saṃvattanti ti-atha tumhe Kālāmā upasampajja vihareyyātha(*Aṅguttara-nikāya* I, 190쪽).

선택되고 실천될 수 있다. 어떤 보살핌이 보살핌의 실천자들을 억압하고 고통을 불러온다면 그것은 올바른 선택이나 실천일 수 없다.

남성중심적 가부장제 사회에서 보살핌의 선택과 실천에 가부장적 타율이 전제되어 있으며 그 결과 보살핌이 전통적으로 여성의 덕목으로만 요구되어 왔다면, 불교의 보살핌인 자비의 선택과 실천은 존재의 실상에 대한 자율적 인식과 각성을 전제하며 남녀 모두에게 요청된다. 자비는 존재속성의 주체적 인식에 근거한 필연적 요청으로서 그리고 참된 행복에 도달하기 위한 삶의 방법으로서 요청되는 실천이념이다. 불교윤리적 입장에서 자신과 자신의 삶에 대해 주체적이고 올바른 안목으로 성찰한다면 그리고 이로움과 즐거움을 추구한다면 누구나 '자비'라는 보살핌의 덕목을 실천해야 한다. 요컨대 불교윤리 또한 보살핌인 자비를 요청하지만 그 요청은 남성중심적 가부장제하의 타율에 의해서가 아니라 자신의 삶에 대한 자율적 성찰에 근거한다. 따라서 자비는 여성에게만 요청되는 덕목이 아니다.

특히 자비의 실천(과정)에 있어서는 자비의 대상에 대한 감정이입과 동일시가 전제되지만 '그에 따른 세계'나 그의 현실에 대한 무비판적 수용이 요구되지는 않는다. 나는 자비실천의 과정에서 일시적으로 방편상 '그'의 현실과 그의 가치관에 나를 합류시키고 거기에 몰입할 수는 있지만 나 자신의 독자적 현실인식과 판단을 주체적으로 유지해야 한다. 자비의 다른 짝인 지혜(pañña)는 자비의 선택에서뿐만 아니라 자비의 실천과정 하나 하나에 대한 자율적 주체의식 내지는 주체적 각성을 전제한다. 지혜 없는 자비는 맹목이기 때문에 자율적 주체의식이 전제되지 않는 자비도 맹목이라고 할 수 있을 것이다.

자비를 실천하는 사람은 보살핌을 실천하는 사람과 달리 자비대상의 가치와 신념을 전적으로 수용할 필요도 없다. 그의 가치와 신념을 의심한다고 하여 그에 대한 자비가 지속되지 못하고 위험에 처하는 것도 아니다. 왜냐하면 자비의 수용과 실천은 '인식적 의존'이나 '윤리적 의존'을 요청하는 것이 아니라 반대로 주체적 인식과 주체적 신념을 요청하기 때문이다. 이것이 바로《칼라마 숫타》가 자비의 주체적 선택과 실천을 위해 제안하고 있는 바일 것이다.

《칼라마 숫타》에 나타난 주체의식은 모든 불교를 관통하고 있는 핵심이다. 초기불교의 '자등명'(attadīpa, 自燈明)이나 선불교의 '수처작주'(隨處作主), '살불살조'(殺佛殺祖), '심외무불'(心外無佛), '견성성불'(見性成佛), 혹은 '번뇌즉보리'(煩惱卽菩提) 등의 말도 불교의 이러한 주체적 정신을 전제하지 않으면 불가능한 말들이다. 불교의 궁극목표인 깨달음은 자율적 주체의식 혹은 주체적인 인식과 실천 없이는 가당치도 않다. 불교의 이러한 정신은 전통이나 관습의 모습으로 강요하는 어떠한 형태의 타자화된 도덕도 거부할 것을 요청한다. 보살핌이 자율적 검토과정 없이 타율적으로 강제되어 이를 실천하는 사람에게 해로움과 고통을 주는 방식으로 실천된다면 이 또한 예외일 수 없다.

불교가 강조하는 자율적 주체의식은 세계 실상에 대한 주체적 이해와 이에 따른 주체적 삶의 토대로서 그 의미가 넓고 풍부하지만 좁은 의미에서는 길리간이 강조하고 있는 '자기 목소리'와 같다. 앞에서 언급하였다시피 길리간은 여성이 '자기 목소리'를 회복함으로써 관계들을 회복하여 올바른 여성주의적 보살핌의 윤리를 실천할 수 있다고 보는데 이때의 자기 목소리는 가부장제 속에서의 타자화된 목소리, 즉 남성의 목소리로부터 탈피한 자율적 주체의식의 회복과 다른 것이 아니라고 생각된다.

바람직한 여성주의적 보살핌의 실천에 핵심적인 자율적 주체의식으로서의 '자기 목소리'는 길리간에 의하면 여성은 물론 남성을 관계 속으로 환원시킨다. 즉 '자기 목소리'의 회복은 가부장적 사회질서 속에서 감정과 여성으로부터 단절(disconnection)되고 고립된 남성을 관계로 환원시켜 사적인 세계로 연결시키고, 사적인 세계에서 자기희생적 비교제

(dissociation) 상태에 있는 여성을 공적인 다양한 관계로 연결시키는 것을 의미한다.[41] 길리간이 인간존재의 본질적 관계성을 통찰하고 남성과 여성이 공적인 영역과 사적인 영역 모두에서 평등한 관계를 회복함으로써 고립적 남성과 자기희생적 여성을 요구하는 기존의 가부장적 보살핌인 여성적 보살핌의 윤리를 탈피할 수 있다고 본 것은 불교윤리의 관점에서도 주목된다. 불교의 자비도 인간존재의 본질적 관계성(연기, 공, 무아)에 근거하여 고립적 자아와 자기희생적 자아를 탈피한 평등한 자아들간의 자비의 실천을 말하고 있기 때문이다. 그것은 성별구분을 전제한 자비가 아니다. 이는 우리가 지향하는 보살핌에 있어서도 마찬가지이다.

지금까지 보살핌에 있어서의 도덕의식의 타자화라는 우려에 대한 불교윤리적 제안을 탐색해 보았다. 이제 보살핌의 자기희생성이라는 우려에 대한 불교윤리적 제안을 탐색해 보고자 한다.

앞에서 우리가 도덕의식의 타자화가 자기희생으로 귀결될 것이라고 예측할 수 있었던 것과 마찬가지로 여기에서 우리는 불교의 자율적 주체의식의 회복에 대한 강조는 탈자기희생에 대한 강조로 귀결될 것이라고 예측할 수 있다. 4부 1장에서 살펴보았듯이 그리고 예측되는 것처럼 불교의 자비의 개념은 일반적으로 자기희생을 거부하며 그 실천원리로서 자신을 이롭게 하고 타자를 이롭게 하는 '자리이타'(自利利他)를 제시한다.

초기경전에서 자기희생에 대한 거부는 '자신의 이로움을 무시하지 말라'는 소극적인 표현으로 뿐만 아니라 '타인의 이로움에 대한 지나친 배려 때문에 자신의 이로움을 해치지 말라'는 보다 적극적 표현으로도 나타난다. 다음에서 제시된 예에서 초기경전은 한편으로는 타인의 이로움을 탐하는 것도 옳지 않지만 자신의 이로움을 무시하는 것도 옳지 않다고 하

---

41) Gilligan, 앞의 논문, 120, 122쪽.

고, 다른 한편으로는 타인의 이로움/복지(para-attha)에 대한 과도한
(bahunā) 배려로 인하여 자신의 복지(atta-attha)를 해치지 말라고 한다.
《담마파다》는 다음과 같이 기술하고 있다.

자기자신의 이로움을 무시하지 말며(salābhaṁ nātimaññeyya) 타인의 이
로움을 탐해서도 안 된다. 타인의 이로움을 탐하는 비구는 삼매에 들지 못한
다.[42] 타인의 이로움에 대한 지나친 배려에 의해서 자신의 이로움을 무시하
지 말아야 한다. 자기자신의 이로움을 이해할 때 그 사람은 참된 이로움을
추구할 수 있다.[43]

나타난 바와 같이 자신의 이로움에 대한 추구는 그 자체로서 정당하며
타인의 이로움에 대한 지나친 배려로 인하여 무시되어서는 안 된다. 즉
자신에 대한 보살핌은 그 자체로 유의미하며 타인을 보살피는 경우에도
자신을 보살피는 것에 대한 희생이 요구되는 것도 아니다. 이러한 입장
은 우리가 초기불교 경전에서 '타인을 위해서 너를 희생하라'는 표현을
찾아볼 수 없는 것과 일치한다. 초기불교 경전에서는 자기배려를 강조하
는 경우는 있지만 자기희생을 독려하는 경우는 없다.

이와 같은 자기희생의 거부와 자기배려에 대한 강조는 자기희생에 근
거한 타자배려가 아니라 자기배려에 기초한 타자배려를 주장하는 불교
윤리의 기본입장이라고 할 수 있다. 주지하다시피 불교윤리는 타인을 배
려하는 도덕을 요청함에 있어서 신의 계명이나 선험적 도덕법칙, 혹은 사
회적 관습 등에 의존하지 않는다. 붓다는 인간이 갖는 자기보존과 이로

---

42) salābhaṁ nātimaññeyya nāññesaṁ pihayaṁ care, aññesaṁ pihayaṁ bhikkhu samad-
   himnādhigacchati(*Dhammapada*, 365).
43) Atta-d-atthaṁ paratthena bahunā pi na hāpaye, atta-d-atthaṁ abhiññāya sadattha-
   pasuto siyā(*Dhammapada*, 166).

움(혹은 즐거움, 행복) 추구의 욕구와 정당성을 인정하고 이러한 욕구를 타인도 나와 마찬가지로 똑같이 가지므로 타인의 그것에 대해서도 적극적으로 배려하라고 말하고 있을 뿐이다. 다음의 구절은 이러한 입장을 잘 예시하고 있다.

모두가 매를 두려워하고 모두가 죽음을 두려워한다. (따라서) 자신을 예로 삼아(attānaṁ upamaṁ katvā) (타인을) 매질하지도 말며 죽이지도 말아야 한다. 모두가 매를 두려워하고 모두가 생명을 소중히 여긴다. (따라서) 자신을 예로 삼아 타인을 매질하지도 말고 죽이지도 말아야 한다.[44]

요컨대 여기에서 말하고 있는 타인배려는 자기성찰적 경험에 의존한다. 나 자신의 보존욕구와 배려 받고 싶은 욕구에 대한 성찰과 인지에 근거하여 타인에 대한 배려를 요청하는 것이다. 즉 내 자신이 도덕적 존재로서 대우받기를 원하듯이 타인도 그러하니 그리하라는 것이다. 이러한 까닭에 초기불교의 타자보존과 타자애의 논리는 늘 자기보존과 자기애를 전제하고 그 귀결로서 자비의 실천원칙으로서의 '자리이타'를 제시한다.

자비의 원칙인 '자리이타'에 의하면 우리는 자신을 이롭게 하며 동시에 타인을 이롭게 해야 한다. 늘 양자를 함께 배려해야 한다. 그래서 타인만을 위한 자기희생도 자신만을 위한 배타적 이기주의도 옳지 않다. 그런데 '자리'와 '이타'는 시간적으로 실천적으로는 동시적일 수 있지만 논리적으로는 늘 전자가 후자에 선행한다. 이와 같이 '자리'가 '이타'에 선행한다고 이해되는 까닭은 자비의 실천이 자기준거적이기 때문이다. 즉

---

44) Sabbe tasanti daṇḍassa sabbe bhāyanti maccuno, attānam upamam katvā na haneyya na ghātaye. Sabbe tasanti daṇḍassa sabbesam jīvitam piyam, attānām upamām katvā na haneyya na ghātaye(*Dhammapada*, 129~130).

위에서 살펴본 바와 같이 타인배려는 자기배려에서 출발하며 타인을 이롭게 하는 행동도 자신을 이롭게 하는 것이 무엇인지를 안 연후에 가능하다고 보기 때문이다.

그런데 '자리'의 논리적 선행성이 '이타'에 대한 시간적 혹은 실천적 선행성을 보증해 주지 않는 만큼 우리는 이 양자가 갈등을 일으킬 때 '어느 쪽을 택해야 하는가'라는 문제에 부딪치게 된다. 초기불교 경전은 이 양자가 갈등을 일으킬 때 '자리'를 우선적으로 추천할 것이라고 생각된다. 다음에 인용한 초기경전의 한 부분은 이러한 해석을 뒷받침해 준다. 여기에서는 자비의 바람직한 순서로서 첫째로는 '자리'와 '이타'를 모두 추구하는 것, 둘째로는 '자리'만을 추구하는 것, 셋째로는 '이타'만을 추구하는 것, 그리고 마지막으로 가장 하위의 '자리'와 '이타' 이 어느 것도 구하지 않는 것이다.

비구들이여, 세계에는 네 가지 (부류)의 사람이 존재한다. 무엇이 그 네 가지 (부류)인가? 자신의 이로움(attha)은 추구하지 않고 타인의 이로움도 추구하지 않는 사람, 타인의 이로움은 추구하지만 자신의 이로움은 추구하지 않는 사람, 자신의 이로움은 추구하지만 타인의 이로움은 추구하지 않는 사람, 그리고 자신의 이로움도 타인의 이로움도 추구하지 않는 사람이다. 비구들이여, 두 끝에서 그리고 분뇨 묻은 가운데에서 타는 화장용 장작의 관솔이 마을의 연료나 숲의 목재로는 쓰일 수 없듯이, 이와 같은 비유를 들어 나는 자신의 이로움도 추구하지 않고 타인의 이로움도 추구하지 않는 사람을 말한다. 그리고 비구들이여, 타인의 이로움을 추구하지만 자신의 이로움을 추구하지 않는 사람이 이러한 두 사람보다 탁월하고 높다. 비구들이여, 자신의 이로움을 추구하지만 다른 사람의 이로움을 추구하지 않는 사람은 이러한 세 사람보다 탁월하고 높다. 그러나 자신의 이로움과 타인의 이로움 모두를 추구하는 사람은 이러한 네 사람 중에서 으뜸이며, 최선이며, 최상이며, 최

고이며, 극상이다.[45]

불교적 의미에서 이로움은 경우에 따라 물질적인 이로움을 지칭하기도 하고 정신적인 이로움을 지칭하기도 하지만 위 인용문에서의 이로움은 후자와 관계된다.[46] 그런데 물질적인 것과 결부된 이로움이든지 정신적인 것과 결부된 이로움이든지 이로움은 최종적으로는 고통과 속박으로부터 자유로운 상태, 즉 열반/깨달음 내지는 행복이라는 최고의 이로움으로 귀결되어야 한다. 그리고 어떠한 형태의 이로움이든지 그것의 추구에 있어서는 자기배려(자리)를 전제로 한 타아배려(이타)이다.

---

45) Cattāro' me bhikkhave puggalā santo saṃvijjamānā lokasmim. Katame cattāro? N' ev' atthahitāya paṭipanno no parahitāya, patahitaya paṭipanno no attahitāya, attahitāya paṭipanno no parahitāya, attahitāya ca paṭipanno parahitāya ca. Seyyathāpi bhikkhave chavālātaṃ ubhato padittaṃ majjhe gūthagataṃ n'eva gāme kaṭṭhaṃ haṃ pharati na araññe, tathūpamāhaṃ bhikkhave imaṃ puggalaṃ vadāmi yvāyaṃ puggalo n'ev' attahitāya paṭipanno no parahitāya. Tatra bhikkhave yvāyaṃ puggalo parahitāya paṭipanno no attahitāya ayaṃ imesaṃ dvinnammpuggalānaṃ abhikkantataro ca paṇītataro ca. Tatra bhikkave yvāyaṃ puggalo attahitāya paṭipanno no parahitāya ayaṃ imesaṃ tiññaṃ puggalānaṃ abhikkantataro ca paṇitataro ca. Tatra bhikkhave yvāyaṃ puggalo attahitāya ca paṭipanno parahitāya ca ayaṃ imesaṃ catunnaṃ puggalānaṃ aggo ca seṭṭho ca mokkho ca uttamo ca pavaro ca(*Anguttara-nikāya* II, 95쪽).

46) 여기에서의 '이로움'(attha)은 다음과 같은 것들로 규정되고 있다. ① 탐진치 제어로서의 자기 이로움의 추구. 탐진치 제어를 타인에게 권장하는 것으로서의 타인의 이로움 추구. ② 자신에게 이로움을 가져오는 가르침을 민첩하게 지키며, 들은 것을 잘 기억하며, 마음으로 그리고 의미와 문자에 의해 배운 가르침의 의미를 검토하여, 법에 따라 행하는 것으로서의 자신의 이로움의 추구. 동료에게 범행을 가르치며, 권장하고, 고무하며, (범행으로) 기쁘게 하는 것으로서의 타인의 이로움의 추구. ③ 오계를 지키는 것으로서의 자기 이로움의 추구. 오계준수를 권장하는 것으로서의 타인의 이로움의 추구. 요컨대 가장 높은 이로움으로서 열반/깨달음/행복을 얻기 위한 도덕적인 실천행은 자신과 타자 모두에게 권장되지만 그렇지 못할 경우는 자신이라도 실천하여 자신의 이로움을 추구하는 것이 타인에게만 실천을 요청하여 타인의 이로움을 추구하는 것보다 더 낫다는 것이다(*Anguttara-nikāya* II, 96쪽).

그런데 불교의 연기, 공, 무아라는 통찰은 자신의 이로움 혹은 행복이 타자의 그것과 필연적으로 연계되어 있다고 말한다. 나와 너, 그리고 나의 행복과 너의 행복이 불가분리적으로 연계되어 있기 때문에 타자의 행복을 수반/전제하지 않고서는 나 자신도 행복해질 수 없으며, 나 자신의 행복을 수반/전제하지 않고서는 타자의 행복도 가능하지 않다. 가능할지라도 그것은 도착된 그릇된 행복이며 참된 행복이 아니다.

이와 같이 '자리'와 '이타'를 동등하게 고려하는(equal-regarding) '자리이타'는 자비실천의 원칙으로서 자비에 있어서 단순한 탈자기희생의 메시지만을 담고 있는 것은 아니다. 이 글에서 '자리이타'에 관한 논의초점이 보살핌의 자기희생성에 대한 우려해소 차원에 맞추어져 있기 때문에 '자리이타'의 탈자기희생성이 강조되어야 하겠지만 이 원리는 적극적 자기배려는 물론 적극적 타자배려까지 요청하고 있다.

4. 제안으로서 '자리이타적 보살핌'의 의미

지금까지 살펴본 바와 같이 보살핌의 윤리에 대한 우려, 즉 보살핌에 있어서 여성의 도덕의식의 타자화와 자기희생성에 대한 초기불교의 자비의 윤리의 제안은 '자율적 주체의식'의 회복과 보살핌에 대한 '자리이타' 원리의 적용이다. 이러한 제안을 총괄하여 필자는 '자리이타적 보살핌'이라고 말할 수 있을 것이라고 본다. 왜냐하면 '자기희생'이라는 말이 도덕의식의 타자화라는 우려를 함축하듯이 '자리이타적 보살핌'은 자율적 주체의식의 회복이라는 말을 전제하기 때문이다.

'자리이타적 보살핌'은 보살핌에 대한 우려해소를 넘어서 우리가 실천하고자 하는 여성주의적 보살핌의 한 모델이 될 수도 있다고 생각된다. 그 이유는 '자리이타적 보살핌'이 앞에서 언급하지 못한 함의를 갖기 때문이다. 그 함의는 다른 것이 아니고 '자리이타적 보살핌'의 핵심내용인 '자율적 주체의식'과 '자리이타'의 원리가 각각 관계적 자율과 정의의 속성을 표방하고 있다는 것이다. 좀더 구체적으로 말하자면 '자율적 주체의식'에 내포된 자율은 독백적/원자적 자율이 아니라 관계적 자율이며, '자리이타'의 원리는 보살핌에 정의적 요소를 부여하여 보살핌과 정의의 접합점을 예시한다.

1) 관계적 자율: 인식과 실천에 있어서 불교의 '자율적 주체의식'은 이것이 보살핌에 적용될 때 타자화된 의식 내지는 타율을 탈피하는 것을 의미한다. 그런데 여기에서 중요한 것은 자율적 주체의식에 내포된 자율이 고립되고 독백적인 자율이 아니라는 것이다. 불교의 자율은 타자와의 본원적 관계성에 뿌리를 둔 관계 속에서의 '관계적 자율'이다. 이러한 자율은 고립된 상황이나 고립된 자아를 전제하지 않으며 연기적 상황에서의 연기적 존재들을 전제한다. 이와 같은 자율은 보살핌의 윤리의 여성주의적 실천에서도 필연적으로 요청된다. 왜냐하면 보살핌은 인간의 본원적 관계성에 대한 통찰 위에서 성립하기 때문이다. 더구나 "개체적 자기이익에 의해 동기화된 발전, 성공추구, 성취지향, 어떤 대가도 불사하는 지배의 추구를 고무시키는 현대의 윤리적 모델은 모든 존재들의 관계, 상호의존, 상호관련성의 윤리로 대체되어야 하기"[47] 때문에 인간의 본원적 관계성에 근거한 윤리 패러다임은 더욱더 의미를 갖는다.

자리이타적 보살핌 혹은 여성주의적 보살핌에 요청되는 관계적 자율은 인간이 사회문화적으로 구성된 존재이며 사회문화적 관계 안에 있다는 전제 안에서 가능한 개념이므로 관계 속에서 자율이라는 말은 사회문

---

47) Grey, Mary, "Claiming in Power-in-Relation: Exploring the Ethics of Connection" (*Journal of Feminist Studies in Religion*, vol.7, no.1, 1991), 10쪽.

화적 특징을 가진 자아가 사회문화적 관계 안에서 자율적인 것을 의미한다. 이러한 자율은 행동 선택, 결정, 표출방식에 있어서 자리이타적 원리에 충실한 자율이기도 하다.

　2) 보살핌의 정의적 요소: 보살핌의 자기희생성 해소차원에서 제안된 자비의 윤리의 '자리이타'의 원리는 여성주의적 보살핌의 윤리의 발전을 위해서 필수적이라고 생각되는 '보살핌에 있어서 자아와 타자의 평등'이라는 정의의 속성을 부여한다.[48]

　남성중심적 가부장제 사회에서 여성의 보살핌의 실천은 보살핌을 받는 사람의 우선성과 그의 보살핌 받을 권리만을 강조하고 있기 때문에[49] 보살핌에 있어서 평등이나 보살피는 자의 보살핌 받을 권리는 인정되지 않는다. 그러나 '자리이타'의 개념은 보살핌에 있어서 양자의 평등을 전제하며 더 나아가서 보살피는 자의 보살핌 받을 권리도 인정한다.

　'자리이타'가 내포하고 있는 자아와 타자의 평등은 상호의존성으로서의 연기의 개념이 자아와 타자에 대한 동등한 보살핌을 요청하고 있기 때문에 가능하며, '자리이타'가 '자아의 보살핌에의 권리를 인정한다'는 것은 '자리'가 단순한 탈자기희생에 그치지 않고 자아에 대한 적극적 보호논리를 함축하고 있기 때문에 가능하다.

　특히 '자리'가 자아에 대한 적극적 보호논리를 함축함으로써 '자아의 보살핌에의 권리'를 인정하고 있다는 것은 두 가지 연유에서이다. 첫째,

---

48) 클레멘트는 정의와 보살핌의 윤리를 구분짓은 가장 일반적 특징의 하나로서 평등의 우선성과 관계유지의 우선성을 들고 있다(Clement, 앞의 책, 11쪽). 즉 정의의 윤리는 평등에 우선성을 두고 보살핌의 윤리는 관계유지에 우선성을 둔다. '자리이타적 보살핌'은 상호적인 동등배려를 원칙으로 하며 보살핌에 있어서 자아와 타자의 평등을 그 어떤 이념보다도 우선적으로 전제한다. 앞에서 설명한 '관계적 자율'이나 불교의 관계성도 마찬가지이다.
49) 앞에서 살펴본 보살핌의 자기희생성에 대한 우려는 이러한 인식을 전제한다.

상호의존성으로서 연기에 근거한 '자리이타'는 자아의 입장에서는 자아가 타자를 동등하게 보살펴야 함을 의미하지만, 타자의 입장에서는 자아가 타자로부터 타자와 동등하게 보살핌을 받아야 함을 의미한다. 타자가 자아에 의해 보살핌을 받을 권리를 갖는 것과 마찬가지로 자아 또한 타자에 의해 보살핌을 받을 권리를 갖는 것이다. 둘째, 살펴본 바와 같이 자리이타적 보살핌은 연기뿐만 아니라 자기보존욕구와 자기애에 근거하여 호소되는 것이기 때문에 자기보존과 자기애 자체가 정당한 것으로 간주된다. 따라서 자아의 자아에 의한 보살핌 또한 정당하게 인정되어야 할 권리이기도 하다.

'자리이타'가 갖는 이와 같은 정의적 특징—보살핌에 있어서 자아와 타자의 평등, 더 나아가서는 자아의 보살핌에의 권리—은 불교적 보살핌이 동등배려적인 상호보살핌으로 해석되어야 함을 의미한다. 자기보존과 자기애 자체가 정당하기 때문이기도 하지만 자아와 타자는 본질적으로 연기하는 존재이기 때문에 동등배려적인 상호보살핌이 요청되는 것이다. 이러한 동등배려적 상호보살핌 논리에 따르면 앞에서 살펴보았듯이 타자 배타적인 '이기'와 자기희생적 '이타'가 동시에 거부되면서 보살핌에 있어서 상호평등, 더 나아가서는 상호권리가 인정되는 것이다.

동등배려적 상호보살핌에 내포된 자아의 '보살핌에의 권리'는 노딩스와 길리간 모두에 의해 간과된 것이다. 프리드만이 지적한 대로 노딩스는 자아가 자기자신을 보살피는 책임을 파생적으로 봄으로써 자신에 대한 보살핌에 대하여 어떠한 본래적 가치도 부여하지 않으며[50] 길리간은 자신에 대한 보살핌에 대하여 도덕성을 부여하지만[51] 자신에 대한 보살핌 자

---

50) Firedman, 앞의 책, 157~159쪽.
51) 주지하다시피 길리간은 여성의 도덕적 성숙에 있어서 이기적 단계와 타자지향의 자기희생적 단계를 거쳐 최종적으로 타인뿐만 아니라 자신도 배려의 대상에 포함시키는 단계에 도달한다고 보고 이를 이상으로 제시한다.

체가 갖는 도덕적 의미나 그 당위성에 대해서는 설명하지 못하고 있다.[52] 그러나 동등배려적 상호보살핌은 자아의 자기자신에 대한 보살핌뿐만 아니라 자아가 타인에 의해 보살핌 받을 권리까지 인정하며 이것은 자기보존과 자기애, 그리고 연기라는 논리적 근거를 갖추고 있다.

3) 보살핌과 정의의 만남: 보살핌에 정의적 특징을 부여하는 '자리이타'의 개념은 사실상 보살핌과 정의의 윤리가 만나는 하나의 접합점을 예시해 준다. 따라서 바람직한 윤리 패러다임 모색의 과정에서 이 두 윤리를 어떤 식으로든지 절충시켜야 한다면[53] 불교윤리가 제시하는 '자리이타적 보살핌'은 여성주의적 보살핌의 윤리의 실현을 위한 일례가 될 수 있을 것이다. 그 까닭은 지금까지 살펴본 바와 같이 '자리이타적 보살핌'이 보살핌에 '자리이타'라는 원칙을 부여함으로써 보살핌을 정의와 함께 작용하도록 하고 있기 때문이다.[54] 즉 보살핌의 윤리를 주요 패러다임으로 채

---

52) 프리드만은 길리간의 보살핌의 윤리에는 '자신이 사랑하는 사람들에 의해 보살핌 받을 수 있다'는 통찰이 없다고 하는데 그녀의 이러한 지적은 타당하다고 생각된다. 프리드만에 의하면 길리간의 보살핌의 윤리는 상호관계로서의 보살핌을 해명하지 못하기 때문에 아직 불완전하다(Firedman, 앞의 책, 160쪽).

53) 주지하다시피 보살핌의 윤리는 정의의 윤리에 대한 대립개념으로 등장하였고 정의의 윤리와 대립적인 도덕사유방법이라고 이해되어 왔다. 그러나 보살핌의 윤리는 20여 년에 걸친 발전을 거치면서 정의의 윤리와의 관계를 재설정하게 되었다. 그리하여 지금은 많은 이론가들이 두 윤리가 어떤 식으로든지 만나거나 절충되어야 한다고 본다. 이것은 보살핌의 윤리의 바람직한 발전을 위해서도 필연적으로 요청되는 것으로 보인다.

54) 룸세이(Rumsey)는 정의와 보살핌 간의 관계에 대한 입장들을 세 가지로 정리한다. 즉 ① 양자가 상호 배타적이거나 하나가 다른 하나에 우선하기 때문에 둘 중에 하나를 선택해야 한다는 입장, ② 양자는 서로 상이한 도덕영역에 적합하다고 보는 입장(그러나 양자가 서로 만날 수는 있다는 입장), 그리고 ③ 양자는 (동일한) 도덕현실의 서로 상이한 측면을 드러내므로 도덕경험의 복합적 차원을 이해하기 위해서는 양자 모두가 필요하다는 입장이 그것이다(Rumsey, Jean, "Justice, Care, and Questionable Dichotomies" (*Hypatia*, vol.12, no.1 1997), 101~102쪽). 보살핌을 중심으로 한 정의

택하면서 정의적 요소를 도입하고 있기 때문이다.

더 나아가서 '자리이타적 보살핌'은 "보살피라. 그러나 자리이타적으로 그리하라"라는 지극히 단순한 격률을 제시함으로써 누구에게서나 쉽게 실천될 수 있을 것으로 보인다. 이 격률은 어떻게 자기희생적이 아닌 보살핌을 실천할 것인가에 대하여 간단명료한 지침을 제공하고 있는 것이다. 보살핌의 네트워크 속에 정의를 요구할 수 있고 요구해야 한다고 주장하면서도[55] 구체적인 방법의 제시에는 취약한 이론가들에게 숙고할 만한 실례임이 분명하다.

5. 요약

필자는 이 글에서 보살핌의 윤리에 대한 일종의 비판이라고 할 수 있는 보살핌의 윤리에 대한 우려를 검토하고 이 우려에 대한 초기불교의 자비의 윤리가 주는 제안을 탐색해 보았다. 우려론자들의 우려를 필자는 크게 두 가지로 이해하는데, 하나는 보살핌의 선택과 실천에 있어서 도덕의식의 타자화이고 다른 하나는 보살핌의 자기희생성이다. 우려론자들에 의하면 남성중심적 가부장제사회에서 보살핌은 타자적으로 선택되고 실천되어 여기에는 윤리덕목에 대한 주체적 성찰과정도, 주체적 현실읽기도, 주체적 가치의 지킴도 없어서 보살핌의 실천은 결국 자기희생으로 귀결된다. 보살핌은 행복이나 자유, 혹은 자기실현이 아니라 여성에게 자기희생이라는 '도덕적 피해'를 준다는 것이 이들 우려론자들의 핵심 주장이다.

와 보살핌의 접합은 2)와 3)의 입장에서 가능할 것이다. 지금까지 논의한 '자리이타적 보살핌'은 2)와 3), 이 어느 입장과도 조화될 수 있을 것으로 보인다.
[55] Held, 앞의 논문, 131쪽.

　필자의 초기불교의 자비의 윤리의 이해에 근거한 이상의 두 가지 우려에 대한 제안은 지극히 원론적인 것으로서 자율적 주체의식의 회복과 자리이타적 보살핌, 즉 탈자기희생적 보살핌의 실천이다. 자비의 윤리가 권유하는 자율적 주체의식(의 회복)에 의해서 보살피는 자는 덕목 선택의 상황에서 주체적으로 성찰·검토·결단할 수 있으며, 보살핌의 실천과정에 있어서는 자신의 현실인식(연기, 공, 무아)을 유지하고 자신의 신념을 지킬 수 있다. 이러한 보살핌에서는 도덕덕목의 타자에 의한 부과, 타자의 현실의 자기현실로의 대체, 혹은 타자의 윤리적 신념에 대한 자신의 윤리적 신념의 양보를 피해갈 수 있다. 왜냐하면 불교가 제안하는 자리이타적 보살핌은 연기, 공, 무아라는 자신과 타자와의 관계성에 대한 스스로의 자각과 확신에 근거하여 성별구분을 넘어 모든 인간으로 하여금 자신과 타자를 동등하게 배려할 것을 요청하기 때문이다. 게다가 자리이타적 보살핌은 자기보존과 자기애를 정당하게 인정하면서 이로부터 타자보존과 타자애를 연역해내기 때문이다.

　필자는 불교윤리가 제안하는 자리이타적 보살핌이 우려해소를 위한 제안을 넘어서 바람직한 보살핌의 윤리, 즉 여성주의적 보살핌의 윤리의 실천을 위한 일례로서 고려될 수 있다고 본다. 그것은 우려해소를 넘어서 새로운 자율의 개념으로서 '관계적 자율'을 전제하고, 보살핌에 정의적 요소를 가미하여 보살핌에 정의를 접합시킬 수 있는 가능성을 보여주기 때문이며 이는 바람직한 보살핌의 윤리가 나아가야 할 방향과도 일치하기 때문이다. 무엇보다도 '자리이타적 보살핌'은 성별구분을 넘어서 자신의 현실을 주체적으로 자각한 모든 사람에게 필연적이면서도 주체적으로 실천되어야 하는 것이기 때문이다. 게다가 '자리이타적 보살핌'은 "보살피라. 그러나 자리이타적으로 보살피라"는 지극히 단순한 격률을 제시함으로써 어떤 관계에서나 쉽게 활용가능한 것으로 보인다.

제 5 부

초기불교윤리와 기독교윤리

두 윤리에 있어서 자기애와 이웃사랑

두 윤리에 있어서 자기애와 이웃사랑

1. 시작하는 말

불교의 자비와 기독교의 사랑은 두 윤리를 대변하는 핵심적인 실천덕목이다. 자비의 실천영역을 인간에 국한시켜 놓고 볼 때 자비와 사랑의 본질적 정신은 상통한다. 우리와 같은 동류의 인간을 한 몸으로 혹은 우리 몸처럼 여기고 배려하는 것이다. 그런데 자비와 사랑의 본질적 정신은 상통할지라도 자비와 사랑의 전제와 성격, 전개방식, 요청논리 등은 상통하는 것만은 아니다. 특히 자비와 사랑에 대하여 자기사랑(자기애)과 타인배려로서의 이웃사랑의 관점에서 접근해 볼 때 이 양자는 유사하면서도 상이한 특징을 보여준다.

전통적으로 자기애는 비도덕적인 것으로 이해되어 이웃사랑과 같은 타인배려에 배치되는 것으로 간주되어 왔다. 프롬(Fromm)이 지적하고 있는 것처럼 전통윤리학에서는 내가 나를 사랑할수록 나는 타인을 배려하지 못한다고 생각되어 왔다.[1] 자기애는 이웃사랑에 배치되는 반도덕적인 것으로 이해되어 온 것이다.

이상과 같은 자기애와 이웃사랑의 대립구도는 불교와 기독교 윤리의 핵심인 자비(karuṇā)와 아가페(agape)[2]를 이해하는 데에도 반영되어 있다. 예컨대 자비는 자기희생을 통한 무한한 자기버림과 자기부정을 이상화 해 온 것으로 이해되어 왔으며, 아가페는 오랫동안 니그렌(Nygren) 이후 많은 신교학자들에 의해서 자기희생적 윤리로 이해되어 온 것이다.[3] 이러한 이해 속에서 자비와 아가페는 반자기애적인 것으로 전제된다.

이웃사랑으로서의 자비와 아가페가 전통적으로 자기희생적 도덕이라고 이해되어 온 것은 전혀 근거를 갖지 않는 것은 아니지만 그럼에도 불구하고 이를 반자기애적 내지는 탈자기애적 자기희생의 윤리로 규정하는 것은 자비와 아가페에 대한 온전한 이해가 아니라고 생각된다. 따라서 필자는 이 글에서 초기불교와 기독교 윤리에 나타난 자기애와 이웃사랑, 이 양자의 관계, 그리고 이웃사랑의 요청이유에 대한 검토를 통하여 초기불교와 기독교의 사랑의 윤리를 반자기애적, 자기부정적, 혹은 자기희생적 윤리로 이해하는 것은 온전한 이해가 아니라고 주장하고자 한다. 필자는 두 윤리에서 자기애가 그 자체로서 도덕적 의미를 가질 뿐만 아니라 이웃사랑을 이끌어내는 근거이며 이웃사랑의 전제임을 밝혀보고자 한다. 더 나아가서 필자는 두 윤리에 내재된 자기애, 이웃사랑, 이 양자의

---

1) 프롬은 이렇게 적고 있다. "나는 나 자신을 사랑할수록 남을 사랑하지 못하고 자기애는 이기심과 같다고 생각되고 있다."(에리히 프롬,《사랑의 기술》(황문수 옮김, 서울: 문예출판사, 1976), 70쪽)

2) 앞에서 논의하였다시피 불교의 자비는 모든 생명체를 대상으로 한다. 이 글에서 다루고자 하는 자비는 인간에 대한 사랑으로서의 자비, 즉 '이웃사랑'으로서의 자비이다. 아가페에 대해서도 마찬가지이다. 원래의 아가페가 의미하는 '인간에 대한 하느님의 사랑'이나 '인간의 하느님에 대한 사랑'의 차원보다도 후에 확장적으로 발전된 '인간의 인간에 대한 사랑' 혹은 '보편적 인류애'로서의 아가페, 즉 이웃사랑에 논의의 초점이 있다.

3) Pope, Stephen, "Love in Contemporary Christian Ethics"(*Journal of Religious Ethics*, vol.23, no.1, 1995), 167쪽.

관계, 그리고 이웃사랑의 이유에 나타난 사유방법을 검토함으로써 두 윤리에서의 자기애와 이웃사랑의 동질성과 이질성을 밝히고자 한다.

2. 초기불교윤리에 있어서 자기애와 이웃사랑

1) 자기애

초기불교에서 자기애에 대한 직접적 정의는 찾아보기 어렵지만 자기애를 함축하거나 언급하고 있는 사례들로부터 자기애의 의미에 대하여 추론해 볼 수는 있다. 다음에서 검토할 사례들은 불교의 자기애가 '자기소중함에 대한 인식과 자기보존과 쾌에 대한 추구'를 내용으로 함을 보여준다. 따라서 필자는 불교적 의미의 자기애를 '자기의 소중함을 인식하고 자기보존과 쾌를 추구하는 성향'이라고 정의하고자 한다.

이상과 같은 의미의 자기애를 찾아볼 수 있는 대표적인 예는 붓다의 탄생게와 파세나디(Pasenadi)왕 부부의 대화이다. 탄생설화에서 붓다가 태어난 직후 자신에 대하여 천명한 말은 자기존재의 중요성을 강조하고 있으며, 파세나디왕 부부와 붓다의 대화에서는 타인사랑의 이유를 자기애에서 찾고 있다.

   (예1) 나는 세계의 으뜸이다.[4]

주지하다시피 "나는 세계의 으뜸이다."라는 말은 모든 인간의 존엄성

---

4) aggo' ham asmi lokassā(*Saṃyutta-nikāya* I, 53쪽). 이 말은 한역《본생담》의 "天上天下 唯我獨尊"에 상응하는 말이다. 주지하다시피 이 말은 일반적으로 '모든 인간이 평등하게 존엄하다'는 것을 천명한 말로 이해되어 오고 있다.

을 천명한 말로 이해되어 왔다. 이 말은 자신에 대한 존재의 의미와 자기 소중함에 대한 자각 없이는 불가능한 말이다. 그런데 이러한 자기 소중함의 자각의 특징은 이것이 타인의 배려로 귀결된다는 것이다. 위 팔리어 인용구의 경우는 이에 상응하는 한역본과는 달리 '모든 존재가 다 고통이니 내가 그들을 마땅히 편안케 한다'(一切皆苦 吾當安之)는 의미의 후속구절이 없으나 이러한 의미를 부가하여 해석할 수 있을 것이다. 초기불교에서 자신의 소중함의 인식은 그 자체를 위한 것이 아니라 타인배려를 권유하기 위한 기초 전제로 이해되기 때문이다.

자기애를 보다 구체적이고 명시적으로 드러내 주는 실례가 있다. 아래의 인용은 자기애에 대한 파세나디왕 부부와 붓다의 자기애에 대한 대화이다. 파세나디 왕은 붓다에게 나아가기에 앞서서 이 세상에서 가장 사랑스런 이가 누구인가라는 질문을 왕비에게 제기한다. 두 사람은 바로 자기자신이 가장 사랑스럽다는 결론을 내린다. 그리고 붓다에게 나아가 자신들의 생각이 옳은지에 대하여 질문한다.

(예2) 파세나디: 말리카여, 당신에게 자신보다도 더 사랑스런(piya) 누군가가 있습니까?

말리카: 대왕이시여, 저에게 제 자신보다도 더 사랑스런 사람은 없습니다. 대왕이시여, 당신에게는 당신 자신보다도 더 사랑스런 다른 누군가가 있습니까?

파세나디: 말리카여, 나에게도 역시 나보다도 더 사랑스런 다른 사람은 없습니다. (이들이 자신들의 대화 내용을 붓다에게 말하고 동일한 질문을 제기하자 붓다는 아래와 같이 답변한다)

붓다: 마음으로 전 세계를 찾아보아도 어디에도 자신보다도 더 사랑스런 것은 없습니다. 따라서 자기자신을 사랑하는 이는 다른 이를 해치지 말아야 합니다.[5]

이상의 대화에 나타난 특징은 자신의 소중함을 그 무엇보다도 우선하여 생각하고 이러한 인식으로부터 타자의 존재가치인식과 타자사랑을 유도한다는 것이다. 여기에서 주목되는 것은 자신의 소중함의 인식을 그 무엇보다도 앞세우고 있지만 그 귀결은 자신에 대한 배타적 배려가 아니라 타인에 대한 배려라는 점이다.

이상과 같은 자기 소중함에 대한 인식으로서의 자기애는 의심의 여지없이 불교윤리의 전제로 받아드려지고 있으며 이것은 배타적 이기주의로 귀결되지 않고 타자배려의 동기나 이유로서 인식되고 있다.

다른 한편 자기보존과 쾌추구 성향으로서의 자기애는 다음과 같은 인용구절에서 찾아볼 수 있다. 이 구절에서는 죽음을 회피하고 자신의 생명을 보존하려는 성향과 고통을 피하고 쾌를 추구하는 자연적 성향을 인정하고 있다.

(예3) 나는 살기를 좋아하며 죽기를 원치 않는다. 나는 쾌를 좋아하며 고를 싫어한다. 누군가가 살기를 좋아하고 죽기를 원치 않으며 쾌를 좋아하고 고를 싫어하는 나의 생명을 앗아간다면 이것은 나에게 유쾌하거나 기쁜 일이 아닐 것이다. 바꾸어서 내가 살기를 좋아하며 죽기를 원치 않으며 쾌를 좋아하고 고를 싫어하는 누군가의 생명을 앗아가는 것은 그에게도 유쾌하거나 기쁜 일이 아닐 것이다. 왜냐하면 나에게 즐겁거나 유쾌하지 않는 상태는 그에게도 또한 그러할 것이기 때문이다. 그런데 어떻게 내가 나에게 즐겁거나 유쾌하지 않는 상태를 다른 이에게 가할 수 있겠는가?[6]

---

5) Atthi nu kho te Mallike koc-añño attanā piyataro-ti. Natthi kho me mahārāja koc-aññūo attanā piyataro. tuyhaṃ pana mahārāja atth-añño koci attanā piyataro-ti. Mayhaṃ pi kho Mallike nattha-añño koci attanā piyataro-ti……Sabbā disānuparigamma cetasā. n-ev-ajjhagā piyataram attanā kvaci. evam piyo puthu attā paresamā. tasmā na hiāse param attakāmo ti(*Saṃyutta-nikāya* I, 75쪽).

6) ……Ahaṃ kho smi jīvitukāmo amaritukāmo sukhakāmo dukkhapaṭikkūlo yo kho

이상의 구절에 나타난 바와 같이 죽음을 회피하고 생명을 보존하려는 자기보존과 고통을 피하고 쾌를 추구하는 쾌 추구로서의 자기애는 자기 안에 한정되지 않는다. 자기보존과 쾌 추구의 성향으로서의 자기애의 인정에 기초하여 타인배려를 호소하고 있다. 자기 소중함에 대한 자각으로서의 자기애와 동일한 논리구조 속에서 타인배려를 유도해 내고 있는 것이다.

이상의 세 가지 사례에 나타난 자기 소중함의 인식과 자기보존 및 쾌 추구로서의 자기애는 이것이 자기자신 안에서 정당화되는데 그치지 않고 타인배려의 이유가 된다는 데 윤리적 의미가 있다. 자기애의 가치는 타인에게서도 정당화되므로 내가 나의 존재가치를 인정하고, 생명을 보존하는 활동을 하며, 쾌를 추구하는 활동을 하듯이 타인도 그러한 권리를 갖는다. 따라서 나는 타인의 그러한 권리를 인정해야 할 뿐만 아니라 배려해야 한다.

이렇게 볼 때 불교윤리의 자기애의 특징은 이것이 타인배려 내지는 이웃사랑이라는 도덕의 요청이유가 된다는 데 있다. 자기애는 이웃사랑을 이끌어내는 데 있어서 시발이 되고 있다. 살펴본 바와 같이 탄생게에서 자기애는 타자배려로 직접적으로 귀결되며, 파세나디왕 부부와 붓다의 대화의 경우에서 자기애는 타자도 자기와 마찬가지로 똑같이 소중한 존재라는 자각과 타자존중을 호소하는 논리적 이유이다. 두 경우 모두에서 자기애는 반도덕적인 것으로 인식되거나 거부되지 않고 그 자체로서 정당하며, 타인에 대한 존중, 배려, 혹은 사랑이라는 도덕을 호소하고 이끌

---

mam jīvitukāmam amaritukāmam sukhakāmam dukkhapatikkālam jīvitā voropeyya na me tam assa piyam manāpam. Ahañceva kho pana param jīvitukāmam amaritukāmam sukhakāmam dukkhapatikkūlam jīvitā voropeyyam parassa tam assa appiyam amanāpam yo kho myāyam dhammo appiyo amanāpo parassa peso dhammo appiyo amanāpo, yo kho myāyam dhammo appiyo amanāpo kathāham param tena samyojeyyan ti(*Samyutta-nikāya* V, 353쪽).

어내는 원천이다. 또한 생명보존과 쾌 추구의 의미로서 자기애를 보여주는 세번째 예의 경우에서도 자기애는 그 자체로서 정당하며, 타인의 생명 존중과 쾌에 대한 배려에의 호소로 귀결된다.

이상과 같이 불교윤리에서 자기애는 그 자체로서 인정되며 타자배려 호소의 근간이다. 자기가 갖는 자기애에 비추어 타인도 그와 같은 방법으로 대해야 한다. 자기가 자기를 소중히 여기고 존중하며 자기 생명활동을 보존하며 자신의 복지를 추구하듯이 타인에 대하여서도 똑같이 하는 것이다. 요컨대 자기를 사랑하듯이 이웃을 사랑하는 것이다.

2) '자리이타'로서의 이웃사랑

살펴본 바와 같이 초기불교윤리에서 자기 소중함에 대한 인식 그리고 자기보존 내지는 쾌 추구의 자기애는 그 자체로서 정당성을 갖지만 그것이 이웃사랑의 계기가 됨으로써 그 정당성은 더욱 확고해지며 도덕적으로 중요한 의미를 갖게 된다. 여기에서 중요한 것은 자기애로부터 이웃사랑이 도출되고 있다는 것이다.

일단 이상과 같이 자기애로부터 이웃사랑이 도출되고 있다면 그 다음 우리가 안게 되는 문제는 '어느 정도까지 자기를 배려하고 어느 정도까지 타인을 배려할 것인가'라는 문제일 것이다. 예컨대 자기와 타자를 모두 중시하는 동등배려를 할 것인가? 아니면 어느 한쪽을 더 중시할 것인가? 동등배려를 할 수 없는 상황에서는 어떻게 할 것인가?

앞장들에서 살펴본 바와 같이 자비의 실천원리는 '자신을 이롭게 하고 타인을 이롭게 한다'는 '자리이타'(自利利他)이다. '자리이타'라는 말은 자신과 타자를 모두 동등하게 배려하는 동등배려의 원칙을 표방하고 있다. 따라서 이웃사랑으로서의 자비도 마찬가지 관점에서 이해되어 자신과 타인을 동등하게 배려하는 원칙으로 이해되어야 할 것이다.

동등배려의 이웃사랑을 표방하는 '자리이타'라는 말은 두 차원, 즉 자타분별의 윤회적인 사유차원과 자타불이의 열반적인 사유차원에서 이해해 볼 수 있다. 윤회적인 사유차원 속에서 우리는 무아, 연기, 공, 무상(無相), 불이(不二)의 실상을 보지 못하여 자신과 타인을 분별적으로 보지만 자신과 타인 중에서 어느 한 쪽을 위해 다른 한쪽을 희생하는 것이 아니라 양자를 모두 동등하게 배려한다. 윤회적인 사유차원에서는 자신과 타자를 동등하게 배려하되 '너는 너, 나는 나'이다. 비록 자신과 타자를 동등하게 배려하지만 윤회적인 사유차원에서 이해타산은 나와 너의 대립구도 속에서 파악된다.

윤회적인 사유차원에서 '자리'와 '이타', 혹은 나와 너를 동등하게 고려한다는 것은 앞장들에서 살펴본 바와 같이 배타적 이기주의를 용납하지 않을 뿐만 아니라 자기희생도 용납하지 않는다는 것을 의미한다.

'배타적 이기주의'를 타인의 이익관심을 고려하지 않으면서 오직 자신의 이로움만을 추구하여 타인에게 해를 끼치는 이기주의라고 이해할 때 이것이 도덕적으로 올바르지 않은 이유는 '자리이타'의 '이타'의 원칙에 어긋나기 때문이다. 배타적 이기주의는 '자리'의 원칙에는 기여할 지 모르지만 '이타'의 원칙에는 배치된다. 반대로 자기희생은 '이타'의 원칙에는 기여할지 모르지만 '자리'의 원칙에는 어긋나기 때문에 이 또한 '자리이타'에 합치하는 도덕이 아니다. 타인에게 해를 끼치는 일을 하지 말라는 말을 경전이 반복하는 것은 배타적 이기주의에 대한 경고라고 생각된다.

그런데 자기희생과 관련해서 경전은 표면상 이를 권장하여 자기희생적 '이타'를 권장하는 경우도 있다. 대승불교가 흥기하면서 편집된 것이라고 생각되는 붓다의 전생이야기에서 우리는 자기희생적 이타행위가 보살의 높은 도덕이념이 되고 있음을 본다. 그러나 여기에서도 자기희생적 행동의 결과에는 늘 보답이 주어져서 자기희생적 행동으로 귀결되지 않는다. 사실상 모든 자기희생적 본생담들은 모두 깨달음이라는 최고의 보상을 전제하고 있어서 그 결과를 자기희생적이라고 할 수 있는지는 의문이다. 예컨대 유명한 본생담들 중의 하나인 베산타라(Vessantara) 태자 이야기의 경우 태자는 표면상 자기의 모든 것을 내어주고 더 나아가서는 자신의 가족까지 타인을 위해 희생한다. 그러나 이 예의 경우에서도 엄밀히 말하자면 결과는 자기희생적이 아니다. 자기희생적으로 보이는 행동은 타존재를 이롭게 하면서도 궁극적으로는 자신에게 이로운 결과를 가져오기 때문이다. 무엇보다도 이 이야기 또한 다른 모든 본생담들처럼 그러한 행위에 대한 보상적 결과를 전제로 하고 있다.[7] '이타'를 위한 자기희생적 행위마저도 자리적인 결과를 가져오기 때문에 '이타'를 추구하면서도 '자리'를 실현하고 있다고 할 수 있다.

이상과 같이 윤회적 사유측면에서 '자리이타'는 자타분별을 전제로 한 동등배려를 의미한다. 그러나 무아, 연기, 공, 무상(無相), 불이(不二)의 실상을 보는 열반적인 사유 측면에서는 '자타불이'(自他不二)를 전제로 한 '자리이타'의 동등배려를 의미한다. 열반적 사유측면에서는 자신과 타인을 하나로 보기 때문에 이타행이 곧 자리행이 되고 자리행이 곧 이타행이 된다. 이리하여 '자리'와 '이타'가 동일한 것이 된다. '너는 나이고 나는 너'이기 때문에 이해타산은 개별적이거나 대립적으로 파악되는 것이 아니라 합치되는 것으로 파악된다.

이상과 같이 동등배려의 이웃사랑을 표방하는 '자리이타' 이념은 윤회적 사유측면에서든지 열반적 사유측면에서든지 자신과 타자를 동등하게

---

7) 외면상 자기희생적 행동임이 분명하지만 자기희생적 행동은 희생으로 귀결되지 않고 그 행동에 걸맞는 보답이 주어짐으로써 오히려 이익이 주어진다. 베산타라 태자 이야기의 경우 태자는 자기희생적 보시행으로 인하여 나라에서 추방된 후에도 자기희생적 보시행을 계속한다. 그러나 이 모든 자기희생적 보시행의 종말은 자기희생이 아니다. 그는 이야기의 말미에서 왕이 되어 되돌아온다(*Jātaka* no.547).

배려한다. 그리고 이러한 동등배려의 입장은 배타적 이기주의를 거부하지만 비배타적 이기주의는 수용하며 자기희생적 이타주의는 거부하지만 비자기희생적 이타주의는 수용한다.

여기에서 우리는 자리이타의 이웃사랑이 내포하고 있는 한 가지 특징에 주목할 필요가 있다. 그것은 '자리이타'가 이기주의와 이타주의를 대립적으로 범주화하고 있지 않다는 것이다. 살펴본 바와 같이 자기배려적이지만 비배타적인 이기주의는 수용될 수 있는 이기주의로서 이타적인 것이며, 비자기희생적 이타주의는 수용될 수 있는 이타주의로서 자리적인 것이기 때문이다. 요컨대 자리이타의 이웃사랑은 배타적이지 않는 이기주의와 자기희생적이 아닌 이타주의를 수용하기 때문에 이기주의와 이타주의를 대립적으로 범주화하지 않는다. 이처럼 '자리이타'의 이념 속에 내재된 (비배타적) 이기주의와 (비자기희생적) 이타주의는 모순개념이 아니라 양립가능한 개념이다.

3) 이웃사랑의 요청 이유

살펴본 바와 같이 자기애에 의한 이웃사랑의 호소는 '자기 소중함에 대한 인식과 자기보존과 쾌추구의 욕구'를 타인에 대해서도 똑같이 인정하고 존중하며 배려하는 것이다. 이와 같이 이웃사랑을 자기애에 근거하여 유도한다는 것은 불교윤리가 자기희생적이고 자기배제적인 이웃사랑이 아니라 자기자신까지도 배려의 대상으로 포함하는 동등배려적 자리이타의 이웃사랑을 제시하게 된 직접적인 까닭이라고 생각된다. 따라서 자기애의 관점에서 보면 우리는 자리이타의 이웃사랑의 요청이유를 '자연적으로 발생하고 경험적으로 인지된 자기애'에서 찾을 수 있을 것이다.

그런데 이와 같이 유도된 '자리이타의 이웃사랑'은 곧 자비를 의미하며 이러한 자비의 이유는 4.1.2에서 살펴본 바와 같이 괴로움(dukkha)의 존재와 이에 대한 인식, 연기설, 그리고 윤회설이다. 그런데 이 세 가지 요청근거 중에서 가장 핵심이 되고 포괄적인 하나의 이유를 지목하자면 그것은 당연히 연기설일 것이다. 괴로움을 전제하지 않는 연기설은 가능할 수 있으나 연기설을 전제하지 않는 괴로움은 존립할 수 없으며, 윤회설은 이것이 사람들간의 초시공간적 상호관계성을 함축하는 개념이라는 점에서 연기설에 흡수될 수 있을 것이기 때문이다. 따라서 이제 연기설을 자리이타적 이웃사랑의 핵심적인 요청이유로 보고 논의들을 좀더 확장하여 이것이 자리이타적 이웃사랑에 대하여 갖는 의미를 검토해 보기로 한다.

앞장들에서 논의한 바와 같이 '연기설'(혹은 공, 무아)의 개념에 의하면 개별적·독립적 존재로서 '나'가 허구이듯이 개별적 독립적 존재로서 '너'도 허구이다. 이 양자는 둘이 아닌 하나이기 때문이다. 연기, 공, 무아에 근거한 나와 너의 일체성은 존재를 보는 데 있어서 나를 너로 보고 너를 나로 보는 나와 너의 동체적 사유를 요청한다.

이와 같이 나와 네가 동체적 하나라면 어느 한쪽만을 배려—배려 대상이 '나'이든지 혹은 '너'이든지—하는 것은 온전한 사랑일 수 없다. 어느 한 쪽만을 배려하는 것은 배려하는 반쪽을 위한 사랑도 될 수 없고 오히려 다른 반쪽을 내팽개침으로써 동체적 하나를 파괴하는 것일 수 있다. 그래서 나와 너 중에서 어느 한쪽만을 사랑하는 것은 나와 너, 이 어느 한 쪽에 대한 진정한 사랑일 수도 없다. 여기에 동등배려적 자리이타로서의 이웃사랑이 요청되는 이유가 있다.

자리이타로서의 이웃사랑이라는 이념의 토대인 연기(공, 무아)의 세계관은《유마경》에서는 '불이(不二)'라는 말로 표현되는데 이 말은 보다 직접적이면서도 구체적으로 나와 너의 동체성을 설명해 주고 있다. 자신과 타자는 둘이 아닌 하나로서 동체적이고 일체적이기 때문에 '나'니 혹은

'너'니 하는 분별은 무의미해지고 '자리'니 '이타'니 하는 분별마저도 무의미하게 된다.

우리의 사유구조와 삶(윤회적 삶)의 방식은 자신과 타자 그리고 '자리'와 '이타'라는 분별을 전제로 하지만 불이적(열반적) 관점에서는 이러한 분별은 사라진다. 그리고 이것이 바로 자리이타의 이웃사랑의 전제이므로 진정한 이웃사랑은 분별적 삶의 구조와 사유를 탈피했을 때만 가능하다. 《유마경》은 이와 같은 삶과 사유구조를 저 유명한 유마거사의 말을 통해 드러내 주고 있다.[8]

······일체 중생이 병이 들었으므로 나도 병이 들었습니다. 만일 일체 중생의 병이 낫는다면 내 병도 없어질 것입니다. ······ 만일 중생이 병을 여읜다면 보살도 병이 없을 것입니다. 비유컨대 어떤 사람에게 외아들이 있어 그 아들이 병이 들면 그 부모도 병이 나고 아들의 병이 나으면 부모의 병이 낫는 것과 같습니다. 보살도 이와 같아서 모든 중생을 아들 같이 사랑하여, 중생이 병이 들면 보살도 병이 들며 중생이 병이 나으면 보살도 병이 낫습니다. 또 말씀하시기를 이 병이 무엇으로 생겼는가 하시니 보살의 병은 큰자비(大悲)로부터 생겨난 것입니다.[9]

위의 예는 '불이'의 개념이 '자리이타'라는 윤리적 맥락에서 어떻게 구

---

8) 자리이타적 이웃사랑의 이념은 이와 같이 불이사상에서 잘 구체화되고 있지만 '불이'는 초기불교 이래로 모든 불교를 관통하고 있는 연기, 공, 무아의 다른 표현일 뿐이다. 《금강경》에서 이들 개념을 무상(無相)이라는 말로 재천명하고 있는 것과 같다. 무아, 연기, 공, 불이, 무상, 이 모든 개념들은 '나'를 포함한 모든 존재들을 단절적인 개체로 보지 않고 관계 속에서 일체적으로 보는 삶을 살라는 메시지일 뿐이다.

9) ······以一切衆生病 是故我病. 若一切衆生 得不病者 則我病滅······若衆生 得離病者則 菩薩無復病. 譬如長者 唯有一子 其子得病 父母亦病 若子病愈 父母亦愈. 菩薩如是 於 諸衆生 愛之若子 衆生病則 菩薩病 衆生病愈 菩薩亦愈. 又言 是疾 何所因起 菩薩疾 者 以大悲起(《유마경》 5, 문수사리품).

체적 삶과 사유로 드러날 수 있는지를 잘 보여준다. 여기에서 핵심은 '너'의 아픔을 '나'의 아픔으로 받아들이는 것이라고 생각된다. 기쁨에 대해서도 마찬가지이다. 너의 고통이 나의 고통이듯이 너의 기쁨도 나의 기쁨으로 여기는 것이 현실 속에서 구체화된 자리이타적 이웃사랑을 실천하는 방법일 것이다. 이렇게 본다면 자리이타의 이웃사랑은 삶 속에서 '동고동락'(同苦同樂), 그 이상도 그 이하도 아니라고 말할 수 있을 것이다.

'동고동락'에는 자타분별의식을 떠난 자타동일의식이 전제된다. 불교윤리에 의하면 이러한 의식은 인간이 본래적으로 가지고 있으면서 무한히 개발될 수 있는 도덕능력이다. 이러한 도덕능력은 사고와 행동 속에서 나와 너의 경계선을 허물 수 있는 능력이다.[10] 이 같은 도덕능력을 증진시켜 가는 과정은 무아, 연기, 공, 무상, 불이 등을 체득해 가는 과정이기도 하다. 이러한 과정에 대하여 서양의 한 학자는 다음과 같이 표현해 내고 있다.

궁극적으로 자아는 환상이며 자아의 타아와의 공존, 즉 '보다 큰 자아'라는 보다 중요한 실재로부터 우리의 관심을 교란시키는 마음의 구조이다. 깨달음을 추구하는 것은 이러한 분리의 환상을 뜯어버리는 과정이며, 자아와 타아가 구별되지 않기 때문에 자아와 타아는 경쟁하지 않는다는 현실을 지각하는 과정이다.[11]

---

10) 앞에서의 자비의 범위에 대한 언급에서 알 수 있듯이 경계선을 허무는 도덕능력의 적용대상은 인간에게만 한정되지 않는다. 모든 생명체에 적용된다. 모든 존재들은 나의 확장이며 나의 일부이다. 그래서 초기경전에서 '다른 생명체들도 나와 같으며 나도 그들과 같다'('yathā ahaṃ tathā ete, yathā ete tathā ahaṃ' ……)(*Sutta-nipāta*, 705) 라고 한다. 다만 여기에서 필자는 논의의 성격상 경계선을 인간 사이의 경계선에 한정하고 있을 뿐이다.

11) Eller, Cynthia, "The Impact of Christianity on Buddhist Nonviolence in the West"

3. 기독교윤리에 있어서 자기애와 이웃사랑

1) 자기애

자기애를 '자기존중, 자기보존, 혹은 자기유익을 구하는 성향'으로 규정할 때 기독교윤리에서 자기애는 일관성 있게 옹호되거나 일관성 있게 부정될 수 있는 것이 아니다. 신약은 자기애에 대하여 양가적인 태도를 보여준다. 자기존중, 자기보존, 혹은 자기유익을 추구하지 말라고 하여 자기애를 부정하고 있는 듯하면서도 도덕언명들이나 이웃사랑의 계명에서는 자기애를 전제하고 있다.

신약에 나타난 자기애에 대한 이상과 같은 양가적 입장은 학자들로 하여금 자기애에 대하여 서로 상이한 견해를 갖도록 하고 있다. 신약의 어떤 부분에 주목하느냐에 따라 또 동일 구절도 어떻게 해석하느냐에 따라서 학자들은 신약의 자기애 인정 여부에 대하여 서로 상반되기까지 한 입장을 표명한다.

신약에 나타난 자기애와 관련된 신학적 전제들은 물론 자기애와 관련된 구절들을 검토해 보면 기독교 윤리는 자기애를 전면적으로 부정하지 않고 오히려 자기애에 기초하여 이웃사랑을 요청한다는 것을 알 수 있다. 신약은 자기애에 대하여 적극적으로 일관성 있게 옹호하고 있지는 않지만 일관성 있게 부정하고 있지도 않는 것이다. 이러한 양가적인 방식으로 신약의 언명들과 이웃사랑의 계명은 자기애를 전제하고 있다.

신약의 도덕 언명들 속에는 자기애를 전제하고 있는 구절들이 적지 않다. 예컨대 "도대체 자기 몸을 미워하는 사람은 없습니다. 오히려 자기

___

(Karft, Kenneth편, *Inner Peace, World Peace: Essays on Buddhism and Nonviolence*(New York: State University of New York Press, 1992)), 95쪽.

몸을 기르고 보살펴 줍니다"[12]라는 식의 표현은 자신의 소중함에 대한 인식과 자기보존의 성향을 자연스럽게 인정하고 있다. 또한 "저마다 제 실속만 차리지 말고 남의 이익도 돌보십시오"[13]와 같은 구절은 자신의 유익이나 이익을 구하는 것을 당연한 것으로 인정하고 있다.

무엇보다도 기독교 윤리의 "네 이웃을 네 몸처럼 사랑하라"는 이웃사랑의 계명은 자기애를 인정한다. 이 계명은 나의 나에 대한 사랑을 자연스런 현상으로 인정하고 있으며 더 나아가서는 이러한 자기애를 이웃사랑의 구체적 실천계기로 삼고 있다. 이웃사랑을 하라고 요청하되 나 자신이 나를 사랑하는 것처럼 하라는 것이다. 여기에서 '처럼'을 내가 나를 사랑하는 만큼 이웃을 사랑하라는 의미로 이해하든지, 아니면 나의 나에 대한 사랑의 방법을 타인에게 적용하라는 의미로 이해하든지 자기애는 이웃사랑에 전제된 것이다. 특히 여기에서 분명한 것은 자기애를 이웃사랑과 대립적인 것으로 이해하지 않고 자기애에 비추어 이웃을 사랑하라는 것이다.

그런데 앞에서 언급했다시피 기독교 윤리의 이웃사랑의 계명이 자기애를 인정하느냐, 혹은 인정하면 어느 정도까지 인정하느냐의 문제에 대해서 학자들은 서로 다른 입장을 표명하고 있다.

기독교 이웃사랑의 계명이 자기애를 허용하지 않고 오히려 자기사랑을 배제한다고 보는 대표적 학자는 니그렌이다. 그에 의하면 자기사랑은 인간의 자연스런 조건이며 또한 사람의 의지를 타락시키는 것이다. 자기사랑에 대한 이러한 이해에 근거하여 그는 이웃사랑의 계명인 "이웃을 네 몸같이 사랑하라"는 말이 자기사랑을 배제한다고 본다.[14] 니그렌과는

---

12) 에페소 5 : 29.

13) 필립비 2 : 4.

14) 니그렌은 이렇게 말한다. "모든 이들은 자기들이 자신을 사랑한다는 점을 알고 있다. 그러므로 너는 네 이웃을 사랑하라고 계명은 말한다. 사랑이 이렇게 새로운 방향

달리 프롬은 타인을 사랑하기 위해서 자신을 사랑할 줄 알아야 한다고 함으로써 자기애 자체를 인정하고 있을 뿐만 아니라 이웃사랑으로 귀결되지 않는 자기애도 인정하고 있는 것으로 보인다.[15] 가이슬러(Geisler)의 경우도 마찬가지이다. 그는 자기애를 기독교 사랑의 윤리의 일부분으로 보기 어렵다고 하면서도 성경이 자기애를 정죄하고 있지 않다고 한다.[16] 자기애에 대한 이와 같은 이해는 "우리 자신의 유익을 위하여 자신을 사랑하는 것은 그릇된 것이다"라고 하면서도 자기애를 인정하고 있는 플레처(Fletcher)[17]에게서도 관찰된다.

요컨대 기독교 윤리의 자기애 인정 여부에 대한 학자들의 견해는 다양하다. 살펴본 바와 같이 니그렌에 의하면 기독교의 이웃사랑의 계명은 자기애를 결코 용납하지 않으며, 프롬에 의하면 자기애는 이웃사랑의 계명에 필수적이며, 가이슬러와 플레처에 의하면 자기애 자체가 불인된 것은 아니다. 니그렌이 자기애에 대해 전적으로 부정적이며, 프롬이 전적으로 긍정적인 데 비하여, 가이슬러와 플레처는 자기애를 인정하되 제한

을 얻어서 자기를 향하지 않고 자기의 이웃을 향할 때 의지의 본성적인 타락이 극복된다. 이웃사랑은 자기사랑을 포함하기는커녕 오히려 실제론 자기사랑을 배제하며 극복한다."(니그렌, 안더스,《아가페와 에로스》(고구경 옮김, 서울: 크리스챤 다이제스트, 1998), 102쪽) 이웃사랑의 계명을 해석하는 데 있어서 니그렌과 유사한 입장을 취하고 있는 사람은 슈라게(Schrage)인데 그는 이웃사랑의 계명에서 '네 몸처럼'이 '네 몸 대신에'를 의미한다고 보고 이웃사랑 계명이 자기애를 인정하지 않는다고 본다(Schrage, Wolfgang원저, Green, David영역, *The Ethics of the New Testament* (Minneapolis: Fortress Press, 1988), 69쪽). 그러나 이러한 해석 또한 자의적 해석일 뿐 구체적 근거를 찾아보기 어렵다.

15) 프롬은 "만일 나의 이웃을 인간으로서 사랑하는 것이 덕이라면, 나도 인간이므로 나 자신을 사랑하는 것은 악덕이 아니라 미덕이어야 한다"라고 한다(프롬, 앞의 책, 71쪽).

16) 노만, 가이슬러,《크리스챤의 사랑과 윤리》(이희숙 옮김, 서울: 성광문화사, 1985), 49쪽.

17) 플레처, 조셉,《상황윤리》(이희숙 옮김, 서울: 종로서적출판주식회사, 1989), 97쪽.

적으로 인정하여 니그렌과 프롬의 입장을 절충한다. 이들은 절충적 입장에서 자신만을 위한 자기애는 죄가 될 수 있다고 하고 자기애가 옳은 경우는 다른 사람을 사랑하기 위한 것이거나 이웃 혹은 하느님의 유익을 위한 것일 때뿐이라고 본다.[18]

이웃사랑의 계명에는 이웃사랑이 전제 · 수용되어 있다고 본다는 점에서 필자는 프롬과 입장을 같이 한다. 더 나아가서 필자는 (프롬도 이에 대해 동의할 것이라고 생각되지만) 자기애는 이웃사랑과 연계되지 않고서도 그 자체가 인정될 것이라고 본다. 인간의지의 본성적 타락에 근거하여 자기애는 인정될 수 없으며 이웃사랑의 계명에서도 자기애를 떠난 이웃사랑을 말하는 것이라고 본 니그렌의 해석은 필자에게는 지나친 자의적 해석이라고 보여진다. 그의 해석은 이웃사랑 계명과 배치되기도 하거니와 자기애를 전제하고 있는 신약의 표현들을 고려하고 있지 않기 때문이다. 타인이나 하느님의 유익을 위한 경우에만 자기애가 옳다는 가이슬러와 플레쳐의 입장에도 동의하기 어려운 점이 있다. 왜냐하면 '나'라는 자신도 하느님의 무조건적이고 절대적인 사랑을 받는 존재로서 자기 스스로를 배려해야 하는 존재라고 생각되기 때문이다.

타인과 마찬가지로 하느님의 무조건적이고 절대적인 사랑을 받는 '나'라는 존재는 하느님의 절대적이고 무조건적 사랑을 받고 있기 때문에 타인과 마찬가지로 똑같이 소중하므로 나는 나 자신을 존중하고 보존하며 배려해야 할 의무를 지닐 것이다. 이렇게 하는 것은 우리가 우리를 사랑해 주는 이에 대한 최소한의 의무이기 때문이다. 따라서 필자는 이웃사랑이나 타인사랑으로 귀결되지 않는 자기애라도 그 자체로서 의미

---

18) 가이슬러에 의하면 자기애가 선할 수 있는 이유는 이것이 다른 사람을 사랑하기 위한 것일 때이다(가이슬러, 앞의 책, 50쪽). 플레쳐에 의하면 기독교의 입장에서 우리 자신의 유익을 위하여 자신을 사랑하는 것은 그릇된 것이지만 하느님을 위해서 또 이웃의 유익을 위하여 자기 자신을 사랑하는 것은 옳은 것이다(플레쳐, 앞의 책, 97쪽).

를 가지며 인정되어야 할 것이라고 이해한다. 요컨대 자기의 소중함, 자기보존, 혹은 자기유익을 구하는 성향으로서의 자기애는 이것이 이웃사랑의 동인이 될 때 도덕적 의미를 높여 가지만, 그 자체로서 의미를 가지며 또한 하느님과 이웃사랑에 반드시 전제되어야 하는 것이기도 하다.[19]

2) 동등배려의 이웃사랑과 자기예속

기독교 윤리에 있어서 '자기존중, 자기보호 혹은 자기유익 추구로서 자기애 인정'은 자기배려의 정당함에 대한 인정이라고 생각된다. 또한 살펴본 바와 같이 이러한 자기애는 이웃사랑의 전제이다. 따라서 이웃사랑은 자기배려를 전제한 것으로 이해되며 이러한 이웃사랑의 입장을 자신과 타자 모두를 배려한다는 의미에서 동등배려의 이웃사랑으로 규정할수 있을 것이다. 이러한 이해는 기독교의 이웃사랑의 개념이 내포한 자기희생적 특징에도 불구하고 오늘날 기독교 신학자들이 아가페를 동등배려로[20] 이해한 것과 일치한다.

아가페를 동등배려로 이해한 이들 중 한 사람은 오우트카(Outka)이다. 그에 의하면 우리 자신과 이웃은 불편파적 입장에서 동등가치를 부여받은 동등고려의 대상이다. 왜냐하면 하느님에 대한 성실(fidelity)은 하느님이 사랑하는 사람들에 대한 사랑 속에서 찾아지기 때문에 우리는 관심과 보살핌의 주체로서 그 누구도 제외시키지 않고 모든 인간을 존경하고 보살펴야 하기 때문이다. 그에 의하면 보편적인 하느님의 사랑이 보편적

---

19) 위에서 언급한 바와 같이 가이슬러는 크리스챤윤리가 자기애를 사랑의 일부분으로 채택하지 않을 것이라고 주장하면서도 흥미롭게도 세 가지 이유를 들어 자기애가 필요하다고 한다. 첫째, 인간은 하느님의 형상으로 창조되었기 때문에 누구나 사랑을 받을 가치가 있으며, 둘째, 자기애는 다른 사람을 사랑하기 위한 기초이며, 셋째, 하느님은 우리를 사랑하시기 때문이다(가이슬러, 앞의 책, 50쪽).
20) Pope, 앞의 논문, 168쪽.

인간의 사랑을 보증하는 것이기 때문에 우리는 우리들 자신보다도 더도 덜도 아닌 만큼 타인을 사랑해야 한다. 이러한 관점에서는 이타주의조차도 자신의 가치를 이웃의 그것과 똑같이 인정하지 않으므로 보편적 하느님의 사랑에 위반된다.[21]

오우트카의 논점 중에서 필자가 공유하는 부분은 하느님의 인간에 대한 보편적 사랑이 자신과 이웃에 동등한 가치를 부여하므로 우리는 이웃은 물론 내 자신까지 불편파적으로 사랑해야 한다는 점이다. 앞에서 언급하였다시피 이웃은 물론 나 자신도 하느님의 절대적 사랑을 똑같이 받고 있기 때문에 이웃과 마찬가지로 배려되어야 할 존재라는 것이 필자의 생각이다. 이러한 관점에서 보면 오우트카가 주장하고 있는 것처럼 우리는 우리 자신 스스로에 의해서 '온당한 자기고려'(reasonable self-regard)의 대상인 것이다.[22] 사실상 신학적 관점에서 볼 때 자기를 올바른 방법으로 배려하는 것은 자기를 위한 것 이전에 하느님에 대한 섬김이라고 할 수 있다. 자신을 방기하거나 돌보지 않는 것은 자신을 사랑하는 이에 대한 섬김의 태도가 아니다. 더 나아가서 자기배려는 이웃배려와 별개가 아니며 오히려 이웃배려의 일환이라고도 할 수 있다. 왜냐하면 건강한 자기를 전제하지 않고는 어떠한 이웃배려도 사실상 불가능하기 때문이다.

그런데 동등배려라는 말이 자신과 타자를 배려하는 데 있어서 늘 똑같이 배려하라는 말인 만큼 자신과 타자 모두를 배려할 수 없는 상황에서는 제2의 원리가 필요하다. 기독교의 이웃사랑의 원리는 동등배려를 제1원칙으로 삼고 있으면서도 자신과 타자를 똑같이 배려할 수 없는 상황에서 필요한 부가적 원칙으로서 자기예속의 원리[23]를 제시한다. 자신의 이익

---

21) 오우트카의 입장에 대해서는 포프의 논문으로부터 재정리한 것임을 밝힌다(Pope, 앞의 논문, 174~176쪽).

22) Pope, 앞의 논문, 168쪽.

23) '자기예속'(self-subordination)이라는 말은 핼리트(Hallet)의 용어이다. 그는 신약의

과 타인의 이익이 상충하는 경우에는 타인의 이익을 자기이익에 우선하는—타인배려를 자기배려에 우선하는—자기예속의 원리는 자기희생의 행동원리이다.

이웃사랑의 제2원리로서 자기예속의 원리는 종이 주인을 섬기는 태도에 잘 예시된다. 주지하다시피 신약에서 종이 주인을 섬기는 태도는 인간이 하느님을 사랑하여 섬기는 태도일 뿐만 아니라 이웃을 사랑하는 태도로서 예시된다.[24] 내가 마치 하느님을 사랑하고 섬기듯이 이웃을 사랑하고 섬기는 것이다. 내가 하느님에게 마음과 생명을 다하여 사랑으로 섬김에 있어서 모든 것을 받칠 수 있듯이 이웃에 대해서도 그리할 것이 요청된다. 그리하여 나는 타인이 필요로 하는 것을 내어주고, 자신의 이익을 구하지 않으며, 무슨 일을 하든지 다른 이를 기쁘게 하려고 애써야 한다.[25]

또한 자기예속의 원리에 따르는 태도는 오른 뺨을 맞으면 왼 뺨마저 내어주고, 누가 재판을 걸어 속옷을 가지려거든 겉옷까지 내어 주며, 5리를

아가페를 자기예속의 규범으로 이해한다(Pope, 앞의 논문, 169쪽). 그는 '자기예속'이라는 말을 우리는 우리의 이익을 독립적으로 고려하지만 그것은 타인에게 최대의 이익이 우선적으로 보장된다는 조건하에서만 그리한다는 의미로 사용한다. 그는 신약이 일관성 있게 항상 자기예속의 원리를 주장하는 것은 아니지만 자기예속으로 볼 수 있는 증거들이 우세하다고 본다(Pope, 앞의 논문, 170쪽). 그는 이러한 자기예속의 원리를 다음과 같은 예들에서 찾고 있다. 즉 높은 사람이 되고자 하는 사람은 남을 섬기는 사람이 되어야 하고 으뜸이 되고자 하는 사람은 종이 되어야 한다는 것(마태오, 20 : 26~28), 으뜸 가는 사람은 섬기는 사람이 되어야 하며 누구든지 자기를 높이는 사람은 낮아지고 자기를 낮추는 사람은 높아진다는 것(마태오 23 : 11), 그리고 첫째가 되고자 하는 사람은 꼴찌가 되어 모든 사람을 섬기는 사람이 되어야 한다는 것(마르코 9 : 35) 등에서 찾고 있다.

24) 인간을 섬기는 데 있어서 종과 같은 태도는 바울에 의해서 특히 강조된다. 그는 남의 종이 된 사람들은 그리스도에게 복종하듯이 두렵고 떨리는 마음으로 성의를 다하여 자기 주인에게 복종하라고 하고, 사람을 섬긴다고 생각하지 말고 주님을 섬기는 마음으로 기쁘게 섬기라고 한다(에페소 6 : 5~7).

25) 고린토 13장, 10 : 24, 33.

가자고 하면 10리를 가 주며, 자신을 박해한 사람을 사랑하고 원수를 사랑하는[26] 태도로 예시된다. 이러한 행동은 자기희생적 행동으로서 예수에 의해 강조된다. 그는 자신의 제자가 되려면 자신의 십자가를 지고서 자신을 따르라고 한다.[27] 이러한 자기희생적 태도는 기독교 교리에서는 예수의 십자가에서의 대속사건에서 절정을 이루고 있다고 이해되고 있다.

그런데 여기에서 지적되어야 할 것은 자기예속적 혹은 자기희생적 행동은 그 결과에 있어서는 역설적이라는 것이다. 표면상의 자기예속적 혹은 자기희생적 행동은 궁극적으로는 그러한 결과를 초래하지 않는다. 왜냐하면 이러한 행동은 항상 더 큰 보상이나 더 높은 차원의 결과를 가져오기 때문이다. 선한 일은 늘 하느님으로부터의 보상이 약속되어 있으며,[28] 자신을 잊고 자신의 십자가를 지고 따르는 자나 자신의 생명을 받치는 자에게는 그에 상당하는 보상이 약속되어 있다.[29] 그래서 자기유익과 자기목숨의 희생은 더 큰 유익과 영생의 성취를 의미한다.

이렇게 볼 때 자기예속적 혹은 자기희생적 이웃사랑은 종교적 목적의 달성을 의미한다. 자기예속적 혹은 자기희생적 행동은 결국 자기성취적 혹은 자기실현적이기 때문에 역설적인 것이다. 자기예속 혹은 자기희생의 역설에서 예속은 예속이 아니며 희생은 희생이 아니다. 이러한 자기예속적 혹은 자기희생적 역설은 꼴찌가 되면서도 으뜸이 되는 역설의 논리로 표현된다.[30] 그래서 예수의 경우 십자가에서의 자기희생의 고난은 하느님에 대한 절대적 사랑을 실현하는 종교적 성취였으며, 바울의 경우

---

26) 마태오 5 : 38~46.

27) 마태오 10 : 38~39.

28) 에페소 6 : 8.

29) 예컨대 "제 목숨을 살리려고 하는 사람은 잃을 것이며 나를 위하여 제 목숨을 잃는 사람은 얻을 것이다." (마태오 16 : 25)

30) 예컨대 "첫째가 되고자 하는 사람은 꼴찌가 되어 모든 사람을 섬기는 사람이 되어야 한다"(마르코 9 : 35)는 구절을 생각해 보자.

다양한 습속에 따라 모든 이의 종이 되었던 것은 그들 속에서 하느님의 사랑을 실천하여 그들을 구원하고 그들을 얻는 일이었다.

요컨대 기독교의 동등배려의 이웃사랑의 윤리는 자신과 타자를 동등하게 배려하는 것을 제1원칙으로 하지만 동등배려가 불가능한 경우에는 타인을 우선하여 배려하는 자기예속의 원칙을 부가한다. 그런데 자기예속은 종교적 성취를 의미하는 역설적 자기예속이다.

3) 이웃사랑의 요청이유

기독교에서의 이웃사랑의 근거는 신앙에 근거한다. 구체적으로 이웃사랑이 요청되는 이유는 두 가지 측면에서 생각해 볼 수 있다. 첫째로, 이웃을 사랑해야 하는 이유는 이웃사랑이 인간에게 내려진 하느님의 계명이기 때문이다. 둘째로, 인간은 하느님의 절대적이고 무조건적인 사랑에 대하여 응답해야 하고 그 응답의 유일한 방법이 이웃사랑이기 때문이다. 이 두 가지 이유는 별개의 이유 같지만 사실상 동질적인 이유라고 생각된다. 왜냐하면 계명에 순종한다는 것은 곧 하느님의 사랑에 대한 응답을 의미하기 때문이다.

이웃사랑이 하느님의 계명이기 때문에 요청된다는 것은 절대자와 그와의 관계를 인식하고 이웃사랑이라는 그의 계명에 순종해야 한다는 것이다. 관계의 인식은 창조주와 피조물 혹은 주인과 종이라는 관계에 대한 종교적 자각이며 순종한다는 것은 이 관계에서 발생하는 행동의 원칙들에 대한 준수로서 일종의 도덕적 의무사항이다. 이웃사랑도 이러한 관계로부터 발생하는 일종의 행위규범이다.

그런데 하느님의 계명으로서 이웃사랑은 모든 다른 하느님의 계명을 포괄한다는 것이다. 모든 계명을 하나의 계명으로 합치면 이웃사랑으로 명시되어 이웃사랑은 모든 계명을 포괄하는 으뜸 계명이 된다. 그리하여

"……계명이 많이 있지만 그 모든 계명은 '네 이웃을 네 몸같이 사랑하라' 는 이 한 마디로 요약될 수 있습니다"라고 명시된다.[31]

그러면 모든 계명이 이웃사랑이라는 하나의 계명으로 합쳐져서 이웃사랑이 으뜸 계명이 되는 까닭은 무엇일까? 그것은 왜냐하면 우리가 누구를 사랑한다면 그에게 나쁜 일을 하지 못하기 때문이다. 그래서 사랑하는 것은 모든 율법을 지키는 것이라고 명시한다. 즉, "이웃을 사랑하는 사람은 이웃에게 해로운 일을 하지 않습니다. 그러므로 사랑한다는 것은 율법을 완성하는 일입니다."[32]

이렇게 볼 때 이웃사랑은 하느님으로부터 시작된다. 그리고 그것은 하느님에로 귀결된다. 이웃사랑의 중심에는 하느님이 있으며 이웃사랑은 하느님과 관계 맺는 유일한 방식이어서 하느님과의 관계를 떠난 이웃사랑은 가당치 않기 때문이다. 이러한 이웃사랑은 이웃을 향하는 사랑으로서 인간의 관점에서 볼 때 특정 소수가 아니라 모든 사람의 유익을 구하는 것이기도 하지만[33] 동시에 '우리 자신이나 이웃을 위한 것이 아니라 하느님을 위한 것'이라고 이해된다.[34]

이와 같이 이웃사랑은 하느님의 계명으로서, 그것도 모든 계명을 포괄하는 으뜸 계명으로서 요청되어지는 것이라고 말할 수 있다. 그러나 또 다른 측면에서는 이웃사랑은 하느님의 사랑에 대한 인간의 응답으로서 요청되어진다고 말할 수 있다. 즉 하느님은 무조건적으로 모든 인간을 사랑하므로 인간은 어떤 식으로든지 하느님의 절대적 사랑에 보답해야 하는데 그 보답의 방법이 이웃사랑이다. 이와 같은 하느님의 사랑에 대한 보답으로서의 이웃사랑은 '자신의 아들을 보내 우리의 죄를 용서해주

---

31) 로마서 13 : 9.
32) 로마서 13 : 10.
33) 플레쳐, 앞의 책, 90쪽.
34) 플레쳐, 앞의 책, 89쪽.

려고 그를 제물로 삼기까지 하여 이렇게까지 하느님이 우리를 사랑하니 우리도 서로 사랑해야 한다'는 요한의 말 속에에 명료하게 나타난다.[35]

그런데 서로를 사랑하는 이웃사랑이 어떻게 하여 하느님의 사랑에 대한 보답일 수 있다는 것일까? 그것은 이웃사랑이 하느님의 사랑에 보답하는 유일한 방법이기 때문이다. 요한은 이웃을 사랑하지 않는다면 하느님을 사랑하는 것이 아니다는 것을 명백히 한다. 그에 의하면 하느님을 사랑하는 사람은 자기의 형제도 사랑해야 한다. 하느님을 사랑한다고 하면서도 형제를 미워하면 이는 하느님을 사랑하는 것이 아니다.[36]

요컨대 이웃을 사랑하지 않고는 하느님을 사랑할 수 없다. 더 나아가서 이웃사랑을 떠나 하느님에 대한 사랑은 완성될 수 없다.[37] 따라서 이웃을 사랑하는 것은 하느님의 사랑을 우리 속에서 완성하는 것이기도 하다.[38] 여기에서 이웃사랑과 하느님 사랑이 별개로 남아 있을 수 없고 동일한 하나가 된다.[39]

살펴본 바와 같이 이웃을 사랑해야 하는 이유는 두 가지이다. 즉 이웃사랑이 하느님의 계명이기 때문이며 그리고 하느님의 사랑에 대한 (유일

---

35) 요한 1서 4 : 10~11.

36) 요한 1서 3 : 17.

37) 로쯔, 요한네스, 《사랑의 세 단계: 에로스, 필리아, 아가페》(심상태 옮김, 서울 : 서광사, 1984), 103쪽.

38) "우리가 서로 사랑한다면 하느님께서는 우리 안에 계시고 또 하느님의 사랑이 우리 안에서 이미 완성되어 있는 것이다."(요한 1서 4 : 12)

39) 이웃 사랑과 하느님 사랑이 동일한 하나라는 것은 이 양자가 신약에서 늘 하나의 계명처럼 등장하고 있다는 점에 미루어서도 알 수 있다. 예컨대 예수가 율법서에서 가장 큰 계명이 무엇인가라는 질문을 받았을 때 그는 다음과 같이 말한다. "'네 마음을 다하고 목숨을 다하고 뜻을 다하여 주님이신 하느님을 사랑하라.' 이것이 가장 크고 첫째가는 계명이고 '네 이웃을 네 몸같이 사랑하라'는 둘째 계명도 이에 못지 않게 중요하다. 이 두 계명이 모든 율법과 예언서의 골자이다."(마태오 22 : 37~40) 이와 같이 많은 경우에 신약은 하느님 사랑과 이웃사랑을 같이 다루어 하나의 계명처럼 등장시킨다.

한) 응답의 방법이기 때문이다. 이러한 이웃사랑의 이유는 유일신 절대자에 대한 신앙을 전제로 한다. 그래서 이웃사랑은 니이버(Niebuhr)가 지적한 대로 계시나 신앙을 통한 요청이라고도 말할 수 있다.[40]

4. 두 윤리에 있어서 자기애와 이웃사랑의 동질성과 이질성

살펴본 바와 같이 불교와 기독교 윤리의 이웃사랑의 개념에는 자기애가 전제되어 있다. 그런데 그 의미와 기능, 그리고 인정의 정도는 동일하지 않다.

불교윤리의 경우 필자는 자기애를 '자기 소중함을 인식하고, 자기(생명)보존과 쾌를 추구하는 성향'이라고 규정하였다. 불교는 이러한 자기애에 대해서 명시적이며 이로부터 이웃사랑을 연역해 내고 있다. 불교에 있어서 자기애는 이것이 타인에 대한 사랑, 즉 이웃사랑으로 매개될 때 그 도덕적 의미가 높아지지만 자기애 자체로도 도덕적 의미를 갖는다.

기독교 윤리의 경우 자기존중, 자기보존, 혹은 자기유익을 구하는 것으로서 자기애는 명시적으로 강조되어 있지 않다. 자기애는 도덕적 언명들 속에 전제되어 있거나 "이웃을 네 몸처럼 사랑하라"는 말에 비명시적으로 전제되어 있을 뿐이다. 그런데 자기애를 이와 같이 인정하고 있음에도 불구하고 기독교 윤리는 표면상 자기애에 대하여 부정적이기도 하다. 그래서 기독교 윤리는 자기예속이나 자기희생을 미덕으로 고양하기도 한다.

---

40) 니이버는 하느님의 특성의 진수인 사랑은 논증을 통해 수립된 것이 아니라 마땅히 인정함으로써 수립된 것이라고 본다. 그는 또한 사랑이 예언적 종교의 신앙을 통해 공리적인 것으로서 간주될 수는 있다고 본다(니이버, 라인홀드 지음, 《그리스도인의 윤리》(박봉배 옮김, 서울 : 삼성출판사, 1982), 56쪽).

불교와 기독교의 윤리 모두에서 이웃사랑의 기본원칙은 자신과 타자 모두를 동등하게 배려하는 것이다. 이웃사랑의 기본원칙에 있어서 양 윤리가 동일한 입장을 견지하지만 후자가 자기예속이라는 부가적 원칙을 제시하고 있다는 점에서는 다르다.

불교윤리에서 이웃사랑은 자리이타적 사랑이다. 자신과 타자를 분열적으로 보는 윤회적 사유구조 속에서 '자리'와 '이타'는 동등하게 추구되어 어느 하나가 다른 하나에 예속되거나 종속되지 않는다. 배타적 이기주의도 권장되지 않으며 자기희생적 이타주의도 권장되지 않는다. 자신과 타자를 동체적으로 보는 열반적 사유구조 속에서 '자리'는 '이타'를 의미하고 '이타'는 '자리'를 의미하여 '이타'와 '자리'의 구분은 무의미해진다. 열반적 사유구조 속에서는 상황에 따라서 자율적으로 선택한 행위는 모두 자리이타적 이웃사랑의 행위라고 말할 수 있을 것이다.

기독교 윤리에서 이웃사랑은 불교윤리에서처럼 자신과 타자를 동등하게 배려하는 것을 제1원리로 삼지만 이 원리에 부가하여 자기예속이라는 제2의 원리가 고려된다. 제2원리에 따라 자신과 타자를 동등하게 배려하되 동등하게 배려할 수 없는 상황에서는 이웃에 대한 배려가 우선하는 것이다. 그리하여 기독교의 이웃사랑의 원리는 자기예속적 동등배려의 원리로 이해된다.

흥미로운 것은 불교윤리에서든지 기독교윤리에서든지 표면상의 자기희생은 최종적으로 자기희생으로 귀결되지 않고 자기실현이나 종교적 목적의 성취와 같은 보상으로 귀결된다는 것이다. 따라서 자기희생은 역설적 자기희생이다. 불교에서는 윤회적 사유구조 안에서 자기희생적 행위는 모두 자기보상으로 귀결되며 열반적 사유구조에서는—불이적 관점에서는—자기희생 또한 자리행이 된다. 기독교윤리에서는 현실에서의 자기희생은 반드시 종교적 목적의 성취나 진정한 자아성취로 귀결된다. 이와 같이 양 윤리에서 자기희생은 각각 독특한 사유방식을 통하여 종교적 목적의 달성으로 승화된다. 불교와 기독교의 이웃사랑에 있어서 자기희생이 갖는 이러한 속성은 '자기부정과 자기소외를 통한 긍정', '부정을 통한 긍정' 또는 '죽음을 통한 생명' 내지는[41] '자기부정을 통한 궁극목적의 달성'[42] 이라고 말할 수 있을 것이다.[43]

이웃사랑의 요청 이유와 관련하여 불교윤리는 연기, 공, 무아, 무상, 불이 등을 토대로 삼고 있고 기독교 윤리는 하느님의 계명이라는 측면과 하느님의 사랑에 대한 응답성이라는 측면에 기초한다.

불교에 의하면 나와 타자는 분별적 · 이체적 존재가 아니며 비분별적 · 동체적 존재이기 때문에 타자 또한 또 다른 나이다. 내 자신이 고통을 피하고 즐거움을 구하는 삶을 살듯이 또 다른 무수한 '나', 즉 이웃들에 대해서도 나는 그와 같은 삶을 살아야 한다.

기독교에 의하면 이웃사랑은 그것이 나의 주인의 계명이기 때문에 그리고 그의 사랑에 대한 응답의 요청이기 때문에 요구되어진다. 이웃사랑은 모든 계명을 포괄하는 으뜸 계명이며 하느님을 사랑하는 유일한 방법이기 때문에 인간은 이웃사랑을 통해 하느님의 계명을 지키며 하느님을 사랑한다. 그런데 하느님 사랑과 이웃사랑은 별개의 것이 아니라 동일한 하나이다.

불교윤리에서는 끊임없는 분별적 · 개체적 자아의 해체, 혹은 무수한 자아들의 나의 부분으로의 수용―작은 자아의 큰 자아로의 무한한 확

---

41) 불교의 공의 개념과 기독교의 하느님의 사랑의 개념을 비교의 관점에서 고찰한 길희성도 공과 사랑의 핵심을 이와 같은 언어로 설명하고 있는 것으로 이해된다(김승혜 · 서종범 · 길희성 공저, 《선불교와 그리스도》(서울 : 바오로딸, 1996), 223쪽).

42) 윤영해, 〈불교와 기독교의 자기부정의 의미〉(《불교문화연구》, 창간호, 2000), 260~261쪽.

43) 불교의 자비와 기독교의 사랑을 자기부정 혹은 자기희생의 실천으로 보고 있는 윤영해 또한 이것이 자유와 평화라는 종교의 궁극목적의 성취라고 본다(〈불교와 기독교의 자기부정의 의미〉(《불교문화연구》1, 2000), 260~261쪽).

장—에 의해서 이웃사랑은 그 생명력을 확대해 가며 기독교윤리에서는 절대자 하느님과 그의 절대적 무조건적 사랑의 체득 속에서 이웃사랑은 그 실천의 강도를 높여간다. 이와 같이 두 윤리체계는 이웃사랑의 요청 이유에 대하여 매우 상이한 사유방식을 보여준다. 불교윤리의 이웃사랑의 개념이 자기애와 관련하여 경험주의적이고 자연주의적 특징을 수용하면서도 세계 전체를 '나'로 보는 형이상학적 사유에 기초해 있다면 기독교윤리의 이웃사랑의 개념은 절대자 하느님의 인식과 그의 무조건적이고 절대적인 사랑에 대한 믿음에 기초한다.

이웃사랑이 요청되는 이유에 대해서는 두 윤리체계가 이상과 같이 매우 상이한 사유방식을 보여주지만 이웃사랑 자체는 보편성과 구체성을 모두 갖는다는 점에서 공통된 특징을 보여준다.

이웃사랑은 우리의 존재구조에 기초한 삶의 보편적 틀로서 모든 사람들에게 모든 사람을 사랑하도록 요청한다는 의미에서 보편성을 가지며 제한된 관계 속에서 구체적으로 드러난다는 의미에서 구체성을 갖는다. 환언하면 이웃은 추상적으로는 모든 인류를 의미하기 때문에 이웃사랑은 보편성을 가지며, 구체적으로는 오늘 내가 만나고 있는 구체적 개인을 의미하기 때문에 구체성을 갖는다.

이웃사랑은 모든 인간에게 요청되는 존재방식으로서 모든 인간을 대상으로 하며 나의 삶은 이러한 존재방식을 떠나 있을 수 없다. 그래서 자유로워지기를 원한다면 나는 연기, 공, 무아, 무상, 불이 등의 존재구조에 합치하고 하느님의 계명에 순종하여 이웃을 사랑하는(즉 하느님을 사랑하는) 삶 이외에 다른 선택을 할 수 없다.

이상과 같은 삶을 선택했을 때 모든 인류가 나의 잠재적인 사랑의 대상이 되어 나는 그들 모두에 대하여 보편사랑의 의무를 갖지만 나는 그들 모두와 가시적인 관계 속에 있는 것은 아니므로 나는 구체적 관계 속에서 구체적 사랑만을 드러낼 수 있다. 모든 인류가 나의 사랑의 대상이지만 내가 오늘 관계하는 구체적 개아만이 나의 이웃사랑의 대상이 된다.

　나의 이웃사랑을 드러내도록 기회를 제공하는 구체적 관계 속의 구체적 개아는 나의 그에 대한 관계의 깊이나 만남의 횟수 등과 무관하게 나의 이웃사랑의 표출대상이다. 그가 어디에서 만난 누구이든지 막론하고 그는 나의 이웃사랑의 대상이다. 그는 나에게 사랑을 요청할 권리를 가지며 나는 거기에 응답해야 할 의무를 가진다. 나 또한 그에게 나를 그의 이웃사랑의 대상이라고 주장할 수 있으며 그 또한 나에게 응답해야 한다. 내가 그 누구의 요청도 지나쳐 버릴 수 없듯이 그 또한 나의 요청을 지나쳐 버릴 수 없다. 이와 같은 쌍방적 요청과 응답의 필연성은 이웃사랑의 잠재적 보편성에 기인한다.

　불교와 기독교의 자기애, 이웃사랑, 그리고 이 양자간의 관계에 대한 성찰은 양 윤리체계가 나와 너의 동등배려로서의 이웃사랑 이념을 제시하고 있다는 것을 보여준다. 또한 자기애와 이웃사랑의 의미, 전자로부터 후자의 연역, 그리고 이웃사랑의 요청이유 등에 대한 검토는 동질적이면서도 이질적인 사유를 보여준다. 중요한 것은 이웃사랑에 내포된 전제나 이웃사랑의 요청이유가 이렇게 상이한가에 상관 없이 우리는 모두 이웃사랑의 관계 속에서 살도록 요청받고 있다는 것이다. 그리고 이웃사랑은 《금강경》에서 말하고 있는 것처럼 어느 한 대상에 집착함이 없는 방법으로 전개되어야 하며 선한 사마리아인의 경우에서처럼 생면부지의 사람은 물론 원수에게까지 적용되어야 한다는 것이다. 이러한 이웃사랑은 이웃을 위한 것일 뿐 아니라 나의 존재구조에 합치하는 방법이기 때문에 나를 위한 것이기도 하다. 이러한 이웃사랑은 나를 진정으로 실현하는 행동원리이기도 하다.

5. 요약

필자는 이 글에서 초기불교윤리와 기독교윤리에 나타난 자기애와 이웃사랑의 의미를 밝히고 이 양자의 관계에 대해서 고찰해 보았다. 이에 대한 고찰을 통해서 필자가 밝히고자 한 것은 흔히 이해되어 온 것처럼 두 윤리가 자기애를 비도덕적인 것으로 규정한 것만은 아니라는 것이었다. 더 나아가서 필자는 이들 개념들에 나타난 두 윤리의 동질성과 이질성을 밝히고자 하였다.

불교의 자기애는 '자기 소중함의 인식, 자기보존과 쾌를 추구하는 성향'이라고 이해되었으며 기독교 윤리의 경우 '자기존중, 자기보존, 그리고 자기유익을 구하는 것'으로 이해되었다. 불교윤리에서 자기애는 그 자체로 의미를 가지면서도 이것이 이웃사랑에로 귀결될 때 그 도덕적 의미가 증가되며, 기독교 윤리에서 자기애는 부정되는 경우도 있으나 일반 도덕규범이나 이웃사랑의 계명에서는 정당한 것으로 전제되어 있다. 불교의 자기애가 명시적이라면 기독교의 자기애는 비명시적으로 전제된 것이었다.

불교윤리에서의 이웃사랑은 윤회적 사유구조나 열반적 사유구조 모두에서 '자리이타적 동등배려'의 이웃사랑으로 이해되었으며, 기독교의 윤리에서 이웃사랑은 자타이익이 상충될 때 타인의 이익을 우선시키는 '자기예속적 동등배려'의 원칙 하에서 이해되었다. 두 윤리는 경우에 따라서 표면상 자기희생적 이웃사랑을 권장하고 있는 것으로 나타나지만 그러한 행동의 귀결은 자기희생이 아니라 종교의 궁극목적의 달성이거나 자아실현이었다.

이웃사랑의 요청논리는 불교윤리에서는 연기, 공, 무아, 무상, 혹은 불이 등이었으며 기독교윤리에서는 하느님의 계명성과 하느님의 사랑에 대한 응답성에서 찾아질 수 있었다. 두 윤리전통에 의하면 이웃사랑은 우리의 존재구조가 요청하는 존재방식이다.

불교윤리에 의하면 나와 타자는 분별적이고 이체적 존재가 아니며 비분별적이고 동체적 존재이기 때문에 내 자신이 고통을 피하고 즐거움을 구하는 삶을 살아가듯이 또 다른 무수한 '나'들, 즉 이웃들에 대해서도 나는 그와 같은 삶을 살아가야 한다. 기독교윤리에 의하면 이웃사랑은 나의 주인의 계명으로서 요청되어지며 그의 무조건적이고 절대적인 사랑에 대한 응답으로서 요청되어진다. 인간은 이웃사랑을 통해 하느님의 계명을 지키며 하느님을 사랑한다. 이웃사랑은 하느님을 섬기며 그를 사랑하는 유일한 방법이기 때문이다.

불교윤리의 이웃사랑의 핵심에는 연기, 공, 무아, 무상, 불이 등의 개념이 놓여 있지만 기독교 윤리의 이웃사랑에는 하느님이 그 중심에 놓여 있다. 이웃사랑에 대한 요청 이유에 있어서 두 윤리의 설명은 매우 다르지만 모든 인류가 나의 사랑의 잠재적 대상이며 그들 중 일부가 나의 사랑의 구체적 대상이 된다고 본 점에서는 유사하다. 그들은 나에게 사랑을 요청할 권리를 지니며 나는 거기에 응답해야 한다. 나 또한 그들에게 사랑을 요청할 수 있으며 그들은 또한 거기에 응답해야 한다. 이것이 두 윤리체계가 제시하는 이웃사랑의 진정한 의미일 것이다.

제 6 부

불교환경윤리학

불교환경윤리학에 대한 덕윤리적 접근

불교환경윤리학에 대한 덕윤리적 접근

1. 시작하는 말

필자는 이 책의 1부와 2부의 1, 2장에서 초기불교윤리가 성품형성의 덕윤리 패러다임으로 가장 잘 이해될 수 있다고 보아 초기불교윤리를 덕윤리로 해석하였다. 초기불교윤리에 대한 덕윤리적 이해의 시각은 빈곤, 인종차별, 성차별, 생명/의료문제, 혹은 생태/환경문제와 같은 응용윤리학적인 문제에도 똑같이 적용될 수 있을 것이다.

필자는 이 장에서 불교환경윤리학에 대하여 덕윤리(virtue ethics)의 관점에서 접근해 보고자 한다. 필자의 이해에 의하면 불교환경윤리학은 궁극적으로 개개인의 변화—의식의 변화, 행동의 변화, 습관의 변화, 삶의 양식의 변화—에 호소하며, 그 변화의 핵심을 탐진치 지멸에 두고 있다. 따라서 불교적 관점에서 환경윤리학은 탐진치 지멸에 그 목표를 두고 있으며 환경문제들은 무엇보다도 탐진치의 지멸을 핵심조건으로 한다.

탐진치 지멸을 적극적으로 표현한다면 자비심의 배양과 확산이라고 할 수 있다. 따라서 자비심의 배양과 확산과정에 대한 성찰은 불교환경윤리학의 구체적 내용에 대한 검토가 될 것이다. 이러한 검토를 통하여 우리는 자비심이 뭇 생명체와 환경 전반에 어떻게 적용되어 환경보호의 이념이 되는가에 대해 알 수 있을 것이다.

그런데 불교환경윤리학이라는 말은 불교 속에서의 환경윤리학 성립을 전제하고 있는 만큼 이에 대한 회의를 불식시키고 그 성립정당성을 분명히 할 필요가 있다. 따라서 필자는 '탐진치 지멸의 성품형성을 통한 환경회복'이라는 불교환경윤리학의 목표에 대한 검토(3)와 자비심의 배양과 확산이라는 불교환경윤리학의 내용에 대한 검토(4)에 앞서서 불교환경윤리학의 성립의 정당성(2)에 대해 검토해 보고자 한다.

2. 불교환경윤리학 성립의 정당성

불교에는 '환경윤리학'이라는 말이 없다. 또한 자연(loka)[1] 자체에 대한 심각한 사유 흔적도 없는 것이 사실이다.[2] 불교에서의 환경윤리학 성립의 정당성을 전제하고 있는 '불교환경윤리학'이라는 말은 현대의 상황에서 생겨난 용어이다. 따라서 불교환경윤리학자들이 불교환경윤리학의

---

1) 해리스는 자연에 상응하는 산스크리트어로서 'loka' 이외에 'pratītyasamutpāda', 'dharmatā', 'yathābhūta', 'prakṛti', 'svabhāva' 등을 들고 있는데(Harris, Ian, "How Environmentalist is Buddhism"(*Religion* 21, 1991), 104쪽) 필자는 'loka'라는 말의 광의성에도 불구하고 이 말이 '자연'을 나타내기에 가장 적합하지 않을까 생각한다. 왜냐하면 해리스가 제시하고 있는 다른 말들은 주로 자연의 법칙성이나 속성을 강조하는 말로 이해될 수 있다면 'loka'라는 말은 우리가 살고 있는 다양한 세계를 의미하면서도 '우리가 경험하는' 대상으로서의 '구체적 자연'을 지칭하는 말로도 이해될 수 있기 때문이다. 그리고 우리가 문제로 삼고 있는 '자연'은 대상화된 구체적 자연이겠기 때문이다.
2) 해리스 같은 학자는 초기불교도들이 본질적으로 자연에 대하여 비반성적(non-reflective)이라고 한다(Harris, Ian, 앞의 논문, 111쪽).

성립의 정당성에 대하여 의문을 제시한 것은 전혀 근거가 없는 것은 아니다.

불교환경윤리학은 어떠한 토대 위에서 정당화될 수 있을까? 필자는 불교환경윤리학이 정당화될 수 있는 토대를 불교교설의 보편적 적용에서 찾는다. 주지하다시피 붓다는 당시에 자신이 직면했던 문제나 고통에 대하여 자신 특유의 관점에서 포괄적으로 답변하였다. 문제나 고통들은 현상적으로 다양하게 나타났지만 그의 분석의 방식, 목적, 그리고 결과는 동일한 것이었다. 즉 내성에 의한 분석방법, 속박/고통으로부터의 자유라는 목적, 그리고 분석결과로서 '내적인 정화'라는 해결책은 어떤 문제상황에서나 공통적이었다. 따라서 다양한 문제들에 대한 그의 답변은 고통의 원인과 해소라는 관점에서 보편적 답변으로 제시된 것이었다. 이러한 까닭에 불교의 근본교설은 고통/문제들에 대한 진단과 이에 대한 해결책으로 구성되어 있다. 예컨대 핵심교설인 사성제와 연기설은 고통발생의 현실에 대한 분석(사성제의 고집제, 연기설의 유전문)과 이에 대한 극복(사성제의 멸도제, 연기설의 환멸문)이라는 구조를 갖는다.

고통의 발생과 소멸에 대한 불교의 이상과 같은 분석이 모든 고통/문제들에 대한 불교의 공통적/보편적 답변이라면 이것은 보편적 적용가능성을 가지므로 어떠한 유형의 고통이나 문제상황에 대해서도 적용되어야 할 것이다. 환경문제에 대해서도 마찬가지이다.

만일 붓다가 오늘날과 같은 환경문제―여러 가지 오염, 종의 소멸, 자원의 고갈 등과 같은 환경문제―에 직면했다면 고통을 유발시키는 이러한 문제들에 대하여 동일한 방식으로 응답했을 것이다. 따라서 붓다가 환경문제나 환경과 인간의 관계에 대해 직접적으로 언급하지 않았으며 우리가 경전 속에서 환경문제에 대한 붓다의 직접적 답변을 찾아낼 수 없다[3]는 사실은 불교환경윤리학 성립의 정당성을 무너뜨리는 충분한 이유가 될 수 없다. 오히려 우리는 불교 근본교설의 보편성을 적용하여 불교환경윤리학을 구성할 수 있다.

이와 같이 불교 근본교설의 보편적 적용에 의거하여 불교환경윤리학을 정당화할 수 있다면 초기불교가 환경문제에 대하여 구체적으로 언급하지 않았다는 사실은 하등의 문제가 되지 않는다. 또한 초기불교가 자연에 대하여 본질적으로는 비반성적이었다는 것도 문제가 되지 않는다. 왜냐하면 환경문제에 대한 붓다의 직접적 응답의 부재나 자연 자체에 대한 비반성성이 우리로 하여금 불교윤리학을 정립하지 못하도록 방해하는 것은 아니기 때문이다.

그런데 붓다의 근본교설의 보편적 적용성에 근거하여 우리가 불교환경윤리학 정립의 정당성을 확보했다고 할지라도 이것만으로 불교환경윤리학을 구성해 낼 수는 없다. 벽돌과 시멘트 등과 같은 집 지을 재료들이 모두 준비되어 있을지라도 어떠한 모양의 집을 어떠한 방식으로 지을 것인가는 또 다른 문제인 것과 마찬가지로 어떠한 환경윤리학을 어떠한 방식으로 구성해 낼 것인가는 별개의 문제일 것이기 때문이다. 요컨대 붓다의 보편적 교설을 환경문제 해결의 관점에서 재해석하여 환경윤리학을 구성해 내는 것은 환경윤리학 성립에 대한 정당성 확보문제와는 별개의 문제이다. 그래서 학자들은 불교환경윤리학을 구체적으로 구성하는 데 있어서 필요한 것을 지적해 왔다.

해리스와 같은 학자는 불교환경윤리학의 건실한 정립을 위해서는 환경/생태윤리의 관점에서 불교교설을 재구성하고 텍스트를 맥락화할 필요가 있다고 본다.[4] 윤호진도 구체적 방법은 명시하지 않고 있으나 "환

---

3) 해리스와 같은 학자는 불교환경윤리학의 성립이 어려운 이유 중의 하나로서 환경주의자들이 자신들의 목적을 위해 분명하게 사용할 수 있는 붓다의 훈령(injunction)이 없다는 점을 들고 있다(Harris, Ian, "Causation and Telos: The Problem of Buddhist Environmental Ethics" (*Journal of Buddhist Ethics* 1, 1994), 53쪽).
4) 이들은 교설의 재구성과 일차자료의 맥락화(contextualization)에 의해 생태윤리학의 토대를 세울 수 있다고 보고 있다.(Harris, Ian, "Getting to Grips with Buddhist

경문제를 위해서는 불교에서 가르치고 있는 사상과 이론들을 다시 손질하지 않으면 안된다"고 한다.[5] 필자도 이들과 마찬가지로 불교환경윤리학의 구체적 내용을 구성해 내기 위해서는 다양한 교설이나 텍스트의 의미를 왜곡하지 않고 잘 살려내면서 이를 환경윤리학의 관점에서 재해석하고 맥락화하는 것이 필수적이라고 생각한다.

교설의 재구성이나 텍스트의 맥락화는 교설이나 텍스트의 응용 내지는 재해석의 과정이기도 하다. 그리고 교설의 재구성이나 텍스트의 맥락화에 있어서는 다양한 관점이 취해질 수 있고 관점에 따라 다르게 재구성되고 다르게 맥락화될 수 있다. 필자는 불교의 근본교설을 왜곡하지 않으면서 그 의미를 드러내는 데 충실한다면 얼마든지 다양한 관점과 다양한 맥락화가 허용되어야 한다고 본다. 교설도 자리이타(自利利他)를 위한 방편일 뿐이라고 볼 때 이러한 관점에서 교설과 텍스트를 올바르게 응용하고 재해석하는 것은 불교의 본래정신을 드높이는 일일 뿐만 아니라 불교의 생존력을 강화시키는 일이기도 하기 때문이다.

3. 불교환경윤리학의 목표

이제 문제는 불교환경윤리학을 구성하는 데 있어서 어떠한 관점에서 교설과 텍스트를 응용하고 재해석하느냐이다. 언급한 바와 같이 필자가 취하는 관점은 덕의 윤리의 관점이다. 필자는 불교 자체가 인간변혁에

Environmentalism: A Provisional Typology" (*Journal of Buddhist Ethics* 2, 1995), 181쪽)

5) 윤호진은 불교의 교설들을 어떻게 손질해야 하는지에 대해서는 구체적으로 언급하고 있지는 않지만 그 또한 불교교설이 재구성과 텍스트의 맥락화에 반대하지 않을 것으로 생각된다(윤호진, 〈환경문제의 불교적 조명〉, 《20세기 문명과 불교》, 서울: 불교학술연구소, 1997, 456쪽).

관한 문제이며, 1부와 2부 2장에서 살펴본 바와 같이 불교윤리 또한 인간의 성품형성을 핵심으로 하는 덕의 윤리라고 이해하였다.[6] 따라서 환경문제도 덕의 윤리의 관점에서 구성해낼 수 있을 것이다.

덕의 윤리의 관점에서 환경문제를 구성해 낼 수 있다는 것은 불교윤리가 덕의 윤리라는 원론적 이해에 근거하는데 이를 보다 구체적으로 말하면 탐진치에서 비롯되는 환경문제가 탐진치 지멸, 즉 반탐진치의 성품형성에 있다는 것을 의미한다. 이러한 이해는 사성제의 관점에서도 설명될 수 있다.

주지하다시피 사성제에 의하면 모든 고통, 번뇌, 문제들(고제)을 발생시킨 원인은 인간의 집착(upadāna)내지는 갈애(taṇhā)이다(집제). 그런데 고통의 원인으로서 집착/갈애보다도 더 포괄적이면서도 구체적인 개념은 해탈의 심리적 근본장애로 간주되는 탐욕(rāga), 성냄/미워함(dosa), 어리석음(moha)의 탐진치이다. 집착/갈애는 탐진치 중에서 탐욕과 동류의 것으로서 성냄/미워함과 어리석음을 동반하거나 초래한다. 따라서 우리는 모든 고통/문제들의 원인을 보다 포괄적이고 구체적으로 탐진치라고 할 수 있다.

이는 고통의 원인에 대하여 코살라국 국왕의 질문을 받은 붓다의 응답에서도 잘 나타난다. 아래의 인용문에서 붓다는 모든 고통의 원인이 탐진치에 있다는 것을 명백히 한다.

세존이시여, 어떠한 것들이 세상에서 일어나 해로움(ahita), 괴로움

---

6) 오늘날 학자들이 불교윤리를 덕의 윤리로 보는 점에서는 이론의 여지가 없는 것으로 생각된다. 예컨대 실바(Silva)는 불교윤리를 '성품형성의 윤리'(an ethics of building character)로 규정한다. 그는 "불교윤리는 단지 결정하고 선택하는 윤리가 아니라 성품형성의 윤리이다"라고 하는데 이 말은 불교윤리의 정곡을 찌른 말이다(Pad Masiri de Silva, *Environmental Philosophy and Ethics in Buddhism*(London: Macmillan Press LTD, 1998), 95쪽).

(dukkha), 그리고 불편함(aphāsu)이 나타납니까? 왕이시여, 세 가지 것들이 일어나 해로움, 괴로움, 그리고 불편한 삶이 나타납니다. 그 세 가지란 무엇인가? 왕이시여, 탐욕(rāga)이 일어나 해로움, 괴로움, 그리고 불편한 삶이 나타납니다. 왕이시여, 미움(dosa)이 일어나 해로움, 괴로움, 그리고 불편한 삶이 나타납니다. 왕이시여, 어리석음(moha)이 일어나서 해로움, 괴로움, 그리고 불편한 삶이 나타납니다. 왕이시여, 이 세 가지 것들이 일어나 해로움, 괴로움, 그리고 불편한 삶이 나타납니다.[7]

인용문에 나타난 바와 같이 모든 고통의 원인은 탐진치이다. 오늘날 환경문제들 자체가 고통이거나 잠재적 고통이라고 본다면 환경문제라는 고통을 제거하는 방법도 탐진치를 지멸하는 데서 찾아야 할 것이다. 사실상 불교적 관점에서 볼 때 모든 고통의 핵심적인 원인은 집착/갈애이며 탐진치는 집착/갈애를 포괄하는 보다 근원적인 고통의 원인이다.

이와 같이 불교가 환경문제의 근본원인으로서 인간의 나쁜 성향/성품인 탐진치를 지목한다면 불교환경윤리학의 핵심적 문제는 탐진치를 다스리는 문제, 즉 반탐진치의 성품형성의 문제이다. 환경문제가 탐진치를 다스리는 문제라는 것을 보다 직접적으로 예시하는 대표적 경전은 《아간냐 숫타》(Aggañña Suttanta)인데,[8] 이 경전에서는 환경의 문제가 인간의 덕성/도덕성의 타락에서 비롯되었음을 분명히 시사하고 있다. 아간냐 숫타

---

7) Kati nu kho bhante lokassa dhammā uppajjamānā uppajjanti ahitāya dukkhāya aphāsu-vihārāyāti. Tayo kho mahārāja lokassa dhammā uppajjamānā uppajjanti ahitāya dukkhāya aphāsu-vihārāya. Katamo tayo. Lobho kho mahārāja lokassa dhammo uppajjamāno uppajjati ahitāya dukkhāya aphāsu-vihārāya. Doso kho mahārāja lokassa dhammo uppajjamāno uppajjati ahitāya dukkhāya aphāsu-vihārāya. Moho kho mahārāja lokassa dhammo uppajjamāno uppajjati ahitāya dukkhāya aphāsu-vihārāya. Ime kho mahārāja lokassa dhammā uppajjamānā uppajjanti ahitāya dukkhāya aphāsu-vihārāya ti(*Saṃyutta-nikāya* I, 98쪽).

8) *Dīgha-nikāya* III.

에 의하면 대지가 원래의 상태를 상실하고 피폐하게 되어 자원이 고갈된 것, 제한된 자원으로 다투게 된 상황, 그리고 이러한 상황에서 인간을 통제하기 위한 제도의 출현 등은 인간의 도덕적 타락에서 기인한다.[9]

그런데 탐진치를 다스리는 문제는 덕윤리로서의 불교윤리가 암시하는 바와 같이 이성에 따라 도덕법칙을 지키는 규범윤리의 문제가 아니며 반탐진치적 성품형성의 문제이다. 그것은 자연스럽게 탐진치라는 속박으로부터 자유로운 성품을 형성하는 덕의 윤리의 문제인 것이다. 이렇게 볼 때 불교환경윤리학의 목표는 탐진치 지멸의 성품형성에 있다고 할 수 있는 것이다. 그러면 불교환경윤리학에서 '탐진치 지멸의 성품형성'이 의미하는 바는 무엇일까?

주지하다시피 '성품형성'은 아리스토텔레스의 덕의 윤리의 핵심개념이다. 2.2에서 살펴본 바와 같이 덕의 윤리에 의하면 도덕의 핵심은 의도적인 노력이나 내적인 갈등 없이 자발적으로 도덕적인 행동을 할 수밖에 없는 성품을 형성하는 데 있다. 내적 욕구가 갈등하지 않는 상태에서 늘 습관적으로 도덕적 행동을 할 수밖에 없는 성품의 형성을 이상으로 하는 것이다. 그리고 이러한 성품은 반복적이고 후천적 학습/노력에 의해서만 성취가능한 것이다.

이상과 같은 성품형성의 의미를 불교환경윤리학에 적용할 때 탐진치 지멸의 성품을 형성한다는 것은 부단한 노력에 의해서 탐진치를 지멸함

---

9) 허우성은 아간냐 숫타의 한역 상응경전인 소연경의 이러한 내용을 환경윤리의 맥락에서 분석하고 있다. 그가 불교에서 자연을 세 가지 의미로 이해하고 '환경으로서의 자연'을 보존하기 위해 '해탈 능력으로서의 자연'에 의해서 '출가 수도하지 않는 마음으로서의 자연'(필자는 이 말을 탐진치의 마음에 의해 구성된 자연으로 이해한다)을 교정해야 한다고 할 때 불교가 자연회복을 위해 인간의 도덕성 회복(즉 탐진치 지멸)에 호소하고 있다는 점을 밝힌 것이라고 이해된다. 그는 소연경에 대한 연구로부터 불교적 관점에서 볼 때 자연의 황폐와 인간의 타락이 동전의 양면과 같이 얽혀 있다는 결론을 내리고 있다(허우성, 〈불교의 생명관〉《인간과 자연》, 서울 : 철학과 현실사, 1988), 141쪽).

으로써 늘 친환경적이고 환경보호적으로 행동할 수밖에 없는 성품을 기르는 것을 의미한다.[10]

성품형성의 관점에서 볼 때 불교환경윤리학에서 지향하는 인간상은 불교가 제시하는 완전한 인간이념인 깨달은 자, 즉 '아라한'(arahant)이나 '붓다'(buddha)의 이념을 구현하는 것이기도 하다. 불교의 본질이 아라한의 이념을 향해 가는 것, 즉 보다 더 완성된 인간이 되어 가는 데 있다고 볼 때 불교환경윤리학의 핵심 또한 탐진치 지멸이라는 완전한 성품형성을 위해 노력해 가는 것 이외의 것이 아니다. 그래서 스폰버그는 불교환경윤리학의 문제를 깨달음의 관점에서 보고 "더 완전한 인간이 되어 가는 문제"라고 규정한다.

환경위기에 대한 불교의 해법은 깨달음이라는 불교의 기본목표에서 조금도 떨어져 있지 않다. 그것은 상상할 수 없을 만큼 멀고도 높은 목표로 보일지도 모르지만 그것은 현재 우리들에 대한 근본적이고 전면적 변형 그 이상이 아니다. 동시에 불교도는 이러한 거대한 과업에 의해서 너무 압도될 필요는 없다. 왜냐하면 이러한 급진적 변형은 모든 인간, 아니 모든 존재의 잠재력이라는 점에서 깨달음이란 최소한 어떤 의미에서는 단순하게는 (쉽지는 않지만) 더 완전한 인간이 되어 가는 문제(a matter of becoming more fully human)이기 때문이다.[11]

---

10) 불교환경윤리학을 덕의 윤리로 이해하는 스폰버그는 성품형성이라는 말보다도 계나 바라밀과 같은 덕의 배양을 강조한다. 그는 환경보호에 필수적이고 구체적인 행동 자체보다도 행동할 때마다 드러날 수 있는 덕을 배양해야 한다고 한다(Sponberg, Alan, "Green Buddhism and the Hierarchy of Compassion" (Tucker, Mary & Williams, Duncan편, *Buddhism and Ecology*, Cambridge: Harvard University Press, 1997), 370쪽).

11) Sponberg, 앞의 책, 370쪽.

　탐진치 지멸의 성품이 갖는 환경윤리학적 의미는 이러한 성품이 자연회복/보호로 귀결된다는 데 있다. 탐진치 지멸의 성품형성에 의해서 행동/생활방식의 변화가 초래되고 그 결과 자연도 오염상태에서 정화된 상태로 변화되는 것이다. 이렇게 볼 때 자연회복 내지 청정의 정도는 탐진치 지멸의 정도와 비례한다. 탐진치 지멸의 성품형성을 위해 노력하는 사람들이 많아질 때 자연의 정화도도 높아갈 것이다. 이렇게 하여 탐진치 지멸에로의 성품변형은 자연적으로 정화된 자연을 유지할 수 있게 해준다. 따라서 우리는 "자아의 변형과 자연의 변형은 함께 간다"고[12] 말할 수 있다.

　요컨대 탐진치의 반환경적 성품은 오염된 윤회세계에 대응하고 탐진치 지멸의 친환경적 성품은 청정한 열반의 세계에 대응한다. 이러한 까닭에 불교환경윤리학은 환경보호/회복을 위해 일련의 행동이나 운동 혹은 제도의 변혁에 의존하기보다는 환경에 영향을 미치는 인간 개개인의 변화, 즉 성품변형에 호소한다.

　그런데 여기에서 '불교환경윤리학의 목표가 탐진치 지멸의 성품형성에 의한 자연회복이다'는 입장과 관련하여 우리는 다음과 같은 두 가지 질문에 직면할 수 있다. 첫째, 불교환경윤리학의 목표는 자연(세계)과 인간 간의 관계에 대한 불교의 입장과 일치하는가? 둘째, 불교환경윤리학의 목표는 자연 자체에 대한 가치를 전제하고 있는데 이 입장은 불교일반의 입장을 잘 반영하고 있는가?

　덕의 윤리에 근거한 불교환경윤리학의 목표, 즉 성품변화 내지는 인간변형에 근거한 자연회복이 불교의 인간과 자연의 관계에 대한 불교의 입장과 일치하느냐의 문제에 대하여 필자는 그렇다고 생각한다. 인간변형에 의한 자연회복의 이념은 업(kamma)의 개념에 의해 논리적 타당성을

---

12) Silva, 앞의 책, 44쪽.

갖기 때문이다.

불교의 업설이 인간과 자연의 관계에 대하여 던지는 메시지 중의 하나는 자연이 인간의 행위의 산물이거나 과정이라는 것이다.[13] 자연은 인간의 행위의 결과이며 과정이다. "행위에 의해서 세계(자연)는 존재하며, 행위에 의해서 인간은 존재한다."[14] 현재의 오염된 자연은 우리의 행동, 말, 생각의 산물이며 반영이다. 그런데 우리의 행동, 말, 생각은 우리의 성품의 표현이므로 현재의 우리의 자연은 우리의 성품의 표현이기도 하다.

우리의 성품의 표현으로서의 자연은 우리의 성품이 가변적이고 비결정적이듯이 변화를 전제하고 있다. 현재의 자연은 우리의 과거 성품의 산물이라는 점에서는 결정적이지만 동시에 이것이 우리의 현재와 미래의 성품의 반영이라는 점에서는 비결정적이다. 요컨대 자연은 우리의 성품의 변화에 따라 변화될 수 있는 것이다. 불교의 업개념 속에 함축된 자연과 인간의 관계에 대한 이상과 같은 내용은 덕윤리에 근거한 불교환경윤리학의 목표, 즉 성품변혁에 의한 자연회복이라는 목표와 일치한다.

둘째의 문제, 즉 불교환경윤리학의 자연 자체에 대한 가치부여의 입장이 불교 일반의 입장을 잘 반영하고 있는가의 문제는 초기불교의 핵심 개념이 자연에 대해 궁극적 가치를 두고 있지 않다고 주장하는 사람들에 의해 제기되어 왔다. 이러한 문제를 제기한 대표적인 학자는 슈미타우젠(Schmithausen)이다. 그는 초기불교의 핵심개념인 무상(anicca), 고(dukkha), 무아(anattan)의 개념이 세계/자연에 대한 궁극적 가치를 두지 않을 뿐더러 환경보호를 격려하지 않으므로 자연보존을 목표로 하는 환

---

13) 이는 생명의 관점에서도 마찬가지이다. 생명으로서의 자연은 인간의 행위의 결과이거나 과정이기 때문이다. 이중표는 업을 생명의 관점에서 이해하여 생명을 '업보의 과정 내지는 삶'으로 보고 있는데(이중표, 〈불교의 생명관〉(《범한철학》 20, 1999), 242쪽) 이는 업으로서의 생명활동/자연의 의미—즉 인간 행위의 결과이거나 과정으로서의 자연의 의미—를 규정한 것이라고 이해된다.

14) Kammanā vattati loko, kammanā vattat pajā……(*Sutta-nipāta*, 654).

경윤리 자체에 배치될 수 있다고 본다.[15] 필자는 이와 같은 이해는 초기
불교에 대한 일면적 이해일 뿐이라고 본다.

초기불교는 슈미타우젠이 지적하고 있는 것처럼 자연 자체에 대한 적
극적 보호논리를 갖지 못하는 측면이 있는 것이 사실이다. 우리는 초기
불교 경전에서 세계(자연)는 의지처도 아니며, 보호처도 아니며, 고통으
로 가득차 있으므로 궁극적으로는 포기되어야 한다는 구절을 자주 볼 수
있기 때문이다. 예컨대, "세계에는 의지처가 없으며(attāṇa) 의지할 자도
없다(anabhissara)."[16] 게다가 인생(jīvita manussa)은 짧고 무의미하고 하
잘것없으며 고통과 고난으로 가득 차 있다.[17] 비유적으로 표현하자면 인
생은 이슬방울, 물거품, 물 위에 늘어놓은 나무토막들과 같이 무의미하고
하잘것없으며 고통과 고난으로 가득 차 있는 것이다.[18] 이러한 설명들에
의하면 초기불교는 세계를 떠나 버릴 것을 말하고 있기 때문에 우리는 초
기불교가 세계나 자연 자체에 대하여 어떠한 가치도 두지 않으며 자연보
호 이념을 갖지 않는다고 생각할 수 있다. 그러나 이러한 이해는 초기불
교에 대한 피상적이고 잘못된 이해라고 생각된다. 왜냐하면 초기불교에
서 떠나 버리라고 하는 세계는 세계 자체가 아니라 고통의 세계, 즉 갈애
나 집착 혹은 탐진치에 점철되어 이것들에 의해 유지되는 세계이기 때문
이다.

붓다가 떠나 버리라고 하는 세계는 결핍되고 만족스럽지 못한 갈애의

---

15) 슈미타우젠은 무상, 고, 무아의 개념이 자연 생명, 종, 생태계에 대하여 어떤 가치도
부여하지 않는다고 주장하고 더 나아가서는 초기불교의 궁극가치와 목적은 고, 소멸,
죽음, 무상으로부터 절대적 확정적 자유이므로 이것은 자연에서 발견될 수 없다고 본
다(Schmithusen, "The Early Buddhist Tradition and Ecological Ethics"(《가산학보》 8,
1999), 2장을 참조). 요컨대 그는 궁극적 수준에서 초기불교는 자연을 부정할 뿐만 아
니라 모든 세속존재뿐만 아니라 자연과 문명을 부정한다고 본다.
16) 'Atthāṇo loko anabhissaro ti' (*Majjhima-nikāya* II, 70쪽).
17) *Aṅguttara-nikāya* IV, 136쪽.
18) *Aṅguttara-nikāya* IV, 137쪽.

세계이다. 그는 "세계는 결핍되고 불만족스러우며 갈애의 노예(taṇhādāsa)이다. 내가 이를 알고 보고 들었을 때 집을 떠나 출가 수행자가 되었다"라고[19] 한다. 결핍의 이유와 불만족의 원인을 갈애로 본다면 떠나야 할 세계는 세계 자체가 아니라 갈애를 추동력으로 하는 세계이다. 또는 떠나야 할 세계는 탐진치를 추동력으로 하는 세계이다. 붓다는 '염리(厭離)해야 할' 것들을 열거하면서 그 각각에 대하여 "……염리하여 탐욕을 버리고, 탐욕을 버리고 해탈한다"는 말을 반복함으로써 구체적으로 떠나야 할 것이 탐욕임을 명시하고 있다.[20] 요컨대 떠나고 버려야 할 것은 갈애나 탐욕—보다 포괄적으로는 탐진치—이지 세계 자체는 아니다. 따라서 초기불교가 궁극적으로는 자연에 의미를 두지 않으며 따라서 자연보호의 논리를 갖지 않는다는 입장은 초기불교에 대한 단편적이고 왜곡된 이해일 뿐이다.

4. 불교환경윤리학의 내용

지금까지 논의의 주요 내용은 불교환경윤리학이 탐진치를 지멸시키는 성품을 형성함으로써 자연보존/회복을 목표로 한다는 것이었다. 이제 불교환경윤리학의 구체적 내용을 살펴볼 차례이다. 그런데 불교환경윤리학의 관건인 탐진치 지멸의 성품형성은 자비심의 배양을 의미하고(1), 배

---

19) ūno loko atitto taṇhādāso ti' ; yam ahaṃ ñatvā ca disvā ca sutvā ca agārasmā anagāriyaṃ pabbajito(*Majjhima-nikāya* II, 72쪽).

20) 그는 여섯 감각대상(境), 여섯 감각활동(根) 여섯 의식(識), 여섯 접촉(觸), 여섯 감각(受), 여섯 지각/생각(想), 여섯 의도, 여섯 갈애, 여섯 계역(界), 오온을 염리의 대상으로 열거한 후 말미에 "……염리하여 탐욕을 버리고, 탐욕을 버리고 해탈한다(nibbindaṃ virajjati, virāgā vimuccati)"라고 반복하고 있다(*Saṃyutta-nikāya* II, 244~252쪽).

양된 자비심은 황금률과 동정심을 원리로 하여 확산되며(2), 그리고 배양된 자비심의 확산에 대한 요청은 연기에 근거하므로(3) 이에 대하여 순차적으로 살펴보고자 한다.

1) 자비심의 배양

탐진치를 지멸하는 성품을 형성한다는 것은 무엇을 의미하는 것일까? 탐진치 지멸의 성품은 긍정적으로 서술될 때 자비의 성품[21]으로 나타난다고 볼 수 있다. 자신만을 위한 탐욕(탐)이 사라질 때, 대상에 대해 싫어하거나 미워하고 성내는 마음(진)을 버릴 때, 그리고 다른 존재에 대하여 관계단절적이거나 대립/배타적인 어리석은 마음(치)을 버리게 될 때 우리는 다른 존재들에 대하여 자비심(mettā citta)을 가질 수 있기 때문이다. 따라서 탐진치 지멸을 긍정적으로 서술할 때 자비의 마음을 배양하는 것이라고 할 수 있다. 경전에서도 탐진치 지멸과 자비의 마음을 기르는 것을 동일하게 보고 있다. 예컨대 어떤 경전에서는 탐진치 중에서 치가 직접적으로 언급되고 있지는 않지만 탐과 진의 소멸을 자비심의 배양으로 연결시킨다. 즉, 탐을 떠나고 치를 버리고 한량없는 자비의 마음을 배양한다면(mettaṁ cittaṁ bhāvayaṁ appamāṇaṁ) 자비의 마음이 무한한 방향으로 확산된다고 한다.[22] 이렇게 볼 때 탐진치 지멸의 적극적 실현방식은 자비심의 배양과 자비심의 무한한 확산이라고 볼 수 있다. 따라서 경전은 늘 자비를 기르는 것(mettā bhāvānā)과 자비심으로 가득찬 마음(mettā sahagatena cetasā, karuṇā sahagatena cetasā)을 강조한다.

---

21) 예컨대 경전은 무갈애, 자비, 불상해를 습관으로 삼는 성품을 이상적으로 제시한다 (*Anguttara-niikāya* I, 253쪽). 특히 불상해는 자비심을 소극적으로 드러내는 방법이라고 생각된다.

22) *Sutta-nipāta*, 507.

자비심을 배양한다는 것은 매순간 자비의 상태에 머무를 수 있도록 일순간도 방일하지 않고 노력하는 것이다. 초기불교윤리는 점진적인 수행에 의한 목표달성의 방법을 택하고 있는데 자비심을 기르는 데 있어서도 점진적인 부단한 노력을 전제하고 있다. 특히 의도적으로 노력하지 않고도 자비심이 성품의 상태로서 유지될 수 있는 상태에 도달할 때까지 일순간의 놓침도 없는 철저한 '깨어있음' 내지는 '주의집중'(sati)이 요청된다. 그래서 붓다는 눈 깜짝할 사이에도 방심하지 않고 깨어 있는 상태에서 자비의 마음을 잃지 않을 것을 누누이 강조하며[23] 이를 위한 개개인의 의도적인 노력을 전제하고 있다.[24]

초기불교의 자비심 배양의 특징은 이것이 의도적인 노력에 의해서 자신의 내적 상태로서 개발되도록 요청된다는 데 있다. 자비심은 이상적 성품의 핵심으로서 명상수행의 과정 속에서 개발되는 것이라고 이해된다. 이러한 특징 때문인지 자비심을 기르는 장소로서 명상수행에 보다 적합한 조용한 장소가 선호된다. 그래서 좋은 자연환경은 늘 자비심 배양의 배경이다. 경전은 자연을 배경으로 하여 자비심을 배양하는 수행자의 모습에 대하여 자주 말한다. 수행자는 계율을 잘 지키는 덕스런 몸으로 자신을 제어하며 탐욕과 미워함/악의를 버리고 자비를 기른다고 묘사된다.

계를 지키는 고결한 몸으로, 감각기관/감각활동에 대한 고결한 제어로,

---

23) *Anguttara-niikāya* I, 10쪽.

24) 지구의 다른 존재들 및 생명체들과 공존하는 생태학적 자아를 '녹색자아'(the greening self)라고 부르는 매시(Macy)는 이와는 달리 이러한 자아의 출현을 위해서 의도적인 노력이 필요한 것은 아니라고 한다(Macy, Joanna, *World As Lover, World As Self*(Berkeley: Parallax Press, 1991), 191쪽). 그러나 '수행을 필요로 하지 않는다'는 매시의 입장은 수행을 강조하는 초기불교의 입장에서 비판되어야 할 것이다. 스폰버그는 또한 매시의 이러한 입장을 비판하고 있다(Sponberg, 앞의 논문, 370~371쪽).

그리고 고결한 주의집중과 명료한 의식으로, 그는 멀리 떨어진 숲, 나무뿌리, 산등성이, 황야, 언덕동굴, 묘지, 숲 거주지, 트인 곳 혹은 짚더미를 선택한다. …… 그는 세계에서 탐욕(abhijjhā)을 버리고, 탐욕이 없는 마음에 머무르며, 탐욕의 마음을 정화시킨다. 그는 악의/미워함(byāpādapadosa)을 버리고, 악의를 떠난 마음(abyāpannacitta)에 머무르며, 모든 생명체(sabbapāṇā-bhūta)의 복지를 위한 자비(anukampā)로 악의의 마음을 정화시킨다.[25]

자비심을 기르는 배경으로서의 자연은 수행자의 관점에서 볼 때 우호적으로 인지된다. 수행자에게 구릉, 산등성이, 나무 밑 등의 자연은 수행에 필수불가결하다. 그런데 여기에서 지적되어야 할 것은 자비심을 기르는 수행의 장소로서 우호적으로 인지되거나 찬탄의 대상으로 나타난 자연이 동시에 두려움의 대상으로 지각되기도 한다는 점이다.[26]

자연 속에서 자연을 배경으로 하여 길러진 자비심은 위 인용문에서도 나타난 바와 같이 늘 모든 생명체에 대한 복지를 지향한다. 인용문에서 주목되는 것은 조용한 곳에서 도덕적인 몸 상태를 유지하며 내적 상태로서 배양되는 자비심이 생명체를 위한 것으로 인식되고 있다는 점이다. 자연대상은 물론 사람들에 대한 자비심도 강조된다. 경전에서는 숲에서

---

25) So iminā ca ariyena sīlakkhandhena samannāgato iminā ca ariyena indriyasaṃvarena samannāgato iminā ca ariyena satisampajaññena samannāgato vivittaṃ senāsanaṃ bhajati, araññaṃ rukkhamūlaṃ pabbataṃ kandaraṃ giriguhaṃ susānaṃ vanapatthaṃ abbhokāsam. palālapuñjaṃ. …… So abhijjhaṃ loke pahāya vigatābhijjhena cetasā viharati, abhijjhāya cittaṃ parisodheti; byāpādapadosṃ pahāya abyāpannacitto viharati, sabbapāṇabhūtahitānukampī byāpādapadosā cittaṃ parisodheti; ……(*Majjhima-nikāya* I, 347쪽).

26) 사실상 초기불교는 자연에 대한 이중적 태도를 갖는다. 수행의 장소로서는 우호적이지만 반대로 자연은 공포의 대상으로 지각되기도 하다. 예컨대 경전에서는 숲 속, 나무뿌리, 빈 장소를 지날 때 두려움, 공포, 혹은 경악을 느낀다면 불법승을 염상함으로써 두려움을 극복하라고 한다(*Saṃyutta-nikāya* I, 134쪽).

머무르며 수행할 때 초래되는 결과로서 수행자가 이 세계에서 행복을 얻는 것뿐만 아니라 '사람들에 대한 자비심'(janatam anukampamāno)을 들고 있다.[27]

그런데 자비심이 환경윤리학적 의미를 가지려면 이것이 마음의 충만에 머무르지 않고 외적으로 드러나야 한다. 위에서 살펴본 바와 같이 자비심은 배양된 내적인 것이지만 동시에 외적으로 모든 존재들을 향해 있다. 그래서 경전은 자비심이 내적으로 충만할 뿐만 아니라 외적으로도 모든 공간 속에 충만해야 한다고 반복하여 말한다. 경전은 자비심의 외적 충만성을 다음과 같은 전형구로 표현한다.

직공장이여, 성문제자는 탐욕이 없으며, 악의를 갖지 않으며, 당황하지 않으며, 사려 깊으며, 주의집중하여 세계의 첫째 지역을 자애를 수반한 마음(mettāsahagatena cetasā)으로 충만하여 머무른다. 그는 둘째 지역, 셋째 지역, 넷째 지역에 대해서도 이렇게 하며 위로, 아래로, 옆으로, 모든 곳으로, 전체적으로 전세계에 대하여 자애를 수반한 마음—넓고, 지대하고, 한량없고, 악의 없고, 평화로운 마음—으로 충만하여 머무른다.[28]

사방, 팔방으로 자비심을 확산하여 모든 공간을 자비심으로 충만하게 한다는 것은 내적으로 배양된 자비심이 외적으로 드러나서 주변에 영향

---

27) *Anguttara-nikāya* I, 60~61쪽.

28) Sa kho so gāmaṇi ariyasāvako evam vigatābhijjho vigatavyāpādo asammuḷho sampajāno patissato mettāsahagatena cetasā ekaṃ disam pharitvā viharati. tathā dutiyaṃ tathā tatiyaṃ. tathā catuttham iti uddham adho tiriyam sabbadhi sabbattatāya sabbāvantam lokam mettāsahagatena cetasā vipulena mahaggatena appamaṇena averena avyāpajjhena pharitvā viharati(*Saṁyutta-nikāya* IV, 322쪽). 자애(mettā)뿐만 아니라 사무량심의 나머지(karuṇā, mudita, upekkhā)에 대해서도 동일하게 이러한 마음으로 충만하여 머무르라고 말함.

을 미치는 상태를 비유적으로 표현한 것이라고 볼 수 있다. 이러한 자비심은 마음의 내적 성품상태이지만 동시에 보편적 사랑으로서 모든 대상을 향하여 드러난다. 뒤에서 논의하겠지만 이러한 자비심은 인간뿐만 아니라 모든 생명체 및 자연 전체를 보살피는 데까지 확산된다는 데에 환경윤리학적 의미가 있다.

2) 자비심의 확산원리

자비심이 외적으로 드러난다는 것은 자비심이 나 이외의 다른 대상들에게 구체적으로 적용된다는 것을 의미한다. 자비심의 이러한 외화 과정은 자비심을 자신으로부터 타인에게로 더 나아가서는 다른 모든 존재들에게로 확산적용하여 가는 과정이다. 그러면 자비심은 어떻게 확산적용되어 환경윤리학적 의미를 갖게 되는 것일까? 자비심은 황금률과 동정심을 원리로 하여 확산적용되는 것으로 이해된다. 황금률부터 검토해 보기 위하여 불교황금률을 담고 있는 다음의 인용문부터 살펴보기로 한다.

재가자들이여, 여러분에게 이로움을 가져다주는 간단한 법을 가르치겠다. …… 재가자들이여, 무엇이 자신에게 이로움을 가져다주는 간단한 법인가? …… 재가자들이여, 고결한 제자들은 이렇게 생각한다. "나는 사는 것을 사랑하고 죽음을 사랑하지 않으며, 쾌(sukha)를 좋아하고 고(dukkha)를 달가워하지 않는다. 만일 누가 사는 것을 사랑하고 죽음을 사랑하지 않으며, 쾌를 좋아하고 고를 달가워하지 않는 나를 상해한다면 그것은 나에게 유쾌하지도 즐겁지도 않을 것이다. 마찬가지로 내가 사는 것을 사랑하고 죽음을 좋아하지 않으며 쾌를 좋아하고 고를 달가워하지 않는 누군가의 생명을 빼앗는다면 이것은 (그에게) 유쾌하지도 즐겁지도 않는 일일 것이다. 나에게 유쾌하지도 즐겁지도 않는 것은 그에게도 마찬가지이기 때문이다. 나에게

즐겁지도 유쾌하지도 않는데 내가 어떻게 다른 이를 해칠 수 있겠는가?" 이
와 같이 생각한 사람은 생명을 상해하는 것(pāṇātipāta)을 삼가며(veramaṇī)
다른 이들에게도 생명을 상해하는 것을 삼가도록 권유한다. (또한) 생명상
해를 삼가는 것을 칭송하여 말한다. 그러므로 이러한 이의 몸 행동은 지극히
청정하다.[29]

　　이상의 인용구절에 나타난 불교황금률은 이렇게 간추려질 수 있을 것이
다. '내가 사는 것을 사랑하고 죽음을 사랑하지 않으며, 쾌를 좋아하고 고
를 달가워하지 않듯이 타인도 그러하다. 그러므로 타인을 해롭게 하거나
고통스럽게 하지 말고 대신에 타인을 보살피고 즐겁게 하라.' 이렇게 간
추린 불교의 황금률은 표현방식에 있어서는 기독교나 유교의 황금률과
다르지만 내용상으론 동일하다.[30] 불교황금률이 기독교와 유교의 황금률

---

29) Attūpanāyikaṁ vo gahapatayo dhammapariyāyam desissāmi. …… Katamo
　　gahapatayo attūpanāyiko dhammapariyāyo. Idha gahapatayo ariyasāvako iti
　　paṭisañ cikkhati. Aham kho smi jīvitukāmo amaritukāmo sukhakāmo
　　dukkhapaṭikkūlo. yo kho maṁ jīvitukāmam amaritukāmaṁ sukhakāmaṁ
　　dukkhapaṭikkūlam jīvitā voropeyya na me tam assa piyam manāpaṁ. Ahañceva
　　kho pana paraṁ jīvitukāmam amaritukāmaṁ sukhakāmaṁ dukkhapaṭikkūlam
　　jīvitā voropeyyam. parassa tam assa appiyam amanāpaṁ. Yo kho myāyaṁ
　　dhammo appiyo amanāpo parassa peso dhammo appiyo amanāpo. yo kho
　　myāyam dhammo appiyo amanāpo kathāham paraṁ tena saṁyojeyyan ti. So iti
　　pa isankhāya attanā ca pāṇātipātā paṭivirato hoti. paraṁ ca (pāṇātipātā veramaṇiyā
　　samādapeti. pāṇātipātā veramaṇiyā vaṇṇam bhāsati. Evam assāyam kāyasamācaro ti
　　koṭiparisuddho hoti(Saṁyutta-nikāya V, 353~354쪽)). 현재의 논의와 관련하여 4부
　　3장을 참조. 이와 유사한 내용의 인용으로는 4부 3장의 주 44)를 참조.
30) 불교의 황금률은 기독교의 황금률인 "이웃을 네 자신과 같이 사랑하라" 혹은 "너희
　　는 남에게서 바라는 대로 남에게 해주어라"와 유교의 황금률인 "네 자신이 원치 않는
　　바를 남에게 베풀지 말라"(己所不欲 勿施於人)와 본질적으로 동일하다. 기독교의 황
　　금률의 긍정문의 형식을 취하고 유교의 황금률이 부정문의 형식을 취하는 것에 비하
　　여 불교의 황금률은 두 형식 모두를 취하고 있을 뿐이다.

과 본질적으로 다른 점이 있다면 그것은 적용범위에 관한 것이다. 두 전통의 황금률은 인간에게만 한정되지만 불교의 황금률은 인간뿐만 아니라 모든 생명체에까지 적용된다. 더 나아가서 불교황금률은 원칙적으로 생명체뿐만 아니라 무생물에까지 그 적용이 확대되어야 할 것이다.

자비심을 확산적용하는 원리로서 불교의 동정심(sangaha, sympathy)은[31] 불교의 황금률과 항상 구별되는 것은 아니다. 사실상 불교황금률은 동정심과 동일한 측면이 있다. '내가 원하는 것에 비추어 남도 배려하라'는 의미의 황금률은 동정심에서와 마찬가지로 타아의 고통과 기쁨 혹은 타아의 상황에 대한 자기이입을 전제하기 때문이다. 다만 양자간에 차이가 있다면 황금률이 자신에서 출발하여(자신을 기준으로 하여) 타인배려로 나아가는 데 비하여 동정심은 타인의 상황을 배려의 출발점으로 삼고 있다.

주지하다시피 동정심 상태에서는 타자의 상황 속에 감정이입하여 타자가 느끼는 것을 같이 느낀다. 이때에 자아는 타자와의 경계선을 무너뜨림으로써 타자와 하나가 된다. 이러한 상태는 아집적 자아가 사라진 상태로서 자아는 자기 정체성/동일성을 타자 속에서 실현한다.[32]

---

31) 이희승의 국어사전에 의하면 동정심은 '남의 불행을 가엾게 여겨 온정을 베푸는 것', '남의 경우를 이해하여 그 사람과 같이 느낌'이라고 정의되어 있다. 흄은 '다른 사람의 행복과 고통에 자극을 받거나 영향을 받는 능력"이라고 정의한다(노만,《윤리학 강의》(안상헌 옮김, 서울: 문원, 1995), 98쪽). 불교에서 동정심은 인간에게만 한정되지 않고 모든 생명체(원칙적으로는 세상의 모든 존재)에 적용된다는 특징을 갖는다. 필자는 불교적 의미의 동정심을 '모든 존재, 특히 생명체의 처지와 느낌에 대한 감수'라고 정의하고 싶다. 동정심에 상응하는 팔리어는 'sangaha', 'metta', 'anukampā' 등이 될 것이다. 그런데 이들 용어들은 동시에 자비, 자애, 친절 등을 의미하기도 한다.

32) 필자는 불교적 동정심의 상태를 '자기중심에서 벗어나 아집적 자아로서의 이고를 해체하고 타아와 하나 됨으로써 무아적 자아를 확산하는 것'이라고 이해한다. 불교적 관점에서 자아정체성도 이와 같은 방식의 (무아적) 자아확산이라고 이해한다. 이러한 자아정체성의 특징은 자아중심적이 아니라는 데 있다. 혹자는 불교의 자아정체성

불교의 동정심의 특징은 동일시에 의해서 지속적으로 자아를 확장함으로써 궁극적으로는 모든 존재들과 자아의 일체성을 지향한다는 데 있을 것이다. 해이워드(Hayward)는 동일시에 의한 자아확장을 정신성장의 핵심으로 보고 다음과 같이 말한다. "모든 정신적 성장은 보다 확장된 (자아) 동일시가 가능하다는 경험에 근거해 있다. 인간성 성숙의 진보는 개체적 심신에서 가족이라는 자아, 친구 동아리라는 자아, 국가라는 자아, 자기종족이라는 자아, 인간종이라는 자아, 모든 생명체라는 자아, 그리고 아마도 최종적으로는 모든 존재라는 자아와 자신을 동일시하는 지속적 자아 확장감을 통하여 경험된다."[33] 요컨대 동정심을 매개로 하여 나의 가족, 이웃, 생명체, 그리고 모든 존재를 나의 일부로 여김으로써 나를 확장하는 것이다.

동정심은 동류의 인간들에게 적용될 때 모든 사람들에게 적용되어야 하지만 특히 약자나 고통받는 사람에게 적용되는 것으로 이해된다. 동정심에 대한 이러한 특징은 다음의 구절에서 잘 드러난다. "비구들이여, 불행하고 곤궁한 사람을 볼 때 우리도 또한 이 긴 시간을 겪으면서 저러한 사람이었다"라고 여겨야 한다."[34] 동정심은 좁게는 고통상황에 있는 사람에 대해서 일어나지만 넓게는 모든 상황에서 모든 인간 및 모든 존재를 대상으로 하여 요청되는 것이라고 이해된다. 그래서 경전은 "나는 모두

/동일성이 다른 이들을 자아로 수용하는 데서 현실화된다고 보는데(Gomez, Luis, "Nonviolence and the Self in Early Buddhism"(Kraft, Kenneth편, *Inner Peace, World Peace*, New York : State University of New York Press, 1992), 45쪽) 자아동일성을 확산으로 표현하든지 아니면 수용으로 표현하든지 그 실질은 동일할 것이다.

33) Hayward, Jeremy, "Ecology and the Experience of Sacredness"(Badiner, Allan편, *Dharma Gaia : A Harvest Essays in Buddhism and Ecology*, Berkeley: Parallax Press, 1990), 65쪽.

34) Yaṁ bhikkhave passeyyātha duggataṁ durūpetaṁ niṭṭham ettha gantabbam Amhehi pi evarūpaṁ paccanubhūtam iminā dīghena addhunā ti(*Saṁyutta-nikāya* II, 186쪽). 여기에서 붓다는 동정심을 불러일으키는 동기로서 윤회설을 전제하고 있다.

의 친구이며, 모두의 동료이며, 모든 존재들의 동정자(sabbabhūtā nukampaka)이다. 나는 자비심을 기르고 해치지 않음을 항상 즐거워한다"[35]라고 한다. 특히 동정심이 사람일반에게 적용될 때는 보시(dāna, 나눔/공유), 애어(peyyavajja, 친절한 말), 이행(atthacariya, 이로움을 주는 행동), 동사(samānattatā, 동등배려)의 사섭법(saṅgahavattu)[36]의 형식으로 나타날 것이라고 생각된다.

그런데 앞에서 지적한 바와 같이 불교의 동정심의 특징은 이것이 동류 인간에게만 적용되는 것은 아니라는 것이다. 다른 윤리전통에서와 달리 동정심은 인간 이외의 모든 생물체에게까지 적용된다. 경전은 인간 또한 다른 생명체와 다르지 않다는 것을 이렇게 말한다. "……생명체들—그것들이 약한 생명체이든지 강한 생명체이든지 막론하고—에 대하여 적대감을 갖지도 말고 집착하지도 말라. 나는 그들과 같고 그들은 나와 같다. 나를 (그들과) 같다고 여겨 상해하지도 말고 (그들로 하여금) 상해하게 해서도 안 된다."[37] 뭇 생명체는 나와 다르지 않기 때문에 나는 생명체에 대하여 자애의 마음을 가지며 그들의 복지를 위해서 자비의 태도를 가져야 한다는 것이다. 붓다는 이러한 태도를 가진 사람에 대하여 다음과 같이 기술한다. "춘다여, 여기에 생명체를 상해하지 않고 생명체 상해를 삼가는 이가 있다. 그는 채찍을 내려놓고 칼을 내려놓는다. 그는 겸손하고 친절하며 모든 생명체의 복지를 위해 자비(sabbapāṇabhūtahitānukampā)로 머무른다."[38]

---

35) sabbamitto sabbasakho sabbabhūtānukampako mettaṃ cittañ ca bhāvemi abyā pajjharato sadā(*Theragāthā*, 648).

36) *Aṅguttara-nikāya* II, 32쪽.

37) …… aviruddho asāratto pāṇesu tasathāvare, 'yathā ahaṃ tathā ete, yathā ete tathā ahaṃ' attānaṃ upamaṃ katvā na haneyya na ghātaye(*Sutta-nipāta*, 704~705).

38) Idha Cunda ekacco pāṇātipātaṃ pahāya pāṇātipātā paṭivirato hoti nihitadaṇḍo nihitasattho lajjī dayāpanno sabbapāṇabhūtahitānukampī viharati(*Aṅguttara-nikāya* V, 266쪽).

여기에서 우리는 생명체의 범위를 분명히 해 둘 필요가 있을 것이다. 초기불교에서 생명체(pāṇa)의 범위에는 인간뿐만 모든 동물 그리고 식물까지 포함된다. 생명체의 종류(jāti)는 다양하여 풀이나 나무, 곤충, 네발 달린 동물, 배로 기는 동물, 수중동물, 그리고 새 등이 있다.[39] 숨쉬는 존재로서 생명체에는 동물뿐만 아니라 풀이나 나무 같은 식물도 포함된다.[40] 따라서 동식물을 망라한 모든 존재들(bhūta)을 보호하여 "뭇 존재들을 해하지 않으며 그들 중 어느 하나도 괴롭히지 않는다."[41] 그것들이 강하냐 약하냐, 크냐 작냐, 중요한 것이냐 하찮은 것이냐, 눈에 보이는 것이냐 보이지 않는 것이냐, 태어난 것이냐 태어나지 않는 것이냐는 문제가 되지 않는다.[42]

그런데 불교의 동정심은 생명체에 한정되지 않고 원칙적으로 모든 자연현상에까지 확산적용되어야 할 것이다. 왜냐하면 다음에서 살펴보겠지만 무아, 연기, 공의 관점에서 볼 때 사실상 생명체와 무생물은 하나로 연계되어 있기 때문이다. 무생물도 생물과 연기적 구조 속에 하나로 연계되어 있어서 생명을 구성하는 생명의 일부인 것이다. 따라서 자비심의 확산원리로서 동정심은 무생물의 영역을 포함한 존재의 전 영역에 적용되어야 할 것이다. 자비심을 사방 팔방으로 무한히 확산적용한다는 말도 이러한 맥락에서 이해될 수 있다.

그런데 여기에서 혹자는 '자비심을 어떻게 무생물에까지 적용할 수 있

---

39) *Sutta-nipāta*, 600~607.

40) 불상해의 범위에는 씨앗류, 나무류 등도 포함된다. 경전에서는 씨류와 나무류를 상해하는 것(bījagāma-bhūtagāma-samārambhā)을 삼가라고 한다(*Dīgha-nikāya* I, 5쪽). 불교의 이러한 입장은 자비가 상해를 입었을 때 고통을 감수할 수 있는 능력을 가진 존재에만 국한되므로 자비를 생태윤리로 비약시킬수는 없다고 본 슈미타우젠의 주장과 배치된다(Schmithausen, Lambert, 앞의 논문(1999), 92~93쪽).

41) Sabbesu bhūtesu nidhāya daṇḍaṃ aviheṭhayaṃ aññataram pi tesaṃ······(*Sutta-nipāta*, 35).

42) *Sutta-nipāta*, 146~147.

을까' 하고 의심할 수도 있을 것이다. 필자는 이것은 단지 고정관념을 버리는 문제라고 생각한다. 즉 나 자신은 남과 전적으로 다른 별개의 존재라는 생각, 인간이라는 종족은 여타의 동물과 질적으로 다른 존재라는 생각, 동물은 식물과 본질적으로 다른 존재 구조를 갖는다는 생각, 생물은 무생물과는 차원이 다른 존재라는 생각 등을 버리는 문제이다. 이러한 고정관념이야말로 근거 없는 우상일 수 있다. 《금강경》에서의 아상(我相), 인상(人相), 중생상(衆生相), 수자상(壽者相)을 갖지 말라는 말도 이러한 고정관념을 버리는 의미로 이해될 수 있다. 이러한 관념에서 벗어날 때 우리는 타인들, 여타의 동물, 나무 풀과 같은 식물, 흙이나 물과 같은 무생물들과 더 친화성을 느낄 수 있을 것이며 동정심의 확산적용이 가능할 것이다. 또한 이러한 관념에서 벗어날 때 우리가 사랑하는 사람, 아끼는 동물, 좋아하는 꽃, 좋아하는 물건에 대하여 쉽게 감정이입하고 배려할 수 있듯이 우리는 우리와 별관계가 없다고 생각하는 사람, 동물, 흙, 꽃, 물건 등에 대해서도 감정이입하고 이들에게 자아를 확대하여 이들을 내 몸처럼 아낄 수 있을 것이다. 그리고 내 몸처럼 이들을 대한다는 것은 당연한 것이다. 왜냐하면 후에 살펴보겠지만 불교적 관점에서 '나'는 이들의 일부일 뿐이며 이들 모두는 '나'의 일부이니까.

이와 같이 볼 때 자비심의 확산에 있어서 동정심이 핵심역할을 담당한다. 환경윤리학의 맥락에서 동정심은 인간과 자연, 우리를 둘러싼 환경 전체에 적용된다. 그래서 스웨러(Swearer)와 같은 학자는 자연보호의 문제를 동정심의 확장의 문제로 이해한다. 그는 자연에 대한 보살핌은 우리의 환경의 모든 것들에 대하여 우리의 감정이입(empathy)을 확장해 가는 것과 연계되어 있다고 보고 보살핀다는 것은 감정이입의 적극적 표현이라고 한다.[43]

---

43) Swearer, Donald, "The Hermeneutics of Buddhist Ecology in Contemporary Thailand : Buddhadāsa and Dhammapiṭaka," (《Buddhism and Ecology》, Cambridge : Harvard University Press, 1997, 26쪽).

지금까지 자비심의 확산원리로서 불교황금률과 동정심을 살펴보았다. 자비심 확산의 원리로서 황금률과 동정심은 자아를 끊임없이 확산시킨다. 황금률이 타인 내지는 다른 존재들에 대한 존중과 존중의 이유를 밝히고 있다면 동정심은 존중하는 방법과 범위를 말하고 있다. 불교황금률과 동정심의 특징은 이것들이 인간에게만 한정되는 것이 아니라는 것이다. 특히 동정심은 좁게는 어려운 상황에 놓인 사람들로부터 넓게는 동물, 식물, 그리고 무생물계까지 적용되어야 한다.

3) 자비심 확산의 이론적 토대

이상과 같이 자비심이 황금률과 동정심을 원리로 하여 무한적으로 확산적용되어야 한다면 그 근거는 무엇일까? 도대체 왜 우리는 자비심을 우리와 같은 인간, 동물과 식물, 더 나아가서는 무생물에 이르기까지 모든 존재에게 확산적용하여야 하는가? 왜 우리는 우리자신의 심신의 안녕만을 생각하지 않고 나의 이웃 그리고 다른 모든 존재의 안녕을 위해 노력해야 하는가? 이러한 질문은 이미 다른 맥락에서 제기되어 탐구되었다. 즉 4부 2장에서의 자비의 요청 이유, 그리고 5부에서의 자리이타적 이웃사랑의 요청 이유에 대한 검토에서 이 문제에 대한 답변이 검토되었다. 여기에서는 중복을 피하면서 이 문제에 대한 해답이 갖는 환경윤리학적 의미를 생각해 보고자 한다.

논의되었다시피 이상의 문제에 대한 답변은 우리 존재구조의 실상인 연기(공, 무아)에서 찾아진다. 살펴보았다시피 연기설에 의하면 '나'라는 존재는 시공간적으로 단절적, 독립적, 개체적 존재가 아니라 연속적, 의존적, 관계적 존재이다.[44] 나는 한 순간도 관계단절적이 될 수 없으며 우

---

44) 그런데 슈미타우젠 같은 학자는 초기불교의 연기설을 상호관계성의 의미로 해석하

리의 생명활동은 연기적 구조 속에 있다. 우리는 매순간 연기적 구조 속에서 숨쉬고 생각하며 활동한다. 자아의 이러한 존재실상에 대한 인식은 자비심의 확산적용으로 귀결될 수밖에 없다. 연기적 구조하에서는 자연계의 모든 존재의 안녕을 위한 자비심의 확산적용 없는 온전한 자아보존은 불가능하기 때문이다. 따라서 많은 학자들이 자연보호의 요건으로서 생명의 연관성 혹은 연기에 대한 자각을 강조해 온 것은 당연하다. 예컨대 칼루파하나(Kalupahana)에 의하면 연기의 원리는 우리를 자연계에 연결시키는 철학적 토대로서 우리에게 자연과의 친족애(feeling of kinship)의 개발을 요청한다.[45] 연기가 자비의 확산에 대한 요청인 것이다.

이와 같이 자비심의 확산적용은 우리들의 존재실상인 연기적 구조의 요청이다. 자비심의 확산적용과 연기적 구조의 인식의 관계는 긴밀하다. 후자에 대한 우리들의 인식이 깊어지면 깊어질수록 전자가 강렬해질 것 것이다. 최근 한 독창적인 논문에서 양자의 관계를 분석한 스폰버그(Sponberg)는 비록 자비심의 개발이 연기에 대한 각성과 상호보완적인 분리불가의 관계 속에 있기는 하지만 자비심의 개발은 연기에 대한 각성에 의거해 있다고 한다.[46] 그는 불교윤리를 두 측면, 즉 수직축의 개발적 측면(developmental aspect)—자비심의 측면—과 수평축의 관계적 측면

는 것에 대하여 반대한다. 필자는 초기불교의 연기공식에서의 '이것'(imasmiṁ)과 '저것'(idaṁ)은 인과관계뿐만 아니라 상호관계를 의미한다고 본다. 더 나아가서 '이것'과 '저것'에 모든 존재를 대입할 수 있다고 본다. 특정명사 대신에 '이것'과 '저것'이라는 대명사가 사용되고 있다는 것은 모든 개별존재들의 대입을 허용한 것이다.

45) Kalupahana, David, 1995, 138쪽. 자연존중에 있어서 존재들간 관계성에 대한 인식의 중요성은 '자연존중의 태도는 전일적 관점에서 지구생태계의 존재들 간의 인과관계에 대한 인식을 필수적으로 한다'는 테일러의 입장(Taylor, Paul, 1988, 77쪽)뿐만 아니라 환경과 인간 간에 존재하는 '다양한 인연에 대한 자각의 부재'가 오늘날 환경파괴로 나타날 수밖에 없었다는 박병기의 지적 등에서도 나타난다.(박병기, 1999, 169쪽)

46) Sponberg, 앞의 논문, 359쪽.

(relational aspect)―연기인식의 측면―의 관계로 이해하고[47] 우리가 수직축의 개발적 측면에서 위로 이행해 갈수록 수평축의 관계성은 확장된다고 본다. 따라서 우리가 수직축의 위로 올라가는 유일한 방법은 모든 존재들의 근본 관계성을 적극적으로 깨달아 이에 근거하여 행동하는 것이다. 수직적으로 진보하기 위해서는 명시된 관계성을 능동적이면서도 의식적으로 늘 확장해야 하는 것이다.[48] '자비심의 개발/배양이 우리 존재의 관계성에 대한 자각에 의존해 있다'는 이와 같은 스폰버그의 설명은 '자비심의 확산적용에 대한 요청이 우리 삶의 연기적 구조에 근거한다'는 불교의 입장을 잘 드러내고 있다.

그런데 환경윤리학적 관점에서 볼 때 자비심의 확산적용의 이론적 토대로서 연기설이 갖는 의미는 이것이 생물과 생물 간의 관계에서뿐만 아니라 생물과 무생물 간의 관계에 있어서도 무한관계를 함축하고 있다는 데서 찾아져야 할 것이다. 모든 존재들은 일대일(一對一)의 관계에서 뿐만 아니라 일대다(一對多)의 관계에서 무한관계 속에 있다. 우리는 여타의 생물로부터도 분리될 수 없고 무생물로부터도 분리될 수 없다. 우리들이라는 생명체는 여타의 생물은 물론 무생물과 분리될 수 없는 하나이다.[49] 그것들 모두는 분리할 수 없는 하나인 것이다.[50] '나' 자신은 나의

---

47) Sponberg, 앞의 논문, 358~359쪽.

48) Sponberg, 앞의 논문, 366쪽.

49) 이와 같은 분리할 수 없는 '하나'로서의 존재들 혹은 '하나'로서의 '나'라는 불교적 세계관을 법륜 스님은 이렇게 표현한다. "정신세계 역시 어느 날 갑자기 인간의 전유물이 된 것이 아니라 점진적으로 강화되어 온 것이다. 그렇기 때문에 딱 잘라 여기까지는 생물, 여기까지는 무생물이라고 나눌 수 없다. 마찬가지로 식물과 동물도, 동물과 인간도 딱 잘라 여기까지다 라고 나눌 수 없다."(법륜스님,《불교와 환경》(서울: 정토출판, 1998), 90쪽)

50) 계속하여 법륜 스님은 이렇게 쓰고 있다. "그러면 어디까지를 나(我)라고 하고 어디까지를 내(我)가 아니라고 규정할 수 있을까? 과연 어디까지를 생명(生命)이라 하고 어디까지를 생명(生命)이 아니라고 나눌 수 있을까? 그것은 분리될 수 없는 하나의

몸에 한정되지 않으며 나의 주변의 모든 것과 연관된 전체이다. 그래서 '나'라는 자신을 '나' 아닌 것으로부터 구별하는 것은 가당치 않을 것이다. 이렇게 볼 때 "시스템 사상가들이 인지하고 있는 것처럼 자아를 자아가 아닌 것으로부터 구별하는 것은 절대적으로 불가능하다. 나와 타자 사이의 어떠한 명확한 경계선도 임의적인 것이다."[51]

사실상 인간생명에 대한 기원을 탐구하는 현대 과학에 의하면 인간과 동물, 동물과 식물, 생물과 무생물 사이에 명확한 경계선 설정은 가능하지 않다. 더구나 종간에 유전자 이동, 재배열, 합성 등에 의해서 전혀 새로운 종을 만들어 내는 오늘날과 같은 시대에 종간의 경계선은 더욱 모호해지고 있다. 특히 식물이든지 동물이든지 거의 모든 생명체가 공통적으로 아데닌(A), 티민(T), 시토신(C), 구아닌(G)이라는 DNA유전자 배열에 의한 것이라는 사실은 종간의 분명한 경계선 설정에 대하여 더욱더 회의적이게 한다.

요컨대 '나'라는 존재는 인간이라는 종족뿐만 아니라 여타의 동물, 다양한 식물들, 그리고 무생물과 본질적으로 다르지 않으며 이것들과 하나이다.[52] 모든 존재들이 나와 일체라면 그것들은 내가 나의 개체적 몸을 소중히 여기는 것과 마찬가지로 소중한 배려의 대상일 수밖에 없다. 연기설이 함축하고 있는 전 존재들의 일체성은 나로 하여금 이것들 모두에

전체다."(법륜 스님, 앞의 책, 92쪽) 사실상 법륜 스님이 적절하게 지적하고 있는 것처럼 생명체와 무생물, 마음과 몸, 식물과 동물, 동물과 인간 사이에는 분명한 경계선이 없다. 이 모두가 유기체적 하나이기 때문이다.

51) Macy, Joanna, *Mutual Causality in Buddhism and General Systems Theory*(New York: State University Press of New York), 1991, 184쪽.

52) 이러한 관점에서 볼 때 '생명권을 새, 토양, 물, 식물, 동물에로 확산적용' 하고(데자르댕, 《환경윤리의 이론과 전망》(김명식 옮김, 서울: 자작 아카데미, 1999) 249쪽) 도덕의 영역을 그들에게까지 확장해야 한다는 레오폴드(Leopold)와 같은 대지윤리학자의 주장은 주목할 필요가 있는 것 같다. 우리는 대지 위의 모든 존재들과 더불어 하나의 생명을 이루고 있다고 볼 수 있으니까.

게 자비를 확산적용하지 않을 수 없게 한다.

5. 요약

이 글에서 필자가 의도한 것은 덕윤리의 관점에서 불교환경윤리학의 목표 및 내용을 구성해 보는 것이었다. 그런데 본론의 논의에 앞서서 불교환경윤리학 성립에 대한 정당성 확보문제를 논의하지 않을 수 없었다. 왜냐하면 '불교환경윤리학'이 환경윤리학의 성립을 전제하고 있는 만큼 불교환경윤리학 성립에 대해 회의적인 입장에 대한 응답이 요청되기 때문이다. 필자는 붓다가 자신이 직면한 모든 문제들에 대하여 동일한 목적을 가지고 동일한 분석방법에 의해서 동일한 답변(탐진치 지멸에 의한 마음의 순화 내지는 자비심 배양)을 제시하고 있기 때문에 우리는 환경문제를 포함한 모든 문제들에 대하여 이를 적용할 수 있다고 보았다. 그의 교설의 보편적 적용성에서 불교환경윤리학 성립의 근거를 찾은 것이다.

덕윤리의 관점에서 불교환경윤리학은 환경문제의 근본원인을 탐진치라고 본다. 따라서 환경문제를 해결하는 관건은 탐진치 지멸에 있으며 불교환경윤리학은 탐진치 지멸의 성품형성을 통한 인간변혁, 그리고 인간변혁에 의한 자연보호를 목표로 한다. 그런데 탐진치 지멸의 성품형성은 긍정적인 말로 이해될 때 자비의 성품형성을 의미하며, 자비의 성품형성은 자비심의 배양을 주요 내용으로 하여 자비심의 무한확산으로 귀결된다. 자비의 성품형성과 이에 따른 자비심의 무한한 확산이 바로 불교환경윤리학의 핵심을 이룬다.

자비심의 배양은 의도적이고 점진적인 노력을 요하며 배양된 자비심은 자신을 둘러싼 인간, 생물, 무생물 등으로 구성된 모든 환경에 확산적용되었을 때 환경윤리학적 의미가 드러난다. 자비심 확산의 방법으로서 불교황금률과 동정심은 자아를 지속적으로 확장시키면서 주변을 자신으로 포섭하는 기능을 담당한다. 불교황금률과 동정심의 특징은 이것이 인간의 생명뿐만 아니라 모든 생명체 더 나아가서는 무생물에 이르기까지 모든 존재에게 자비의 적용을 요청한다는 데 있다. 그리고 이와 같은 황금률과 동정심에 의한 자비심의 무한확대의 이론적 근거는 연기이다. 연기에 의하면 생물이든지 무생물이든지 모든 존재들이 어떠한 방식으로든지 연계된 하나이기 때문에 나의 보존을 위해서도 그들에 대한 자비가 요청된다.

이상과 같은 필자의 탐구에 의하면 불교환경윤리학은 '연기의 요청에 따라 황금률과 동정심에 의해 자비심을 무한히 확산적용함으로써 우리의 자아를 무한히 확대해 가는 과정'이라고 할 수 있을 것이다. 이러한 과정은 탐진치 지멸의 성품형성에 의한 자비심의 배양과 확산의 과정이다.

자비심의 배양과 확산은 존재들 간 '경계선 허물기'라고 이해될 수 있을 것이다. 나와 너, 인간과 동물, 동물과 식물, 생물과 무생물, 인간과 환경 등 다양한 경계선을 넘어 '나'를 확장함으로써 모든 존재들을 '나' 자신으로 여기는 것이다. 연기적 구조 안의 모든 존재들, 즉 세계 전체를 '나'로 받아들여 가는 이러한 자아확장에 의해서 다른 존재들을 자기로 볼 수 있을 것이다. 그리고 '자기로 본다는 것'의 의미는 나 자신이 나의 생명을 아끼고 즐거움을 구하듯이 그들에 대해서도 그렇게 한다는 데 있다. 매시가 말하고 있는 것처럼 "내 자신의 생명에 대하여 내가 느끼는 사랑을 다른 모든 존재들에게 연장하는 것이다."[53]

---

53) Macy, Joanna, 앞의 책, 195쪽.

참고문헌

■ 원전

Dīgha-nikāya, London: PTS

Aṇguttara-nikāya, London: PTS

Saṁyutta-nikāya, London: PTS

Majjhima-nikāya, London: PTS

Sutta-nipāta, London: PTS

Dhammapada, London: PTS

Theragāthā, London: PTS

Udāna, London: PTS

Jātaka, London: PTS

《維摩經》

《金剛經》

《華嚴經》

《六祖壇經》

■ 국내도서 및 번역서

김상봉, 〈칸트 윤리학과 동정심의 문제〉, 《칸트와 윤리학》(한국칸트학회 편,
　　서울 : 민음사, 1996)

김승혜 · 서종범 · 길희성 공저, 《선불교와 그리스도》(서울 : 바오로딸, 1996)

김용환, 《관용과 열린사회》(서울 : 철학과 현실사, 1997)

박경준, 〈佛教思想으로 본 사회적 실천〉(《한국불교학》 28, 1991)

박이문, 《자비의 윤리학》(서울 : 철학과 현실사, 1994)

법륜, 《불교와 환경》(서울 : 정토출판, 1998)

법성, 《육조법보단경해의》(서울 : 큰수레, 1995)

＿＿, 《화엄경 보원행원품》(서울 : 큰수레, 1992)

박병기, 〈새로운 환경윤리의 정립을 위한 불교적 접근〉(《가산학보》 8, 1999)

송재운, 〈불가의 덕성함양론〉(이계학 외, 《덕성함양의 전통적 방법론》, 서울 :
　　한국정신문화연구원, 1998)

안옥선, 〈21세기를 위한 윤리의 모색 : 불교윤리의 관점에서〉(《전통과 현대》 7,
　　1999)

윤영해, 〈불교와 기독교의 자기부정의 의미〉(《불교문화연구》 1, 2000)

윤호진, 《무아 · 윤회문제의 연구》(서울 : 민족사, 1992)

＿＿＿, 〈환경문제의 불교적 조명〉(《20세기 문명과 불교》, 서울 : 불교학술연
　　구소, 1997)

이봉순 《보살사상성립사연구》(서울 : 불광출판부, 1998)

이중표, 《아함의 중도체계》(불광출판부, 서울 : 1991)

＿＿＿, 〈佛教思想의 倫理學的 意義〉(《범한철학》 8, 1993)

＿＿＿, 〈육입처와 육근은 동일한가?〉(《범한철학》 17, 1998)

＿＿＿, 〈불교의 생명관〉(《범한철학》 20, 1999)

전재성 역주, 《쌍윳따 니까야》(제6권 여섯감역 모음1(서울 : 한국빠알리성전협
　　회, 2001)

정승석, 《윤회의 자아와 무아》(서울 : 장경각, 1999)

정안 엮음, 《밀린다왕문경》(서울 : 우리출판사, 1999)

정태혁, 《붓다의 호흡과 명상》I(서울 : 정신세계사, 1990)

정호영, 《여래장사상》(서울 : 민족사, 1993)

조윤호, 〈복의 불교철학적 이해〉(《용봉논총》 28, 1999)

조준호, 〈Vipassanā의 인식론적 근거 : Pāli경전을 중심으로〉(보조사상연구원 39차 월례발표자료, 2001)

______, 〈기복불교는 불교인가〉(《불교평론》 7, 2001)

최명관 역저, 《방법서설, 성찰, 데까르뜨연구》(서울 : 서광사, 1983)

최봉수, 《불교란 무엇인가》(서울 : 부디스트웹닷컴, 2000)

황경식, 〈덕의 윤리에 대한 찬반 논변〉(《현대사회와 윤리》, 서울 : 서광사, 1989)

허란주, 〈여성주의와 자율성〉(《여성과 철학》, 서울 : 철학과 현실사, 1999)

______, 〈페미니즘과 자율성〉(《철학과 현실》 18, 1993)

허우성, 〈기독교와 불교에서의 자연〉(《인간과 자연》, 서울 : 철학과 현실사, 1988)

노만, 가이슬러(이희숙 옮김), 《크리스챤의 사랑과 윤리》(서울 : 성광 문화사, 1985)

노만, 리차드(안상헌 옮김), 《윤리학 강의》(서울 : 문원, 1995)

니그렌, 안더스(고구경 옮김), 《아가페와 에로스》(서울 : 크리스챤 다이제스트, 1998)

니이버, 라인홀드(박봉배 옮김), 《그리스도인의 윤리》(서울 : 삼성출판사, 1982)

대한성서공회, 《공동번역 성서》(서울 : 보진재, 1977)

데자르뎅, J.(김명식 옮김), 《환경윤리의 이론과 전망》(서울 : 자작 아카데미, 1999)

부버, 마르틴(김천배 옮김),《나와 너》(서울 : 대한기독교서회, 1995)

보브와르, 시몬느(조홍식 옮김),《제2의 성》(서울 : 을유문화사, 1996)

밀, 스튜어트(김예숙 옮김),《여성의 예속》(서울 : 이화여자대학교 출판부, 1986)

롤즈, 죤(황경식 옮김),《사회정의론》(서울 : 서광사, 1985)

루소(정동희 옮김),《에밀》(서울 : 동서문화사, 1976)

쏘온, 배리 외(권오주 등 옮김),《페미니즘 시각에서 본 가족》(서울 : 한울 아카데미, 1991)

아렌트, 한나(이진우/태정호 옮김),《인간의 조건》(서울 : 한길사, 1996)

아리스토텔레스(최명관 옮김),《니코마코스윤리학》(서울 : 삼성출판사, 1986)

요한슨, 루네(박태섭 옮김),《불교심리학》(서울 : 시공사, 1996)

에리히, 프롬(황문수 옮김),《사랑의 기술》(서울 : 문예출판사, 1976)

__________(황문수 옮김),《인간의 마음》(서울 : 문예출판사, 1977)

엥겔스, 프리드리히(김대웅 옮김),《가족의 기원》(서울 : 아침, 1985)

플레쳐, 조셉(이희숙 옮김),《상황윤리》(서울 : 종로서적출판주식회사, 1989)

칸트, 임마누엘(박태혼 옮김),《칸트 도덕형이상학》(서울 : 형설출판사, 1996)

회페, 오트프리트(이상헌 옮김),《임마누엘 칸트》(서울 : 문예출판사, 1997)

■ 외국도서

An, Ok-Sun, *Compassion and Benevolence*(New York : Peter Lang Publication Co., 1998)

Bartky, Sandra, *Femininity and Domination : Studies in the Phenomenology of Oppression*(New York : Routledge, 1990)

Beauvoir, Simone(Parshley, H. M. 영역), *The Second Sex*(New York : Vintage Books, 1989)

Benhabib, Seyla, "The Generalized and the Concrete Other : The Kohlberg-

Gilligan Controversy and Feminist Theory" (Benhabib, Seyla & Cornell, Drucilla편, *Feminism As Critique*(Minneapolis : University of Minesota Press, 1987))

Benhabib, Seyla, *Situating the Self*(Cambridge : Polity Press, 1992)

Callicott, Baird, *Beyond the Land Ethic*(New York : State University of New York Press, 1999)

Card, Claudia, "Caring and Evil" (*Hypatia* vol.5, no.1, 1990)

Cavarero, Adriana, "Towards a Theory of Sexual Difference" (Kemp, Sandra & Paola, Bono편, *The Lonely Mirror: Italian Perspectives of Feminist Theory*(New York : Routledge, 1993))

Frazer, Elizabeth외 편, *Ethics : A Feminist Reader*(Cambridge : Blackwell Publishers, 1993)

Clement, Grace, *Care, Autonomy, and Justice*(Clement : Westview Press, 1996)

Cooey, Paula, "Emptiness, Otherness, and Identity" (*Journal of Feminist Studies in Religion*, vol.6, no.2, 1990)

Eller, Cynthia, "The Impact of Christianity on Buddhist Nonviolence in the West" (Karft, Kenneth편, *Inner Peace, World Peace : Essays on Buddhism and Nonviolence*(New York : State University of New York Press, 1992))

Eve Browning Cole & Susan Coultrap-McQuin, "Toward a Feminist Conception of Moral Life" (Eve Browning Cole & Susan Coultrap-McQuin 편, *Explorations in Feminist Ethics*(Indianapolis : Indiana University Press, 1992))

Epicurus, *Letter to Menoeceus*(Strodach, George, *The Philosophy of Epicurus* (Evanston : Northwestern University Press, 1963))

Frazer, Elizabeth & Lacey, Nicola, *The Politics of Community : A Feminist Critique of the Liberal-Communitarian Debate*(Toronto : University of Toronto Press, 1933)

Fried, Charles, "Privacy : A Rational Context" (Wasserstrom, Richard, *Today's Moral Problems*(New York : MacMillan Publishing Co., 1979))

Friedman, Marilyn, *What Are Friends For?* (Ithaca : Cornell University Press, 1993)

Garfield, Jay, "Human Rights and Compassion : Towards a Unified Moral Framework" (*Journal of Buddhist Ethics 2, 1995*)

Gilligan, Carol, "Hearing the Difference: Theorizing Connection" (*Hypatia*, vol.10, no.2, 1995)

__________, *In a Different Voice*(Cambridge : Cambridge UP, 1989)

Gomez, Luis, "Nonviolence and the Self in Early Buddhism" (Kraft, Kenneth편, *Inner Peace, World Peace*(New York : State University of New York Press, 1992))

Grey, Mary, "Claiming in Power-in-Relation: Exploring the Ethics of Connection" (*Journal of Feminist Studies in Religion*, vol.7, no.1, 1991)

Grimshaw, Jean, "The Idea of A Female Ethic" (*Philosophy East & West* vol.42, no.2, 1992)

Hallisey, Charles, "Ethical Particularism in Theravāda Buddhism" (*Journal of Buddhist Ethics* 3, 1995)

Harris, Ian, "How Environmentalist is Buddhism" (*Religion* 21, 1991)

______, "Causation and Telos: The Problem of Buddhist Environmental Ethics" (*Journal of Buddhist Ethics* 1, 1994)

______, "Buddhist Environmental Ethics and Detraditionalization: The Case of EcoBuddhism" (*Religion* 25, 1995)

______, "Getting to Grips with Buddhist Environmentalism: A Provisional Typology" (*Journal of Buddhist Ethics* 2, 1995)

Harvey, Peter, *The Selfless Mind: Personality, Consciousness and Nirvana in*

Early Buddhism(Richmond : Curzon Press, 1995)

__________, *An Introduction to Buddhist Ethics*(Cambridge : Cambridge University Press, 2000)

Haslanger, Sally, "Feminism and Metaphysics : Unmasking Hidden Ontologies" (Http://www.mit.edu/~shaslang/fmnewsUHO.html, 2000)

Hayward, Jeremy, "Ecology and the Experience of Sacredness"(Badiner, Allan 편, *Dharma Gaia : A Harvest Essays in Buddhism and Ecology*(Berkeley : Parallax Press, 1990))

Held, Virginia, "The Meshing of Care and Justice" (*Hypatia*, vol.10, no.2, 1995)

Hoagland, Sarah, "Some Thoughts about 'Caring' " (Card, Claudia외 편, *Feminist Ethics*(Kansas : University Press of Kansas, 1991))

Hoagland, Sarah, *Lesbian Ethics : Toward New Value*(Palo Alto : Institute of Lesbian Studies, 1988)

Hume, David, *An Inquiry Concerning the Principles of Morals*(La Salle : Open Court Publishing Corporation, 1978)

Kalupahana, David, *The Principles of Buddhist Psychology*(New York : State University of New York Press, 1987)

Kalupahana, David, *Ethics in Early Buddhism*(Honolulu : University of Hawaii Press, 1995)

Kant, Immanuel, *The Metaphysics of Morals*(Gregor, Mary 영역, New York : Cambridge University Press, 1991)

Keown, Damien, *The Nature of Buddhist Ethics*(New York : St. Martin's Press, 1992)

Kroeger-Mappes, Joy, "The Ethic of Care vis-a-vis the Ethic of Rights : A Problem for Contemporary Moral Theory" (*Hypatia* vol.9, no.3, 1994)

Klein, Anne, "Presence with a Difference : Buddhists and Feminists on

Subjectivity" (*Hypatia* vol.9, no.9, 1994)

Kymlicka, Will, *Contemporary Political Philosophy*(Oxford : Clarendon Press, 1992)

Lauritzen, Paul, "A Feminist Ethic and the New Romanticism-Mothering as a Model of Moral Relations" (*Hypatia* vol.4, no.2, 1989)

Manning, Rita, *Speaking from the Heart : A Feminist Perspective on Ethics*(Lanham : Littlefield Publishers, Inc., 1992)

MacIntyre, Alasdair, *After Virtue*(Notre Dame : University of Notre Dame Press, 1984)

Macy, Joanna, *World As Lover, World As Self*(Berkeley : Parallax Press, 1991)

___________, *Mutual Causality in Buddhism and General Systems Theory*(New York : State University of New York Press, 1991)

___________, "The Greening of the Self" (Badiner, Allan편, *Dharma Gaia: A Harvest Essays in Buddhism and Ecology*(Berkeley : Parallax Press, 1990))

Markus, Maria, Women, "Success and Civil Society" (Benhabib, Seyla & Cornell, Drucilla편, *Feminism As Critique*(Minneapolis : University of Minnesota Press, 1987))

Mathieu, Boisvert, *The Five Aggregates: Understanding Theravāda Psychology and Soteriology*(Ontario : Wilfrid Laurier University Press, 1995)

Noddings, Nel, Caring: *A Feminist Arrpoach to Ethics and Moral Education*(California : California UP, 1984)

Nyanatiloka Mahathera, *Path to Deliverance*(Kandy : Buddhist Publication Society, 1982)

___________, *Buddhist Dictionary: Manual of Buddhist Terms and Doctrines*(Kandy : Buddhist Publication Society, 1997)

Pope, Stephen, "Love in Contemporary Christian Ethics" (*Journal of Religious*

Ethics vol.23, no.1, 1995)

Premasiri, P.D., "Ethics"(*Encyclopaedia of Buddhism* Vol.1(Sri Lanka : The State Printing Corporation, 1991))

Puka, Bill, "The Liberation of Caring : A Different Voice for Gilligan's 'Different Voice'", Larrabee, Mary편, *An Ethic of Care : Feminist and Interdisciplinary Perspectives*(New York : Routledge, 1993)

Radhakrishnan, S.편, *The Principal Upaniṣad*(London : George Allen & Unwin Ltd., 1968)

Rorty, Richard, "Moral Universalism and Economic Triage", UNESCO 1996 Philosophy Forum(http://www.unesco.org/phiweb/uk/2rpu/rort/rort. html, 1996)

Rumsey, Jean, "Justice, Care, and Questionable Dichotomies"(*Hypatia*, vol.12, no.1 1997)

Samuels, Jeffrey, "The Bodhisattva Idean in Theravāda Buddhist Theory and Practice : A Reevaluation of the Boddhisattva-Śravāka"(*Philosophy East and West* 47, 1997)

Sandel, Michael, *Liberalism and the Limits of Justice*(New York : Cambridge University Press, 1982)

Schrage, Wolfgang(Green, David영역), *The Ethics of the New Testament*(Minneapolis: Fortress Press, 1988).

Scaltsas, Patricia, "Do Feminist Ethics Counter Feminist Aims?"(*Explorations in Feminist Ethics*(Cole, Eve & McQuin, Susan편, Indianapolis: Indiana University Press, 1992))

Schilbrack, Kevin, "The General and the Particular in Therav da Ethics: A Response to Charles Hallisey"(*Journal of Buddhist Ethics* 4, 1997)

Schmithausen, Lambert, "The Value of Nature in Buddhist Tradition"(《가산학

보》8, 1999)

__________, "The Early Buddhist Tradition and Ecological Ethics" (*Journal of Buddhist Ethics* 4, 1997)

Silva, Padmasiri, *Environmental Philosophy and Ethics in Buddhism*(London : Macmillan Press LTD, 1998)

Sponberg, Alan, "Green Buddhism and the Hierarchy of Compassion" (Tucker, Mary & Williams, Duncan편, *Buddhism and Ecology*(Cambridge: Harvard University Press, 1997))

Swearer, Donald, "The Hermeneutics of Buddhist Ecology in Contemporary Thailand: Buddhadāsa and Dhammapiṭaka" (*Buddhism and Ecology*(Tucker, Mary & Williams, Duncan편, Cambridge: Harvard University Press, 1997))

Taylor, Paul, "The Ethic of Respect for Nature" (Zimmerman, Michael편, *Environmental Philosophy: From Animal Rights to Radical Ecology*(New Jersey : Prentice-Hall, Inc., 1988))

Tronto, Joan, "Care Ethics: Moving Forward" (*Hypatia,* vol.14, no.1, 1999)

Udovicki, Jasminka, "Justice and Care in Close Relationships" (*Hypatia* vol.8, no.3, 1993)

Whitehill, James, "Buddhist Ethics in Western Context" (*Journal of Buddhist Ethics* vol.1, 1994)

Young, Iris Marion, "Impartiality and the Civic Public: Some Implications of Feminist Critiques of Moral and Political Theory" (Benhabib, Seyla & Cornell, Drucilla편, *Feminism As Critique*(Minneapolis : University of Minnesota Press, 1987))

Zweig, Arulf, "Kant and the Family" (*Kindred Matters: Rethinking the Philosophy of the Family*(Meyers, Diana외 편, Ithaca: Cornell University Press, 1993)

색인

■ 서명색인

■ 인명색인

지은이 / 안옥선

전남대 심리학과, 동국대 대학원 인도철학과 졸업. 하와이
주립대 철학박사. 현재 전남대 강사.
저서 및 논문으로는 《Compassion and Benevolence》,
〈A Study of Early Buddhist Ethics : In Comparison
with Classical Confucian Ethics〉〈화이트헤드의 종교와
신 개념에 대한 고찰〉〈21세기를 위한 윤리의 모색 : 불교
윤리의 관점에서〉〈여성성불 불가설의 반불교성 고찰〉
〈불교의 '인권'〉 등이 있다.

불교윤리의 현대적 이해

지은이 · 안옥선
발행인 · 김병무
발행처 · 불교시대사

초판발행 · 2002년 6월 1일

영업부 전화 (02)730-2500, 725-2800
　　　　　팩스 (02)723-5961
110-718 서울시 종로구 관훈동 197-28
　　　　　백상빌딩 13층
출판등록일 1991년 3월 20일, 제1 — 1188호
ISBN 89-8002-080-5　　　03220
http://www.buddhistbook.co.kr

값 12,000원

＊잘못된 책은 바꾸어 드립니다.